団藤重光 著

死刑廃止論

第六版

有斐閣

目　次

凡　例

一　「はしがき」は、版を改めるごとに書いたが、とくに「第三版のはしがき」と「第六版のはしがき」は、本文と同様の重要性をもつ内容の主張が盛られているので、ぜひ読んでいただきたい。

二　本文は、講演の速記をもとにした部分はもちろんだが、それ以外も、講演調のような、くだけた話し言葉にした。なるべく多くの読者に読んでいただくためである。内容的にも、わかりやすいことを主眼とした。

三　それと同時に、学問的な水準を下げることは著者の本意ではないので、なるべく豊富に専門的な注を入れることにした。一般の読者は、注は飛ばして読んでくださってよい。ただし、具体的な事例やエピソードの類も注の中に書いておいたので、興味をもってくださる方もあろうかと思う。

四　注は各節（例えば、Ⅰ3、Ⅱ5のような）ごとに、その末尾にまとめておいた。

五　一つの事柄やたがいに関連する事柄が、あちらこちらに散在することがあるから、巻末の索引や巻頭の目次を活用していただきたい。

六　第四版までは全体を三部構成にしていたが、第五版からは、五部構成に改めた。第Ⅰ部は端的に私の主張を述べたもので、その時々の社会情勢の動きに応じて主張の焦点が動いてきている。第Ⅱ

部はいわば問題別の理由付けである。第Ⅲ部は私の気持ちが現在ほど切迫・高揚する前の心境だが、これもなにかの参考になろうかと思う。第Ⅳ部は資料である。最後の第Ⅴ部はアメリカの大学での講演で英文だが、本書全体の要約になっている。

七　初版からこの第六版までを通じて、有斐閣編集部の満田康子氏に格別のお世話になった。記して深く謝意を表する。

初版のはしがき

本書は三部から成る。第Ⅰ部「死刑廃止を訴える」は、一九九〇年一二月一日に日比谷公会堂で行われた講演であって、アムネスティ・インターナショナル日本支部、死刑執行停止連絡会議、死刑を考える弁護士の会、犯罪と非行に関する全国協議会の四団体の呼び掛けによって開催された「死刑廃止国際条約の批准を求めるフォーラム'90」の一環をなすものであった。この講演は、私の死刑廃止にむけての切迫した気持ちを吐露したものである。ただ、時間の制約のため、そこでは十分意を尽くすことができなかった。

第Ⅱ部「死刑廃止を考える」は、それを補うために、あらたに書き下ろしたものである。第Ⅰ部と体裁上の整合性を考えて、これも話し言葉にすることにしたのであるが、私は、その便法として、有斐閣編集部の満田康子さんを相手に、まず自由なおしゃべりをしてそれを速記にとってもらった上、これにほとんど原形をとどめないくらい推敲を加えたのである。だから、かなり読みやすいものになっているかと思う。正確を期するためにかなりの分量の注を施したが、読者はこれはとばして読んでくださってもかまわない。ただ、注の中にもいろいろ面白いことを書いておいたつもりである。

第Ⅲ部「死刑についての二、三の省察」は、やや古く一九八五年の秋に上智大学で行った講演である。当時もすでにはっきりと積極的な死刑廃止論者になってはいたが、現在ほど切迫した気持ちにまではなっていなかったので、やや控え目な慎重な表現をとっている。それでも、何かの参考になろうかと思って、ここに収録することにした。一歩退いた省察だけに、第Ⅰ部・第Ⅱ部にはないものも含まれている。これはいったん私の『この一筋につながる』(一九八六年・岩波書店刊)に採録したものであるが、岩波書店の好意によって転載の快諾を得た。

死刑廃止の問題は、単なる頭の問題ではなく本質的に心の問題であり、また、単なる机上の理論の問題ではなく実践の理論の問題であり、さらには実践そのものの問題である。私は刑法学者として、理論的には以前から死刑に対して否定的な気持ちをもっていたが、それはまだ本物ではなかった。最高裁判所に入って、いよいよ自分が生身の被告人を裁かなければならない立場になってみて、愕然と事柄の重大性に心底から目覚めたのである。しかし、それでも、まだ足りなかった。私がロンドンにあるアムネスティ・インターナショナルの本部を訪ねたのは、一九八九年の秋のことであった。アムネスティ・インターナショナルは、一口でいえば、「人権を守る国際救援機構」である。それはあらゆる権力や政治的勢力やイデオロギーを超えて完全に中立的な立場から世界的規模で人権擁護のための活動をしている民間団体であって、一九七七年にはノーベル平和賞を受賞している。私はそこで働く人々に接して、その良心的な献身ぶりに深く心を打たれ、自分でも実践に踏み切らなければ駄目だと痛感した。帰国後、私はその日本支部を訪ねて、微力ながら協力を約したのであった。

死刑の存廃は一国の文化水準を占う目安である。わが国には、経済的繁栄の反面において、心の貧困があるのではないか。経済大国・技術大国にはなっても、いつまでも心の貧しい文化的小国では、世界には通用しない。〈死刑廃止条約〉の批准の問題にしても、政府や世間の無関心は嘆かわしいかぎりである。本書は、そうしたことを訴えたいために世に送るのである。

本書が成ったのは、多くの方がたのご好意のおかげである。種々の便宜や貴重な資料を提供してくださったアムネスティ・インターナショナル日本支部の岩井信氏、死刑を考える弁護士の会の安田好弘弁護士、犯罪と非行に関する全国協議会の菊田幸一・辻本義男両教授、第Ⅲ部「死刑についての二、三の省察」の転載を快諾された岩波書店、執筆にあたって終始お世話になった有斐閣編集部の満田康子さん、付録に掲げた統計表の作成にあたってくださった鈴木一義君、その他、一々お名前を挙げないが、いろいろとご厚情をいただいた無数の方がたに対して、心からの御礼を申し上げる次第である。

一九九一年九月六日　軽井沢の山荘にて

改訂版のはしがき

初版は一九九〇年一二月の「死刑廃止国際条約の批准を求めるフォーラム'90」の第一回大会を機縁としたものであったが、この改訂版は今年三月に開かれたその第二回大会を機縁とするものである。具体的にいえば、第一回大会によって死刑廃止の機運はたしかに高まったが、肝心の政府方面では依然として消極的な世論をたてにとって、批准へ向かって容易に重い腰を上げようとしない。ところが、実は一九八一年に死刑を廃止したフランスでも、当時の世論は今の日本と似たようなものであったのである。そこで安田好弘氏をはじめとする「フォーラム'90」の実行委員会の方々は、フランスの経験を参考にするために、当時ミッテラン大統領によって法務大臣に起用されて死刑廃止の大事業を遂行されたロベール・バダンテール氏を招聘して、第二回大会を開くことを企画された。私じしんも招聘者の末席を汚し、このようにして実現した第二回大会では、私もバダンテール氏の基調講演に続くシンポジウムのパネリストに加わった。その成果を踏まえて書いたのが第I部の後半であって、「ふたたび死刑廃止を訴える」と題することにした。

「フォーラム'90」の第一回大会での私の基調講演、すなわち本書の第I部の**1**に当たる部分が、今般アムネスティ・インターナショナルによって英訳されて世界の各地に配布されたことは、私にとって最大の名誉であり、感激にたえない。英訳の標題および検索番号は〈The case against capital punishment〉(AI INDEX : ASA 22/05/92, DISTR : SC/DP/CC/GR/CO/PG)となっている。これもわれわれの運動推進の一助ともなれば、しあわせである。

「フォーラム'90」の第二回大会の機会に、私はイギリスの『インディペンデント』およびフランスの『モンド』の二紙からインタビューを受けた。アムネスティ・インターナショナルが、最近、死刑存廃問題に関する日本の状況を正確かつ詳細に記述した文書を作って頒布していることも、挙げておかなければならない(JAPAN : Debating Abolition of the Death Penalty〔AI INDEX : ASA 22/04/92, DISTR : SC/CO/GR〕)。総じて、われわれの活動も、国際色が濃くなって来ている。今では日本における死刑廃止問題は世界中の注目を浴びているのである。西欧諸国はすべて死刑廃止国になっており(ベルギーとギリシャだけが例外だが両国とも事実上廃止国である)、先進国の中で死刑を廃止していないのはアメリカ合衆国と日本だけなのである。しかも、日本は合衆国とは違って世界でももっとも治安状態のよい国である。死刑存廃について日本が合衆国に追随する理由はどこにもないはずである。

初版以後のあたらしい事態として、わが国では、この二年間あまり死刑の執行が一件もなかったことを挙げなければならない。これはまさしく特記に値することである。死刑廃止の条件は、今やほとんどそろったといってもよい。世論だけが政府にとって拠りどころになっているようであるが、バダンテール氏は、本文中でやや詳しく紹介したように、世論に単純に追随することはデモクラシーではなくデマゴジーだと言い切った。これは味わうべきことばではあるまいか。

初版については、多くの方々が書評を書いてくださった。順序不同で列挙すると、吉川経夫教授（法学セミナー四四八号〔一九九二・四〕）、宮沢浩一教授（法学教室一三九号〔一九九二・四〕）、小暮得雄教授（ジュリスト九九八号〔一九九二・四・一〕）、江田五月氏（書斎の窓一九九二・三）、ホセ・ヨンパルト教授（カトリック新聞一九九二・三・八）、菊田幸一教授（エコノミスト一九九一・一二・一二、ＪＣＣＤ六〇号〔一九九二・四〕）、福田雅章教授（週刊読書人一九九二・三・二三）、波多野二三彦氏（自由と正義四三巻三号〔一九九二・三〕）、中田直人教授（赤旗一九九一・一二・二）の方々がそれで、ここにそのご好意に対して心からの御礼を申し上げる。

初版に対しては、また、知己や読者の方々から、多くの貴重なご教示や有益なご批判をいただいた。それらは、この改訂版に多く反映しているはずである。それ以外にも、私なりにさらに自分の考えを発展させた箇所もすくなくない。第Ⅰ部の**2**は、むろんあらたに書き下ろしたものであるが、第Ⅱ部にもかなりの訂正・加筆をしたので、全体として頁数が初版よりも二〇頁余り増加することになった。

装丁については、目先をかえるために、改訂版では初版と調子を多少変えてみた。校正や索引の作成については、初版と同様、有斐閣の満田康子さんに大変にお世話になった。記して謝意を表する。

一九九二年五月三日　憲法記念日に

第三版のはしがき

□　去る三月二七日（一九九三年）の未明、午前三時半ごろのこと、「死刑廃止国際条約の批准を求めるフォーラム'90」の事務所から飛び込んで来たファックスが私の夢を驚かせた。これまで三年四箇月という長いあいだ死刑執行ゼロが続いていたのであるが、突如として執行が再開されたという知らせであった。私はもう眠りをむさぼっているどころではなくなった。大阪拘置所で二人、仙台拘置支所で一人、合わせて三人の死刑確定囚の執行がおこなわれたというのである。某紙のスクープがあったのだ。やがてＮＨＫをはじめ各報道機関から電話が矢継ぎ早に鳴りっぱなしである。死刑の執行は密行されることになっているから、法務当局から事前の発表がなかったのはもちろんのことだが、そのあとも、いっさいのコメントを出さなかった。徹頭徹尾、秘密主義である。おそらく、執行はその前日のことであったにちがいない。

それは、あたかもこの第三版の本文の初校が全部出揃った三日後のことであった。いまさら書き直すこともできないし、むしろ、この際、直前の状態がどうであったかを読者にわかっていただくことのほうが、かえってこの新しい事態の理解のためにも大事であるから、本文には特に手を入れないで、この「はしがき」の中で、新しい事態に対する私の見解を述べておくことにしようと思う。

□　死刑の執行には法務大臣が執行命令書に署名することが必要である。いままで三年あまりにわたって歴代の法務大臣はその署名をしないで来たのだが、今回、後藤田正晴法相はあえてその署名に踏み切ったのである。それは氏の法務大臣就任時の記者会見の談話にも、ある程度、示唆されていた。その談話は、死刑判決が確定しているのにその執行をしないのでは、法秩序が保てないという趣旨のものであった。この議論は――死刑の執行をわれわれのように人道上特別のものと考えないで単純に一般事務と同視するかぎり――法律家としてわからないではないだけに、私としては、非常に心配になって、すぐに同法相に親展書簡を書いてやや詳細に私見を披瀝し、併せて本書の改訂版を参考のために送呈して、慎重な対処を要望しておいたのであった。その書簡の内容は、ほぼ、この第三版の三八頁（第六版では四八頁）以下に書いたようなことを骨子とするものであった。その要望は裏切られたわけである。

後藤田氏の剛直な人柄は平素から私の尊敬するところであるが、今回の措置は剛直というよりも硬直である。硬直は官僚的発想である。高い理念・理想をもって、しっかりと事態を見定め、これにダイナミックに対応するのが政治家の使命でなければならない。今回の措置の直前の事態は単に放置するだけでは済まされないところまで来ていたことは、私も本文中に詳論したとおりである。その点の認識は、私も後藤田氏もそれほど異なるところはない。ただ私はそれに対して政治家的な見識に基づくダイナミック（動的・発展的・展望的）な対応を期待していたのに対して、後藤田氏は、官僚的な感覚によるスタティック（静的・固定的・形式的）な対応をしてしまったのである。今回の措置には、将来の日本にとっての大所・高所からする何の展望的見地もみられない。あれならば、一般の刑の執行とおなじく検察官の指揮によるのと同じことで、死刑の執行指揮も単純に検察官僚にまかせておいてよいことになる。ここ何代かの法務大臣は法律の素人が続いたが、そこには官僚的発想を超える何かの高い次元の見地があったと思う。ただ、法律の素人の悲しさで、法律家を納得させるだけの十分な説明がなかったことは否めない。だから法務官僚からいえば、きっと手を焼いていたのかとも想像される。後藤田氏はそこへ登場して結局法務官僚の要請に応えたのではないか。しかし、その応えかたはまさに官僚と同じ次元における形式的なものであって、残念ながら、そこにはなんらの政治家的見識も示されなかったのである。

□　一九八九年に国連総会で採択された〈死刑廃止条約〉はすでに多くの国によって批准され、ことに西欧諸国は――二国だけを例外として――すべて法律上（国によっては憲法上）廃止国になっている。その二国とはベルギーとギリシャだが、ベルギーは〈死刑廃止条約〉の署名国で、死刑判決があってもすべて恩赦によって減刑しているし、ギリシャでも同じ慣行が確立しているといわれる（〔追記〕　その後、両国とも法律上廃止国になった）。

そういうわけで、現在、先進諸国の中で死刑を存置しているのは、アメリカ合衆国と日本だけになっているのである（〔追記〕　しかも、アメリカには「第五版のはしがき」に書いたとおり、建国以来のフェデラリズムの伝統という特殊事情があるのである。ちなみに、アメリカ合衆国でも、州のレベルでは古くから死刑を廃止しているところが少なくないことを忘れてはならない)。しかも、両国の治安状態について、例えば、人口一〇万人に対する殺人罪の発生件数の比率を一九九〇年の統計でみると、アメリカ合衆国の九・四件に対して日本は一・〇件であって、アメリカは日本のほぼ九倍半にもなっているのである(〔追記〕一九九一年では日本が依然一・〇件なのに対しアメリカは九・八件でほとんど一〇倍)。アメリカで、長く執行されないでいた死刑囚に対する執行が——無実らしい疑いの濃厚な者に対してまでも——このごろ再開されつつあるのは、このような治安状況の悪化に対する政府のいらだちを示すものであろう。治安状況の悪化はもともと社会的・経済的要因によるものであろうと思われるから、このような方策は事態の改善に役立つよりも、むしろ国民の精神的荒廃を招くことによって、逆効果をもたらすのではないか。アメリカでも学界や言論界をはじめ心ある人たちの間で、これに対する批判が非常に強いのはもっともなことだと思う。

右の日米の比較統計からも推測されるように、日本は、さいわいに、世界でももっとも治安状態のよい国なのである。死刑廃止の条件はすでに揃っている。今や、日本でも死刑廃止の方向に進むことこそが、世界の潮流に合致し、憲法前文に示されているとおり、国際社会において「名誉ある地位を占める」ゆえんではないだろうか。日本も物質的・技術的な経済大国であるばかりでなく、精神的・倫理的な面、人権思想の面など、文化・社会の面でも世界をリードするくらいな心構えをもつことが、国民にも政治家にも期待されるべきときが来ているのである。

実は、渡辺美智雄外相（当時）は、この前の第一二三回国会（一九九二年）の衆議院予算委員会分科会において、〈死刑廃止条約〉の批准を「真剣に研究します」と言明しているのであって、これは議事録にもはっきりと残っている。すなわち〈死刑廃止条約〉の批准は、今やわが国においても、すでに政治日程にのぼっているのである。現に、国のレベルでは国会議員の間に死刑廃止へ向けての超党派的な活動の輪が着実にひろがりつつあるし、地方のレベルでも各地の地方議会にそうした動きがまだ散発的ながら次第に顕在化しつつあるように見受けられる。このときに当たって、長く執行ゼロであった死刑の執行を突如として再開するとは、いったい何事であろうか。

□　今回の執行再開前には、死刑確定者は五八名にのぼっていたという。その中三名が執行されたから、現時点において、死刑確定者としてまだ五五名の人たちがいるはずである。この人たちのあいだには、執行再開の情報はすぐに伝播して、ことに従来は同じ拘置所では午前中に一人の執行があったときはその日に重ねて執行はないとされていたところ、今回は午前午後と引き続いて執行をおこなったところがあったため、たいへんなパニック状態が出現したそうである。万が一にも、この人たちが次々に執行されるようなことになれば、この平和なわれわれの社会において何と言う血腥いことであろう。それは形式的には確定判決の執行とはいえ、実質においては、殺戮である。それは平穏な社会に波乱をおこさせるものであり、秩序維持の名においてむしろ秩序をみだすことになる。後藤田法相は法秩序の維持を強調されるが、社会に殺伐な気風が醸成されれば暴力も横行するようになり、そうなると、むしろ、まさに逆効果を免れないのではないか。私はすくなくとも今後引き続いて執行をおこなうことだけは絶対に避けることを強く要望する者である。いな、これからでも遅くはない。いったん官僚の焦慮不満を多少とも沈静化した上は、改めて、新しい理念のもとに、死刑廃止の方向へ向かってなんらかの方策をとるべく、政治家的見識を示してほしいものである。

□　もう一つは、恣意の問題である。上記五八名の中からどのような基準によって今回の三名を選んだのか。法務省部内では、なんらかの基準があるに違いないが、例によってそれは厳秘にされていて、われわれは窺い知ることができない。公表された的確で合理的な基準があるのでないかぎり、それは基準がないのと同じことであって、恣意と言うほかない。

本文中に詳しく述べておいたとおり、いわゆる「自由権規約」――正確には「市民的及び政治的権利に関する国際規約」――というのがあって、一九六六年に国連総会で議決され、わが国でも一九七九年に批准されて同年条約第七号として公布され、重要な国内法になっているのであるが、その六条一項には「すべての人間は、生命に対する固有の権利を有する。この権利は、法律によつて保護される。何人も、恣意的にその生命を奪われない」という規定がある。「恣意的にその生命を奪われない」というのは、われわれの常に忘れてはならない重要な市民的・政治的権利なのである。

法律に基づいて死刑判決が確定したものである以上、それをどのように執行しようが、「恣意的」ではないという議論が出て来るであろうが、五八名もの死刑囚の中から誰をどういう基準で選び出すかが法務当局の自由勝手だというのが「恣意」でなくて何であろうか。刑法学者・法哲学者ヨンパルト神父が、つとに日本における死刑執行の恣意に対して鋭い批判を加えておられることは、本文にも紹介しておいたとおりであるが、このたび、さっそく、この趣旨を強調した私信を寄せられたのは、私の共鳴を禁じ得ないところである。

しかも驚くべきことには、今回執行された三人の中には、執行のために選ばれるべくもっとも不適当な——おそらく法的に執行が違法とされるべき——人物が含まれていたのである。すなわち、その一人、川中鉄夫受刑者（すでに報道されているから実名を出す）は、弁護士が再審申し立ての準備中であったのであり、しかも昭和六〇年（一九八五年）一一月一二日付の大阪拘置所長から大阪弁護士会長あての公式回答では「昭和五七年一月一四日招へい精神科医師の診察を受け『幻覚妄想状態（分裂病の疑い）』と診断され、以後現在までほぼ六か月の間隔で定期的に精神科診察を受けている」と明記されており、さらに平成元年（一九八九年）三月一日付の公式回答では、「精神科医の質問では幻聴が認められ」「精神状態については入所以来幻覚妄想状態と診断されている」と明記されているのである。これは再審申し立ての準備中であった中道武美弁護士から送っていただいた正式文書のフォトコピーによるものである。

刑事訴訟法四七九条の規定によれば、「死刑の言渡を受けた者が心神喪失の状態に在るときは、法務大臣の命令によって執行を停止する」ということになっている。上記の「幻覚妄想状態（分裂病の疑い）」というのが「心神喪失の状態」にあたるかどうかについては、疑問の余地がないとはいえないが、少なくともその疑いがあることは否定できないであろう。また、同じく刑事訴訟法四七五条の規定によれば「再審の請求がされ、その手続が終了するまでの期間」は判決確定の日から法務大臣の執行命令までの「六箇月以内」という期間には算入されないことになっている。つまり、再審請求があったときは、決着がつくまでは執行できないというのがその法意だとみるべきである。本件では弁護士が再審請求の準備中だったというのであるから、直接この規定にあたるわけではないが、準備中だということが当局にわかっている以上、執行を見合わせるのが法の精神に適合するゆえんではないか。このことは、「生命に対する国民の権利」について国政上「最大の尊重」を要請している憲法一三条、あるいは「生命に対する固有の権利」を規定している前記「自由権規約」六条一項などを援用するまでもなく、当然のことではあるまいか。これは法の運用におけるヒューマニズム精神の問題である。すくなくとも死刑の問題に関する限り、およそヒューマニズム精神を欠くような扱いは、絶対にあってはならないことである。

□「(死刑判決が)確定している者の執行は、法務の仕事に携わる者として大事にしないと、法秩序そのものがおかしくなる」(朝日新聞一九九二年一二月一三日朝刊)。これが後藤田氏が昨年十二月十二日、法務大臣就任直後の記者会見の席で述べたと報道された言葉である。

「大事にする」というのは意味深長な含みのある言葉であって、かりに私がその地位にあったとしても、この言葉を使ったかもしれない。なんらの説明もないまま、三年以上も確定判決を執行しないで漫然とそのままにおくということは、法律的に見て確かにおかしいのである。ただ、もし、私がその地位にあって、死刑判決の執行を「大事」にするといえば、何よりもまず、いやしくもそれが人間の生命に関するものであるだけに、普通の事務、ビジネスとは違うことを自分でも認識し、事務当局にも、さらには一般社会にも十分に認識させて、それに相応しい措置をとることである。すでに政治日程に上がっている〈死刑廃止条約〉の批准のことはまず念頭になければならない。それには外務当局にはたらきかけることが必要だが、国内態勢を整えるためには、法務当局としても、法制審議会への諮問をはじめ、学界や弁護士会、民間団体、その他、各方面の意見の調査、世論調査などは、この際ぜひとも必要であろうし、第一、政界じたいに死刑廃止の有力な超党派的グループが結成されているのだから、それを無視することが許されるはずもない。恩赦の活用、執行停止法案の準備など、多くのなすべきことがあるはずである。一方でそうした手順を進めながら、執行の再開は、その状況を睨み合わせて考慮することになろうし、そういう事態であれば、漫然と執行をしないでいるのではないから、執行ゼロの状態をさらに続けることは十分に説明のつくことだと思うのである。

物質的・技術的な物の考え方が横行している現代の思潮の中にあって、もっと人間的な、あるいは倫理的・精神的な、ヒューマニスティックな考え方が取り入れられなければならないのではないか。

法の分野においては、格別にそれが要請されるのではないか。死刑執行ゼロの状態が三年以上も続き、もはや漫然とこれを継続することは困難だという事態において、これをどのように解決する方向に持って行くか、出口をどこに求めるか。これは高い政治家的見識を必要とすることであり、単なる官僚的発想ですませるべきことでは断じてなかったのである。副総理として閣内でも重きをなす後藤田法相がこの問題を「大事」にするという含みのある表現を使ったとき、私は政治家としての氏にもっと高い見識を期待していたのであった（人間性の尊重にかかわるこの問題は、氏が目下手掛けている金権政治からの脱皮をめざす政治改革の問題とも深いところで内的連関をもっているはずだと思う）。法というものはダイナミックに考えられなければならないことは、私が年来、機会あるごとに主張して来たことであって、今ここに繰り返さないが、私の趣旨とすることは、ここに簡単に述べたところからもほぼ分かっていただけるはずである。

後藤田法相の言葉は、今回の措置から逆算して見ると、どうやら、それほど意味深長な含みをもったものではなかったようである。「判決は裁判所によって言い渡されるものであって、確定したときは執行機関は法律上執行の義務を負う。行政機関が執行機関になっている場合に、勝手に執行しないで放置することは、司法権を無視するものであって、三権分立の大原則の違反である。死刑執行ゼロを続けることは、こうした法秩序をみだすことになる。」おそらくこれが後藤田法相が――やや持って回った言い方ながら――言おうとした趣旨であったのであろう。そうして、これはもちろん、それじたいとして、正論なのである。しかし、これはいわば初等数学に対応する程度の初等法学である。いな、初等法学的に考えるとしても、死刑の執行については刑事訴訟法四七五条、四七九条をどう理解し運用するかという問題は避けて通れないのだから、これだけの理屈で割り切ることはできないのである。しかも、現代日本が置かれている内外の状況のもとにおいて、間近に控えた二十一世紀を展望しながら、事柄をダイナミックに考えるとなると、われわれはいわば高等法学的な次元で方策を立てなければならないのである。事柄は、いやしくも人の生命に関するのである。死刑存置論が六二%という世論にもかかわらず、高い理想を掲げてあえて死刑廃止を断行したフランスのミッテラン大統領は、やはり偉大な政治家であった。日本でもあのような卓越した哲学と実行力をもった政治家の出現を待望したいものである。

□　私はここで――やや突飛に思われるかも知れないが――かのクアラルンプール事件において当時の法務省のとった措置について考えてみたい。私が最高裁入りをした翌年の夏、一九七五年八月四日の出来事であった。「日本赤軍」を名乗るゲリラ数名が拳銃や手りゅう弾などを携えてマレーシアの首都クアラルンプールのアメリカ、スウェーデン両大使館を襲撃、アメリカ領事ら五十三人を人質に取ってたてこもり、日本政府に当時東京拘置所に勾留されていた過激派七名（正確にいうと、内一名は宮城刑務所で懲役刑服役中）の釈放を要求してきた。ワシントンで日米首脳会談中でもあり、政府は五十三人の人質の生命を助けるために、この要求を受諾することを決意して、過激派七名に各自の意思を確認し、拒否した二名を除く五名を翌八月五日に日航特別機でクアラルンプールに移送した。大使館を占拠中のゲリラは、八月七日、人質と交換に過激派五名を奪還して、特別機でクアラルンプールを離陸、翌日リビア政府に投降した、というのであった。法務省からはすぐに最高裁判所にその旨の事後報告があり、最高裁判所では臨時の裁判官会議が開かれた。私も休暇中の滞在先からすぐに帰京してこれに出席したが、議題は法務省がすでにすべての措置を終わった後の事後報告についてであって、われわれは結局、聞き置くということに止めたのであったと記憶する。最高裁判所として、こうした超法規的な措置を正式に了承するとか、まして追認するとかいうことは、無理であった。

勾留はやはり裁判（裁判所の決定または裁判官の命令）であって（刑事訴訟法六〇条、二〇七条）、被告人・被疑者を勾留状の執行によって拘置所に拘置するのである。だから、釈放には裁判所（ないし裁判官）による勾留の取消しがなければならない。これを勝手に釈放することは、司法権をないがしろにするものである。一名は懲役刑の執行中であったが、これに関するかぎりは確定判決の執行を――仮釈放その他の法的措置によらないで――端的に放棄したものであって、今回の問題により近い性質をもつものだといってよかろう。要するに、この事件では、多数の人質の生命を救うために、政治的な決断によって超法規的に取られた緊急の措置であったが、「人命か法か」という問題は、実定法の問題としてばかりでなく、実は法哲学上の根本問題として残る。それは今回の死刑執行の問題と多分に共通のものをもっているのである。

私は、この事件の直後に、暑中休暇を利用して、アメリカのセント・ルイスで開かれた世界法哲学会議に出席した。私は科学と人権の問題についての基調報告書を提出してあって、開会式の演壇にも挨拶に立った。ところが、ミシシッピ河の船上で開かれた懇親パーティーの席で、私は有名なベルギーの法哲学者カイム・ペレルマン (Chaïm Perelman) 教授から、クアラルンプール事件について日本政府の取った措置について議論を持ち掛けられた。初対面だったが、同年配（かれが一年の年長）のこともあって、気軽に議論のできる相手であった。論点の一つはやや政策的なもので、あれでは今後また同種の事件が誘発されるのではないかというのであったが（欧米諸国ではハイジャック犯人の要求には一切応じないのが通例である）、もう一点は、まさにここに問題になっている点についてであった。たとい人命救助のためでも裁判を無視したり法を曲げることは許されないのではないか、というのである。教授のことは、江口三角教授の訳書『法律家の論理——新しいレトリック——』（一九八六年）によってわが国にも紹介されているので、読者の中には読まれた方もあろう。法の論理を追求しながらも、かれの思考方法は実質的であり柔軟であった。私はまず緊急行為論を持ち出したのち、単刀直入に、法がいかに本質的に人間的価値を基礎としなければならないものであるかを主張した。私は、日本政府（参考までにいえば、当時は三木内閣で外相は宮沢喜一氏、法相は稲葉修氏、検事総長は布施健氏であった）の取った措置を簡単に承認するものではないが、この場では弁護論にまわった。周囲には段々に参加者たちが集まって来て、議論が佳境に入ろうとしていた。そこへ突然に割りこんで来た巨漢がいた。州知事の候補者だと自己紹介をして、傍若無人の態度で自己の政見を宣伝しはじめた。われわれの法哲学的議論がこんなことで完全に中断して台無しになってしまったのは、まことに残念なことであった(ちなみに、教授は一九八四年に逝去され、今では、後藤田談話に含まれるような法哲学的問題について文通することもかなわなくなってしまった)。

それはともあれ、クアラルンプール事件で法務省のとった――柔軟すぎるともいえるような――態度と、今回の措置の官僚的硬直性とは、いったい一貫性をもつものといえるであろうか。これはまさに高等法学の問題である。

□　法務当局が一番気にしている、あるいは拠りどころにしているのは、おそらく、世論であろう。これはもっともなことである。世論には、人を殺した者は殺される――死刑になる――のが当たり前だという、古来の素朴な正義論がその根底にあるので、これは簡単に無視してよいものではないからである。

この問題については、本文の中で詳論しているので(とくにⅡ3)、それを読んでいただきたいが、ここで特に強調しておきたいのは、誤判のことである。万が一にも誤判によって無実の人が処刑されるようなことがあれば、それは言語に絶する不正義であって、それはあらゆる死刑＝正義論を根底からくつがえす。しかも、裁判が神ならぬ人間の営みである以上は、誤判を絶無にするということは性質上不可能である。死刑制度が存在する以上は、必然的に誤判による処刑の可能性が内在しているのである。それでもよいのか。論者によっては、誤判は滅多にあることではないから構わない、たまにはあっても仕方がない、という。何という非人間的な言い方であろう。私はそういうことを言う人の人間的なセンチメントを疑うのである。誤判論は昔から廃止論の有力な論拠のひとつに挙げられていた。もちろん私もそれを以前から知っていた。しかし、それは頭で知識として知っていただけだった。ところが、私は最高裁判所に在職中に一つの事件によって身をもって痛感させられたのであった。抽象論ではない。具体的な生きた一人の人間を前にして、その生死の運命を分けることである。その事件では、事実誤認の理由で原判決を破棄するだけの根拠はなかったので、被告人側からの上告はどうしても棄却を免れないのであったが、同時に──他の裁判官は知らずすくなくとも私一箇としては──事実認定についての一抹の不安は払拭し切れない事件であった。たぶん私がこうした事柄について人一倍感受性が強い──あるいは強すぎるといわれるかも知れない──せいであったであろう。私は裁判長としてその事件を担当したわけではなかったが、判決宣告期日に裁判長が上告棄却を言い渡して裁判官一同が退廷しかけたとき、傍聴席から「人殺しっ」の罵声を浴びせられた。それは私の心に深く突き刺さった。その瞬間にあの一抹の不安が改めて心に重くのしかかって来たのである。死刑制度を前提とするかぎり、あの事件の解決としては、現行法上、あれ以外にはなかった。私はこの時以来、はっきりと積極的な死刑廃止論者になったのであった。誤判の問題は頭で考えるだけではいけないのである。

死刑の存廃については、かりに百歩を譲って考えれば、両論とも結局、水掛け論だともいえるかもしれない。しかし、少なくとも誤判の問題だけは水掛け論ではない。誤判の可能性は、誰もこれを否定することは絶対にできないのである。あり得るのは、死刑についてたまには誤判があっても仕方がないという――およそ人間性無視の――議論だけである。この意味では、死刑存廃論について最後の決め手になるのは、誤判論だともいえるであろう。カール・ポパー（Sir Karl Popper, 1902-94）博士は私の尊敬する哲学者であるが、アムネスティ・インターナショナルによって英訳された私の「死刑廃止論」を博士に送呈したところ、博士から長文の手紙をいただいて、自分は「可謬論（fallibilism）」（人間は性質上誤りを犯すことは不可避だという議論）の見地から死刑廃止論を強く支持する旨を書いて来られた。「可謬論的な認識論」は博士の批判的合理主義哲学の一つの柱をなすものであるだけに、私としても意を強うしたのであった。

□　本書Ｉ１の「死刑廃止を訴える」の部分がアムネスティ・インターナショナルによって英訳され世界各地に頒布されたことについては「改訂版のはしがき」に述べておいたが、なお、台湾の張甘妹教授が――法学教室一二七号の拙稿から――同じ部分の中国語訳を出してくださり（刑事法雑誌三五巻第三期〔一九九一年六月〕）、また、札幌学院大学の鈴木敬夫教授は中華人民共和国の大学における講義で私の死刑廃止論を紹介された上、II７の「私の刑法理論と死刑廃止論」の部分の中国語訳を発表してくださった（札幌学院法学九巻二号〔一九九三年〕、外国法訳評〔北京一九九三・三〕）。両教授のご厚意に対し深く感謝申し上げる。なお、この「第三版のはしがき」の校正中に、『図書』（岩波書店・一九九三年六号四四―四九頁）で、江國滋氏の「改宗前夜――『死刑廃止論・改訂版』」に接した（江國滋『書斎の寝椅子』〔一九九三年〕所収）。本書の改訂版に対する率直かつ好意的な感想を述べられたもので、私にとって嬉しいことであった。

□　私はこの第三版を来る五月一〇日に満七〇歳の誕生日を迎えられる畏友アルトゥーア・カウフマン教授にそのお祝いとして献呈することを喜びとする。教授は十年前に私の古稀祝賀論集に寄稿してくださったので、そのお返しのつもりである。教授は故ラートブルフ教授の高弟として、現在における死刑廃止論陣営のもっとも有力な学者の一人であって、本書を献呈するのには、いちばん相応しい方である。

一九九三年五月三日　ふたたび憲法記念日に

第四版のはしがき

第三版では一九九三年春の宮沢内閣の後藤田法相による死刑執行の再開を中心テーマにしたが、その後、同年秋、前の執行からわずか八箇月経ったばかりで、細川内閣の三ケ月法相によって、まるでこれに追い討ちをかけるようにさらに四名の死刑が執行されたのであった。しかも、それは国連の人権委員会の日本政府に対する〈死刑廃止条約〉批准の勧告があった直後のことで、いかにもこの勧告に挑戦するかのような態度であった。二回の死刑執行の結果、一九九三年の年間に執行された人数は七名となり、〈死刑廃止条約〉の母体ともいうべき自由権規約——正式名称は「市民的及び政治的権利に関する国際規約」——が「昭和五四年条約第七号」としてわが国の重要な国内法になって以来、最高の数字を示したのである。私は政府に対しても世の中に対しても、国際感覚と人権感覚の必要を強く訴えなければならない。

しかし、同時に、国内的にも世界的にも、いろいろと大きな動きが出て来ていることも、はっきりと看取される。あらたに追加した第Ⅰ部の**3**で述べておいたように、事態はあきらかに流動化の様相を呈して来ているのである。私はこの第四版では、こうした新しい事態を見据えながら、改めて死刑廃止論を展開することにした。

この版でとくに留意していただきたいのは、第II部の冒頭に議論の「原点」を論じたことである。これは私じしん今まで自覚が不十分であったが、諸家の議論によって触発されたところである。このごろになって、死刑の存廃についての関心や議論が各方面でいよいよたかまって来ているが、その際の視点をあきらかにしようとするものである。

この小著が一般の人々のあいだでもかなり広く読まれるようになって来たことは、心強く、また、ありがたいかぎりである。中でも面白かったのは、「未来」の所属歌人として知られる道浦母都子氏が雑誌「短歌」に寄せられた作品の中に小著を詠みこんでくださったことである。それは、「神、あるいは大いなる闇、団藤重光『死刑廃止論』」というので、一首の意味は捕捉しがたいものがあるが、友人の奥さんがそれを知らせてくださったことが縁となって、同氏との交友が始まった。同氏から送っていただいたその後の作品の中には、この国に死刑があることを「溶暗の岬の月の梔子《くちなし》の色」に譬えたのがあった。これなどは死刑制度の将来を暗示するようで、なかなか意味深長だと思う。

一九九四年八月一五日、第四九回終戦記念日に、軽井沢の山荘で

＊ その後、校正の進行中に生じた新事態も可能なかぎり考察の対象にし、また新しい文献や資料もなるべく採録したので、このはしがきの日付（脱稿の日付）にもかかわらず、ほぼアップ・ツー・デイトのものになっていると思う〔一九九四年一二月一九日追記〕。

［追記］　なお、この第四版については、その後、鶴見俊輔氏が『書斎の窓』（四四四号［一九九五年五号］）に、鶴見氏らしい視点から、よい紹介を書いてくださった。ご激励に感謝申し上げる。

第五版のはしがき

この第五版で私がとくに力を入れたのは、刑事政策におけるヒューマニズムということである。オウム真理教事件の突発を契機として世の中には死刑廃止論は冬の時代になったというような声がひろがってきて、法務当局もさっそく死刑の執行をもってこれに呼応した。いったい、そういうことでいいのか。私は、その短絡的な反応に強い反撥を感じた。こういう事件の発生を憂慮する点では私も人後に落ちないのであるが、その対策は、もっと根本的にこうした事件の社会的病根を断ち切る方向にむかわなければならない。

日本の社会は病んでいる。すばらしい経済発展と科学技術の進歩の反面において、心の問題がおろそかにされている。人間相互の思いやりだとか、助け合いだとかいったものがなくなってきている。私はこんどのオウム真理教事件にしても、そうした背景をもった事件だと考える。

だから、オウム真理教事件には死刑を、といったような近視眼的な対症療法では、問題の解決にはならないのである。「法と秩序」というようなお座なりの発想では駄目であって、もっと腰を据え直して、大きな高い見地からの根本的な対策を考えなければならないのである。

一昨年（一九九五年）の一二月、東京の九段会館で、「死刑廃止を推進する国会議員連盟」と「死刑廃止フォーラム」の共同主催によって、「今こそ死刑廃止を」を主題とする公開講演会が開催されたとき、私はこういった趣旨を基調とする講演を試みたのであった。その講演を敷衍したのが、この版の第I部にあらたに加えた「今こそ死刑廃止を――人道的刑事政策の要望」である。

その後、昨年（一九九六年）四月にはアメリカのインディアナ大学とワシントン大学から同じテーマで講演を依頼されたのであったが、ちょうどアメリカの状況も、「法と秩序」一辺倒としか見えないあたり、日本のそれと酷似しているようにおもわれたので、やはり同趣旨のことを強調したのであった（第V部として収録）。

ヒューマニスティックな刑事政策は、人間の尊厳を基礎にする。人間の尊厳ということは、同時に、すべての人間が自己の人格形成において無限の可能性を秘めていることをも意味するであろう。死刑はまさしくこれを拒否する制度である。私はアメリカの講演では、具体的な例を挙げながら、とくにその点を強調した。これは、私にこの講演の機会を与えられ、かつ直接に聴講してくださったインディアナ大学のホフマン（Joseph L. Hoffmann）教授から、「アメリカでの死刑廃止論に新しい視点を提供するもの」として評価されたことを、ここで読者にお伝えしておきたいと思う。

もう一つ、ホフマン教授から教示された重要な知識は、アメリカ合衆国の建国以来のフェデラリズムの伝統のことである。教授によれば、アメリカでは、この伝統からこの種のことがらについては連邦政府は州に介入しないのが建て前で、アメリカが死刑廃止条約を拒否し続けているのは、そこから来るのだそうである。私は講演の中で、死刑廃止条約に反対している先進国はアメリカと日本だけだという、例の持論を力説したのであるが、聴衆が格別の反応を示さなかったのには、そういう背景があるというのである。これは私にとって耳新しい情報であった。そうだとすれば、日本政府がアメリカに何かというと遠慮し追随するのは、経済や安全保障の関係ならばわからなくはないが、死刑廃止問題に関するかぎり、全く見当ちがいのことなのである。このことは、外務省や法務省をはじめ日本政府にはとくと反省してほしいのである。そういうこともあって、私は、「死刑廃止を推進する国会議員連盟」で先日、総選挙後はじめて総会が開かれた際、このことをとくに披露して議員方の参考に供したのであった。

こういう特殊事情のあるアメリカを別論とすると、先進諸国のなかで死刑廃止条約を批准していないのは、もはや、わが国だけということになる。われわれもEU諸国とともに、死刑廃止国の仲間入りをしようではないか。そうして、憲法前文にあるとおり、「平和を維持し、専制と隷従、圧迫と偏狭を地上から永遠に除去しようと努めてゐる国際社会において、名誉ある地位を占め」るべきではあるまいか。今や憲法施行五〇周年を迎えて、もうそろそろその時期が到来したというべきである。

一九九七年五月三日、憲法施行五〇周年記念日をむかえて

［追記］この第五版については、その後、平川宗信教授（『週刊読書人』一九九七・一〇・二四）、ホセ・ヨンパルト神父（『家庭の友』一九九八年九月号）、大谷恭子氏（毎日新聞一九九九・一二・一二）が、それぞれに紹介・推薦の筆を執ってくださった。この機会に御礼を申しあげる。なお、菊地久代氏からその修士論文を発展させた自著『今だからこそ死刑廃止を』（一九九八年）の恵贈を受けた。若い世代の間にこういう本格的な研究を目指す業績が現れることは、死刑廃止論の将来を約束するものとして、非常に心強いことである。

なお、死刑存置論の代表として最大の論敵であり、また私自身にとっては長年の親友であった植松正博士（一九〇六―一九九九）を一九九九年二月三日に急性心不全によって失ったことは、痛惜にたえないことであった（団藤「植松正博士のご逝去を悼む」犯罪学雑誌六五巻二号［一九九九年］四七頁以下）。博士の門下、村井敏邦教授によれば、植松博士は決して頑なに自説に固執するのではなく改めるべきことがあれば改めるという学風であって、数年前の随筆（植松「見たこと聞いたこと」土地家屋調査士四三七号一九頁）に、「私は死刑の存廃問題を問われると、正義感から、存置支持の意見を言明しているが、国際的運命としては、遠からず日本でも廃止となることを自覚しているので、今後は存置論を言ってみても仕様がないとも思っているので、ここにそのことを言明しておくことにする」と述べておられる由である（村井敏邦「追悼・植松正先生」刑法雑誌三九巻一号［一九九九年］一九五頁）。私は直接きいたことはなかったが、私に対する友情にみちた遺言的な激励として受け止めたいと思う。

第六版のはしがき

いよいよ西暦二〇〇〇年の新年を迎えた。あと一年で二一世紀になる。このあたりで二〇世紀を回顧して、次世紀への展望を考えてみるのも無意味ではあるまい。

私にいわせると、二〇世紀は世界的な戦争の時代であったし、科学・技術と経済の時代であった。しかも、あえていえば、科学・技術と経済の発展も、かなりの程度において戦争との関連においてのものであったといってよいのではなかろうか。だから、人間性の喪失が大きく二〇世紀を特徴づけているのも一種の必然であったかも知れない。二〇世紀において人類が成し遂げた成果は、有史以来の全業績よりも大きかったともいえるが、その功罪は簡単に評価できないのである。

死刑の存廃の問題は、その試金石のひとつである。ヨーロッパはさすがに第二次世界戦争の惨禍を深刻に反省した。その最大の表れの一つがEUの死刑廃止である。日本も大戦によってひどい廃墟になったが、僥倖にも朝鮮戦争という他国の不幸な事態によって復興し、やがて経済大国となった。そのためか、ヨーロッパにおけるような真剣な反省がない。したがって、残念ながら、精神的には、むしろ荒廃の状態が進んできているとさえいっても、過言ではあるまい。

国連総会において「死刑廃止条約」（II 8）が採択されたのは、一九八九年一二月一五日のことであった。西欧諸国はすべてこれに賛成しこれを批准したが、先進国としては日米両国だけが反対し、現在にいたるまで批准の気配をみせていない。のみならず、日本政府は、これに対して、むしろ挑戦的とも受け取られかねない態度を示しているのである。その採択十周年を狙い撃ちにするかのように、あえてその時期を選んで死刑の執行をしたのがそれである。執行が一九九九年一二月一七日であったから、法務大臣の執行命令署名はその何日か前であったにちがいない。すると、まさしく、条約の十周年を狙い打ちにしたかの観があるのである。私は日本政府の国際感覚に強い悲しみを覚えたのであった。

アメリカはベトナム戦争の後遺症ともいうべき犯罪や非行の激増に対して、本来ならばその原因を追求して福祉政策や労働政策をもって対処しなければならないのに、いきなり国家権力による「法と秩序」政策をもって臨んだ。その結果は事態の悪化以外にはない。たまたま現在は経済的繁栄によって一応は破綻を食い止めているものの、社会的には深い病根を残しているのではあるまいか。アメリカについては、まったく別の面のことだが、もう一つ注意しておかなければならないことがある。それは、アメリカには、連邦政府は各州に影響することには立ち入らないという合衆国固有の「フェデラリズム」の伝統があるので、「死刑廃止条約」に関するかぎりは、その関係で消極的にならざるをえないという特殊事情があるということである。その点、わが国とは前提になる事情が根本的に違うことを忘れてはならない。それを知らないで、日本政府が「死刑廃止条約」の関係でもアメリカに追随するというのは、まったくの盲従というほかない。

われわれは、死刑問題のような人間性に深くかかわる問題については、次世紀にそれを期待しよう。現在の世界情勢を特徴づけるのが人間性の喪失であるとすれば、次世紀には人間性の回復を期待しよう。現在の世界情勢を眺めてみると、ことにわれわれの属する地域の諸民族は、残念ながら、現在のところ、互いの啀《いが》み合いに明け暮れている観があるが、本文（II 9）で考察するように、アジア諸民族の文化や民族性は、平和や道徳性の追求において、本来すばらしいものをもっているとおもわれる。私はアジア地域についても死刑廃止は十分に実現の可能性をもっているし、その方向へ向かって努力するべきものとおもっている（イスラームは教義上死刑廃止とは相容れないようで、イスラームの勢力拡大は悲観材料であるが、これは地球全体の問題である）。

私は「主体性」理論の立場から、故サー・カール・ポパーとともに、科学的な意味での「未来学」を否定する。未来は、われわれの努力によって作り上げて行くべきものである。私が次世紀に望みをかけるのはその意味においてである。死刑存廃の重要な要因のひとつは世論だが、世論もウォルター・リップマンの指摘しているとおり、コントロールの可能なものであって、ことに提供される情報の有無とその内容が大きくこれに反映する。政府は、現在のところ、極端な秘密主義によって死刑囚についての情報を極力抑えている。これでは本来あるべき世論は形成されない。私はこの第六版では、「人道的刑事政策の要望」（I 4）の中に「死刑囚の処遇」についての項目を設けて、すくなくともアメリカ並みの死刑囚処遇の改善や情報公開——これには性質上一定の制約があるのは当然だが——を求めてこの問題の追及に当てた。死刑囚の実態がわかれば、一般の人たちの死刑についての観念も変わる可能性が出てくるであろう。「法と秩序」思想のアメリカでさえも、死刑囚の情報ははるかに自由に公開されて、近親者や弁護士への連絡のほか、マスコミをはじめ、ノンフィクションものや映画などを通じて世間に知らされ、多くの成果を挙げている（I 4）。そういうことを含めて、日本でも将来に期待されるべきことは大きいのである。

死刑の問題は、社会的な問題であるとともに、人びとの心の問題である。犯人に対する関係でも被害者に対する関係でも、その身になって考える思いやりの心が根底になければならない。私は正義を重んじる点では人後に落ちないつもりだが、こうした人間的な思いやりの心を欠くときは、正義は名ばかりの虚しいものになってしまう。人間的な思いやりのわかる社会においてこそ、正しい死刑論が可能になり、死刑廃止論も完全に結実するであろう。私はそれを将来に、すくなくとも次世紀に期待する。政治家たちにも各層の指導者たちにも、ぜひ、こういうことをわきまえていただきたいのである。

二〇〇〇年一月一日

団藤重光

死刑廃止論　第六版

ジュリアン・ソレル「たぶんその時分には、だれか哲学的な立法者が、同時代の人々の偏見をうちやぶり、死刑の廃止に成功しているかもしれない。」
——スタンダール（小林正訳）『赤と黒』第二部第三九章

Julien Sorel《Peut-être à cette époque, quelque législateur philosophe aura obtenu, des préjugés de ses contemporains, la suppression de la peine de mort.》
—Stendhal, *Le rouge et le noir*.

ここに掲げたエピグラフについては、本文三〇八頁注39参照。

第Ⅰ部　死刑廃止を訴える

第Ⅰ部の1は一九九〇年一二月一日に日比谷公会堂でおこなわれた「死刑廃止国際条約の批准を求めるフォーラム'90」での私の基調講演の速記をもとにしたものである。なるべく最初の講演の原形を残すため、注の大はばな補訂は当然のこととして、本文は今回も必要な最小限度の加筆にとどめた。

2は、改訂版では「ふたたび死刑廃止を訴える」という見出しであった。これは、一九九二年三月七日にフランスのロベール・バダンテール氏を招聘して同じ場所で開いた上記「フォーラム」の第二回会合「フォーラム'90－Ⅱ」の際のシンポジウムでの私の発言をもとにして、整理敷衍したものであった。第三版以降、その後の事態にも論及して、「重ねて死刑廃止を訴える」と改めたが、基本的なトーンにはもちろん変りはない。

3の「状況の流動化——改めて死刑廃止を訴える」は、一九九三年における死刑の執行の再開、国連人権委員会からの日本政府に対する〈死刑廃止条約〉批准の勧告、死刑廃止を推進する議員連盟の結成など政界に見られる新動向、日米最高裁判所の最近の動き、等々、状況の流動化が見られるので、第三版以後に現れたこうした動向を踏まえて、第四版であらたに書き加えたものである。

4の「今こそ死刑廃止を——人道的刑事政策の要望」は、一九九五年一二月二日、「死刑廃止を推進する国会議員連盟」と「死刑廃止条約の批准を求めるフォーラム'90実行委員会」の共同主催による大会が東京の九段会館で開催された際の基調講演である。それに一九九六年四月四日、アメリカのインディアナ大学およびワシントン大学で行なった講演「死刑廃止論（Toward the Abolition of the Death Penalty)」(72 *Indiana Law Journal*, 7［1996］)（本書第Ⅴ部に収録）を加味して、若干の加筆をした。

1　死刑廃止を訴える

はじめに──●

きょうここにお集まりの方々は、皆さん全部が死刑問題に関心をお持ちになっているわけですが、死刑の存廃については、どういう考えをお持ちになっているか、きょうのフォーラムに参加するためにおいでくださった方々ですから、おそらく死刑廃止論の方が多いでしょうが、廃止反対の方も聞きに来ていらっしゃるにちがいない。また、死刑を廃止するべきか、存続させるべきか、なお迷っておられる方が、相当数おられるものと存じます。したがって、きょうの私のお話も、そういうことを頭に置いて申し上げたいと思います。

申し上げるまでもなく、死刑の問題は実に深刻かつ複雑多岐で、人間の生死という根本問題をはじめ、倫理や正義の問題だとか国家権力の問題だとかのように、哲学的・宗教的・社会的・政治的など、あらゆる見地からみてきわめて重大かつ深刻な問題を含んでおります。歴史的に見て過去はどうであったか、現在の諸国の法制はどうなっているか、といった問題も、われわれにとって非常に参考になる大切な問題です。しかし、それらの問題はすべて第II部（とくに5から9まで）と第IV部にゆずることとし、ここでは、お集まりの皆さんの興味に焦点を合わせて、なるべく端的なお話を申し上げることにしたいと思います。

死刑廃止論への道程――●

私は刑法学者でありますから、昔から死刑問題にはもちろん格別の関心をもっておりました。ことに私自身の人格責任論や動的刑罰論の立場から、純理論的にも、死刑にははじめから根本的に疑問をもち、廃止論に傾いておりました。しかし、告白しますと、私にとってはっきりと廃止論に踏み切るべく問題があまりに重大かつ深刻で、長いこと慎重な態度を取り続けていたのです。教科書でも、「私は根本的に廃止論に傾かざるをえない」といったあまりにも慎重な、微温的な態度をとっていたのです。(1) お恥ずかしいことですが、最終的な踏ん切りがつかないでいたのであります。私が積極的な廃止論者になったのは、最高裁判所に入って、実際に死刑事件を担当するようになってからであります。もちろん、司法の場である以上、裁判をするのには現在存在している死刑制度を前提とする以外にないわけでありますが、それだけに、心の中では、いろいろと深刻な矛盾・葛藤を感じて、次第に強く廃止論者になって行き、そうして、今では決定的に確信的な廃止論者になったのであります。

その最大の理由は、今まではいわば理論の問題として頭で考えていたことを、今度は実際の生《なま》の事件について身をもって心で痛切に感じるようになったことです。いうまでもなく、裁判官にとって事実認定がいちばん大事なことです。このことは、私も、理屈の上では、裁判官になる前も十分に承知していたつもりでしたが、いよいよ裁判官になって本当の事件にぶつかってみると、まさしく真剣勝負とよりほか言いようがないのです。まして死刑事件になると、いまさらながら事実認定の重さに打ちひしがれる思いでした。死刑廃止の気持ちが決定的になったのは、何よりもまず、そういうところから来ているのです。

もちろん、事案としては、ずいぶん犯行が残酷で情状としても同情の余地のない事件がありますので、国民一般の感情や被害者側の立場を同時に考えないでは、正しい裁判はできないと思います。裁判というのは正義を与えることですから、被害者やその遺族の立場を抜きにして判断することはできません。しかし、それと同時に、死刑判決の場合には、〈いま新しく被告人の生命を法の名において奪うことが、本当に正義の要請だといえるのだろうか〉という根本的な疑問が湧いて来るのを、如何ともすることができません。法は世の中にそのあるべき姿を示すのでなければなりません。国民に対して生命の尊重を求めながら、法がみずから人の生命を奪うのを認めるということでは、世の中に対する示しがつかないのではないでしょうか。アルベール・カミュの言葉を借りれば、それは「人を堕落させる見本となるのがせいぜい」であります。(2) ドストイェフスキーは一八四九年のペトラシェフスキー事件に巻き込まれて死刑を宣告され、執行の直前に劇的な特赦によってシベリア送りになったという強烈な体験をした人ですが、(3)『白痴』の中で主人公のムイシュキン公爵にこう言わせています。「『殺すべからず』とは聖書にもちゃんと書いてあります。それだのに、人が人を殺したからって、その人まで殺すことはない……。殺人罪で人を殺すのは、当の犯罪に較べて釣り合いのとれないほどの刑罰です」と。(4) かれは死刑の執行を「魂の侮辱」だといっています。これは誤判の問題を抜きにしても湧いて来る根本的な疑問ですが、まして誤判の懸念が最後までつきまとうので、悩みは一層深刻になるわけであります。

私は、個々の事件について死刑が相当かどうかという問題と、死刑制度そのものの存廃の問題とは、次元が違うと思うのです。個々の事件に関するかぎり、私自身にしても、事件によっては、事実認定にまったく疑問を容れる余地がなく、犯行の残虐さを考えると素朴な人間的感情から言って死刑が当然だと思うことがないわけではありません。しかし、そのことと死刑制度そのものの存廃のこととは、問題が違います。すべて制度というものは、その運用を離れては存在しませんから、死刑制度にしても、どうしても誤判の問題に行き当たらざるを得ないのです。

学者によっては、誤判は死刑に限ったことではないのだから、死刑存廃の議論には、誤判の問題は括弧に入れて、およそ「人を殺した者」に対して死刑を科する道を残しておくべきかどうか、という純粋な形で問いと答えを出さなければ、議論に夾雑物がはいって来るという意見の人がいます。(5) これは制度ということを忘れた議論だと思います。哲学の議論ならこれでいいかも知れませんが、法律の議論としては、これでは通らないのです。

死刑と誤判――●

誤判の問題（詳しくはII 2）が大きくクローズアップされたのは、一九七五（昭和五〇）年に私の所属していた最高裁判所第一小法廷で、再審開始の要件を緩和した「白鳥決定」(6) を出してからのことです。この決定が出てから、四件もの死刑事件が再審無罪になったことは、みなさんの記憶にも強く残っていることと思います。その中の免田《めんだ》事件と財田川《さいたがわ》事件は、再審事件の抗告がたまたま第一小法廷にかかりました。この二つの事件は、記録をよく読んで見ると、正直言って、無理な認定だという感じをいだかざるを得ませんでした。しかし、これらの事件でさえも、白鳥決定が出るまでは再審の門をなかなか通れなかったのです。言い換えれば、それ以前において、再審請求が通らないで死刑を執行されてしまった人の中には、無実の罪で処刑された人がいた可能性が強いわけで、しかも、その数は明治時代以来かならずしも僅かではなかったのではないかと思われます。そのことを思うだけで胸が痛みます。

今では再審の道がある程度ひろくなり、一、二審でも従来にも増して慎重になるでしょうから、今後は誤判がずっと少なくなることは間違いないと思います。しかし、これから誤判が本当に絶無になると、いったい誰が断言することができるでしょうか。もちろん、事実認定の点で、裁判官は十分な訓練を受け、かつ、経験を積んでいます。しかし、人間である以上、絶対に間違いがないと言い切ることはできないはずです[7]。しかも、再審による救済にも限界があって[8]、決して絶対的なものとは言えないのです。

死刑事件では、事実認定の関係で、特別にむずかしい問題にぶつかります。普通の事件では、合理的な疑いがあれば無罪、合理的な疑いを超える心証が取れれば有罪、というのが刑事裁判の大原則です。ところが、死刑事件については、それで行くとどうなるか。私は最高裁判所に在職中に、記録をいくら読んでも、合理的な疑いの余地があるとまではとうてい言えない、しかし、絶対に間違いがないかと言うと、一抹の不安がどうしても拭い切れない、そういう事件にぶつかりました。

具体的事件ですから、ずっと抽象化してお話しする以外にありませんが、それはある田舎町で起こった毒殺事件でした。状況証拠はかなり揃っていて、少なくとも合理的な疑いを超える程度の心証は十分に取れるのです。ところが、被告人、弁護人の主張によれば、警察は捜査の段階で町の半分だけを調べたところで、一人の怪しい人物を見付けて逮捕しました。それが被告人だったのです。町のあとの半分は調べていなかった。もしあとの半分も調べていれば、同じような状況の人間がほかにも出て来た可能性がないとは言い切れないのです。被告人は捜査段階では自白したのだったかどうだったか忘れましたが、少なくとも公判へ来てからはずっと否認を続けていて、絶対に自分ではないと強く言い張っているのです。

そのような事情も、個々の証拠の証明力を減殺するといったものではないので、合理的な疑いが出て来るとまでは言えませんから、事実誤認の理由で破棄するわけには行かない。しかし、それでは絶対に間違いがないかというと、一抹の不安が最後まで残るのです。要するに、合理的な疑いを超える程度の心証は取れるのですから、証拠法の原則からいって有罪になるのが当然だった。しかも、もし有罪とすれば、情状は非常に悪い事案でしたから、極刑をもって臨む以外にはないというような事件だったのです。私は裁判長ではなかったのですが、深刻に悩みました。しかし、死刑制度がある以上は、何とも仕方がなかったのです(9)。

いよいよ宣告の日になって、裁判長が上告棄却の判決を言い渡しました。ところが、われわれが退廷する時に、傍聴席にいた被告人の家族とおぼしき人たちから「人殺しっ」という罵声を背後から浴びせかけられました。裁判官は傍聴席からの悪罵くらいでショックを受けるようでは駄目ですが、この場合はいま申したような特異な事情でしたので、これには私は心をえぐられるような痛烈な打撃を受けたのです。その声は今でも耳の底に焼き付いたように残っていて忘れることができません。

このように、事実認定の問題というものが、死刑の場合にはちょっと独特な形をとって現れて来ます(10)。事実だとすれば死刑以外にないというような極度に悪い情状の場合に、事実認定に一抹の不安があるという理由で死刑を無期懲役にするという理屈は、現行法上では成立しません。[11] 死刑制度がある以上は、何とも抜け道のない立場に立たされることになるのです。事案によっては、情状の認定の仕方によって無期懲役にするということも、あり得ないわけではないでしょうが、この事件のように、情状そのものとしては軽く認定する余地がない場合は、お手上げだと思います。それに、そういう小手先のやり方でお茶を濁すだけでは、死刑の存廃という根本問題を解決することはできないのではないかと、私は思います。

正義論から見た死刑——●

この辺りで、人の生命を奪った者は刑罰として生命を奪われるのが当然ではないか、という議論について、もう少し考えてみましょう（詳しくはⅡ3）。

先程もお話ししたように、裁判では、被害者の感情は十分に考えないといけません。応報観念というものは、昔からの素朴な民衆感情で、「目には目を、歯には歯を」[12]といった考えは旧約聖書にもコーランにも出て来ますし、仏教にも因果応報といった観念があります。法ないしは裁判としては、こういったものを剝き出しの生《なま》の感情のままで認めるわけには行きませんが、そうかと言って、こういう人間的な感情を無視することはできません[13]（被害者の問題についてはⅠ4）。

もちろん、殺人の被害者の遺族でも、犯人を死刑にしたからといって、それで気が済むものではないでしょう。犯人が死刑になっても、殺された人が生き返るわけではないし、遺族には空しい虚ろな気持ちが残るに違いありません。だから、殺された人の遺族の中にも、非常に悩んだ末に、最後には、犯人を死刑にしないでほしいと言って、むしろ、それを機会に死刑廃止論者になった人さえあります。[14][15]これは、まことに感動的な尊いことです。応報感情もこうした形で昇華されることがあり得るのです。

一般的にいえば、肉親が理由もなしに惨殺されたような場合に、犯人が死刑にもならないでいるとしたら、何とも釈然としないのが普通でありましょう。正義という点から言って、そのような人間的な感情は満足させなければいけないはずです。ですから、世の中に、殺人罪について死刑廃止に対する反対論が根強いのも、無理からぬところがあるわけです。

しかし、ここで、同じく正義論の見地から、ぜひとも、よくよく考えていただきたいことがあるのです。試みに、「自分がやったんじゃない」と絶叫しながら絞首台の露と消える人のことを想像してみてください。ずっと前のことですが、私は実際にそういう話を聞いたことがあります。死刑廃止論者として著名な精神医学者の小木貞孝博士によれば、死刑囚には「無罪妄想」というのがあるそうですが、[16]全部が全部そうでないことは、もちろんでありましょう。もしそれが本当に無実の者であったとすれば、いったい、こんなに不正義なことがあるでしょうか。今日では、もうそんなことは起こり得ないという人がいるかも知れません。しかし、神ならぬ身のそんなことを本当に保証できる人はいないはずです。[17]

なるほど、被害者側の感情を満足させることは、それじたいとして、正義の要請に違いありません。しかし、無実の者が処刑されるということは、そんなこととはまるで釣り合いがとれない位大きな不正義であります。たとい、わずかの可能性であるにしても、無実の者が処刑されるという「犠牲」において、被害者側の感情を満足させることは、正義の見地から言っても、とうてい許されることではありません。このように、法や裁判の本質である正義の見地から言っても、私は絶対に死刑制度というものは置いておくべきではないと思うのです。被害者の保護・補償は別の形で考えられるべきことです。

〈死刑では、誤判があった場合には、取り返しがつかないではないか〉ということは、昔から言い古された議論です。私も、もちろん、昔から、この議論はよく知っていて、頭では解っていたつもりでした。しかし、実は、頭で解っていただけで、本当に身につまされて心底から解ってはいなかったのです。最高裁判所で自分で死刑事件を扱う立場に立ってみて、私は死刑事件における事実認定の重みというものを、はじめて、いやというほど痛切に味わわされたのでした。今では、私は、この言い古された議論こそが、死刑廃止論の最後の決め手になるものと信じるのです。

死刑と世論――●

総理府では、以前から、何回か死刑の存廃の問題についての世論調査を行なっていますが、どうもアンケートの出し方そのものが非常に悪いと思います。ことに最初のころ、例えば、一九六七（昭和四二）年の調査で言いますと、「人を殺した者」、「内乱の首謀者」、「人のいる建物に火をつけた者」といったいくつかの項目を立てて、これに対する意見の選択肢としては、「死刑にすることができるようにしておいた方がよい」、「死刑にできないようにしておいた方がよい」、「一概にいえない、わからない」というようにしてあった。そこには、およそ誤判の可能性というようなことは隠されています。これでは、存置論が七〇％、廃止論が一七％というような結果になったのは[18]、当たり前ではないでしょうか。

昨年（一九八九年）一二月の世論調査では、アンケートの出し方がやや改善されてはいますが、それでも、誤判の可能性ということは、廃止論をとった人だけに対する質問として、なぜ廃止論をとるかという理由の小分けとして出されているだけなのです。これでは、やはり、駄目です。〈万一にも無実の者が処刑されるかも知れない可能性があっても仕方がないから、殺人を犯したとされる者には、死刑を残しておいた方がよいと思いますか〉というように、死刑に関する情報を十分に与えた上での質問ですと、回答は違って来ると思います。誤判の問題にかぎらず、すべて事柄をよく理解させた上でアンケートをとらないと、正しい回答は望めないと思います。ついでながら、上智大学のホセ・ヨンパルト教授が最近学生を対象に試みられたアンケートでは、存置論が一七七人、廃止論が二〇五人であったということです。

今回のいわゆる死刑廃止条約[19]の関係にしても、政府が批准に消極的なのは、国民の世論が消極的だということが背景にあるわけですから、総理府の世論調査は、もっときちっとやってもらわなくてはならない。日弁連あたりも、調査のやり方について、総理府にもっと働き掛けてほしいものだと思います（世論の問題については後にもう少し詳論します。I 2参照）。

死刑と刑事政策――●

ここで、死刑存置論の有力な論拠の一つになっている刑事政策の問題、すなわち、死刑を廃止すると凶悪犯罪が増えるのではないか、という問題について、一言触れておきましょう。私はそういうふうに見る実証的な根拠はないのではないかと思います。反対に犯罪学者の研究の中には消極の結論を立証すると言ってよいようなものがいくつもあります。例えば、アメリカでは死刑を廃止した州と存置している州とがありますが、存置州と廃止州の中で、他の点で社会的条件の近似しているものを取り上げて、両者の殺人罪の数を比較した結果、有意的な差異が認められなかったという故サザランド教授のような研究があります。[20]常識的に考えても、殺人犯人が死刑が怖いから殺人をするのを止めるということは、ほとんど有り得ないのではないでしょうか。[21]殺人罪の増減と死刑執行数との関連について、計量経済学的な手法を駆使して、時間系列的・縦断的考察と地域比較的・横断的考察とを加えたアイザック・エーアリック（エールリッヒ）氏の研究[22][23]は、死刑の抑止的効果――威嚇的・一般予防的効果――を実証するものとして、格別に注目に値する重要な成果ですが、同様の方法で異なる結論に達している研究も現れておりますし、死刑の効果については、種々の社会的なサブカルチャー、銃器や薬物の問題のような計量経済学的手法になじまない種々の要因があることを考えますと、こうした研究だけによって簡単に死刑の抑止効果を認めるわけにはいきません。それどころか、むしろ逆に死刑が「残虐性助長効果」によって犯罪を増加させる原因にもなっていることを指摘する研究も出て来ているくらいです(II 3)。イギリスの有名な犯罪学者ロジャー・フッド博士も、こうした多数の研究調査を綿密・冷静に分析検討した結果、やはり死刑廃止論の立場に有利であることを認めております。[24][25]

百歩を譲って、死刑の廃止による凶悪犯罪の増加ということがある程度実証されたと仮定したとしても、私は、かりそめにも無実の者の処刑――それは死刑制度がある以上不可避的に伴うものです――という人道上絶対に許すことのできないような大きな不正義の犠牲において、刑事政策を優先させることは、とうてい認めるわけには行きません。それでもなおかつ刑事政策を優先させるべきだという議論をする人がもしいるならば、私はその人の人間としてのセンスを疑わざるを得ないのであります。

「残虐な刑罰」と死刑――●

皆さん、死刑は残酷なものであります。日本では、死刑は絞首によります。私は、だいぶ前のことですが、仙台の拘置所（仙台拘置支所）で刑場を見せてもらいました。床に一～二メートル四方の穴が切られていて、そのふたが掛け金で止めてある。その上に死刑囚を立たせて、首にロープの輪を掛け、横から掛け金を外すと、死刑囚の体が下の部屋に落ちる。ロープで首を絞められて窒息死する前に下に落ちた瞬間に頸骨が折れて、意識は途端に無くなるのだろうと思いますが、体の痙攣が暫く残る。完全に死亡するまでには普通、一〇分あまりもかかるのでしょうか。医官が死亡時刻を確認します。(26)私はもちろん自分で立ち会ったことはありませんが、これは普通の人の神経にはとうてい耐えられないものだろうと思われます。外国には、執行が本人になるべく苦痛を与えないように、いろいろ工夫しているところがあります。私はアメリカではサン・クェンティン刑務所のガス死刑の部屋だとかシンシン刑務所の電気椅子だとかを見て来ましたが、執行の実際について現場の話を聞くと、やはり、非常に残酷なものです。(27)その後、毒液の注射による注射死刑が主流になって来ましたが、これもひどいものだということです。

しかし、死刑の残酷さは、その執行じたいにかぎりません。死刑囚が執行を待つ間に経験する一種の極限状態は、執行じたいにもまさる残酷なものといえるかも知れません。(28)(29)それは、まさしくドストイェフスキーのいわゆる「魂の侮辱」ともいうべきものでありましょう。死刑囚がいろいろな精神障害をおこす事例を加賀乙彦氏が書いておられますが、(30)さもありなんと思われます。死刑囚の中には、最後には安心立命の澄み切った境地になる人がいるようですが、(31)そういう人に対して死刑の執行をすることは、これまた、どんなに虚しいことでしょうか。死刑は、真犯人を前提としてさえこのように残酷なものです。まして、死刑制度には、誤判によって無実の者を処刑してしまう可能性が必然的に内在しているのですから、それはこの上なく非人道的であり残虐なものであります。

最高裁判所は、一九四八（昭和二三）年に、「一人の生命は全地球よりも重い」としながらも、死刑の合憲性を認める大法廷判決を出しました。(32) 憲法三六条において「残虐な刑罰」を禁止していますが、他方では憲法三一条において、「何人も、法律の定める手続によらなければ、その生命……を奪はれ、又はその他の刑罰を科せられない」(33)という形の規定を置いていますので、その文言からいって、死刑を少なくとも「一般に直ちに」「残虐な刑罰」に該当するものとはいえないし、死刑違憲論はなかなかむずかしいのです。ただ、あの判決には、将来、国民感情の変化(34)によって死刑が憲法三六条のいう「残虐な刑罰」になりうるという補足意見がついているのですから、あれから四〇年以上も経った今となっては、その間に死刑事件の再審無罪も実際に四件も出たことでもありますし、改めて最高裁の判断を求めてみる必要があるでしょう。(35)

私はこの講演の当時は右のように考えていましたが、その後、私の考えはさらに発展して来ました。今、それをすこしばかり追加して申し上げてみたいと思います。第一点は、すでに第四版（三〇頁注29——この第六版では三六頁注38）においても、述べておいたところです。

第一に、右に引用した最高裁の判例のいうとおり、憲法の解釈として、死刑をおよそ「一般に直ちに」違憲だということは無理だとしましょう。[36] しかし、そこからすぐに現行法の絞首刑が合憲だという結論は出て来ないはずです。現にアメリカでは、もともと死刑が認められている連邦および州では絞首刑が一般的であったのが、より苦痛のすくない人道的な方法をということで、現在では絞首刑は次第に姿を消して行って、やがて電気椅子というものが出来、これも残酷だというのでガス死刑が案出され、さらに毒薬の注射による死刑が発明されました。[37] 州によっては、絞首刑あるいはガス死刑と注射死刑とを受刑者の選択にまかせているところもあります。しかし、これらについてももちろん問題がありまして、ことにガス死刑については、残虐で違憲だということで、すでに連邦の下級審にはこれを違憲とする判決も出ております。[38] ちなみに、医の倫理の関係で――とくに注射死刑については薬液施用のこともあって――深刻な問題があることも、つけ加えておきたいと思います。[39]

のみならず、第二に、かりに、現行法における絞首刑そのものが抽象的に合憲だとしましても、わが国で実際に行なわれている死刑執行の密行性や死刑囚の処遇などは、残虐性を与えるというべきではないでしょうか。これは、まさにアムネスティ・インターナショナルの日本関係の文書(AI Index : ASA 22/02/96) に指摘されているところで、私はこれは正論だとおもうのです。実際にアメリカの実務と比較してみますと、彼我の差があまりにも顕著です。あちらでは、執行の日時はかなり早い段階で本人や家族や弁護士に連絡されて、恩赦の請願をはじめ種々の法的手続きを取る機会が与えられますし、本人が慰めのために宗教者に接触したり、家族と最後の別れを惜しんだりすることができるようです。(40)その様子がテレビで放映される例もあったくらいです。(41)わが国では、とくに昭和三八（一九六三）年三月一五日法務省矯正甲九六号の通達(42)によって、「精神の安定裡に死刑の執行を受けることとなるよう配慮」する趣旨から、「本人の心情の安定を害するおそれのある場合」「その他施設の管理運営上支障を生ずる場合」などには、死刑確定者の接見および信書の発受については概ね許可を与えないこととされているのです。以前は死刑囚ももっと自由で人間味のある処遇を受けていたように思うのですが、この通達によって死刑の執行は、非人間的ともいうべき厳格な密行主義になってしまったのでした。(43)アムネスティ・インターナショナルによって、このことが問題として取り上げられたのは、当然であったと思います。この通達の問題については、なお、I4の「死刑囚の処遇」の項でもっと正面から立ち入って考察します。

死刑廃止論推進の視点──●

いずれにせよ、死刑違憲論の成否いかんにかかわらず、私は憲法一三条、三六条などに見られる憲法の精神、さらには右の憲法三一条の解釈上認められる「実体的デュープロセス」の趣旨を援用することによって、死刑廃止論を推進するのが本筋だと思っています。

世界を見渡しますと、アムネスティ・インターナショナルの調査(44)によれば、一九八九年一月一日現在において、全廃国は三五カ国、通常犯罪についての廃止国は一八カ国、事実上の廃止国は二七カ国、合計すると八〇カ国にのぼっています（追記、一九九九年四月現在の数字については、後出四五一頁参照）。その後、現在（一九九〇年）までに、東欧の国を含む数カ国があらたに廃止国に加わっています（Ⅳ1参照）。なお、特にヨーロッパのいくつかの国のように憲法じたいで死刑を禁止しているところさえもがあるのであります。日本国憲法の前文には、「われらは、平和を維持し、専制と隷従、圧迫と偏狭を地上から永遠に除去しようと努めてゐる国際社会において、名誉ある地位を占めたいと思ふ」とうたわれています。私たちは、このような「国際社会における名誉ある地位」を占めるべく、死刑の廃止に向かって、死刑廃止条約の批准を目指して、積極的に前進するべきではないでしょうか。

死刑廃止を目指して――●

それには、死刑を廃止することが可能になる条件を作らなければなりません。まず、運用の上で、死刑の言渡しをなるべくゼロに近づけること、また、言渡しがあっても、なるべく執行しないように持って行くことです。(45)

ここで忘れてならないのは、日本では、実際に平安朝の時代にほとんど三五〇年間（八一〇―一一五六年）、ほんの二、三の例外があるだけで、死刑を執行しなかったという実績があることです(46)（二八一頁以下）。われわれは、そういう世界に誇るべきすばらしい歴史をもっているのですから、現代でもそれは可能なはずです。

死刑の言渡しについては、永山事件の一審死刑を無期懲役に変更した東京高裁の「船田判決」は、「如何なる裁判所がその衝にあっても死刑を選択したであろう程度の情状がある場合に限られる」という厳格な基準を示しました。最高裁第二小法廷は破棄・差戻をしましたが、この破棄判決もよく読んでみると、読み方にもよりますが、「船田判決」の趣旨をかなりよく残していると私は思います。この精神で行けば、もっともっと死刑判決が減ってもいいはずです。実際にはかなり期待が裏切られていますが、それでも、以前ならば死刑になったであろう事件が、最近はだいたい無期懲役で収まっています。試みに最近の第一審の死刑言渡しの人数をみますと、一九八五（昭和六〇）年から一九八九（平成元）年までのあいだ、九人、五人、六人、一〇人、二人という具合で、平均して年間六人強というところです（後出四五八頁第一表参照）。これは決して満足できる数字ではありませんが、しかし、大正元年から五年間の平均が五〇・二人、昭和元年から五年間の平均が二五・六人であったのですから[47]、これに較べるとずいぶん少なくなっているのです。この程度の人数ならば、いま死刑を廃止したからといって、それによって社会秩序が乱れるなどということは、想像できないのではないでしょうか。この点からみても、私は、すでに死刑を廃止した諸国と比較して、わが国でも、死刑廃止の条件は十分に整っているとみてよいのではないかと思います。

それから、未執行の死刑囚の人たちが、昨年末（一九八九〔平成元〕年末）で、四〇人います[48]（追記、一九九一年末で五〇人を超えました)。その人たちが何とか死刑を執行されないで済むようにできないものか。また、今後、死刑宣告を単に名目的なものにすることも、考えられるかも知れない。このごろ、死刑執行停止法案の運動が起こっていますが[49]、この方向に向かっての重要な試みだと思います。試行錯誤的な運動も重要であります。イギリスでは、死刑の試験的な廃止の後、ついに確定的な死刑廃止の目的を達しました[50]。

政府が死刑廃止に消極的なのは、何と言っても世論が消極的だからです。政府が死刑囚のことを極秘にしているのも、世論操作の意図を勘ぐらないわけにはいきません。世論は世論調査に端的に現れますから、さきほど申したように、政府の調査のやり方について批判の目を光らせている必要がありますが、もっと根本的には、やはり世論そのものを動かして行く必要があります(しかし、本当は、人権の問題は世論に左右されるべき性質のものではないのです。後出一五五頁)。草の根運動が大切であると同時に、すぐれた政治家の見識と指導力にまつところも大であります。フランスのように、ミッテラン大統領の決断によって死刑の廃止が実現した国もあるのです(四一頁、三六一頁)。わが国でも、このごろは国会議員を含む多数の政治家の方々が超党派的に死刑廃止運動に加わって来られましたことは、心強い限りであります[51](その後、国会議員の死刑廃止連盟が結成されました)。

おわりに──●

こうしたことのすべての背景に、われわれは、強いヒューマニズム精神こそが死刑廃止への情熱を支えていることを、自覚していなければなりません。私自身は昨年（一九八九年）の秋、ロンドンのアムネスティ・インターナショナル本部を訪ねたとき、そこの人たちのあらゆる政治的立場やイデオロギーを超えた献身的な活動ぶりに打たれ、また、世界中に張りめぐらされたネットワークによって目覚ましい仕事をしているのに感動しました(52)。帰国後、日本支部を訪ねて、規模こそまだ小さいが、職員やボランティアの人たちの熱心な活動の様子を見て、これまた感激して、協力をお約束したような次第です。そのほかにも、きょうのこのフォーラムの共催団体になっている諸団体(53)のように死刑廃止を目標とするいくつかの熱心な団体があります。こうした国民運動の輪をひろげて行くことが、大切なことだと思います。皆さん、どうか、ご一緒に、死刑廃止の実現へ向かって、そうして、死刑廃止条約の批准を目指して、強くて息の長い運動の輪を広げて行こうではありませんか。

(1)　団藤重光『刑法綱要総論』初版（一九五七年）三七八頁以下、改訂版（一九七九年）四五七頁以下。私は同書三版（一九九〇年）で、はじめて決定的に廃止論の立場を明確にした（四八六頁および「はしがき」二頁）。苦悩の歳月であったが、それだけに私の廃止論は今では強固な信念になっている。

（2） アルベール・カミュ（杉捷夫＝川村克己訳）『ギロチン』（一九五八年）二九頁。

（3） ドストイェフスキー（米川正夫訳）『作家の日記』（「一八七三年」の項）（一九五二年）一五三頁。――ちなみに、この死刑宣告は、実は専制君主ニコライ一世が一味を懲らしめるために悪辣にも仕組んだもので、執行寸前に特赦を与えることも初めから筋書きにあったのだそうである。ドストイェフスキーじしんはその試練に耐えたが、仲間の一人はその瞬間に精神異常を来たしたという。米川正夫訳『死の家の記録』（一九五二年）の巻末の訳者解説（四三一―四三二頁）参照。

（4） ドストイェフスキー（米川正夫訳）『白痴』（一九五一年）二一頁。

（5） 私はここに親愛なる植松正博士（1906-1999）を論敵として挙げなければならないのを残念に思う。博士によれば、「誤判はあってはならない。けれども、それは死刑の問題とは別の次元に属する。それを死刑に特有の如くに取り上げるのは誤魔化しであると言うべきである」とされるのである（植松正「死刑廃止論の感傷を嫌う」法律のひろば四三巻八号〔一九九〇年〕一一頁以下、とくに一四頁）。――ちなみに、門下、村井敏邦教授によれば、植松博士は決して頑なに自説に固執するのではなく改めるべきことがあれば改める学風であって、数年前の随筆（植松「見たこと聞いたこと」土地家屋調査士四三七号一九頁）に、「私は死刑の存廃問題を問われると、正義感から、存置支持の意見を言明しているが、国際的運命としては、遠からず日本でも廃止となることを自覚しているので、今後は存置論を言ってみても仕様がないとも思っているので、ここにそのことを言明しておくことにする」と述べておられる由である（村井敏邦「追悼・植松正先生」刑法雑誌三九巻一号〔一九九九年〕一九五頁）。博士、今や亡し。悲しいことながら、もう論争もできなくなってしまった。ここに改めて哀悼の意を表する（団藤「植松正博士のご逝去を悼む」犯罪学雑誌六五巻二号〔一九九九年〕）。なお、〔三七〕頁参照。

（6） 最一決昭和五〇年五月二〇日刑集二九巻五号一七七頁。

(7)　吉益脩夫博士は、鑑定についても、科学の発展段階との関係から不可避的で取り返しのつかない誤りを犯すことがあり得ることを指摘しておられる(正木亮＝吉益脩夫編・正田昭『黙想ノート』〔二刷・一九七一年〕二一九頁以下)。博士は、精神医学の見地から強い死刑廃止論者であられたが、その根拠の一つはこの点にあった。後出一九〇頁注21参照。

(8)　再審による救済の限界の一つは、再審の門戸が広げられたとはいえ、再審原由は性質上決してルーズなものではないということにあるが(例えば、名張毒ブドウ酒殺人事件に関する最三決平成九年一月二八日刑集五一巻一号一頁〔大野・園部・可部・千種・尾崎各裁判官〕参照)、もう一つ、実際上の限界として、死刑囚の接見・通信の制限によって、外部の者ことに支援者などとの交通が不可能なために再審請求の準備が事実上できないことが挙げられなければならない。この後の点は、運用によって改善が可能なはずである。本来、死刑囚には刑事被告人に関する規定が準用されることになっているが(監獄法九条)、それは死刑囚は自由刑の受刑者とはちがうという消極面だけでなく、死刑囚の権利の行使を保障するという積極面に意義があるのである。死刑囚の権利としてもっとも重要なのは、再審を請求する権利と恩赦を求める権利である(刑事訴訟法四七五条参照)。恩赦の出願(恩赦法施行規則六条、九条)については、自由権規約――正確には「市民的及び政治的権利に関する国際規約」(昭和五四年条約七号)――の六条四項に「死刑を言い渡されたいかなる者も、特赦又は減刑を求める権利を有する」ものとされていることが、特に留意されなければならない(後出一二九頁以下、三三二頁以下、三五三頁以下)。ところが、実際の運用上は、死刑囚の接見・通信は被告人に較べてはるかに制限されているようである(昭和三八年法務省矯正局長通達)。この通達は本人の「心情の安定」を理由とするもので、一面においては死刑囚の処遇として正しいものをもっているが、それが上記のような死刑囚の重要な権利の行使を阻害することは許されない。なお、I 4の「死刑囚の処遇の問題」の項(一二九頁)に詳論するところを参照されたい。

(9) 私は、これによって、この種の事件に必然的に伴う裁判官の苦悩が死刑制度に内在するものであることを、示したのである。しかも、それは裁判官の単なる主観的な苦悩といったものではなく、制度としての死刑の致命的な欠陥を露呈するものにほかならない。死刑制度の存在を前提とするかぎり、本件に関する最高裁判所の法的な事件処理そのものには、微塵も誤りはなかったのであり、私自身にしても、この事件をもう一度扱うとしても——新証拠が出て来ないかぎり——同じ結論にならざるを得なかったであろうと思う。この事件が果たして神の目から見て誤判でなかったかどうかは知る由もないが、誤判であったと仮定しても、罪は裁判所にではなく、死刑制度そのものにあることを私は言いたいのである。

(10) これに対しては、論理構造としては死刑事件と死刑以外の事件とで異なるところはないのではないか、という批判が出て来るであろう。そのとおりであって、死刑以外の事件でも、まったく同じ事態が起こり得るのである。しかし、万一誤判があった場合の救済の点で、決定的な違いが出て来る。死刑執行後に再審で無罪になって遺族に刑事補償が与えられても(刑事補償法四条三項)、それが何になろう。懲役刑などの場合でも、失われた青春は再び戻って来ないが、生命とは比較すべくもないのである。死刑事件の事実認定について一抹の不安でさえもが裁判官を深刻に悩ませるのは、そこから来る。まして、被告人にとっては、それは悩みなどといった生やさしい次元のものではないのである。私がここに事実認定の問題が死刑の場合には独特の形をとって現れるといったのは、この趣旨においてである。

(11) しかし、実際には事実認定に不安がある場合には死刑のかわりに無期懲役にするということが行なわれているらしい。バダンテール氏の来日の機会に行なわれた朝日新聞(一九九二年三月一六日)の座談会(後出五七頁注6)で、植松正博士が次のような興味のある発言をされた。

有名な弁護士が「無期懲役は誤判の吹きだまりだ」と言ったことがあります。つまり、死刑にしようかどうしようかと考えたときに、（本当に有罪かどうか）心配になれば、無期懲役にする、というわけです。でも、それだけ死刑が慎重に行われて居る、ということも事実でしょう。

これは実務的には、あり得ることであろう。それは死刑事件について、いかに事実認定に微妙な問題のある事件が多いかを示すものにほかならない。博士はこれを死刑事件の認定が慎重であることの証拠として援用されるのであるが、私はこのような実務慣行がもしあるとすれば、それは死刑制度が存在しているからこそ出て来たひずみであって、端的に死刑制度そのものの不合理を物語るものだと思う。それは、犯罪に対して正しい刑罰的評価を加え、倫理的評価をあきらかにするという刑事裁判の本旨にも反することになるのではあるまいか（念のために蛇足を加えれば、この場合の「心配」がもし「合理的な疑い」を意味するのであれば、その事件はもちろん無罪とされるべきである）。

［補説］　ブラドレイ教授（もとレンクィスト長官のクラークであった）は、「一人の無実の者が処刑されるよりも、十人の有罪の者が死刑を免れる（無期刑になる）ほうがよい」という実際的な見地から、陪審に対する裁判長の説示の中で、死刑相当の答申を出すためには、被告人が犯人であることについて「なんらの疑いも残らない場合に限る」〈no residual doubt〉〈no lingering doubt〉ことを指示することが必要だという法則に――判例ないし立法によって――変えるべきだという新提案を試みている。その限度で「合理的な疑い」（reasonable doubt）の基準の修正を要求するわけである。C. M. Bradley, A (Genuinly) Modest Proposal Concerning the Death Penalty, in: 72 *Indiana Law Journal*, 25 (1996).

(12)　旧約聖書では出エジプト記二一・二四、レビ記二四・二〇、申命記一九・二一。コーランでは二〔牝牛〕・一七三〔一七八〕、五〔食卓〕・四九〔四五〕（井筒俊彦訳『コーラン』〔岩波文庫〕(上)四三頁、一五四頁、著作集7〔一九九二年〕四八頁、一四八頁）。ゲルマン人やアラビア人のあいだの「血の復讐」は有名である。なお、ここに述べたところは、それぞれの宗教の教義に触れるものではないことを、念のためにお断りして置く。宗教の関係につき、やや詳しくは、II 3、II 6、後出三八〇頁注3参照。

(13) ちなみに、穂積陳重博士は、法律進化論の見地から、私的な復讎が次第に制限されて公刑罰に進化して行く過程を論じておられる。穂積陳重『復讎と法律』(一九三一年)。

(14) その一例として、一九九二年の秋に日本でも各地で講演をしたアメリカのドロセア・モアフィールド (Dorothea B. Morefield) 女史のことを挙げておこう。彼女は一九七六年に長男を強盗に惨殺されたが、長い痛心と煩悶の年月ののち翻然として悟るところがあって熱心な死刑廃止論者になり、一九八九年にはアムネスティ・インターナショナルのオランダ支部主催の死刑廃止世界キャンペインにおいて、死刑廃止を訴える講演をした。この講演はアムネスティ・インターナショナルによってひろく頒布されている (AI Index : ACT 51/36/89, Distr. : SC/DP/CC/CO/GR)。なお、*The Japan Times*, Nov. 28, 1992. しばらく女史の述懐を聴こう。以下は上記の文書の一部の大意である。——「当時一九歳でカレッジの一年生だった長男リックは、ヴァージニア州の片田舎で自宅の近所のレストランでアルバイトをしていた。かれは仲間四人と一緒に仕事をしていたが、強盗犯人に押し入られた。犯人は金品を奪ったのち、目撃者を残さないために、五人全部を射殺してしまった。何発も繰り返して撃ち込むという残酷な犯行であった。元気でアルバイトに出掛けた愛児が数時間後に惨殺死体となってアルバイト先の床に横たわっていることになろうとは、誰が予想できたろう。私は狂気のようになった。世の中には、たまたま生き残った殺人被害者が深い信仰によって犯人を赦すという稀有なケースがあるが、私はそのような一人ではなかった。犯人は三九歳になる男で、少年期から非行を続けていた。情状にも斟酌の余地はなかった。私は犯人をただ殺したかった。しかもゆっくりと、苦しんで、そしてできれば私自身の見ている前で。私は正義を欲するのだと言った。しかし、私の欲したのは、実は復讐だった。これは理屈ではなく、現実だった。十三年経った今でも、これは殺人に対する自然の反応だと思う。私の心の癒えるまでのもっとも辛かった部分は、このような憎しみの中を生き抜くことだった。しかし、真に息子と私自身のために悲しみ、自分の失ったものと折り合いをつけるためには、憎しみを捨てる以外になかった。もし私が憎しみを持ち続けるならば、リックの殺人者は私のことも私の家族のことも目茶苦茶にしてしまうにちがいない、と私は自分の内なる小さな声が囁き続けるのに耳を傾けなければならなかった。愛は癒すことができる。憎しみは破壊することができるだけである。死刑は回答にはならない。死刑は社会がわれわれを保護する力を信じないことの反映である。」もし私自身のことばを付け加えることを許されるならば、愛は憎しみを癒すが、憎しみは憎しみを増幅し、あらたな憎しみを生むのである。

なお、私はここにわが国でのもう一つの例を挙げておかなければならない。それは、一九八〇年に富山県と長野県で起きた連続誘拐殺人事件の被害者の一人、陽子さん（当時一八歳）の母親長岡瑩子さんのことである。瑩子さんの悲憤はやるかたないものであったが、カトリック修道女ネリーナ・アンセルミさんの影響もあって、ついに犯人を憎み続けることに耐えられなくなり、犯人を赦したほうが子供も救われるのではないか、と思うようになったという。これは『テレビ朝日』によって取材報道された（一九九二年一二月五日「ザ・スクープ」の番組「検証・死刑は必要か――娘を殺された母の告白」）。視聴者の涙を誘う感激的な告白であった。

(15)　一九九二年一〇月一六日、アメリカのルイジアナ州の高校に留学中の日本人少年がハロウィン（諸聖人祝日前夜祭）の仮装をしていて不法侵入者と間違われてピストルで射殺された事件が起こった。アメリカでは建国以来、護身のためピストル所持が憲法で保障されていて、各家庭にピストルが普及していることを背景として起こった不幸な出来事であった。少年の両親、服部政一氏夫妻はすぐに現地に駆けつけたが、その折の夫妻の寛容で思慮深い態度が町の人々を感激させ、少年のホームステイ先の夫妻は情理を兼ねた一文をニューヨーク・タイムズに寄せて国内の世論に訴え、服部夫妻は「アメリカの家庭から銃器の撤去を求める請願書」を大統領に出すため署名運動を始めた（朝日新聞一九九二年一一月七日「天声人語」、日本経済新聞一九九二年一二月一五日夕刊など参照）。服部夫妻の活躍はアメリカにおいて銃器を規制するブレイディ法案（Brady Bill）の提案のひとつの支えになった（この法案については、田中開「アメリカにおける銃規制の現状」ジュリスト一〇三三号〔一九九三年一一月一日〕四一頁以下、とくに四六頁以下）。これは Brady Handgun Violence Act として一九九三年一一月に議会を通過して法律となった（なお、Violent Crime Control and Law Enforcement Act of 1994）。これは謀殺の被害者の遺族の場合と同列に考えることはできないが、それにしても息子を殺された両親の態度として深い感銘を与える。殺された少年にとっても、この上ない供養になるであろう。ちなみに、犯人は大陪審によって「マンスローター」の罪で起訴されたが、裁判では陪審員の全員一致によって無罪となった。ルイジアナ州刑法は日本刑法と規定が異なるとはいえ、日本国民の多くにとっては後味の悪いものになった。事件の詳細につき、井上正仁＝シェリル・A・レナード＝山室恵（鼎談）「アメリカの刑事司法Ⅱ・キング事件・服部事件をめぐって」ジュリスト一〇三五号（一九九三年一二月一日）六八頁以下。

(16) 小木貞孝『死刑囚と無期囚の心理』（一九七四年）七三頁、八二―八三頁。

(17) 後出一五九頁以下参照。――死刑執行後に無実が判明したアメリカの事例につき、Hugo A. Bedau & Michael L. Radelet, Miscarriages of Justice in Potentially Capital Cases, 40 *Stanford L. Rev.* 21, at 22-23 (1987). 判決後執行前に判明したもの一一六件、執行後に判明したもの二三件という高い数字が、そこに報告されている(at p. 23)。なお、注50参照。

(18) ちなみに、総理府が過去五回にわたって行なって来た死刑廃止論に対する賛否の世論調査の結果は、次のとおりであった（A＝賛成、B＝反対、C＝わからない）。昭和三一（一九五六）年四月はA＝一八・〇%、B＝六五・〇%、C＝一七・〇%、昭和四二（一九六七）年六月はA＝一六・〇%、B＝七〇・五%、C＝一三・五%、昭和五〇（一九七五）年五月はA＝二〇・七％、B＝五六・九％、C＝二二・五％、昭和五五（一九八〇）年六月はA＝一四・三％、B＝六二・三％、C＝二三・四％、平成一（一九八九）年六月はA＝一五・七％、B＝六六・五％、C＝一七・八％であった。

(19) 正確には、〈死刑の廃止を目的とする「市民的及び政治的権利に関する国際規約」の第二選択議定書〉（私の試訳）。三四七頁参照。

(20) Sutherland and Cressey, *Principles of Criminology*, 5th Ed., 1955, p. 292 et seq. なお、参照、*The Sutherland Papers*, Edited by Albert Cohen *et al.*, 1956, p. 175 et seq. その他、死刑に犯罪抑止効果がないとするセリン教授 (Thorsten Sellin) 以降の研究（後出二一六頁注17所掲の文献）。

(21) 小木貞孝・前掲『死刑囚と無期囚の心理』七二頁参照。

(22) Isaak Ehrlilch, The Deterrent Effect of Capital Punishment : A Question of Life and Death, 65 *American Economic Review* (1975), pp. 397-417 ; *ibid.*, Capital Punishment and Deterrence, 85 *J. Political Economy* (1977), pp. 74-88, 757-8, 778-9 ; *ibid.*, On Positive Methodology, Ethics, and Polemics in Deterrence Research, 22 *British J. Criminology* (1982), pp. 124-39. 以上、R. Hood, *The Death Penalty*, 2nd Ed. 1996, p. 199 *et al.* から引用。私はこれらの文献を入手することができなかったので、ここでの説明も主としてフッド博士の著書による。フッド博士のこの著書の初版は辻本教授によって邦訳されている。ロジャー・フッド（辻本義男訳）『世界の死刑』（一九九〇年）（上記の関係は同書一一八頁以下、一二九頁以下）。ちなみに辻本教授は平成八（一九九六）年一一月二七日、六四歳の若さで逝去された。遺志により大学医学部に献体のため告別式もなかったのも、教授の人柄を物語る。教授はわれわれの有力な同志で、逝去の直前まで死刑廃止関係の著述や訳業に精力的な活躍を続けておられた。フッド博士の新版の翻訳も教授に期待していたのに、残念なことであった。

(23) 注22に掲げたエヤリック（エールリッヒ）の研究は、科学的方法によるものとして学界の注目をひいた。その人たちのグループの研究のひとつの成果として、Craig J. Albert, Challenging Deterrence: New Insights on Capital Punishment Derived from Panel Data, 60 U. of Pittsburgh L. R. 321-367 (1999). 資料の問題を十分に考慮した良心的な研究であるだけに、積極的な結論はだされていない（この業績は、畏友ジョージ博士［B. J. George, Jr.］の教示によって知った）。

(24) R. Hood, *op. cit.*, p. 212.

(25) なお、この関係で参照、辻本義男「死刑廃止論の焦点」（同『史料・日本の死刑廃止論』一九八三年・一九一頁以下）、同「死刑論争へのアプローチ」（ホセ・ヨンパルト＝三島淑臣編集『法の理論』6・一九八五年・一七一頁以下）。Peter Passell, The Deterrent Effect of the Death Penalty : A Statistical Test, in: *Capital Punishment in the United States*, edited by H. A. Bedau and C. M. Pierce, 1976, pp. 396-416.

(26) 医師、医療職員が死刑の執行に関与することは、本来、医の倫理に反する。これについては、国連総会決議（一九八二年一二月一八日）に基づく国連の「医の倫理の諸原則（Principles of Medical Ethics, 1982）」（ことにその第二原則）、世界医事協会（World Medical Association, WMA）の「東京宣言（The Declaration of Tokyo, 1975）」および「死刑への医師の関与に関する決議（Resolution on Physician Participation in Capital Punishment, 1981）」、アムネスティ・インターナショナルの「保健職員の死刑への関与に関する宣言（Declaration on the Participation of Health Personnel in the Death Penalty, 1981, 1988）」など参照（Ethical Codes and Declarations Relevant to the Health Professions. An Amnesty International compilation of selected ethical texts, 3rd Revised Edition, 1994）。なお、後出注39参照。

(27) 団藤重光「アメリカのガス死刑と電気死刑」『刑法紀行』（一九六七年）二八〇頁以下。注射による死刑にしても、針を挿入する血管を探すのに小手術を要することがあるという（後出注44、Amnesty International, *When The State Kills*, 1989, p. 59）。――その後、井上正仁教授の好意によってStephen Trombley, *The Execution Protocol. Inside America's Capital Punishment Industry*, 1992を入手したが、本書はフリーライターの手に成るもので、これらの死刑機械の発明・製造の過程や具体的ケースにおける詳細な執行の模様がなまなましく叙述されていて、インタヴューをもとにした淡々とした描写であるだけに、非常に凄惨・残酷な印象を与える。なお、本書によれば、これらの執行方法を採用している州（連邦および軍を含む）の数は、注射二〇、電気椅子一一、ガス六、銃殺二、絞首二の由である（一九九二年五月三一日現在）。その後、本書の邦訳が出た。スティーヴン・トロンブレイ（藤田真利子訳）『死刑産業・アメリカ死刑執行マニュアル』（一九九七年）。この邦訳には、原著者の「日本版エピローグ」がついていて、最新の状況がわかる。なお、後出注38参照。

(28)　カリブ海のトリニダード・トバゴ共和国（もともと英連合に属していた）では、連合王国の枢密院司法委員会（Judicial Committee of the Privy Council）の決定を受けて、五年以上にわたる死刑囚としての拘禁は「残虐で異常な刑罰にあたる」ものとして政府はこうした状態にあった五〇名の死刑囚の刑を終身刑に減刑した（一九九三年一一月二日）。*Lawyer to Lawyer Network, UPDATES* January 1994. これはレーヴィン（Mark A. Levin）教授の教示による。

(29)　加賀乙彦（＝小木貞孝）「処刑までの濃縮された苦悩を描く」（菊田幸一編著『死刑廃止・日本の証言』〔一九九三年〕二七七頁以下）。

(30)　加賀乙彦（＝小木貞孝）『宣告』(上)(下)（一九七九年）、同『死刑囚の記録』（一九八〇年）二一一頁以下、小木貞孝・前掲『死刑囚と無期囚の心理』四三頁、二四八頁、二五八頁。

(31)　確信犯人にとっては、その信念によって最初から平然と死刑に対決することができるであろうが（例えば、江口渙＝小沢三千雄編・古田大次郎『死の懺悔・或る死刑囚の遺書』〔一九六八年〕は人に深い感銘を与えないではおかない)、政治犯に対する死刑の問題については、II 4参照。一般の犯罪の場合であっても、死刑は受刑者に極限状態を作り出すから、本人に宗教的な悟りの境地を開かせることがあり得る。加賀乙彦・前掲『宣告』の主人公は、実在の人物としては、情性欠如型の人物であったが、かのカンドー神父の感化によってか、「理性の信仰」にせよ、執行直前には驚くべく平安な心境に達していた(正木亮＝吉益脩夫編・正田昭『黙想ノート』〔二刷・一九七一年〕二一〇頁以下、二一七頁以下、加賀乙彦『ある死刑囚との対話』〔一九九〇年〕二〇九頁、二一七頁以下)。なお、後出三二四頁。――また、そのように平安の境地になっていた死刑囚が、無期懲役に減刑されることによって、かえって心境の乱れを生じることもある。実話に取材した作品として、中山義秀『少年死刑囚』(一九五〇年)。この問題についての考察として、III(とくに三八八頁以下)。

(32) 最大判昭和二三年三月一二日刑集二巻三号一九一頁。

(33) 「法律の定める手続によらなければ」については、別の問題もある。それは絞首台の構造などを規定した「明治六年太政官布告第六十五号」がここでいう「法律」にあたるかどうか、の問題である。最高裁判所はこれを肯定した(最大判昭和三六年七月一九日刑集一五巻七号一一六〇頁)。これに対しては、手塚豊博士の批判がある(手塚豊「明治六年太政官布告第六十五号の効力」法学研究三七巻一号三頁以下――手塚豊著作集四巻『明治刑法史の研究(上)』〔一九八四年〕一一七頁以下)。博士は、判決は明治六年司法省布達二一号を見落としており、明治六年太政官布告六五号は現行法ではない、とされるのである。博士は法制史の専門家で、とくに明治初年の法制については格別の権威なので、その所論には重みがある。ちなみに、上記の判例集にはこの布告の「絞罪機械図式」も印刷されている。また、上記『法学研究』の巻頭には村田保旧蔵の「絞架処刑写生図」(慶大法学部研究室蔵)も再現されていて、興味がある。

(34)　憲法三六条の「残虐な刑罰」の禁止は、アメリカ連邦憲法第八修正の「残虐で異常な刑罰」の禁止に由来し、さらに遡ればイギリスの権利章典（一六八九年）に由来する。それが何を意味するかは、歴史的沿革を考察しながらダイナミックに解釈されなければならず、道義的社会通念（basic mores of society）の変化に伴って、この基準の適用も変化するべきである。これは、ファーマン事件（Furman v. Georgia, 408 U. S. 238〔1972〕）において、保守的傾向で知られたかのバーガー首席裁判官さえもがとった見解であった。William J. Brennan, Constitutional Adjudication And The Death Penalty : A View From The Court, 100 *Harv. L. Rev.* pp. 313-331 (at pp. 326-327) (1986).

(35)　最高裁の大野正男裁判官がその補足意見（後出七七頁以下参照）の中でこの問題を取り上げられたのは、本文に述べた意味で、まさに注目に値することであったが、残念ながら世論調査の結果をよりどころとして、消極的な結論に達しておられるのは、惜しむべきである。残虐かどうかの判断は抽象的判断ではなくて、事実についての情緒的・感情的・社会心理的なものであるから、国民に死刑の実体を秘匿した中で抽象的に死刑の可否を問うような世論調査では、性質上、その判断は不可能である。死刑執行の生々しい状況、その他、具体的な死刑運用の実体がすべて世上に周知されてはじめて、はたしてそれが国民感情の上で残虐と感じられるかどうかがわかるのである。したがって、問題は次に述べる第二の論点に関連してくるのである。

(36)　しかし、はたして上記判旨の示すとおり、憲法三一条の文言自体からみて、死刑をおよそ「一般に直ちに」違憲だということは、どうしても無理だというほかないのか。これについては、一つには、いったん死刑を廃止した後に復活した場合を想定して、その場合にこの規定が必要になって来るという考え方である（正木亮『現代の恥辱』三〇一頁以下）。しかし、第二に、この問題については、その後、はるかに根本的に、平川教授が憲法的死刑論の総合的・体系的な基本的枠組みを考案することによって、死刑の違憲性を論証しようとする新しい視野を提供された。

これは注目に値する見解だと思われる（平川宗信「死刑制度と憲法理念――憲法的死刑論の構想――」ジュリスト一一〇〇号／一一〇一号〔一九九六年一一月一日号／一一月一五日号〕）。

(37) やや詳しくは、Roger Hood, *The Death Penalty*, 2nd Ed., 1996, pp. 129-132. et seq. なお、三三頁注26、二〇七頁以下、二一八頁注22。

(38) 現にサンフランシスコ連邦地裁はガス死刑を残虐なものとして違憲判決を出した（朝日新聞一九九四年一〇月五日、*N. Y. Times*, 6 Oct. 1994）。事件名は Fierro v. Gomez, DC NCalif, No. C―92―1482 MHP, 10/4/94. 判決要旨は、56 CrL 1085. この判決は女性裁判官によるものであったが、近年保守的傾向を強めている連邦裁判所の判例の流れ（わかりよい概観としてLawrence M. Friedman, *Crime and Punishment in American History*, 1993, pp. 316-323）をどこまで動かす力を持ち得るかは予断できないにせよ、これに一石を投じたことだけはまちがいない（この一連の問題につき、R. Hood, *op. cit.*, pp. 131-132）。絞首刑よりも人道的だとされたガス死刑がそうだとすれば、わが国の絞首刑そのものについても、より具体的に事実を直視した上で改めて合憲性を判断しなければならないのは当然であって、上記の大法廷判決の示す「死刑を少くとも『一般に直ちに』『残虐な刑罰』に該当するものとはいえない」というフォーミュラから端的に合憲性の結論を導くことは許されないはずである。その意味で、上記最判は今や根本的に再検討を迫られているといわなければならない。実は、アメリカでは、前記連邦地裁判決の前に、絞首刑の合憲性の基準につき、連邦第九巡回裁判所による判決があって（Campbell v. Wood, 18 F. 3d 663, 54 CrL 1473 [1994]）、この地裁判決はそれに準拠したのである。

(39) 医の倫理との関係につき、参照、Amnesty International, *Declaration on the Participation of Health Personnel in Death Penalty*, 1981, revised 1988 (Amn. Intern., *When the State Kills*, 1989, pp. 256-257). なお、R. Hood, *op. cit.*, pp. 129-131, pp. 134-136.

(40)　その詳細は、例えば次のようなドキュメンタリー作家のものによって、実際の運用の有様がいきいきと描写されている。Stephen Trombley, *The Execution Protocol*, 1992; Helen Prejean, *Dead Man Walking*, 1993; John Grisham, *The Chamber*, 1994; David von Drehle, *Among the Lowest of the Dead. Inside the Death Row*, 1996. 上記のうち二番目に挙げたのは、ヘレン・プレジャン（Helen Prejean, C. S. J.）というカソリックのシスター（修道女）によって書かれたものである。これについては、中神由紀子氏の邦訳『デッドマン・ウォーキング』（徳間文庫〔一九九六年〕）がある。よい翻訳であるが、残念ながら原著にある詳細で有益な注はいっさい省略されている。ちなみに、「デッドマン・ウォーキング」というのは、サン・クェンティン刑務所（サンフランシスコ湾に面した刑務所でガス死刑室がある）で、死刑囚が監房から処刑室に引き出されて行くときに、看守たちが叫ぶことばだそうである（at p. 156）。「死人が行くぞ」という意味であろう。ただし、この著者が扱ったのは、ルイジアナ州の刑務所で電気椅子である。ちなみに、この作品は適当にアレンジされて映画化され（死刑囚を一人にしぼった上、注射死刑に変えてある）、主演女優スーザン・サランドンの好演技もあって、アメリカで非常な人気を博し、わが国でも平成八（一九九六）年夏以降、各地の映画館で上映されて好評であった。日本での上映にあたって、原著者の姓がプレイジョンと紹介されているが、著者はフランス系の人のようだから、中神訳のとおりプレジャンが正しいと思う。原著のなかで、著者がテレビに出演するとき紹介者が骨を折ってPray-zshawnと発音したというくだりがあるが（at p. 214）、これはその紹介者がフランス語が苦手であったことを面白くいっているのであろう。——原著は、カソリックのシスターである著者じしんの体験をそのまま述べたものであるから、格別に価値があり、また、深い感銘を与える。外部といっさい遮断された日本の死刑囚については、このような人間的なことは絶対に不可能である。——なお、上記の三番目に挙げたものについては、邦訳として、ジョン・グリシャム（白石朗訳）『処刑室』（一九九五年）がある。

(41) 後出一八七頁注13参照。

(42) この通達の全文は後出一三一頁以下に掲出。

(43) 大塚公子氏によれば、この通達が出た後もまだよかったのだが、一九七五年あたりから、さらに厳しくなって来ているとのことである。大塚公子『五七人の死刑囚』(一九九五年) 四頁以下。

(44) Amnesty International, *When The State Kills……The death penalty v. human rights*, 1989. 邦訳として、アムネスティ・インターナショナル編 (辻本義男訳)『死刑と人権・国が殺すとき』(一九八九年)。なお、ロジャー・フッド (辻本義男訳)『世界の死刑 (国連犯罪防止・犯罪統制委員会報告書)』(一九九〇年) 参照。

(45) 先進国の中で、日本ほど犯罪が少なく、しかも死刑執行の多い国はないといってよいであろう (ホセ・ヨンパルト『刑法の七不思議』〔一九八七年〕二一九頁)。

(46) 石井良助『法制史』(体系日本史叢書・一九六四年) 七六頁参照。なお、匿名氏「死刑余論」法律のひろば三八巻一一号 (一九八五年) 三頁。詳しくは後出二八一頁以下参照。

(47) 最高裁判所事務総局編『明治以降裁判統計要覧』(一九六九年) 一四八頁から算出。正確には後出四二九頁第一表をみられたい。なお、前掲・ロジャー・フッド (辻本訳)『世界の死刑 (国連犯罪防止・犯罪統制委員会報告書)』一六六頁以下の諸表参照 (訳者辻本教授が日本の資料として追補されたもの)。

(48) 『第一一五検察統計年報 (昭和六四年―平成元年〔一九八九年〕)』四〇五頁。

(49) 一九八九年に菊田幸一博士らによって「死刑執行停止連絡会議」が発足している。なお、菊田幸一『死刑廃止を考える』(一九九〇年) 五四頁参照。博士の主著として、菊田幸一『新版・死刑――その虚構と不条理』(一九九九年)。――最近には、アムネスティ・インターナショナルからも、日本政府に対して、死刑が廃止されるまでの間、死刑の執行を停止し、すべての死刑を減刑するよう要請があった。後出注52に掲出のアムネスティ・インターナショナル（辻本義男＝寺中誠訳）『日本の死刑廃止と被拘禁者の人権保障』一五頁参照。――国連人権委員会は一九九七年四月三日、死刑存置国に対して「死刑の完全廃止を目途として、死刑の執行を停止すること」を考慮するように求める決議（1997/12）を行なった（AI Index : ACT 53/02/97 による）。

(50)　イギリスでは、一九六五年に The Murder (Abolition of Death Penalty) Act によって五年間の試験期間のあいだ殺人罪に対する死刑を廃止したのち、一九六九年に両院の決議によってその廃止を恒久的なものにした (Amnesty International, *op. cit.*, p. 226)。なお、一九六五年の前、一九五六年の同旨法案の審議中、当時の内相が近年では無実の処刑はありえないといって法案に反対したところが、その後に、一九五〇年に処刑されたエヴァンズという男が実は無実だとわかり、死後恩赦を与えられたという事件が起こった。一九六五年の廃止法が通過するについては、このような背後事情があったのである（後出一六七頁以下）。なお、Bedau and Radelet, *op. cit.*, pp. 22-23.――なお、カナダでもほぼ同様に、五年間の試験期間の後、廃止を実現している。その経緯につき、藤本哲也「カナダにおける死刑廃止」（同『犯罪学要論』〔一九八八年〕一四八頁以下）。

(51)　過去においても、明治以来、議員提出法案として、死刑廃止法案が数次にわたって提出されたことがある。(1)明治三三（一九〇〇）年二月（第一四回帝国議会）の刑法中改正法律案（衆議院議員提出）では、皇室に対する罪、謀殺の罪、強盗殺人の罪および祖父母に対する罪を除き死刑を廃止しようとするものであった。(2)明治三四（一九〇一）年三月（第一五回帝国議会）および(3)明治三五（一九〇二）年一月（第一六回帝国議会）の刑法中改正法律案（いずれも衆議院議員提出）は死刑を全面的に廃止しようとするものであった。(4)昭和三一（一九五六）年三月（第二四回国会）の刑法等一部改正法律案（参議院議員提出）も同様で、その提案理由は、「現在のわが国においては、過去の戦争の影響により人命尊重の観念が甚しく低下し、これが殺人などの犯罪の増加の原因となっていると考えられる。ここにおいて国は進んで人命尊重の観念を昂揚すべきである。他面死刑のもたらす害悪は人道上極めて重大であり、かつその応報的及び一般予防的効果から見て、刑事政策上その存置が不可欠のものと認め難い。以上のような理由から刑罰としての死刑を廃止する必要がある」としている。なお、II6参照。

(52) アムネスティ・インターナショナルは、一九六一年にイギリスの弁護士ベネンスン氏によって創設され、一九七七年にはノーベル平和賞を受賞した民間団体である。それは、あらゆる政治的権力・イデオロギー・宗教を超えて、特に①「良心の囚人 (prisoners of conscience)」の釈放、②政治犯に対する公正かつ迅速な裁判を求めること、③死刑および拷問の廃止、を目的とし、地球上いたるところに張りめぐらされたネットワークによって、世界的規模の人権擁護活動をしている団体である。それはいかなる権力や勢力によっても影響されないようにするため、政府や財団などの財政的援助を受けることなく、もっぱら七〇万人を超える会員の会費によって支えられている(追記:一九九三年末現在では、一五〇カ国に会員一一〇万人)。その日本派遣代表団が一九八四年に行なった報告(世界一九八四年四月号二九一頁以下)も、正確な記述によって日本政府に死刑廃止を働き掛けたものとして、一読に値する。なお、最近のものとして、アムネスティ・インターナショナル(辻本義男=寺中誠訳)『日本の死刑廃止と被拘禁者の人権保障』〔日本政府に対する勧告〕(アムネスティ・インターナショナル調査団報告書・一九九一年一月)(訳文および原文)(一九九一年)。

(53) アムネスティ・インターナショナル日本支部、死刑執行停止連絡会議、死刑を考える弁護士の会、犯罪と非行に関する全国協議会の四団体がこのフォーラムの呼び掛け団体になった。

2　重ねて死刑廃止を訴える

はじめに――●

前講（I 1）は一九九〇年一二月一日に開かれた第一回の「死刑廃止国際条約の批准を求めるフォーラム'90」における私の基調講演だったのですが、その後、いろいろとあたらしい事態が出て来ましたので、改めて、フランスのロベール・バダンテール氏にお出でをいただいて、一九九二年三月七日にその第二回を開いたのです。

バダンテール氏のことは、本書の初版でも簡単に紹介しておきましたが[1]、死刑廃止の公約を掲げて当選したミッテラン大統領のもとで法務大臣に起用され、一九八一年に死刑廃止を実現した人です。当時、フランスでも世論は六二％が死刑廃止に反対だったそうですから、その点では、今の日本とほぼ同じような状況だったのです。バダンテール氏はそれにもかかわらず、死刑廃止をやり遂げた方ですから、(2)われわれとしてはぜひその経験をききたかったのでした。

この「フォーラム'90—II」では、まずバダンテール氏に基調講演(3)をお願いし、そのあとで私たち——作家の加賀乙彦、自民党の志賀節、(4)社会党の土井たか子の三氏と私——が加わって安田好弘氏の司会でシンポジウムを開いたのです。場所は第一回と同じ日比谷公会堂でしたが、なかなかの盛況でした。

国内世論の問題——●

一九八九年一二月一五日に国連総会で〈死刑廃止条約〉(詳細はII 8参照)が採択されましたとき、日本はアメリカ合衆国とともに反対にまわったのですが、政府の理由とするところは日本では国内世論が死刑廃止に反対だというところにあったようです。その後、批准国は次第に増えてきましたが、政府は依然として、容易に批准にむかって腰をあげようとはしません。これまた、国内世論が消極だというのが、主たる理由のようです。(5)政府は国連中心主義を看板にしながら、これはいったいどうしたことでしょうか。

そもそも、世論の問題をどう考えるべきなのか。本質論としては、のちに述べるとおり(後出一五一頁以下)、死刑の存否のような人権の問題は人間の尊厳を基礎とする人格価値の問題であって、世論によって左右されるべき性質のものではないのですが、このことをしばらく措いて、政治の実際問題としてどう考えるべきなのか。これが、われわれのバダンテール氏の意見を聴いてみたい大きなポイントでした。そうして、バダンテール氏の答えは、次のような明快きわまるものでした。

民主主義と世論調査とを混同してはいけない。民主主義は世論に追従することではありません。市民の意思を尊重することです。国会議員たちは、自分たちの政治的見解をはっきりと打ち出し、選出されたうえで突き進むことが必要です。逆に、自分の政治的見解を世論に追従させるのは、デモクラシーではなくて、デマゴジーです。(6)

これは大変重要な指摘だと思います。政府も政治家も、世論を無視してはなりませんが、これに拘束されるべきではないし、無批判に追随するのであってはならない。まして、それを政府の保守的な方針の隠れ蓑のようにしてはならないと思います。ウォルター・リップマンの書いた『世論』という書物はこの問題についてのもっとも重要な、ほとんど古典ともいえる文献ですが、(7)この書物は世論がいかに情報と不可分のものであるかを論じています。わが国では死刑の実態についての情報が極端に制限されていますので、それが世論形成に影響していることは、疑いありません（むしろ、当局は、世論が死刑に批判的になることをおそれて、世論を操縦するために秘密主義を固守しているのではないかと勘ぐられるくらいです）。ですから、当局が死刑廃止に踏み切らない理由として世論を持ち出すのは、「知る機会をもったことのない大多数の人たちをまきこむことによって、知っている人たちからの批判をかわしたいという気持ちから出ているからである」というリップマンの皮肉を浴びるはずであります。正しい民主主義は、正しく選ばれた政治家たちが、世の中に正しい情報を充分に提供した上で、世論を指導して正しい方向にもって行かなければならないし、場合によっては差し当たりの世論に反してさえも正しい政策を実行することこそが大切なのではないでしょうか。政治には哲学・理念がなければならない。本当の政治家たちは、例えばミッテラン大統領のように、高邁な見識をもち高い理念を掲げて国民の進むべき道を示し、これを実現して行かなければならないのです。

オクスフォード大学の犯罪学研究センター所長で、世界的視野をもつ死刑問題研究者として知られているロジャー・フッド博士は、死刑についての実証的研究の前提条件という文脈においてですが、政府が死刑に関するあらゆる情報を公開するべきことを強く要望しています。[8] これは最近わが国でも脚光を浴びている国民の知る権利としての情報公開の問題の一環としても、重要であります。わが国で死刑関係の資料が秘密にされている状況は、先進国ではまったく類をみないところです。この機会に、法務省をはじめ政府筋に、改めて猛省を促したいとおもいます。

国民の世論にしても、調査の前提や方法に問題があることは、前講（I 1）でも指摘しておいたところですが（一一頁以下）、方法を改善しても、死刑廃止の意見が多数を占めることになるかどうかは、正直のところ、わかりません。殺人罪に対する死刑は当然だというナイーヴな庶民感覚は、[9] 容易に抜けないでしょうから、それが世論調査に反映するのは当然ですが、私は制度の在り方としてそうしたナイーヴな庶民感覚を生《なま》のままで取り入れることについて、深い疑問をいだかざるを得ないのです（とくにⅡ3）。まして誤判の問題は死刑制度にとって致命的だということは前講でお話ししたとおりです（なおⅡ2）。正義ということが重要な論点であって、私も正義ということを大切に考える一人ですが、正義ということを抽象的でなく具体的に――頭でなく心で身をもって――考えていただきたいのです。シェークスピアもいうように、「正義には仁慈による味つけ」が必要なのです。(10) われわれが欲するのは形式的正義ではなく実体的正義であります。けっしてナイーヴな庶民感覚を無視するのではなく、これに反省を加えて次元を一つ高めて欲しいのです。

なお、ここにぜひとも付け加えておかなければならないことが出て来ました。それは、一九九二年一一月二三日に松山で開催された「四国フォーラム」で発表された街頭無差別アンケートの結果です。これは高知、徳島、香川、松山の各地で行なわれたものですが、「死刑に関する街頭アンケート」という看板を出しただけで街頭宣伝活動は一切しないで実施したもので、発問方法は「死刑はいる、いらない、わからない」のいずれかを選択させるというものだったそうですが、結果は存置が三五％、廃止が三九％、不明が二六％というもので、(11) 廃止論が存置論をわずかながらも上回るという、われわれを勇気づけるものでした。これは、一般通行人とはいえ、看板をみてアンケートに応じた人たちですから、平素から死刑問題に多少とも関心をもっている人たちであったにちがいありません。だから、無作為とはいえ、総理府のアンケートとは対象者の層がかなり違うともいえましょうが、そのことを考慮に入れて割り引いて考えても、いまや世論がずっと流動的になり、われわれの主張に有利な方向に動いて来つつあることを示すものと考えられます。

国際世論の問題

世論には、今述べた国内世論の問題のほかに国際世論の問題があることを忘れてはなりません。先進諸国のあいだの国際世論は、ヨーロッパをみればわかるとおり、明白に死刑廃止に向かっています。国連が、後述のように、〈死刑廃止条約〉（後出三四五頁以下）や〈犯罪人引渡しのモデル条約〉（七二頁）を採択したのも、あるいは、さらに、国連が設置することにしている国際刑事裁判所の権限からは、重大な国際犯罪に対しても死刑をはずしていることも、これを物語るものです。

なぜ日本政府は、こんなことまで、アメリカに追随するのでしょうか。[12] 経済問題ではアメリカと同一歩調をとろうとすることは、よくわかります。しかし、日本が政治的にも国際的に認められるようになるためには、経済大国というだけでなく、文化的にも大国にならなければなりません。人権問題全般について、欧米諸国に見劣りがするようでは、困ったことです。

それに、犯罪現象、ことに殺人罪の発生件数の人口比率をみますと、一九八八年でいえば、一〇万人あたりの発生件数は、アメリカでは八・四件、それに対して日本ではわずかに一・二件、つまりアメリカは日本のちょうど七倍にもなっているのです（二一七頁注18）。しかも、その後この差は開く一方で、一九九一年になりますと、アメリカでは九・八件、日本では一・〇件で、アメリカは実に日本の一〇倍近くにもなっています。ですから、アメリカで容易に死刑廃止に踏み切れないでいることは、わからないでもないのですが、そのアメリカでも州のレベルでいいますと、かなり多くの州がよほど以前から死刑を廃止しているのです（四四五頁以下）。日本では、アメリカとは比較にならないくらい治安状態がいいのですから、アメリカで死刑を廃止しないからといって、その真似をする必要がどこにあるでしょうか。ヨーロッパ諸国からみると、日本ともあろう国がなぜと不思議に思われるでしょうし、ましてわれわれ自身として、いったい、こんなことでいいでしょうか。

今や、日本はこの点においても、世界の注目を浴びているのです。最近でいえば、フランスの『モンド』紙(13)やイギリスの『インディペンデント』紙(14)が、かなり大きく日本のこうした状況について報道をしています。これは、たまたま私がインタービューを受けたからでもありますが、わざわざ私のところへ取材に来ることじたい、日本が死刑の問題について注目されていることの証拠だと思います。

もちろん、一般的にいえば、外国でどう思われようが、日本はわが道を行くでよいのであって、外国の思惑にいちいちとらわれる必要はありませんが、人権のような全人類的な問題については、われわれも絶対に先進国の仲間入りをして、世界に恥ずかしくない法制を整える必要があるのです。

西欧ではほとんど全部の国が廃止国になっていますが、その中で単なる事実上の廃止国にすぎないベルギーやギリシャは、ヨーロッパの国際世論の中で法律上の廃止を迫られている状況です(15)（〔追記〕

両国ともその後法律上廃止国になりました)。その上、法律上の廃止国については条約によって死刑の復活ができないようにする努力が現に行なわれているところなのです。今や、日本も、憲法の前文に示されているとおり、このような国際社会において「名誉ある地位を占め」るべく、根本的に考え直すべき時期に来ているのではないでしょうか。

三年間死刑執行ゼロ――●

わが国では一九九二年一一月一〇日をもって死刑執行がゼロという状態が実に丸三年になりました。これは死刑廃止の機運がいよいよ熟しつつあることを思わせます。マスコミもその見地から取り上げているようです。私じしんも、もちろん、このことを双手《もろて》を挙げて歓迎するものですが、これについては法律論として大きな問題がないわけではありません。法律家としては、この議論を抜きにして先へ進むことができないわけです。

実はその約四箇月後、一九九三年三月二七日、執行ゼロが三年四箇月続いたところで、宮沢内閣のもと、突如として後藤田正晴法務大臣によって死刑の執行が再開されたのでした。「第三版のはしがき」に詳しく書いておいたとおりです。

私は執行の再開がいかに不当であるかを論じ、今後はそれが続行されることがないように強く要望して、そのための理論をも示唆しておいたのです。ところが、わずか七箇月後、その希望は無残にも打ち砕かれました。しかも、それは新しい政治姿勢を標榜して登場した細川内閣のもと、もと同僚であった学界出身の三ケ月章法務大臣の手によってでありました。後藤田法相のときは三名、三ケ月法相のときは四名、同じ年度内に合計七名という大量の執行になったのです。そして、今では、悲しいことに、毎年何人かの執行をすることが、歴代内閣のほとんど年中行事のような有様になってしまいました。(16) しかし、この新事態については、I 3に改めて論じることにして、ここでは読者はこれを念頭におきながら、このまま続けて読み進んでいただきたいと思います。

刑事訴訟法(四七五条)の規定によれば、「死刑の執行は法務大臣の命令による」のですが、この命令は「判決確定の日から六箇月以内にこれをしなければならない」ということになっているのです。ただ、再審の請求だとか、恩赦の出願・申出などがあったときは、それがペンディングのあいだは、この六箇月の期間に算入しないことになっていますので、実際には従来もかなり長期にわたって本人に対する執行が行なわれなかったケースが少なくなかったのです(四二四頁)。そのほか、本人が心神喪失の状態にあるとき、あるいは(女子で)懐胎しているときは、執行が停止されます(刑事訴訟法四七九条)。

しかし、こうした規定の運用による解決には、もちろん、限度があります。六箇月以内に執行しなければならないというのは、訓示規定と解されていますが、それは、この期間によってもよらなくても、どちらでもよい、というようなものではありません。また、法務大臣の個人的な見解や好みのようなものによって左右されるべきものでないことはいうまでもありません。[17]法の運用――まして死刑の執行命令といったものについての規定の運用――には、個人の恣意が介入することは許されないのです。[18]ですから、もし法務大臣が死刑執行命令書に署名することが自分の信念と相容れないと思ったときは、本来ならば辞任する以外にないはずであります。[19]

ところで、元法務大臣の左藤恵氏は、在任中のことについて、「私は浄土真宗の寺の住職でもありますので、宗教人として人の命の大切なことを人一倍感じている立場からサインを拒否いたしました。云々」というメッセージを一九九二年三月の「フォーラム'90―II」に送って来られました。このメッセージは氏が元法務大臣として死刑廃止の運動を激励されたもので、マスコミでも大きく取り上げられました。もちろん、私もこれを大いに歓迎するのですが、今申し上げたような理由で、そのままにはいただけないのです。私は氏のメッセージは一般の人びとに分かりやすいように、こういうことばを使われたのであって、ご自身の信仰・信念というだけではなくて、もともと法律家なのですから、本当はもっと高い見地から考えておられるにちがいないと思うのです。それはどういうことでしょうか。左藤氏のお考えというよりも、私じしんの考えを次に少しばかり申し述べてみたいと思います。[20]

目下、われわれは〈死刑廃止条約〉の批准の問題を取り上げて、その早期実現の推進をしているわけです。その実現が年内になるか来年になるかそれ以後になるか、これは今のところ何ともわかりません。しかし、一九九二年の第一二三回国会の予算委員会分科会では渡辺美智雄外務大臣（当時）が、〈死刑廃止条約〉の批准を「真剣に研究します」という答弁をして議事録にも記録されているのでありまして（注24参照）、それが――ひろい意味で――政治的な日程にのぼっていることはまちがいないのです。そして、もしその批准が実現したあかつきには、現在、死刑が確定している人たちは、その日から、もはや死刑を執行されないことになるのです（II8）。そうすると、今、この時点において、条約の批准を待たないで一部の人について執行をしてしまったならば、その前後において、いかなる不公平、いかなる不正義が起こるか。これはとうてい許されるべきことではありません。死刑の執行は、いやしくも人間の生命に関するものであって、けっして単なる事務、単なるビジネスではありません。刑事訴訟法の運用は、こうした高い次元の見地から考えなければならないのです。私は、このところ歴代の法務大臣が死刑執行命令を出さないで来たことは、このような高い見識に基づくきわめて適切な措置であったと確信するのであります。

恩赦の運用の反省――恩赦を求める権利――●

しかし、このような状態をこれだけの理由でいつまでも続けることについては、やがて批判が出て来るにちがいありません。私は、そこで、できれば暫定的に死刑執行停止法を制定するなり、少なくとも、現行法制のもとでも、恩赦の運用をもっと正面から考えるべき時期に来ていると思うのです。

（事実上廃止国であった当時のベルギーでの実務もたいへん参考になります。）

恩赦は、啓蒙思想では君主の恣意による司法権の侵害というように位置づけられましたが、現在ではその意味がずっと積極的な刑事政策的のものとして考えられるようになって来ています。いまでも恩赦は憲法上内閣の職務でその認証は天皇の国事行為になっていますが（憲法七条六号、七三条七号）、個別恩赦に関するかぎり中央更生保護審査会の議を経ることになっているのは、まさに、こういった趣旨を現すものにほかならないのです（犯罪者予防更生法三条）。

〈自由権規約〉というものがあることを、みなさんはご存じでしょう。正確には、〈市民的及び政治的権利に関する国際規約〉とよばれるもので、これは一九七九年にわが国も批准して、同年の条約第七号として、すでにわが国内法としての効力をもっています。その六条は、すべての人間の「生命に対する固有の権利」を保障し（一項）、「死刑を言い渡されたいかなる者も、特赦又は減刑を求める権利を有する。死刑に対する大赦、特赦又は減刑は、すべての場合に与えることができる」（四項）という規定を置いているのです（三五三頁参照）。わが国では、このような〈自由権規約〉のもとにおける恩赦の制度の認識が一般世間ではきわめて乏しいようですし、当局もその運用を正面から考えていないように見受けられます。今や、当局も、この〈自由権規約〉のもつ重要性を改めて再認識して、中央更生保護審査会にも、運用上、規約の趣旨を十分に考慮することを求めるなど、その見地から恩赦制度の活用に本格的に取り組むべき時が来ているのではないでしょうか。

西欧では、前にお話ししましたように、ほとんどすべての国が死刑を廃止しているのですが、まだ法律上の廃止にまで行かないで事実上の廃止にとどまっている国としてベルギーとギリシャがあります。この両国で事実上の廃止というのは、すべて恩赦によって賄っているのだそうです[21]（〔追記〕両国ともその後法律上廃止）。われわれはこれを参考とする必要があると思います。

今や死刑廃止に踏み切るべき時 ――●

ここで、私は死刑存置論をちょっと振り返ってみたいと思います。わが国における存置論の代表的な学者として、先師小野清一郎博士（1891―1986）を挙げることは、どなたも異存がないところでしょう。その小野先生はどんなことをおっしゃっていたのでしょうか。これは先生の著書にはっきりと書かれているのですが、実は、先生の真意は次のようなところにあったのです。

死刑が正当なものであるかどうかは抽象的には論じがたい。歴史的社会の現実、特に其の政治的事情に応じ、又各場合の具体的情状に応じてその判断が異るべきである。（中略）なかんづく我が日本の政治理想は仁慈を旨とする。（中略）国家的秩序と人倫的文化とを維持するため絶対に必要である場合の外、死刑は之を廃さなければならぬ。[22]

これが先生の本来の所説なのです。ところで、さきほども申し上げたとおり、現在の日本では殺人罪の発生件数は一〇万人について一・〇件という程度であって（一九九一年の統計）、世界のどの国にくらべても飛び抜けて少ないのです。これは殺人罪だけにかぎらず、犯罪全体についても同様なのでして、サー・レオン・ラヂノウィッチは、日本は世界における犯罪の増加傾向に対して「当惑を感じるくらいの対照（perplexing contrast）」をなしているとさえ言っています。[23] こんなに治安状態のよい国はほかにはないと言っても、過言ではないでしょう。これが国内の状況です。そして、他方、国際的視野で世界を見渡してみますと、〈死刑廃止条約〉を批准していないのは、発展途上国は別として、先進国のなかでは実に日本とアメリカ合衆国だけという有様なのです。しかもアメリカ合衆国でも、州のレベルでは、かなりの州が死刑を廃止していることを忘れてはなりません。

先生がもしご存命で、こういう現在の日本の国内的・国際的状況を見られましたならば、はたして死刑が今なお「国家的秩序と人倫的文化とを維持するため絶対に必要」（傍点団藤）だなどとおっしゃるでしょうか。これは私には考えられないことです。あえていえば、先生は今やむしろ強い死刑廃止論者になられたのではないでしょうか。今なお死刑存置論を主張している人たちに、私は猛省を促したいのであります。

さいわい政治的にも、一九九二年三月現在で、死刑廃止に賛同する国会議員は超党派的に一三六人にのぼり、潜在的にはこの数をさらに上回るものと仄聞していましたが、その後この数は急増して、同年一一月二四日現在では一七六人になっているということです(24)（〔追記〕後述のとおり一九九四年四月には「死刑廃止を推進する国会議員連盟」が発足するにいたりました）。機はいよいよ熟して来ています。(25)今や、いよいよ死刑の廃止に踏み切るべき時がやって来たのでありまして、私は読者のみなさんに改めてこれを強く訴えたいのであります。

（1）後出三六五頁注18。バダンテール氏（1928— ）ははじめ弁護士として令名があった。そのころのものとして、フランス革命時の人権問題に関する——夫人との共著を含めて——何冊かのすぐれた著書がある。また、弁護士として手がけたボンタン事件については『処刑（*L'Exécution*, 1973）』という著作が文庫本として出ている（なお、後出一九一頁注28参照）。ビュッフェとボンタンの二人の共犯事件で、バダンテール氏はボンタンがみずから手を下したのではなかったことを立証したのに、共犯者として二人とも死刑になった。トロアという町の刑務所で起こった看守と看護婦に対する殺人事件で、地元の非常に強い反感を背景として、陪審の不利益な答申が出たのであった。ところで、こうした地元の反感は、裁判所の周辺でまきおこった「殺せ、殺せ」というはげしいシュプレヒコールにも現れていたが、何と、これに加わっていた群衆の中の一人が、わずか四年後に、こんどは自分が殺人罪を犯して死刑に処せられる番になった。この被告人にもバダンテール氏が弁護人になったが、氏のこうした経験は死刑に抑止効果がないことを、いかなる統計にもまさって端的に証明するものだ、というのが氏の述懐である。バダンテール氏は、このようにまず弁護士として活躍したのち、大学教授——最後はパリ第一大学法学部教授——として刑法講座を担当していた。本文に述べたとおり一九八一年に法務大臣に起用されて死刑廃止を実現したのちも、引き続き数年間その職にあって刑法改正委員会の委員長として新刑法草案を起草し、この草案はその後若干の修正を加えられて、一九九四年三月一日から現行法として施行されている。氏は、一九八六年以降は長く憲法評議院（Conseil Constitutionnel）（フランス憲法五六条以下）の議長の地位にあった。なお、氏の近著として、Badinter, *La prison républicaine (1871-1914)*, 1992. ちなみに、夫人のエリザベート・バダンテール女史も著述家として知られ、『母性という神話（*L'amour en plus*）』（鈴木晶訳・一九九一年）、『男は女、女は男（*L'un et l'autre*）』（上村くにこ＝饗庭千代子訳・一九九二年）などは邦訳が出ている。

（2） バダンテール法相（当時）の議会における演説は、伊藤公雄＝木下誠編『こうすればできる死刑廃止・フランスの教訓』（一九九二年）九四頁以下に翻訳紹介されている。

（3） この基調講演の邦訳として、ロベール・バダンテール「死刑存続の理由はどこにあるのだろうか・体験的死刑廃止論」法学セミナー四五三号（一九九二年九月）。なお、同「死刑廃止を実現」（菊田幸一編著『死刑廃止・日本の証言』〔一九九三年〕三二〇頁以下――他の講演をも含めて再構成したもの）。

（4） 志賀節氏の死刑廃止論については、「死刑について――志賀節先生に聞く」（聞き手、菊田幸一＝辻本衣佐）JCCD六三号（一九九二年）四頁以下（菊田幸一編著『死刑廃止・日本の証言』〔一九九三年〕二五五頁以下）。

（5） 政府が死刑廃止について消極的な立場に固執する、もう一つの大きな理由は、法制審議会の答申にかかる『改正刑法草案』（一九七四年）が死刑存置論の見解を採っていることにあると推測される。なるほど、一般論として法務省が法制審議会の答申を尊重しなければならないことは、いうまでもない。しかし、草案が出てから二〇年ちかくも経過しながら、政府は各方面の反対に遭っていまだにその法制化ができないでいる（その後、新刑法典が制定されたが、これは答申を法制化したものではなく、従来の文語体のものを忠実に口語化したにとどまる）。答申の法制化のためには、いずれにしても、かなり大きな手直しが必要であろう。しかも、その間に、あらたにいわゆる〈自由権規約〉――「市民的及び政治的権利に関する国際規約」（昭和五四〔一九七九〕年条約七号）――が現れたのである。この規約の「第二選択議定書」が、まさに目下懸案のいわゆる〈死刑廃止条約〉にほかならない。〈自由権規約〉はいうまでもなく国内法の一環をなすわけであるが、その六条は後述のとおり死刑について重要な保障規定を設けているのである（後出三五二頁）。これは国内法体系における新事態——法制審議会が当時予想していなかった新事態——である。いまや、政府は法制審議会の答申だからといって、『改正刑法草案』にこだわる理由は完全になくなっているのであり、むしろ、死刑について根本的に考えなおすことこそが、新事態に即応するために必要だと言わなければならないのである。それればかりではない。もともと、『改正刑法草案』は、死刑を法定刑とする犯罪にしぼりをかけた上、「死刑の適用は、特に慎重でなければならない」（四八条三項）という規定を置いていることから分かるとおり、死刑については明白に抑制的な方向にある（なお後出三九九頁参照）。それは、死刑制度については、強化どころか現状維持でもなく、あきらかに消極の方向に向かっているのである。政府がこの方向にさらに大きく踏み出すことは、新事態のもとにおける諸般の事情の要請するところというべきであり、われわれはそれを期待しているのである。

(6)　一九九二年三月一六日付の朝日新聞掲載の座談会「死刑廃止の流れ・どう受け止める日本」（バダンテール、植松正、前田宏、中山千夏、の諸氏と私）における氏の発言から引用（一七面下段）。この座談会記事は、朝日新聞死刑制度取材班『死刑執行』（一九九三年）一三二頁以下に収録されている（引用箇所はその一四八頁）。

(7)　W・リップマン（掛川トミ子訳）『世論』（上下・岩波文庫〔一九八七年〕——原著は Walter Lippmann, *Public Opinion*, 1922; paperback edition with a new introduction by Michael Curtis, 1990）。本文に引用した箇所は、同書・下・二六一頁（*op. cit.*, paperback edition, p. 401）。——なお、世論の問題については、菊田教授がダイシーの見解を引いて適切な指摘をしておられる（菊田幸一『死刑廃止を考える』〔改訂版・一九九三年〕四三頁以下）。なお、菊田幸一（編著）『死刑と世論』（一九九三年）。

(8) Roger Hood, *The Death Penalty*, 2nd Ed., 1996, p. 224.

(9) 平川教授は、普通に援用される「被害者感情」がいかに実態から離れた「イメージとしての被害者感情」にすぎないかを、実例を挙げて鋭く指摘しておられる（平川宗信「死刑制度と私たち——仏教と法律学の立場から——」同朋仏教〔同朋大学仏教学会〕三一号〔一九九六年〕八八―一〇七頁、とくに一〇一頁以下）。

(10)『ヴェニスの商人』のポーシャの台詞に出て来る。"And earthly power doth then show likest God's／When mercy seasons justice." (Shakespeare, *The Merchant of Venice*, Act IV, Sc. 1, L. 197)。坪内逍遙訳では、「慈悲を以て正義を和《やわら》ぐるに及んで……人間の力が其時はじめて神の力に似るのである」。——聖トマスは、「正義のない慈悲は分解のもとである（misericordia sine iustitia mater est dissolutionis）」が、「慈悲のない正義は残虐である（iustitia sine misericordia crudelitas est）」といっている由である（Heinrich Henkel, *Einführung in die Rechtsphilosophie*, 2. Aufl. 1977, S. 419）。

(11) 内訳は、高知（存置＝114　廃止＝117　不明＝104）、徳島（存置＝86　廃止＝86　不明＝54）、香川（存置＝102　廃止＝93　不明＝58）、松山（存置＝385　廃止＝463　不明＝293）、合計（総数＝1955　存置＝687〔35%〕　廃止＝759〔39%〕　不明＝509〔26%〕）。

(12) ホフマン教授によれば、アメリカ合衆国政府のこうした傾向は、建国以来の「フェデラリズム（連邦主義）」の思想（A・ハミルトン＝J・マディソン著〔斎藤真＝中野勝郎訳〕『ザ・フェデラリスト』岩波文庫〔一九九九年〕一四〇頁等参照）が、二〇〇年以上を経た今でも尾を引いていて、「死刑問題はもともと各州の問題で連邦の介入はなるべく遠慮するべきだ」という観念が根強く残っていることと関連があるらしい。Joseph L. Hoffmann, Justice Dando and the "Conservative" Argument for Abolition, 72 *Indiana L. J.*, 21 (1996), at p. 22. そして、アメリカでも各州のレベルでは、国際条約とは関係なく古くから死刑を廃止した州が少なくないのである。だから日本政府がアメリカに遠慮して、死刑廃止条約の批准をためらっているのは、この角度からみてもおかしいのである。

(13) *Le Monde*, 18 mars 1992. これは、東京特派員で『江戸から東京へ——町人文化と庶民文化』(菅野昭正訳・一九九二年)の著者、ポンス(Philippe Pons)氏による取材であった。

(14) *The Independent*, 13 April, 1992. なお、米紙 *The Dallas Morning News*, November 28, 1992 も、日本における死刑廃止論の台頭をかなり大きく報じている。

(15) この問題につき、辻本義男「欧州人権条約と死刑制度の撤廃」(前掲・伊藤公雄＝木下誠編『こうすればできる死刑廃止・フランスの教訓』〔一九九二年〕一〇六頁以下)参照。

(16) その状況を概観しておけば、次のとおりである(東京・大阪等の地名はそれぞれの拘置所の省略である)。(1)一九九五(平成七)年には、五月二六日に三名(東京二名、大阪一名)(前田勲男法相〔村山内閣〕)、一二月二一日に三名(東京・名古屋・福岡各一名)(宮沢弘法相〔村山内閣〕)、計六名、(2)一九九六(平成八)年には、七月一一日に三名(東京一名、福岡二名)(長尾立子法相〔橋本内閣〕)、一二月二〇日に三名(東京)(松浦功法相〔橋本内閣〕)、計六名、(3)一九九七(平成九)年には、八月一日に永山則夫を含む四名(東京二名、札幌二名)(松浦功法相〔橋本内閣〕)、(4)一九九八(平成一〇)年には、六月二五日に三名(東京一名、福岡二名)(下稲葉耕吉法相〔橋本内閣〕)、一一月一九日に三名(名古屋二名、広島一名)(中村正三郎法相〔小渕内閣〕)、計六名、(5)一九九九(平成一一)年には、九月一〇日に三名(東京・仙台・福岡各一名)(陣内孝雄法相〔小渕内閣〕)、一二月一七日に二名(東京・福岡各一名)(臼井日出男法相〔小渕内閣〕)、計五名。なお、後出一三八頁注1参照。

(17) ただし、その背後にある問題として、中山千夏氏が、前掲(注6)朝日新聞座談会の中で、「大臣としてはどうしても(執行)したくないという人が出てくる。それこそが死刑制度の根源的に重大な部分なのではないかと思うんです。法務大臣が躊躇するような法律を私たちは持っているんだ。そのことが重大なんです」と発言しておられるのは、われわれとしても、もちろん、同感である。

(18) 後出四二六頁以下参照。日本の死刑執行における恣意については、神父ヨンパルト博士の痛烈な批判がある。ホセ・ヨンパルト「日本の死刑囚には人権は認められているのか」(柳沢睦男ほか『現代社会と人権』〔一九九二年〕一五一頁以下、とくに一六〇頁以下。博士によれば、差別と恣意とは似ているが、前者には「法則性」があるのに対して後者にはそれすらもない。前者には犠牲者が多数でありうるので救済のための団結が可能だが後者にはその可能性も少ない(一五六頁以下)。――ヨンパルト博士の死刑廃止理論全般については、ホセ・ヨンパルト「死刑の法理を説く」(インタビュー)(菊田幸一編著『死刑廃止・日本の証言』〔一九九三年〕二三二頁以下)。

(19) これは裁判官の良心と職務の関係と共通の問題をもっている(団藤重光『実践の法理と法理の実践』〔一九八六年〕三一頁以下参照)。団藤『法学の基礎』第二刷(増補)(一九九六年)二〇六頁注四には、アメリカのワシントン州最高裁判所のアター判事(Robert Utter, J.)が死刑事件を扱うことをいさぎよしとしないで断乎として退官し、これを実践された感動的な事例を引いておいた(第一刷にはない)。

(20) この問題については、本書「第三版のはしがき」にもう少し立ち入った考察を試みておいた(前出〔一四〕頁以下)。なお、一九九四年五月二一日の日本刑法学会において報告された福田雅章教授の所論は、死刑執行は法務大臣の政治的・法的義務であるとするものであるが、私見よりもさらに一歩を進めた理論づけを試みたものとして注目される(福田雅章「法務大臣に死刑執行の義務はあるか」刑法雑誌三五巻一号〔一九九五年〕一一二頁以下)。

(21) Amnesty International, *When The State Kills*……*The death penalty v. human rights*, 1989, pp. 107, 139. アムネスティ・インターナショナル編(辻本義男訳)『死刑と人権・国が殺すとき』(一九八九年)一八二頁、二八一頁。ヨーロッパ犯罪人引渡条約一一条では、明白に、ベルギーのような事実上廃止国(当時)を法律上廃止国と同様に扱っていることが、注意されるべきである。

(22)　小野清一郎『新訂・刑法講義・総論』（一九四八年）二二九―二三〇頁。

(23)　Sir Leon Radzinowicz, Penal Regressions, 50 (3) *Cambridge Law Journal*, 422-444 (at 423) (November 1991). ちなみに、かれは、世界各地にひろがりつつある――死刑の多用傾向を含む――権威主義的傾向を慨嘆し (*op. cit.*, at 425-427)、アメリカの関係ではレンクィスト連邦最高裁首席裁判官に指導された死刑についての保守傾向化（後出四三二頁注12参照）について批判の目を向けている (*op. cit.*, at 434-436)。具体的に、例えば、州裁判所の死刑判決に対する連邦最高裁へのヘイビアス・コーパス救済手続の制限を強化した判例、McCleskey v. Zant, 111 S. Ct. 1454 (1991) や Coleman v. Thompson, 111 S. Ct. 2546 (1991) については、B. J. George, Jr., United States Supreme Court 1990-1991 Term : Criminal Procedure Highlights, 36 *NYLS Law Review*, 561-565 (1991). ラヂノウィッチ博士はケンブリッジ大学の犯罪学研究所の創立者であり、『イギリス刑法史』全五巻の大著の完成などの功績によって「サー」の称号を与えられた学者である。かれはアメリカ合衆国の上院の委員会でイギリスからの証人として死刑廃止の意見を証言している。Sir Leon Radzinowicz, Testimony on Abolishing Death Penalty (ZEROX), in U. S. Congress. Senate. 90th Cong. 2nd ses. Subcommittee on Criminal Laws & Proc. of Cttee. on Judiciary S. 1760. Bill to Abolish Death Penalty under all Laws of U. S.... 3/20-21 & 7/2/68, Washington, DC : USGPO, 1970, pp. 55-68.

(24)　国会議員の活動は国会内にかぎらないが、国会における活動の模様をみると、一九八〇年以来の衆参両議院の委員会における質疑応答は、三原憲三『死刑存廃論の系譜』（一九九二年）二〇三頁以下に摘録されている。そこには中山千夏（九三回参議院法務委、九六回参議院法務委――坂田道太法相答弁）、千葉景子（一〇九回参議院法務委、一一二回参議院法務委、一一六回参議院法務委）、志賀節（一一八回衆議院決算委）の諸氏の質疑がみられる。一二三回国会（一九九二年）では、衆議院の予算委員会及びその第二分科会（志賀節氏が主査）で議論が行なわれた。質疑に立ったのは、二見伸明（田原法相・宮沢首相答弁）、新村勝雄（田原法相答弁）、江田五月（渡辺外相答弁）の諸氏であった。江田氏の質疑は〈死刑廃止条約〉の批准についてであったが、渡辺外相から「真剣に研究します」という答弁を得ている。——ちなみに、「アムネスティ国会議員連盟」というのがつとに結成されていたが、その後、一九九四年四月には正式に超党派的な「死刑廃止を推進する国会議員連盟」が結成された（後出七三頁）。

(25)　地方自治体の関係では、とくに東京都清瀬市の市議会が一九九二年九月二五日に、超党派の全会一致で、死刑廃止条約の批准を求める意見を採択して、内閣総理大臣、法務大臣、外務大臣に提出したことが、土地柄によるとはいえ、特記されるべき出来事であったといわなければならない。これは世論の問題の関係でも注意されるべき事実である。その後、一九九三年一二月には、高槻・泉南両市の市議会でも廃止決議が行なわれた。

3　状況の流動化――改めて死刑廃止を訴える

死刑執行の再開と続行●

宮沢内閣のとき、一九九三年の三月二六日に――それまで三年四箇月続いていた執行ゼロの状態を破って――当時の後藤田正晴法相の手で三名の死刑囚が執行の再開によって処刑され、非常に大きなショックを受けたことは、「第三版のはしがき」に詳しく書いておいたとおりですが、やがて細川内閣になり、政治姿勢もあたらしいスタンスをとるということになって、われわれは大いに期待したのです。しかし、すくなくとも人権問題については、完全にその期待を裏切られました（人権問題は連立政権の協定事項の中に入っていなかったのだということを、あとから聞かされました）。ちょうど春の執行再開から八箇月経ったところで、まるで追い討ちをかけるように、今度は三ケ月章法務大臣によって死刑執行が続行されたのです。一九九三年一一月二六日のことで、全国で四名もの死刑囚が執行された

のでした。(1)

新聞報道によると、三ケ月法相は、就任の交渉を受けたときは、四日間ホテルに閉じこもって、受諾するかどうか、ことに死刑執行の命令書に署名する気持が固まるかどうかについて、だいぶ苦しまれたようですが、やはり踏み切る以外ないだろうということでその決意をして、就任を承諾されたということです。ですから死刑執行のことについては、就任の当初から決意が固まっていたらしいのです。それにしても、大臣のところへ事務当局から書類が上がって来るまでの時間を見込みますと、八月の細川内閣発足後三箇月ぐらいのところから、だんだんその可能性が濃厚になって来るだろうという見当をつけて、もし執行があるとすると一一月あたりになるかも知れないということで、われわれは初めからかなり心配はしていたのです。

国連人権委員会の勧告 ——●

ところが、一方では同じく一九九三年の秋に、ジュネーブの国連の人権委員会(2)で、各国から正式に提出された人権関係の報告書に対する審査が行なわれまして、一〇月二七、二八両日には日本関係のものが取り上げられたのです。念のために申し添えますと、日本からは京都大学の安藤仁介教授が委員会の委員になり、互選によって委員長になっておられますが、委員は自国関係の案件には関与しないことになっていますので、もっぱら日本以外からの委員によって審査が行なわれたわけです。(3)その審査にあたっては、日本政府から数名の人が向こうへ行って政府の正式報告書（自由権規約四〇条1（b）に基づくもの）の説明にあたり、(4) それ以外にいくつかのNGO（非政府組織）も行っております。「死刑執行停止連絡会議」代表世話人の菊田幸一教授もそのとき行って、NGOとしての「カウンターレポート」を提出しておられます。

その結果、委員会は一九九三年一一月四日の第一二九〇回会議（第四九会期）で日本政府の報告書に対するかなりの長文の「審査結果（Comments）」を採択しました。(5) これは日本政府に対する「示唆と勧告（suggestions and recommendations）」を含む詳細なものです。委員会はこの中で、日本が「死刑の廃止に向かって措置を取る（take measures toward the abolition of death penalty）」ことを明確に勧告しているのであります。その決議書はすぐに日本政府に送られて来たはずで、一一月の五日か六日には日本政府はそれを入手しているはずです。

そういう国連の正式の委員会の正式の決議によって、日本政府に対する勧告が行なわれ、その中で、死刑廃止の措置を要請して来ているのですから、法務当局もそう簡単に死刑執行再開に踏み切ることはできにくいのではないかと思って、密かに期待していたのですが、わずかその三週間後にいきなり、四名もの死刑囚の執行があったのです。

実は、その前、細川内閣が発足した比較的早い時期に、ロンドンのアムネスティ・インターナショナルの本部から、公開書簡を細川総理と三ケ月法相に送って、死刑の執行に慎重であるように強く求めて来ていたのでした。アムネスティ・インターナショナルは世界的規模の組織をもった有力な団体とはいえ私的団体にちがいありませんが、今回の勧告は公的なものであって、国連の正式機関による正式の「勧告」なのであります。こういう状況だったのですから、仮に内部的にはその前から執行を決意していたにしても、「勧告」をまったく無視して即時断行したことは、私はその国際的なセンス、人権感覚を疑うのです。あえて国連機関の勧告に真正面から挑戦したのではないかとさえ考えざるを得ないのです。私はマスコミ各社からコメントを求められて、この点を特に指摘して「嘆かわしいことだ」と言ったのです。

そういうことで、去年（一九九三年）は、春の三名に加えて、秋にはさらにそれを上回る四名、合計七名もの人たちの執行が行なわれたわけです。これは、統計（四六三頁第二表）を見てもわかるとおり、昭和五一（一九七六）年に一二名が執行されていますが、それ以来は、四名、三名、それからずっと一名が続き、昭和六〇（一九八五）年に三名、それからまた二名、二名、二名、その次一名となって、それから後三年四箇月間、ずっと執行ゼロだったわけです。ですから、七名というのは昭和五一（一九七六）年の一二名以来の大量執行でした。特に、昭和五四年の自由権規約（正確には「市民的及び政治的権利に関する国際規約」同年条約七号）が出来てからのこととしては、あたかもこの条約の精神に抵抗するかのように、まさに最高の数字を示すものであります。しかも春に三名を執行していますから、いつまでも執行しないでおくという非難は、受けないで済むだけの口実は十分出来ていたと思うのですが、それをあえて、しかも国連の意向、国際世論に抵抗してまで、断行してしまったことは、大変嘆かわしいことだと思うのです。

これは一法務大臣のことではない、日本の政府全体の姿勢として、国際関係に対して十分な配慮をしなければならないはずのものです。これは非常に残念なことだと思っています（なお、後出八九頁、九六頁注33参照）。

しかし、われわれはそんなことで意気沮喪するようなものではありません。判決が確定すれば、それは早晩執行されるということは、法律上十分に予想されることなのですから、それが三年数箇月も執行されないで来たということに、やや過大の希望をかけていたのかも知れません。それがこうやって破られたからといって、われわれはそれによって意気沮喪することはない。ただ、その春の三名、秋の四名、合計七名の執行された方々に対して、私も心から冥福を祈る気持ちです。

我々のこの死刑廃止の考えというもの、またその運動というものは、決して根の浅いものではない、非常に根の深いものであり、また非常に強いものです。実現は早ければ早いほうがいいのはもちろんですが、息長く考えて行かなければならない問題で、我々はこんなことで挫けることなく、ある意味ではこれをバネにして、廃止の方向に向かって、さらに運動を続けて行くつもりです。私自身は、運動とは言っても、実際に街頭に立つようなことはしませんが、背後からそういう人たちの運動をバックアップして、精神的な支援を強く送り続けるつもりでいます。

死刑は犯罪人引渡しの壁(6)――スウェーデン政府による引渡し拒否――●

国連の人権委員会の勧告が一九九三年一一月はじめにあったこと、それにもかかわらず、わずか三週間後に三ケ月法相による死刑の大量執行があったことについては、右に詳しく述べたとおりです。

この関連で、スウェーデン政府による日本への犯罪人引渡しの拒否があったという問題について、すこし述べておきたいと思います。一九九二年の四月に東京都渋谷区のマンションで一人のスタイリスト（当時四〇歳の女性）が殺されたという事件は、そこいらにざらにある事件でわれわれも忘れていましたが、警視庁が国際刑事警察機構（ICPO）を通じて国際指名手配したイラン人ラリ・フェレイドーン（Lali Fereidoon）という容疑者がスウェーデンで身柄拘束され、日本の捜査当局が身柄の引渡しを求めたところ先方が難色を示したことから、急にマスコミの脚光を浴びることになったのです。(7) 凶器がアラビアナイフであったこと、被害者が交際していた当の容疑者が知人に「部屋を物色していたら見付かったので殺した」旨を話していたことなどから、警視庁はこの容疑者の犯行と断定して逮捕状を取ったのですが、容疑者は犯行の翌日、東京入国管理局に不法滞在を申告して、すでに出国していたというのです。外国人犯罪によくあるやり方なのだそうです。イラン政府からは、「本人はいったん帰国後、出国したという記録があり、出国先はスウェーデンかトルコかカナダとみられる」旨の回答があり、警視庁はこの三国に照会しました。その結果、本人はスウェーデンに偽名で入国、難民キャンプに居住していることがわかり、現在身柄拘束中だとのことで、指紋照合で本人であることの確認がとれたので、外交ルートを通じて身柄引渡しの協議に入りました。ところがスウェーデン当局は、死刑制度のある国には、本人を死刑にしないという保証がないかぎり、引渡しはできないということで、交渉は暗礁に乗り上げた形になったのです。

このようにスウェーデンが引渡しを拒否して来たのについては、実は大きな背景があるのです。もともとスウェーデンは、相当古く一九二一年から死刑を廃止しているのですが、現行刑法は有名な近代学派のカール・シュリュイターの起草したもので、法典名も「刑法」でなく「犯罪法」としているくらい非常に進歩的な法律なのです。かれの思想が脈々と続いて来ているのですから、福祉国家としての背景もあって、スウェーデンにおける死刑否定の思想は非常に根強いわけです。

スウェーデンの犯罪人引渡法(8)は一九五七年公布のもので、その後何回かの一部改正があります。一九五七年には、パリでヨーロッパ犯罪人引渡条約が締結されましたが、スウェーデンは真っ先に署名・批准をしています。そこで今のスウェーデンの犯罪人引渡法を見ますと、引渡しを認める要件の規定(一条—一一条)に続いて、引渡しが許諾された場合に付けなければならない条件の規定(一二条)があって、それには「引き渡される者は当の犯罪について死刑の言渡しを受けてはならない」という項目が明示されているのです(同条一項三号)。要件の具備については最高裁判所がまず審査し、その上で政府が条件を付けることになります。つまり、請求国が死刑存置国のときは、スウェーデン政府は請求国に対して「引き渡された者を、請求にかかる犯罪を理由として死刑に処することはない」という十分な保証を求めることになるわけです。日本政府としては、三権分立の建て前からいって、このような保証を与えることはきわめて困難だというべきでありましょう。(9)

これは実はスウェーデン相手の場合に限ったことではなく、ヨーロッパ犯罪人引渡条約(10)にも、「引渡しの請求にかかる犯罪が請求国の法律により死刑にあたる場合において、被請求国の法律により死刑が規定されていないか、又は通常（normally）執行されないときは、死刑が執行されないことにつき、請求国が被請求国によって十分（sufficient）と認められる保証（assurance）を与えないかぎり、引渡しを拒否することができる（may be refused）」という規定があって(11)、スウェーデンとの間で起こった右のような問題は、ヨーロッパ犯罪人引渡条約の加入諸国との間ではいつでも起こり得るわけです。ただ、ヨーロッパ犯罪人引渡条約では、ここに見られますように、「満足的保証」の度合いは被請求国の判断に委ねられていますし、引渡しの拒否も被請求国の裁量になっていますから、ややゆとりがあります。これは個人の保護と犯罪防止との間のバランスを考えた結果のようです(12)。ですから、スウェーデン相手の場合は、ほかのヨーロッパ犯罪人引渡条約加盟国相手の場合よりも、建て前として一層厳しいものがあるであろうことを覚悟しておかなければならないでしょう。本人が本件のように外国人でなく、日本国籍をもつ者である場合は、実務的にいろいろの解決方法があるようですが（例えば被請求国による国外退去命令）、われわれはそれとは別に、もっと本質的な問題に着眼して理想に向かって努力するのが本筋であろうと信じます。

なお、もう一つ注意しておかなければならないのは、ゼーリング事件についてのヨーロッパ人権裁判所（European Court of Human Rights）の判決です。[13] ゼーリングはドイツ国籍の青年ですが、米国のヴァージニア州で殺人罪を犯して、[14] 連合王国に逃亡しました。そこで合衆国政府から連合王国政府に引渡しを請求し、連合王国の内相は引渡命令を出しましたが、引渡しが行なわれる前に、ゼーリングはヨーロッパ人権裁判所に提訴したのです。ドイツ政府も自国への引渡しを求めて同じ裁判所に提訴しました。ドイツは憲法で死刑を廃止しているのですから、[15] ゼーリングもドイツへの引渡しならば異議はないと申し立てましたが、当面の問題は英から米への引渡しの許否です。問題のポイントになったのは、ヨーロッパ人権条約（一九五〇年）三条の「何人も、拷問又は非人道的な若しくは屈辱的な取り扱い若しくは刑罰を受けることはない」という規定でありました。死刑そのものがそもそも同条の違反になるのではないかという問題もあって、アムネスティ・インターナショナルのような積極説もあるのですが、ヨーロッパ人権裁判所はこれにはくみしませんでした。[16] しかし、裁判所は、まず、ヴァージニア州法によって本人が死刑になる見込みや、その場合収容されるであろう具体的な拘置所の状況――いわゆる〈death row phenomenon〉――などを詳細に検討しています。とくに本人が犯行時満一八歳になったばかりだった若年者であることや精神的に正常でないことなども考慮した上、本人が申し立てているような事態――拘置所内で同性愛の被害者になりそうなこと、肉体的・精神的な虐待の可能性、等々――を、具体的に詳細に検討しています。その結果、本人を米国に引き渡すことは、上記の「非人道的な若しくは屈辱的な取り扱い」に当たることになり、同条の違反になるという結論に達したのです[17]。これは裁判所の全員一致の意見でありました。もちろん、犯人たちにいわゆる〈安全な避難所（safe haven）〉をあたえることは望ましくないので、判決はその点をも総合的に考慮したものでした[18]。

このように、とくに死刑を廃止している西欧諸国との間では、種々の関係で引渡しの拒否の問題が起こり得るので、今回のスウェーデンの問題は、実はそうした事態の一露頭にすぎないのです。われわれがたまたまスウェーデン政府からの引渡し拒否によって問題に気付いたのは、われわれが井戸の中の蛙だったのであって、マルケージ氏によれば、引渡しにこういう条件をつけること、場合によっては端的に引渡しを拒否することが、今は死刑廃止国の実務になっているのだそうです[19]。

このようなことは、実は西欧諸国との関係に限ったことではないので、今や、むしろ世界的に承認されて来ているのです。一九九五年に国連機関によって〈犯罪人引渡しのモデル条約（Model Treaty on Extradition）〉というのが作られたのですが[20]、その四条によりますと、請求国の法律で死刑の規定されている犯罪については、被請求国が死刑を科しないこと、または科しても執行しないことを十分に保証しないかぎり、引渡しを拒否することができるものと明確に規定されているのです。

要するにスウェーデンが、今回、犯人の引渡し拒否の姿勢を示していることは、日本が死刑廃止国になっていないで、文化的・社会的にまだヨーロッパ諸国の仲間入りをしていないことが、こういうところにも表れた問題だと見なければなりません。日本が〈死刑廃止条約〉に加わっていない、死刑を廃止をしていないということ、そして、せっかく三年四箇月だけにせよ執行ゼロが続いていた状態を法務省が近視眼的に廃棄してしまったことは、こういう国際問題にすべて響いて来ているのです。裏を返せば、日本が文化国の仲間入りがまだできないということにもなって来る。まことに恥ずかしいことです。憲法前文にあるような「国際社会において、名誉ある地位を占める」というには、ほど遠いことになるのではないかという感じを、ここでも持たざるを得ないのであります。(21)

「死刑廃止を推進する国会議員連盟」の創設——●

国内の動きの中で特筆に値するのは、去る一九九四年四月六日に、国会議員の超党派的な団体として、「死刑廃止を推進する国会議員連盟」の設立総会が、衆議院の第一議員会館で開かれたことです。(22)この「死刑廃止を推進する国会議員連盟」は、超党派の議員により、死刑制度について議論し、考察する場として、また国会において死刑廃止を推進する母体として設立されたものです。設立総会のとき、すでに一〇〇名以上の方が参加を申し出ておられたそうですが、その後、人数ははるかに増えたと聞いています。設立総会には、実際にその数の方々が一度に集まったわけではありませんが、それでも、相当の数の、随分いろいろな方が出席されました。そして、会長に元衆議院議長の田村元氏が選ばれ、副会長に左藤恵、志賀節（以上衆議院）、田英夫、竹村泰子（以上参議院）の四氏、事務局長に二見伸明氏が選出されました（〔追記〕一九九六年の総選挙による変動については省略）。私もこのときに講演を頼まれて、三〇分ばかりの話をしました。[23] こういう連盟が設立されたことは、日本の各紙も報道しましたが、特に英字紙の『ジャパン・タイムズ』は、第一面にかなり大きく、写真入りで取り上げ、私のそのときの講演の要旨まで掲載していました。『ジャパン・タイムズ』はその後、四月一二日の社説でもこの問題を取り上げて、日本も死刑廃止に踏み切るべきだという主張を、正面から非常に明確に打ち出しております。ついでながら、総じて、外国では日本の死刑廃止論に興味を持っているように見受けられます。本書の初版にも、イギリスの『インディペンデント』紙や、フランスの『モンド』紙のことを書いておきましたが（前出四七頁）、最近では、特にアメリカの新聞に日本の死刑廃止運動の記事が目立ちます。「日本は秘密裡に死刑執行を更新」（傍点著者）といった表題で報道したところもありました。[24]「秘密裡に」（secretly）とわざわざことわっているのが、注目されます。わが法務省の密行主義がアメリカの人たちには異様で不思議だからなのでしょう。アメリカでは執行前にすべてが公表されています。

この「死刑廃止推進議員連盟」が国会内部に結成されたことは、アメリカの人たちにとっては政治的には大きな驚きであったようです。アメリカでは現在の状況のもとではそういうことはおよそ考えられないそうで、日本国内のこういう動きを見て感嘆の念をもって手紙をよこしてくれた友人もいました。われわれも連盟の活動に大いに期待したいものです。

この関連で注目に値するのは、朝日新聞が衆議院議員を対象として個人面接方式で行なったアンケートです（一九九四年六月一四日発表）(25)。五〇九名中四七五名の議員が回答しているのですが、その中で、①「即時廃止」、②「終身刑を創設して廃止」、③「執行を停止して議論を深める」の合計が二二四名＝四七・二％にのぼっているのです。これは④「存置」の一九一名＝四〇・二％をかなり上回っているのです。⑤「その他の意見および無回答」は六〇名＝一二・六％でした。しかも、⑤「その他の意見」には八名の「フォーラム'90」賛同議員と議員連盟参加議員が含まれており、なお、別に⑥三四名がアンケートに回答せずになっていますが、その多くは党の役員または現職の閣僚で、その中九名は「フォーラム'90」賛同議員だということです。

党派別でみますと、①―③の合計は自民が五〇名＝二五・五％、社会が六五名＝九〇・三％、新生が一四名＝二五・五％、公明が三九名＝八三・〇％、日本新が一六名＝五〇・〇％、さきがけが一三名＝五九・一％、民社が四名＝二五・〇％、共産が一三名＝八六・七％、自由が二名＝四〇・〇％、みらいが〇名＝〇・〇％、無所属が八名＝八〇・〇％となっています。男女別では、女性は一議員を除いて全員が廃止派（無回答の土井たか子衆議院議長は周知のとおり強い廃止論者です）、年齢別では明治生まれは一〇〇％が存置論者ですが、大正生まれは存置派と廃止派が同数の四一・三％、昭和生まれは昭和一―九年生まれは廃止派四二・六％、存置派四一・六％、昭和一〇―一九年生まれは廃止派が四八・一％、存置派が四二・九％、昭和二〇―二九年生まれは廃止派四七・三％、存置派三九・三％、昭和三〇年以降生まれは廃止派六五・九％、存置派二四・四％と、若いほど顕著に廃止派が多くなっています。当選回数では回数の多いところは存置派が多いが一―五回では廃止派五二・一％、存置派三九・二％、とくに一―二回では廃止派五九・五％、存置派三〇・九％となっています。なお、回答別の議員一覧まで添えてあって、その顔ぶれを見ますとなかなか興味があります。

要するに、今回の議員連盟の成立はこれだけの大きな背景をもったものだということがわかります。今後の政治動向をもかなりはっきりと示唆するものといってよいでしょう。

こういう動きは、やはりわれわれにとって見逃すことはできない。これに別に呼応するというわけでもありませんが、各地方自治体の議会でも、そういう動きがいろいろあるわけです。

世論の動き――●

右に国会議員を対象とするアンケート結果を紹介しましたが、さらに最近、東京弁護士会が会員を対象として行なったアンケートの調査結果を紹介しておきたいと思います。これによれば、全会員三三八三名（男性三一三一名、女性二五二名）の全員にアンケート用紙を配布、回収総数は一二六四名（男性一一五九名、女性九六名、不明九名）で、回収率は三七・三六％でした。回答総数は重複回答を含め一三二九件で、これを有効回答として、結果を分析しています。今、その詳細は省略して、あらましだ

けを披露しますと、

① 無条件廃止二四五（一八・四％）
② 条件付廃止五六七（四二・七％）
③ 条件付存置二六三（一九・八％）
④ 無条件存置一六七（一二・六％）
⑤ 意見留保七四（五・六％）
⑥ その他一三（一・〇％）

でありました。①②の合計は六一・一％で、明白に廃止論が存置論を上回ったわけですし、また、①②③の合計は八〇・九％で、少なくとも現状の改革を必要とする意見が大多数を占めたことを示すものです。[26] 前述の国会議員を対象とするアンケートといい、この東京弁護士会会員を対象とするアンケートといい、従来の世論調査にあまり見られなかった顕著な傾向を示すもので、こうしたオピニオン・リーダーたちの動向は、世論そのものの今後の動きを予兆するものとしても、格別の注目に値するものと思います。

日米最高裁判所の新しい動き——大野裁判官の補足意見——●

司法の中で最近とくに注目を引いたのは最高裁判所の平成五年九月二一日第三小法廷判決[27]に大野正

男裁判官が重要な「補足意見」を書かれたことです。これはマスコミにも大きく報道されましたが、判例集などの一般刊行物には登載されていませんので、ここに多少詳細に原文を引用しながら紹介しておきたいと思います。

前にも一言しましたが（一七頁）、最高裁判所は一九四八（昭和二三）年の大法廷判決[28]で「一人の生命は全地球よりも重い」としながらも、死刑の合憲性を認める判断を出しました。あの判決には島保、藤田八郎、岩松三郎、河村又介の四裁判官の貴重な「補充意見」がついています。それによれば、

憲法は、その制定当時の国民感情を反映して右のような規定を設けたにとどまり、死刑を永久に是認したものとは考えられない。ある刑罰が残虐であるかどうかの判断は国民感情によって定まる問題である。而して国民感情は、時代とともに変遷することを免れないのであるから、（中略）国家の文化が高度に発達して正義と秩序を基調とする平和社会が実現し、公共の福祉のために死刑の威嚇による犯罪の防止を必要と感じない時代に達したならば、死刑もまた残虐な刑罰として国民感情により否定されるにちがいない。

とされているのです。私も、「あれから四〇年以上も経った今となっては改めて最高裁判所の判断を求めてみる必要がある」と書いておきましたが（前出一七頁）、大野裁判官の補足意見はまさに待望のものであったのです。

大野裁判官は、まず、こう切り出されます。

昭和二三年大法廷判決においても、「死刑制度は常に、国家刑事政策の面と人道上の面との双方から深き批判と考慮が払われている。」とした上、死刑制度を合憲とする実質的理由として、死刑存置が「現代多数の文化国家におけると同様」であること、死刑の威嚇力によって一般予防をなし、死刑の執行によって特殊な社会悪の根元を絶ち、これをもって社会を防衛せんとしたものであること、個体に対する人道観の上に全体に対する人道観を優位させたものであること、を挙げている。

しかしながら、死刑制度は、同判決がいうように、「時代と環境とに応じて変遷があり、流転があり、進化がとげられてきた」ものであるところ、この四五年間にその基礎にある立法的事実に重大な変化が生じていることに注目しなければならない。

これは大変重要なところで、いくつかのポイントを挙げておられるのですが、その第一点として、「死刑を廃止した国が増加したこと」と、国連総会による〈死刑廃止条約〉の採択とその発効を挙げ、

このことは、昭和二三年当時と異なり、多くの文化国家においては、国家が刑罰として国民の生命を奪う死刑が次第に人間の尊厳にふさわしくない制度と評価されるようになり、また社会の一般予防にとって不可欠な制度とは考えられなくなってきたことを示す証左であろう。

とされ、さらに、第二点として、

その二は、この四五年間に、我が国刑事司法において、四人の死刑確定者が再審の結果、無罪

とされたことである。死刑廃止論がその大きな理由とするのは、誤判の場合、死刑が執行されていたら全く回復不能の被害を無実の者に与えるということであるが、誤判と死刑にどれだけ必然的な関係があるかは別として、死刑確定者が現実に四件(免田、財田川、松山、島田各事件)も発生したことを考えると、決してこれを杞憂ということはできない。とくに裁判の衝に当たる者としては、深刻な考慮が必要である。この四五年間における死刑に関するこのような新しい事象の発生をみると、死刑が残虐な刑罰に当たると評価される余地は著しく増大したということができる。

こういうことを言っておられます。非常に重要なことであります。続いて、

次の問題は、死刑に対する我が国民の意識であり、感情である。(中略)この点に関する信頼すべき資料は十分とは言い難いが、以下の資料によれば、死刑に対する我が国民の意識は、この四〇年近くほとんど変化が見られず、一貫して大多数が死刑の存置を支持することを示している。

ということで、大野裁判官は、ここに、総理府広報室が昭和三一年四月以来平成元年六月までの間、五回にわたって行なって来た「死刑に関する世論調査」や、マスコミをはじめ日本弁護士連合会その他が行なって来た調査結果の数字を引用して、いずれも存置論が廃止論を大きく上回っていることを挙げておられます(この点につき、前出三五頁注35参照)。そして、大野裁判官は次のようにいわれるのです。

右のような国際的動向と国内世論との大きな隔たりの中にあって、我が国裁判所が現実に死刑

制度をどのように運用してきたかも、考慮の対象とすべきであろう。もしそれが無基準に多用されているならば、死刑制度そのものが残虐な刑罰を科する結果になっているとの批判を免れ難いからである。

そこで、大野裁判官は第一審の死刑言渡件数の累年統計を検討して、

昭和二三年以降、死刑の言渡しは減少を続けている。特に昭和四〇年代半ば以降は、顕著に減少し、年一〇件に達してないことがほとんどであり、現実に他人の生命を奪った犯罪にしか適用されていない。もとより我が国社会の治安状況が良好で、凶悪犯罪が減少したことに基本的な原因があると考えられるが、死刑の適用基準が極めて厳格化してきたことによることも、多くの論者が指摘するところである（田宮裕「犯罪と死刑」荘子邦雄ほか編『刑罰の理論と現実』一四九頁以下、加藤松次「死刑・無期量刑選択の変化」ジュリスト七九八号、前田俊郎「それからの死刑適用基準」法律のひろば三六巻五号）。

そして当裁判所も、いわゆる永山事件の第一次上告審判決（中略）において、死刑が適用される場合の一般的基準として「結局、死刑制度を存置する現行法制の下では、犯行の罪質、動機、態様ことに殺害の手段方法の執拗性・残虐性、結果の重大性ことに殺された被害者の数、遺族の被害感情、社会的影響、犯人の年齢、前科、犯行後の情状等各般の情状を併せ考察したとき、その罪責が誠に重大であって、罪刑の均衡の見地からも一般予防の見地からも極刑がやむをえないと

認められる場合には、死刑の選択も許されるものといわなければならない。」旨判示して、死刑の適用を限定している。このように、裁判所は死刑を極めて限定的にしか適用していないが、なおその厳格な基準によっても死刑の言渡しをせざるを得ない少数の事件が存在しているというのが、我が国の現状である。

右のような適用状況の下において、なお死刑が罪刑の均衡を失し、不必要な苦痛を与える残虐な刑罰であるといい得るためには、他人の生命を凶悪な手段で奪った者に対しても、国家が更生の余地を与えることなく、その生命を権力によってはく奪することは過剰な応報であると意識されることが必要であろう。死刑が、国民の道徳感情に基礎を置く刑事政策の一方策である以上、現実の国民の意識のみによって決せらるものでないにしても、それを度外視して、過剰な応報であるとすることは適当でない。

ここで大野裁判官は次のように立法論に論及されます。

しかし同時に、死刑廃止に向かいつつある国際的動向と、その存続を支持する我が国民の意識とが、このまま大きな隔たりを持ち続けることは好ましいことではないであろう。その間の整合を図るためには、いろいろな立法的施策――例えば、一定期間死刑の執行を法律によって実験的に停止して、犯罪増加の有無との相関関係をみるとか、服役一〇年を過ぎた場合に仮出獄の対象となり得る無期刑（刑法二八条）と別種の無期刑を設けて、罪刑の均衡を図るとか等の法制――

が考えられるであろう。しかし、それはもとより立法の問題に属する。
これは立法論であって裁判官の本来の発言ではありませんが、意見の趣旨を明白にするためにこの種の発言をすることはむろん許されることであり、この場合むしろ適切であったと思います。大野裁判官も結論的には合憲論ですが、こういう含みをもったものだということがよく判ります。しかも、立法論としても、なかなか有益なサジェスチョンだと思います。

以上、述べてきたように昭和二三年から約半世紀を経た今日、一方では死刑を残虐な刑罰と考える方向の重大な立法的事実が生じているが、なお前記のような我が国民の死刑に対する意識にみられる社会一般の寛容性の基準及び我が国裁判所の死刑の制限的適用の現状を考えるならば、今日の時点において死刑を罪刑の均衡を失した過剰な刑罰であって憲法に反すると断ずるには至らず、その存廃及び改善の方法は立法府に委ね、裁判所としては、前記のような死刑を厳格な基準の下に、誠にやむを得ない場合にのみ限定的に適用していくのが適当であると考えるのである。

こういうことで結んでいます。大変全体としては抑制した調子で、しかし、かなり思い切った内容の意見を書いておられます。こういう補足意見が出たことは、日本の最高裁の判例としてやはり特筆大書に値することだろうと思います。

ついでですが、これにちょうど呼応するかのようにアメリカの連邦最高裁でも、ごく最近になって、ブラックマン判事（Harry A. Blackmun, J.）が、彼はもともと死刑合憲論者だったのですが、新しく長文の少数意見を書いて違憲論を展開しています。一九九四年二月二一日付のアメリカ連邦最高裁判決です。(29) これは、当日すぐに『ニューヨーク・タイムズ』に大々的に報道され、向こうでは大変な注目を浴びたのです。彼は引退を前にして、在任中の最後の気持ちの表明といった意味もあったのかと思うのですが、要するに、従来、自分が死刑違憲論に踏み切らなかったのは、死刑の運用についてしばらく実験的に様子を見るべきだと思ったからだが、結局その実験は失敗であったことがわかった、憲法上の諸要請を満足させるような運用は将来とも期待できず、現在のような運用のもとでは、死刑は違憲だと信じる、というような趣旨のことを書いているわけです。ちなみに、これに対して、保守的なスカリーア判事（Antonin Scalia, J.）が多数意見側に立って、ブラックマン判事の反対意見を反駁する補足意見を書いています。

要するに、東西呼応してこうした意見が出てきたというわけです。現在では、日米とも保守的な判例の傾向が強いのですが、その中でもこういう新しい動きが出るということは、やはり注目していいことだろうと思います。

大野意見への批判 ――●

ところで、右のような大野裁判官の意見に対しては、さしあたり井上宏氏（法務省刑事局付検事）と平川宗信教授の両家からの批判ないしコメントが出ていますので、これを併せて紹介しておきましょう。

まず井上検事のコメント(30)は、かなり批判的な立場からのものです。ただ、その中で私が注目したいのは、大野意見のような死刑執行を試験的に停止するという立法的な提案についての批判です。井上氏によれば、「(大野裁判官の意見のように)執行だけを長期間停止するということには人道上の問題がある。……死刑確定者がおかれる地位は、いつ再開されるかも知れない死刑に対する恐怖との関係で著しく不安定である。試験期間後に死刑が再開されれば、死刑から解放されるかも知れないとの期待を裏切るという堪え難く残虐な心理的衝撃を死刑確定者に与えるものであって人道上看過しえない問題があろう」というのです。これは、ある意味では私も同感で、論点は次の箇所と関連してくるわけです。すなわち、井上検事によれば、

死刑と無期懲役刑との中間に重い無期懲役刑を設けるとの施策についても、問題がある。まず、仮釈放を認めない絶対的無期刑(終身刑)を採用している国は極めて少数である。たとえば、ドイツでは、死刑を廃止した当初、死刑は終身刑に代えられたのであるが、(中略)結局、……一五年以上の服役ののちに仮釈放の機会を与えるものと改正された。イギリス及びフランスでも、死刑の代替刑は終身刑であるが、一定期間経過後に仮釈放の可能性が認められている。(四六頁)

私自身も、もともと——この点に関するかぎり——井上検事とまったく同じ考えなのです。私の人格責任論の立場から言いますと、人格形成というものは人間の一生のあいだ人生の最後まで続くので

あって、本人がよくなるという希望は最後まで捨てることは許されないのです（II 7）。ですから、私の立場からいえば、仮釈放を認めない絶対的無期刑（終身刑）というものは、本来、承認できないのです。精神医学者として著名な故吉益脩夫博士が精神病質者についてさえ改善の可能性を認めておられたことを、思い出したいと思います。また、立論の基礎こそだいぶ違いますが、昔、花井卓蔵博士が死刑廃止論と並べて無期刑廃止論を主張されたことも、ここで思い出すのです。

しかし、それにもかかわらず、私は便宜上、終身刑を認めることは、やぶさかでないのです。私がここで思い出しますのは、先般の「死刑廃止を推進する国会議員連盟」の設立総会における会長田村元氏の挨拶です。田村氏はあの挨拶の中で、「死刑は絶対に廃止すべきだが、それに代わる十分に重い刑罰を代替刑として、本当の終身刑、仮釈放を認めない終身刑を考えなければならない」という趣旨のことを強調しておられました。死刑を廃止するために、あらゆることを考えなければならないという意味で、私も絶対的な終身刑の考え方も十分考慮に値すると思うのです。

ただ、私の考えによれば、その場合でも、恩赦の可能性は最後まで残るものと見なければなりません。自由権規約の中でも保障されていますとおり、すべての死刑囚は恩赦を受ける権利を保障されているのです。それで、将来、死刑に代わる絶対的終身刑が立法上、制度として認められた場合、そのままでは仮釈放は認められませんが、個別恩赦の恩恵には浴し得るわけですから、普通の無期刑に減刑した上で仮釈放を与えることはあり得ると考えなければなりません。ですから、一つの立法的な妥協点として、絶対的終身刑を認めるということは、十分に考えていいことだと思います。田村氏の意見は、連盟の設立総会において、新しく会長に選ばれた機会にその抱負を述べられたものであって、格別に重要な意味をもつものと私は理解しています。ですから、私は、今申したような了解のもとに、この提案に賛成するのにやぶさかではないのです。

無期刑――無期懲役なり無期禁錮なり――になった者が、あまりにも容易に仮釈放で出されてしまう現状のもとでは死刑を廃止することはできないという意見が強いことは十分に理解できることです。ですから、そうならば、絶対的終身刑というものを新しく作って、その代わり死刑は廃止する、本来、死刑になったであろう者は、絶対的終身刑にし、その後の状況によって恩赦の道だけは開いておく、これは十分に考え得る一つの筋道だと思います。

次は平川教授のコメントで[31]、これは大変立派な意見だと思います。平川教授はまず大野裁判官の補足意見に対して、非常に高い評価を与えておられます。教授によれば、

死刑を合憲とする一連の判例が確立した後の最高裁判例は、従前の判例を引用して死刑を合憲と判示するにとどまるのが通例であり、実質的な内容をもつものはなく、補足意見が付されることもなかった。大野意見は、久しく停滞していた判例に現れた新たな動きとして注目すべきものである。（中略）大野意見は、大法廷判決を前提としても死刑を合憲とする判例に変更の可能性があることを改めて想起させたものとして、重要な意義を有する。（一一七頁上段）

とされるのでありまして、これは私も全く同感です。

しかも、平川教授は、他面では、大野意見に対して同時に強い――しかし建設的な――批判をしておられるのです。教授の言葉を引用しますと、

本来、死刑の合憲性の問題は、個人の生命権という基本的人権の問題である。人権は、多数の意思で存否が決まるものではない。人権の問題を多数国民の意識によって決定することは、妥当ではない。死刑が残虐刑にあたるか否かも、人権の法理によって決められるべき問題であり、「何を残虐と感じるか」という多数人の「感覚」によって決められる問題ではない。(一一七頁三段目)(中略)死刑の問題は「人権」の問題であり、人々の「意識」の問題ではないというところにあるのではなかろうか。(一一八頁上段)

というのです。この「人権は、多数の意思で存否が決まるものではない」というのは、非常に重要かつ貴重な提言であります。これは死刑の合憲性の理論的枠組みについての教授の予てからの持論[32]を踏まえたものであって、要するに、死刑の合憲性について大野意見が「国民の意識」に重点を置いているのに対して、「原理論に基づいて判断されなければならない」(一一八頁下段)ということを主張されるわけです。基本的には、私も積極的な賛同を惜しまないものです。そこで、次の第II部の冒頭において、私じしんの考えをもう少し展開してみたいと思います。

政府の態度柔軟化の予兆か――●

〔この第四版の再校の段階になって耳寄りともいえる報道に接しましたので、ここに追記しておきます。それはごく最近のこと（一九九四年一一月一四日）ですが、国連総会において死刑廃止問題を議題として取り上げるかどうかについての採決を行ない、賛成七〇、反対二四、棄権四二で議題とすることを決めたところ、採決で日本はアメリカなどとともに賛成に回ったというのです。これは単に手続的のものでしょうから、これをもって日本政府の死刑問題についての態度が柔軟化した予兆などと言うのは早計ですが、状況の流動化の見地からここに特記して、今後の事態の推移を見守って行きたいものと思います。[33][34]〕（〔　〕内の部分は、本文・注ともに、第四版の作業が進行中のことなので、今の時点からいえば、「この第四版」というように措辞のおかしいところがあるが、当時の状況をなるべく生々しく読者に伝えるために、手を加えないでそのまま残しておく。ここに書いたところは、内容的にも、まさに希望的な観測による「早計」であったことは、注34に述べておいたとおりである）。

（1）　この執行の翌々日、一九九三年一一月二八日、私は、成城大学で開催された国際人権法学会で「死刑廃止条約とわが国における死刑」という演題で一場の講演をした（「わが国の死刑存廃論と国際感覚」と改題して同学会の年報『国際人権』五号〔一九九四年〕に掲載）。「第三版のはしがき」の冒頭に前回の執行の際の興奮を書いたのに対応して、私事にわたるが、そのときの状況を生々しく伝えるため、ここに当日の講演の速記の一部を再現しておくことをお許しいただきたい（なお、朝日新聞［大阪版］一九九三年一一月三〇日朝刊二二面・南井徹記者「報告・死刑続行③」参照）。

「一昨日、二六日には、四人もの死刑囚の執行がありまして、大変ショッキングなことでありました。私は昨日の朝は、深夜一時半ころ、睡眠剤を飲んで眠りかけたところでしたが、この春と同様に〈死刑廃止フォーラム'90〉からの緊急ファックスで起こされました。そのときは大阪の二人の死刑囚のことがわかっただけですが、夜が明けたころには続いて東京のもう一人の執行のことがわかりました。ゆうべは睡眠不足を取り戻すため少し早めに寝ようと思って、一〇時ごろにはベッドに入ってしまったのですが、一一時近くに今度は札幌のさらにもう一人のことが入り、今日も寝不足もあって、まだ頭がぼんやりしているような状況です。そういうことで昨日は、朝から晩までマスコミ関係から矢継早に取材の電話が入り、その上、新聞の原稿はファックスで送ってもらうことにしていますので、そういう応対のために、朝八時ごろに朝食を始めたのが食事が終わったら一一時半になっていたような有様で、次々にそういうのに追われ通した慌ただしい一日でした。しかし、もちろん、こうした事態は慌ただしいなどということばで表現するのは飛んでもない、本当に深刻なことでありまして、私は処刑された人たちに対して、心からご冥福をお祈りしているのであります。」

念のために付け加えれば、各拘置所での処刑の状況がこのように断片的にしか伝わらないのは、いうまでもなく、当局からの正式の発表がなく、もっぱらマスコミの取材活動によるからである。

（2） 阿部浩己＝今井直「国連人権委員会の活動」法学セミナー四七〇号（一九九四年二号）一〇四頁以下。

（3） 安藤仁介「政府報告書は規約人権委員会でどのように審査されるのか」法学セミナー四五七号（一九九三年一号）三九頁以下、羽柴駿「日本の人権はどう審査されたか」法学セミナー四七〇号（一九九四年二号）二二頁以下。

（4） 三谷紘（千葉地検次席検事・前法務省矯正局総務課長）「B規約人権委員会による対日審査について」刑政一〇

五巻四号三六頁以下、五号四四頁以下、とくに四六頁以下（一九九四年）。

(5)　ジュネーヴでこの国連人権委員会の審議をみずから傍聴された松尾浩也教授からその原文のコピーをいただき、また、アムネスティ・インターナショナル日本支部からはその原文コピーと日本語訳を入手した。

(6)　この問題については次のペーパーがとくに参考になる。筆者マルケージ氏はアムネスティ・インターナショナルの法律局の元職員で、関係諸国からの資料の提供を受けて執筆したものの由である。Antonio Marchesi, The Death Penalty As A Barrier to Extradition, AI Index : ACT 51/14/89, Distr. : SC/DP/CC/CO/PG., 1989 campaign circular no. 20, Amnesty International. なお、後出注8、11掲出の森下教授の論著参照。——この問題は国際刑法学会でも取り上げられている。O. Lagodny and S. Reiser, Extradition Treaties, Human Rights and "Emergency-Brake" Judgments, 65 *Revue intern. de droit pénal*, 543 (at 544-545, 549-550) 1994.

(7)　産経新聞一九九三年一一月八日夕刊、朝日新聞一九九三年一一月二九日朝刊。

(8)　私はその英訳テキスト Act on Extradition for Offences (1997 : 668)（一九九三年までの部分改正を記入したもの）を〈死刑廃止条約の批准を推進するフォーラム'90〉を通じて駐日スウェーデン大使館から入手した。文献として、とくに、森下忠「犯罪人引渡法における死刑の問題」（同『犯罪人引渡法の理論』〔一九九三年〕一九一頁以下）、同「スウェーデンの犯罪人引渡法」判例時報一四七八号（一九九四年）一八頁以下、同「犯罪人引渡しと死刑」判例時報一四七五号（一九九四年）二九頁以下。

(9)　実際問題として、従来の例から見て本件の事案について日本の裁判所が死刑の言渡しをするとは思われない、という程度のことは言えるであろうが、司法権はいうまでもなく独立である。また、検察官が死刑の求刑はしないであろうということまでは言えるが、検察権の性質上、政府がその約束をすることはできない。しかも裁判所は求刑に拘束されないから、求刑よりも重い刑を言い渡すことも法律上は可能である。死刑が確定した場合の恩赦も政府の専権ではないから、その約束もできないであろう。結局、日本政府が犯人を死刑にすることはないという十分の保証をスウェーデン政府に与えることはできないと見るべきことになろう。——ちなみに、ヨーロッパ犯罪人引渡条約では、「満足できる保証」は、引渡しの許否の運用と相俟って、かなり柔軟なようである（Marchesi, *op. cit.*, p. 3, p. 5 et seq., p. 9)。ただし、ヨーロッパ議会は一九九二年に「死刑について」の決議をして（Resolution A3. 0062/92)、すべての構成国が「請求国が死刑が適用されないという十分な保証をしないかぎり、引渡しを拒否するべきこと」を要請していることを注意しなければならない（その六項）。なお、独・伊のように憲法で死刑を廃止している国については、条約とは別に、それぞれの憲法の解釈・運用の問題が引渡しにも絡んで来るのである。

(10) European Convention on Extradition (ECE) (1957).

(11) Marchesi, *op. cit.*, p. 2. ちなみに、森下忠『犯罪人引渡法の理論』一九六頁以下、同「犯罪人引渡しに関するヨーロッパ条約」（同『国際刑法の新動向』〔一九七九年〕二七頁以下、六二頁以下）は参考になるが、この規定の日本語訳は不正確かと思われる。

(12) Marchesi, *op. cit.*, p. 3. なお、注9末尾参照。

(13) Soering v. United Kingdom, 11 E. H. R. R. (= European Human Rights Reports) 439 [1989]. Roger Hood, *The Death Penalty*, 2nd Ed., 1996, pp. 140-141 参照——なお、その後の事件（フランスからアメリカおよびトルコへ）についてのフランスのコンセーユ・デタ（Conseil d'État 参事院）の判決につき、Elizabeth Rolin, Développements récents du contrôle du Conseil d'État en matière d'extradition, *Revue de science criminelle et de droit pénal comparé*, 1994, p. 491 et suiv. (pp. 494-498).

(14) 一九八五年三月、二人の結婚に反対した相手の女性の両親を殺害したというのであるが、本人は殺意を否認している。

(15) その経緯につき、田口精一「ボン基本法における死刑の廃止について」（法学研究三七巻一号〔一九六四年〕一〇〇頁以下）。

(16) Soering v. U. K., 11 E. H. R. R. 439, at 473 et seq.

(17) Soering v. U. K., 11 E. H. R. R. 439, at 478 et seq.——もっとも、この問題の解決は事案によってきわめて微妙な差異が出て来る。例えば、カナダ（死刑廃止国）からアメリカ（ペンシルヴェイニア州）への引渡しの事案につき、国連人権委員会は同じ〈death row phenomenon〉の関係で〈自由権規約（CCPR）〉の七条（「何人も、拷問又は残虐な、非人道的な若しくは品位を傷つける取扱い若しくは刑罰を受けない。」）に違反するものではない、とする決定を出している（Kindler v. Canada, UN—HRCee Decision of 30 July, 1993, 14 *Human Rights Law Journal* 307）。そこでは、前掲ゼーリング事件判決との関係で、本人の年齢・精神状態の違いやヴァージニアの拘置所とペンシルヴェイニアの拘置所との状況の違いに言及して、そのような具体的事情の違いから両事件で結論が同一でないことを述べ、さらにゼーリング事件ではドイツからも引渡しの請求が競合していることを付け加えている（at 314）。もともと刑事政策史上、ペンシルヴェイニアは刑務所改良で有名であったことが思い合わされる。

(18) Soering v. U. K., 11 E. H. R. R. 439, at 468, 477 et seq.

(19) Marchesi, *op. cit.*, p.1.

(20) 詳細については、*International Review of Criminal Policy*, Nos. 45 & 46, 1995, pp. 1-28（at pp. 8-10）. 一九九五年春、犯罪防止および犯罪者処遇に関する国連会議（カイロ）の決議によって作られた起草委員会が起草したのがこの〈犯罪人引渡しのモデル条約〉であって、これは国連総会によって採択された（Assembly Resolution, 45/116, annex）。

(21) この問題は反面において、日本から外国への引渡しについても、それが非人道的取扱いにあたるのではないかという問題があることを、われわれは自覚している必要がある（自由人権規約七条、逃亡犯罪人引渡法二条等参照）。実際に起こったのは中国への引渡しに関する張振海事件であったが、日本側に本人の人権についての十分な配慮があったかどうかが問われている。文献として、今井直「国際人権の国内的救済」法学セミナー四三三号（一九九一年一月号）。

(22) 総会の記録は「フォーラム'90」（一九九四年五月二〇日）に掲載されている。——なお、従前から、これとは別に、「アムネスティ国会議員連盟」（会長、鯨岡兵輔氏）が結成されて活動していることをも、付け加えておこう。三ケ月法相の執行に対しても、「死刑執行停止と死刑廃止への取り組みの要請」（一九九三年一二月一六日）を送っている。

(23) ちなみに、衆議院議長（当時）の土井たか子氏や同副議長（当時）の鯨岡兵輔氏ももともと熱心な廃止論者であるが、現職の立場上、さしあたり運動からは離れておられる。また、江田五月氏は従来から死刑廃止運動を推進して来た有力な一人であるが、この時はたまたま閣僚であったためか、公務の時間を割いて総会には出席されたものの、連盟の役割は遠慮されたようである。二見伸明氏は次の羽田内閣では閣僚になられたが、連盟の役割はそのままである。——一九九六年の総選挙による議員の顔ぶれの変更のため、一九九七年四月二三日に総会が開かれ、土井たか子顧問、左藤恵会長、二見伸明事務局長その他の新人事がきまった。なお、当日は私と山田洋次監督が話をした。

(24) Japan secretly renews executions, By Thomas Easton. *The Gainesville Sun*, March 6, 1994. ゲインズヴィルはフロリダ大学の所在地で、同大学のアレン（Francis Allen）教授から送って来られたもの。アムネスティ日本支部の岩井信氏や私自身のこともあわせて報道されている。アメリカでは日本の死刑問題が地方紙でも取り上げられている一例である。——なお、アムネスティ・インターナショナルの年次報告にも、日本における死刑執行の密行のことが特に報告されている（*Amnesty International Report 1994*, p. 177）。

(25) その概略は朝日新聞（一九九四年六月一四日）に掲載された。

(26) 『死刑存廃問題に関する東京弁護士会会員アンケート調査報告書』（東京弁護士会——人権擁護委員会・刑法「改正」問題対策特別委員会）（一九九四年六月）。これは一〇六頁に及ぶ詳細な報告書である。

(27) 最高裁判所昭和六二年(あ)第五六二号・平成五年九月二一日第三小法廷判決・最高裁判所裁判集（刑事）二六二号四二一頁（署名の日付は九月一〇日だが宣告は九月二一日である）。この判決は「最高裁判所判例集」には不登載である。多数意見が例文の場合は判例集に判決要旨を出すことができない関係で、たとい重要な少数意見がついている場合でも登載しない例になっている。本件もその一例である。ちなみに「最高裁判所裁判集」は裁判所部内だけのものである。

(28) 最大判昭和二三年三月一二日刑集二巻三号一九一頁。

(29) Callins v. Collins, 54 Criminal Law Reporter 3164 (1994). これはサーシオレイライの請願を却下した判決である。ブラックマン判事の反対意見は三一六五頁以下、スカリーア判事の補足意見は三一六五頁。なお、*N. Y. Times*, Feb. 23, 1994; *N. Y. Times, Sunday Ed.*, Feb. 27, 1994; *ABA Journal*, April 1994, 25.——サンフランシスコ連邦地裁のガス死刑違憲判決につき前出三六頁注38参照。これも連邦裁判所の判例の流れに一石を投じたものである。

(30) 井上宏「死刑の合憲性を認めた法廷意見にくみしながら立法的施策を提言した最高裁判決の補足意見について」法律のひろば四七巻二号（一九九四年二月号）三八頁以下。

(31) 平川宗信「大野補足意見と死刑廃止論」法学教室一六〇号（一九九四年一月号）一一四頁以下。

(32) 平川宗信「刑法の憲法的基礎について」『平野古稀祝賀』上巻（一九九〇年）六七頁以下。この論文では、憲法三一条の解釈については、まだ割り切れたとは言いがたいであろう。しかし、教授は、その後この方向にさらに思索を深めて、詳細な論考を発表された（平川宗信「死刑制度と憲法理念――憲法的死刑論の構想」ジュリスト一一〇〇号／一一〇一号〔一九九六年一一月一日号／一一月一五日号〕）。実体的適正の原理から立論したものであるが、注目に値するすぐれた論文である。

(33) 朝日新聞一九九四年一一月一五日夕刊。この報道はアムネスティ・インターナショナル日本支部の岩井信氏からの詳細な連絡（一九九四年一一月一六日）によっても、ほぼ裏書きされた。なお、これとは別の票決によって、死刑問題を「人権関連議題」として国連総会第三委員会で討議することが可決され、同委員会における討議はさっそくに始まることになった。同氏の後日の続報によれば、国連第三委員会（一九九四年一一月二五日）における日本政府代表の発言は、死刑問題を議題に取り上げることには賛成するものの、死刑廃止には強く反対する旨を強調したものであった。

(34) この第四版（八九頁の付言参照）の三校の進行中に、本日（一九九四年一二月一日）、またしても突如としてこの期待を裏切る報道に接することになったのは、まことに残念なことである。東京拘置所と仙台拘置支所とでまた二人の死刑囚の執行が行なわれたというのである。数日前の報道（一九九四年一一月二七日各紙）によれば、総理府は去る一一月二六日付けで死刑制度の存廃に関する六回目の世論調査の結果を発表したが、死刑容認論が七四％にのぼり今までで最高の数値を示したというから、今回の措置はおそらくこの結果を踏まえたものであったのかと推測される。しかし、この調査については、われわれは資料も入手していなかったし、分析を加える余裕のないままだったのである。新聞の報道（一一月二七日付け朝日新聞）によれば、存続派の間では「将来も存続」は前回の七六・八％から今回の五三・二％までに大幅に落ち込んだという。しかも、容認派の増加については、総理府じしんが回答の選択肢を「廃止に反対」から「場合によってはやむを得ない」に変えたためで全体の傾向は変わっていない、としている由である（同日付け日本経済新聞）。もし今回の世論調査を基礎にするというならば、こうした点についても十分の分析を加えた上でなければならなかったはずである（その分析として、「死刑廃止の会」会報一七〇号〔一九九四年一二月七日〕四頁）。それを待ちもしないで執行に踏み切ったのはいかにも性急な措置であった。国連第三委員会における日本の前記主張（注33）の態度を実際に見せつけるためであったのかも知れないが、本文に詳述したような国内および世界の諸般の状況を考えれば、村山内閣の態度には甚だしい失望を禁じ得ない。——なお、その後の状況につき、前出五九頁注16および後出一三八頁注1参照。

4　今こそ死刑廃止を――人道的刑事政策の要望

オウム真理教事件と死刑問題――●

今日は、「死刑廃止を推進する国会議員連盟」と「死刑廃止フォーラム実行委員会」と両方の共同主催によるこの大会で、基調講演を申し上げることになりまして、光栄に存じます。また、こういう、死刑廃止論にとって急に冬の時代・逆風の時代になったといわれる時期にもかかわらず、こんなに多数ご来集下さったことを大変うれしく思います。

ご存じのとおり、今年（一九九五年）の五月二六日、三人の死刑囚に対する執行が行なわれました。執行されたのは東京拘置所で二人、大阪拘置所で一人、都合三人であります。(1) 忘れもしない、三月二〇日でありましたか、例のオウム真理教の教団による東京の地下鉄サリン事件が起こりまして、全都がちょっと恐慌状態に陥ったような感じになりました。毎日のように捜査の模様が報道され、世の中でも、「けしからん連中だ、ああいうのは死刑にしてしまえ」というわけで、「今ごろ死刑廃止論なんていうのはとんでもないことだ」という風潮が世の中に急速に高まってきました。マスコミの報道の仕方や論調なども、どうもそういう方向に拍車をかける様子に見受けられるように思われました。

そういう状況でありますので、あの五月二六日に法務省、法務大臣が死刑執行に踏み切ったことは、機敏な政治的反応であったように見受けられたのであります。これは一見、時宜を得た措置であったような印象を世間に与えたかも知れません。しかし、本当にそれでよかったのか。そういう短絡的な反応は実はもっとも慎むべきことではなかったのか。私は、むしろ、この時こそ声を大にして死刑廃止を叫ばなければならない(2)のではないかという強い感じをもちまして、死刑の執行が報道されたその日にすぐにフォーラムを通じてアピールを発表しました。そのアピールは、新聞にも多少は出たようですので、皆さんの中にはお読み下さった向きもあるかも知れませんが、ざっと読んでみますと、こういうのであります。

オウム事件が世の中を騒がしていることを背景とした今回の執行と思われるが、オウム事件のような事件が起きること自体、人間味の失われた社会の反映だ。法務省は秩序維持のみを考えて執行をしたのであろうが、本当の『秩序維持』のためには、人間性の裏付けをもった方策が不可欠である。人間性を忘れた秩序維持の方策は、世の中を殺伐にするだけで、逆効果になる。法務省に刑事政策の在り方についての根本的な反省を求めたい。

これが、この事態における私の率直な反応であったのであります。今日はこのアピールの趣旨を敷衍して、皆さんに申し上げてみたいと思います。

現在の世相とオウム真理教事件の背景●

私はオウム真理教の事件が起きたということ、あのような言語に絶するくらい非人間的・反人道的で、人間の尊厳を無視した大規模の犯行が出てきたということ自体、実は現在の世相の反映ではないかというふうに考えるのであります(3)。

世の中を見ますと、色々なことがあります。例えば学校におけるいじめ、そうかと思うと、教師による体罰、あるいは一部の若者によるホームレスの人たちに対する暴行や傷害、どうしてあの気の毒な人たちをああいうふうにいじめるつもりになるのでしょうか。こういうふうな情緒面の荒廃した社会的雰囲気。現在の日本社会には、一部にかぎったことだと信じたいのですが、こういう荒廃した体質がどこかに潜んでおります。これは、世の中が殺伐で、人間味を失っている証拠ではないでしょうか。もっと手を取り合って互いにいたわり合い助け合っていかなければならない、そういう社会連帯・社会互助の気風が世の中に出てこなければならない。私たちは、社会の荒廃をなんとかして食い止めなければなりません。社会の荒廃の病根はどこにあり、対策はどうあるべきか。これは犯罪対策の見地からいっても真剣に考えるべき問題であります。

他方、政界や財界はどうか。金が横行する、権力がはばをきかす。官僚との癒着さえ取り沙汰されます。官僚は官僚で独善的な官僚主義のとりこになっている。国民不在が政・財・官全体を通じてみられる通弊だ、といっては言い過ぎでしょうか。かれらは、はたして社会の精神的荒廃の問題を取り上げて、真剣に取り組むだけの能力や資格があるのでしょうか。だいいち、そういう問題を意識して改善にむかって努力しているといえるのでしょうか。

政・財・官だけではありません。正直のところ、私どもを含めて、国民一般も心の問題、精神の問題、魂の問題を、なおざりにしすぎているのではないでしょうか。あまりにも物質的なもの、経済的なもの、科学技術的なものを偏重するような気風が今の世の中を支配しているのではないか、と思われてなりません。

今度の場合のオウム真理教教団によるところの色々な犯行とされるもの、これはまだ裁判で認定されたわけではありませんから、すぐにそれをそのまま事実だというのではありませんが、新聞の報道のようなことがあるとしますならば、これは恐るべきことである。世の中であれに対するけしからんという気持ちが起こるのは、あまりにも当然のことであります。しかし、だからといって、短絡的に秩序維持という考えによって、死刑をどしどしやるというような方向をとることで一体いいのだろうか、それで問題の解決に一歩でも近づくのだろうか、という問題にすぐなってまいります。

世の中一般が心の問題を忘れているということは、非常に根が深い、したがって裾野が広いのであります。一見、治安問題のようにみえることであっても、近視眼的に対症療法で済ませるべきことではありません。まず教育であります。(4) 戦後の教育は、一人一人の主体性を尊重して、個性・能力を存分に伸ばしていくという建て前で、根本的な大改革が行なわれたはずなのですが、結果としては、むしろ逆のほうにいったくらいで、必ずしもそういうふうにうまくいっていない。学校教育のあり方からはじまって、遡って家庭の教育が問題です。これは核家族化——それどころか家庭そのものの崩壊——の問題が背後にあるので非常に深刻なのですが、ごく小さいときからのしつけ、こういうことが以前は家庭でよく行なわれていたのに、今ではそういう訓練なしで幼稚園に上がる、学校に上がる、学校でもわいわいやっているだけで、これでは仮りに知育の方は進むにしても、初歩的な世の中のマナーさえもさっぱりわきまえていないような世代がだんだんに出来てきている。やがては、そんな世代が親になる。「シングル・マザー」のようなものまで現れてくる。そういう親にとっては、子供はむしろ邪魔者になってくることさえも、いくらもありうるでしょう。それでは教育どころではない。児童の虐待が大きな社会問題になっていますが、その奥には大きな問題があります。児童相談所の増設も必要ですが、そういうハードウェヤーの問題をはるかに超えて根本問題があるはずです。このごろ林道義教授がとくに深層心理学の見地から「父性と母性の復権」を唱えておられますが、(5) これは傾聴に値するとおもいます。その病根は戦後、ことに近時の社会に深く根差しているのです。

こういう風な心の問題を忘れたような現代の世相に対して、私は既成宗教がもう少し本来の力を発揮すべき時ではないかというような印象を持つのであります。オウム真理教のヨガ(6)にしても、世の中に宗教的なものに対する欲求不満のようなものがあるのではないでしょうか(7)。ヨガそのものは勿論ちゃんとした宗教的な修行の方法でしょうし、また健康を増進するとか美容に役立つというようなこともあるのかも知れません。だから、ヨガ自体は決して不健全なものではないと思うのですが、それに惹かれる人たちがこんなに多いということは、何か精神的な拠りどころを求めていながら、それが満たされないでいる人たちが大勢いるという証拠ではないのでしょうか。もう少し既成宗教の中でも心の悩みを持った人たちに対する相談相手がなければならない、指導する向きがなければならないのではないでしょうか。超能力のようなものに関心をもつ人たちが意外に多いのも、似たような問題をもっているのかもしれません。

オウム真理教の人たちは、マインド・コントロールということをやっているようです。マインド・コントロールというのは、もともとは心理学の方で始まったことでありまして、私どもが勉強しましたのは、スキナー(B. F. Skinner)というアメリカの心理学者の「オペラント・コンディショニング」というものです(8)。この「オペラント・コンディショニング」というのは、うまい翻訳がないようですが、「働きかけによる条件付け」とでも申しましょうか。ハトを細長い箱に入れて頭を上げると明かりがついて餌が出るしかけにしておきます。するとハトはこの三つの間の関係を覚えて、明かりをつけると頭を上げる動作をするようになって、ハトの行動を制御できるようになる。こういう原理を人間にも応用するわけで、行動科学の重要な部分になっているのです。これは管理社会を可能にするので、人権上の大問題です。アメリカではCIAなどのような機関がこういう方法を戦略や政策決定をはじめ色々と利用しているにちがいないとおもいます。アメリカのある社会評論家は、「こういう新しい行動制御の方法に比べると、水素爆弾でさえも子供のおもちゃのように見えるくらいだ」という趣旨のことを書いています。(9) おそろしいことです。

そういう問題に着眼したのが、国際法哲学・社会哲学会でありまして、その主催で一九七五年にアメリカのセントルイスで、「世界法哲学・社会哲学会議」というのを開催しました。私はその基調報告書(10)の執筆を頼まれて、各国の報告がそれに基づいて書かれたわけですが、私はこういう行動科学的な方法によって人間の主体的な面、心の面を忘れるようなことがあっては本末転倒で、人間存在の根本のところが失われてしまうということを強調したのです。現にスキナーは『人間の自由と尊厳を越えて』(11)という書物を書いているのですが、私は自分の法哲学的な立場(12)から、人間の主体性、人間の尊厳を否定するようなこの考え方に対して真っ向から批判をしたのであります。この基調報告書が予め各国の代表者たちに配られておりまして、向こうへまいりますと、私は初めから大変なうけようでありました。私は会議では演壇での報告はしないで、ただ開会の挨拶をする一人になっただけですが、その後で、大勢の未知の参加者たちから熱烈な握手を求められましたし、マスコミでも大々的に報道されました。このように私の報告が大変うけたということは、そのころからアメリカではそういう方面の反省が広がってきていて、心の問題がやはり大事で、科学技術一点張りではいけないという考えがかなり浸透してきている証拠だと思って、大変心強く思ったのであります。

ところが今度オウム真理教の教団のやっていることを見ますと、そういう心理学的な方法も使ったのかも知れませんが、それどころではなくて、薬物だとか電気ショックだとかのように、もっと直接な化学的あるいは物理的な方法を使っているような様子です。(13) いろいろな薬物、例えばLSDみたいな幻覚剤を使って幻覚を起こさせる、それを利用してイニシエーションのようなものも行なう。いろんなことを知りすぎたために教団にとって都合の悪い信徒がいますと、記憶喪失をさせてしまう。或いは脱出した信徒がいますと、その居場所、潜伏先を聞き出すために、親族などに自白剤を施用する。假谷さんの場合のように誘拐してきて麻酔分析をして、信徒であった妹の居場所を聞き出そうとする。結局、假谷さんは実際に知っていなかったのでありましょう、聞き出すことができないままで、とうとう全身麻酔が長く続いたために死亡してしまったようであります。なんというひどい話でしょうか。

そういうふうに、さきほどのスキナーのような心理学的な方法どころか、直接的な方法を使って、マインド・コントロールをしている。これは全くおぞけをふるうようなことであります。もし、われわれがもっと心の問題、魂の問題、あるいは人間の尊厳というものを十分に意識するような社会になっていましたならば、ああいうところに行くはずはなかったのではないでしょうか。ああいう風なものに惹かれる人たちはおりましょうけれども、ああいう大変な勢力を作っていくということは考えられないことだと思います。そういう意味で、今度のような事件は、もとをただせば、多分に社会の病的な方面の反映ではないかと考えざるをえないのであります。異常な感覚をもった教団の教主、麻原彰晃（本名、松本智津夫）が、新約聖書のヨハネの黙示録（一六・一七）に出て来る「ハルマゲドン」などという突拍子もないこと――これはヘブライ人にとっては滅亡のシンボルだったわけですが――を持ち出すことによって、世の中のそういう病的な弱点につけこんできたともいえるのではないかとおもわれます。

事件への対応の基本姿勢、「法と秩序」思想のあるべき方向――●

これに対して、早速に三人の死刑囚の執行をするというのが法務省の反応であり発想であったようでありますが、これは対策として本来とるべき考え方にむしろ逆行するものではないでしょうか。そういうことによって解決がつくものではない。後で数字を挙げて申し上げますけれども、ご承知のとおり、日本で三年余り死刑の執行を事実上止めていた時期があります（四八頁）。あの時期には殺人罪はむしろ少なかったのであります。あのあと死刑の執行が再開されてから、また増えてきております。今や現に死刑の執行を次々にやっているときでありますから、それが今度のオウム真理教教団の活動に対してなんらかの抑制的な働きをもったかと言えば、全くもっていなかったわけです。[14] 教団の引き起こした大きな事件は、みな執行再開後に計画され実行されたものなのです。

それよりはもっと早くから、坂本弁護士一家の誘拐殺害事件にせよ、[15] 松本のサリン事件にせよ、あいうものに対して、すぐに、もっと合理的で適切な捜査を進めていたら、ここまで犯行が拡大しないで済んだかも知れない。少なくとも、ある段階で食い止める可能性は十分にあったのではないでしょうか。「法と秩序」という見地から力を入れるのは、こういう方面であるべきではなかったかとおもわれます。勿論そういう捜査についても人権の侵害になることは絶対に避けなければなりませんが、人権を十分に考えながら、もっと合理的で、効率的で、強力・有効な捜査のやり方はあったろうと思うのです。さらにさかのぼって、銃器や毒物の取締のような予防的方策がこの種の事件発生の防止にとって重要であることは、いうまでもありません。

こうした方法で法と秩序を維持するというのであれば、われわれも大歓迎なのですが、こういう機会に乗じて死刑執行を強行するといったような発想法で、一体こういう事態を乗り切ることができるのでしょうか。私はそれは方向を全く誤っていると思うのであります。私が法務省は刑事政策について頭を根本的に切り換えてほしいということを申しましたのは、そういうことをいうわけであります。

アメリカの状況 ——●

ここらで、アメリカの状況にも少しばかり触れておきたいとおもいます。私が戦後はじめてアメリカに行きました一九五〇年ころには、戦後にもかかわらず、物質的な面でも精神的な面でも非常にいい国だというのが率直な感想でありました。ところがその後何年かおきにアメリカに行きましたが、科学技術の面ではますます飛躍を重ねていますが、社会全体としては残念ながらだんだん悪くなってきたように見受けられました。それはどういったことからくるのか。私の印象では、大きかったのは、やはりベトナム戦争だったのではないか。戦死したり負傷したりした多数の若い兵士たち。しかもあの戦争そのものにそれだけの正当な理由があったともおもわれない。また、無事に帰還してきた兵士たちも生活がうまくいかない。つい麻薬におぼれるというようなことで、薬物の問題が起こってきます。また、人種の問題が、これもアメリカでは大きな問題であります。戦後の経済もはじめは良かったのでありますが、このあたりから調子が狂ってきます。すると、失業の問題が起こってくる。要するに、戦争の影響による社会の退廃、あるいは経済不況による失業問題、それに更に人種の問題が絡んでくる。これらは相互に絡み合っていますが、こういうようなことで、だんだんに犯罪が増えてきました。特に南部は余計そういう傾向がひどかったようであります。そこで最近は、それに対処するのには死刑をどしどし執行した方がいいというような風潮が起こってきまして、特に南部の諸州を中心として、相当数の死刑の執行が行なわれるようになってきております。古くから死刑を廃止していたミシガン州やロード・アイランド州でも死刑復活の動きがありましたし、いったん廃止していたニューヨーク州やカンサス州でも、死刑が復活されました[16]（四四五頁以下）。それによって、南部の犯罪が減ったかというと決してそうではありません。

アメリカ全体としても、そういう傾向がみられるのでありまして[17]、なにかにつけて「法と秩序[18]」ということが強調されます。最近では、「一九九六年テロ対策と効果的死刑法（Antiterrorism and Effective Death Penalty Act of 1996)」というのが連邦法として制定されました。死刑問題だけでなく、例えば、いわゆる「三振アウト法」というのを一九九四年に連邦法で作りました。各州のレベルでも、三振法を制定しているところが少なくありません。野球で三振するとアウトになりますが、あれです。重罪をやっても二回までは規定どおりですが、三度目にやりますと、情状にかかわらず当然に終身刑にするという法律であります。しかし、この法律で事態が改善したとは思えません。そんなに特に重くしないでもいいような犯人が自動的に終身刑になってしまう。これはアメリカの刑法学者に聞いてみますと、専門家の発案ではなくて素人の発想であったらしいのであります。何とかしなければならないというあせりが、いわば窮余の一策としてそういう三振法というものを作った。これは死刑に直結する問題ではありませんが、そういう種類の刑事政策のあり方がいいかどうかという点で、まさに共通の問題をもっています。人間性がさっぱり考慮されておりません。そういうことでアメリカはやってきている。

アメリカの著名な刑法学者フランシス・アレン教授によれば、こういう意味での「法と秩序」の考え方は「刑事司法における戦争説（war theory of criminal justice）」と呼ばれているそうであります[19]。これは刑事政策における矯正的・改善思想を排斥してもっぱら鎮圧的な立場を強調するもので、アメリカの政治における抜きがたい潮流になっているようです。犯罪の増加にいらだちを覚えている民衆の心理の反映なのだろうとおもいます。フランスでは、ミッテラン大統領のようなずば抜けた大政治家が出て、人道主義的な大理想をかかげて、表面的な世論にさからってまでも死刑の廃止を実現したのですが、このごろのアメリカでは現実政治家ばかりが出て、かつてのような理想主義的な人物は政治を牛耳ることができなくなっているのでしょう。以前は民主党はリベラルな政治姿勢で知られていましたが、近年では民主党の大統領さえもリベラルの看板をすっかり下ろしてしまったような観がありります。このことはアメリカ全体の連邦レベルだけのことでなく、地域によってニュアンスはありますが、各州、各地方にもみられる傾向のようです。

こうした戦争説の刑事政策のもとで、アメリカでは、死刑はどしどし行なうし、刑務所も増設していますが、どの刑務所も満員の状況ときいています。もともと矯正理念からいえば刑務所には適正規模があるはずですが、それを無視して大きいものを次々につくる。受刑者は増加するばかりです。矯正理念は影をひそめて、戒護・保全の考えが先に立っています。それなのに、いなむしろ、それだから、というべきでしょうが、刑務所暴動はあとを絶ちません。かつては、アメリカは矯正の関係でも世界で指導的な役割を担っていたのですが、いまでは昔日のおもかげは残念ながらなくなってしまったようです。戦争はどんな場合でも、マイナスの効果しか残しませんが、刑事政策における戦争説も同じことです。犯罪の防止・鎮圧に役立たないばかりか、むしろ、社会を殺伐にすることによって、犯罪の土壌を悪化させるだけのように見受けられます。

ですから、アメリカでも、心あるひとたちは、刑法学者をはじめとして、マスコミや知識階級など、一般にこういう風潮には、かなり批判的のようです。[20]一般民衆も、すくなくとも、この問題に関心をもっていることだけはまちがいないと思います。たとえば、アメリカでは、『デッドマン・ウォーキング』[21]というシスター・ヘレン・プレジャン（Helen Prejean, C. S. J.）の書いたドキュメンタリーがベストセラーになり、それが映画化されたときは、全米で大変な人気だったそうです。私が一九九六年四月にアメリカのインディアナ大学で「死刑廃止論」の講演[22]をしたとき、私の原稿をみたホフマン教授は、こういう状況だから、あなたの講演もきっと受けますよ、と保証してくれました。実際に私の講演には、大学当局の予想をはるかに上回る多数の聴衆が集まり、終わったときは総立ちになって拍手を送ってくれ、私を感激させたことでした。もちろん、死刑廃止論者はその中の一部だけですが、講演後のパーティーでの参加者たちとの接触によって、かれらの関心の強さと深さがよくわかりました。続いて、同じ講演をワシントン大学で行なったときも、私は同様の印象をもったのでした。

私は矯正が科学主義一辺倒になってしまったことに対しては、強く批判的でしたが、それは人道主義を忘れたものだという点に主眼があったのでありまして、矯正主義を正しい軌道に乗せるべきだということを主張していたのです。ですから、たとえば、正木亮博士のような矯正思想、また正木博士の亡き後では、ことに中尾文策氏のようなカトリック的立場からの矯正思想の推進者にたいしては満腔の共感をもっていたのです。中尾氏は「科学は愛によって生き愛も科学を摂取して完成する。両者は不可分一体である。しかし、両者が同位だというのではない。愛は常に矯正の全部であるが、科学はこれを助ける一つの手段であり、したがってその一部である」という氏の主張は、(23)私の共鳴してやまないところでありました。その中尾氏も、今は故人になってしまわれました。正木博士や中尾氏の衣鉢を継ぐ人は、矯正方面にはいなくなってしまったのでしょうか。それとも、狭量な法務当局の方針が、そういう人たちの表立った動きを圧殺してしまっているのでしょうか。

心の問題——被害者の救済——●

以上に申しあげましたように、われわれは心の問題を強調しなければならないのであります。ことに死刑の問題は、頭だけで考えてはならない、根本は心の問題だということは、私のつねづね申しているところであります。

ところで心の問題だとすると、何をおいても、絶対に忘れてはならないのは被害者のことであります。被害者の立場を抜きにしては、だいいち正義論としても通りません。被害者の人たちがいかにその犯罪によって大きな物的・精神的な打撃を受けているか。直接の被害者たる殺された人の遺族だけではありません。その影響は第二次・第三次の被害者という風に、波紋をだんだん広げていきます。こういう人たちの苦痛を考えないで、ただ一面的に死刑廃止を主張するということは、許されることではありません。被害者の痛みが分からないようでは、死刑がいかに許されないものであるかということも分かるはずがありません。

一つの例として、もうだいぶ前のことになりましたが、アメリカで例のブッシュ大統領が共和党から候補に立ったとき、その対立候補として当時の民主党から出たのがデュカーキス氏でありました。デュカーキスさんは、リベラルな人でありまして、強い死刑廃止論者であったのです。ところが、選挙演説をやっている間に聴衆の間から質問が出まして、「候補者にうかがいますが、もしあなたの近親者が殺されたとしたら、それでもあなたは死刑廃止論を今のとおり続けますか」と、こういうことを尋ねたのです。勿論デュカーキスさんは強い信念を持った死刑廃止論者でありますから、即座に「勿論私の死刑廃止の信念は動きません」ということを答えたのだそうです。これは、その通りなのですけれども、政治家のセンスとしては大変まずかったわけで、しかも選挙演説の最中でありますから、そこには支持者もいれば反対の陣営もいる、死刑廃止論者もいれば存置論者もいるにきまっています。なぜ、もっと政治家的センスを働かさなかったのか不思議ですが、ともかく、これで一気に状況が変わったのだそうです。「デュカーキス氏のあいう考えではダメだ。信念は確かに認められるけれども、被害者のことも考えないでただ死刑廃止論を主張するような候補者には投票するわけにはいかない」というわけで、本当はデュカーキスさんも相当有力で、ブッシュさんとどっちがどうかわからなかったらしいのですが、ブッシュさんが完全に勝ちを制しまして、共和党の大統領が誕生したわけです。もしデュカーキス候補が、「そういうときは、その殺人犯人を引き裂いてやりたい、喉を締めて絞め殺してやりたい、憎んでも憎みきれない」というようなことを言った上で、「しかし、それにもかかわらず、自分にはこういう考えがある、だからして自分の信念は曲げないんだ」と、こういう風に事柄を敷衍して説明していれば事態が変わったであろう。これが私にこの話をしてくれたアメリカの教授の見方でありました。もしデュカーキス大統領が実現していたら、アメリカの死刑存廃問題も様相がよほど変わっていた可能性があったろうとおもわれます。残念なことでありました。

この話でも、被害者の問題がいかに大切な問題であるかがわかります。ところで、被害者といっても、第二次、第三次の被害者というように、範囲が非常に広い。どこまでの範囲の人たちをどういう風に救済するか。しかも物質的・精神的両面からいかに救済するか。むずかしい問題があります。なお、ここで忘れてならないとおもいますのは、これは反発を感じられる向きがあるかも知れませんが、実は犯人自身の縁者の人たちのことです。家族から殺人犯人を出したということで、どのくらい惨めな目にあっているかわからない。自分の側に引け目があって、おおっぴらに世間に言えることではないだけに、こういう人たちにもやはり我々は救済の手を伸ばす必要があるのではないでしょうか。なお、もう一つ付け加えれば、オウム真理教の信徒の場合は加害者と被害者との区別のつかない人たちがいるということです。加害者側であると同時に被害者でもあるような人たちが大勢いるようです。これをいかに教団から引き離して救済し、社会復帰をさせるかが、今後の予防的見地を含めた事件の本当の解決にとって不可欠であることを認識していなければならないでしょう。

こういうことで、広い意味での被害者の物心両面にわたる救済、これは是非とも進めなければならない。(24) これには、まず、国による補償や補助の問題もありましょう。これだけでも予算上、大変なことです。しかしそれだけではなくて、もっと精神的な面について、どうしても国だけでは手に負えない、民間の力、ことにボランティアの人たちの力にまたなければならないことが非常に多いとおもわれます。

先程、このごろの世相を申し上げた際に、弱い者いじめの風潮がはびこっているというような、暗い面をとくに取り上げて申しましたが、もちろん、そういう人たちだけではなくて、若い人たちの中にも大変我々が素晴らしいと思って敬服するような人たちが、これまた、大勢いるのでありまして、例えばこの前の阪神・淡路島の大震災の際にしましても、大勢の若い人たちがボランティアとして駆けつけて救援に当たっておられます。それ以外にも、平素から、例えば海外協力隊として、アフリカその他の僻地に行って、筆舌に尽くせないような苦労をしながら、気の毒な人たちを救済している。

そういう人たちがたくさんいるのであります。

こういうボランティアの人たちに犯罪関係の被害者の救済にも乗り出していただくことが非常に必要であります[25]。ただ、天災とか病気とか貧困とか難民などのような種類の災害でありますと、これは比較的やさしいと言っては語弊がありますけれども、問題が比較的単純であります。ところが犯罪被害者の救済のように、犯罪が介在する場合には、もっと人間関係が背後に非常に微妙にわだかまっておりますから、ボランティアの立場としてどういう風にそれをときほぐしていくのか大変難しいことであります。また、ボランティア活動を国が何とかしていくということについても、ボランティアにはボランティアとして自主的にやっていくところにその本領があるのですから、国の力でもってへたに指導したり抑制したりお節介をしたりするようなことがあってはならないわけであります。ボランティア活動がうまく運営されるためには、どうしても組織化されなくてはなりませんし、しかも組織相互の横の連絡がなくてはなりません。組織相互の連絡は、欧米では、国内的にも国際的にもずいぶん進んで来ているようで[26]、われわれとしても参考になることが、非常に多いとおもいます。

さらに、犯罪の被害者の救済には、犯罪問題とくに被害者学[27]についての専門的な知識や経験の必要な面が多いでしょうから、弁護士会あたりが直接間接に世話をしなければならないことが多々ありましょうし、精神面についてはどうしても宗教関係や教育関係の方々に世話にならなければ動きがとれないこともあるだろうとおもいます。保護司制度がどこまですぐに活用できるかわかりませんが、これも一考に値するのではなかろうかとおもいます。BBS（大兄姉運動）やカウンセラー、ソーシャル・ワーカーのような人たちの力も、ぜひとも借りなければならないでしょう。

ここで、参考のために、アメリカでの例を一つ二つお話ししてみましょう。一つは先ほどもちょっと出てきた『デッドマン・ウォーキング』というドキュメンタリーのことです。[28] これは、ヘレン・プレジャンさんというカソリックのシスター（修道女）の著書ですが、実際に自分でやって来たことや体験したことを書いたものです。ルイジアナ州に住んでいる人ですが、たまたま、ある死刑囚の宗教的助言者になることを頼まれて、文通からはじまって、そのうち刑務所へ面会に行きました。はじめはこわごわだったのですが、会ってみると、そんなに凶悪な人間とはおもえない。付き合っている間に、互いに心を開いてきました。そこで熱心に死刑囚の心の支えになってやっていました。シスターのことですから、むろん信仰の話をするのですが、本人の家族のことにもいろいろと心を砕いてやっていました。そのうちに、たまたま恩赦委員会の聴聞会の席で被害者たち――被害者は二人いたのです――の家族にも接触することになり、はじめはその人たちから反発を受けていたのですが、そのままではいけないので、おくればせながらも、それぞれの家族たちの家庭を頻繁に慰問して、その支援のために骨を折ったのでした。彼女は、のちにもう一人の死刑囚の宗教的助言者になるのですが、こんどは最初から被害者遺族にも接触して援助を与えています。そして一九八八年には教会からの援助を得て被害者援助グループを組織しています。

もう一つはヴァージニア州での話ですが、死刑囚の家族を含む死刑廃止団体の人たちと被害者遺族の会の人たちとが一緒になって、キャンプをしたり車を連ねて各地を回って歩く「希望の旅（ジャーニー・オブ・ホープ）」をするのです。高校を訪ねて討論会などもします。遺族の中にも廃止論者になった女性がいて大きな役割をしますが、中心人物は妻を何者かに殺された上、犯人不明のまま、こともあろうに、自分が嫌疑をかけられて何年間かの刑務所生活を余儀なくされたのち釈放された男性です。この男性は犯人の発見を期待しながらも、廃止団体の中心になって、さっきの女性とも一緒に運動をすすめます。これは、文化庁芸術祭参加作品として「ジャーニー・オブ・ホープ——死刑囚の家族と被害者遺族の二週間」という記録映画に製作されて、平成八（一九九六）年一一月一〇日の夜、NHK衛星第一放送で放映された（のち再放映もされました）ので、読者の中にはご覧になった方もおられるでしょう(29)。

この種のことは日本で簡単に実現できるとも思いませんが、大きな示唆を与えるに違いありません。息子を惨殺されながら死刑廃止論者になったアメリカのドロセア・モアフィールドさんを「死刑廃止フォーラム」が日本に招いて全国各地を講演してもらったことは前に述べましたが（二八頁注14）、あれもよい企画であったと思います。娘が誘拐殺人の被害者になったのに、悩んだ末ついに死刑廃止論者になった長岡瑩子さんのことも、忘れることはできません(二九頁)。これにもカソリック修道女の力があったのでした。これは、「テレビ朝日」によって取材報道されました。

法務省が被害者の救済を真剣に考えるとすれば、補償問題以外にも考えなければならない点は無数にあるわけであります。こういうひろい視野から考えるとなると、いきおい厚生省、文部省その他いろいろな省庁とも連携をとりながら、あるいはさらに内閣レベルの問題としても考えながら、法務省が中心になっていろいろなことを考えなければならないでありましょう。また、一般の民間の人の力をどこまで有効に使うことができるかということも考慮に入れなければなりません。そういうことと相俟って、本来の刑事政策を進めていかなければいけない。現在の病的ともいえるような世相が犯罪現象に大きく反映している以上、こういう考慮や対策を抜きにはできないのであります。

そういう肝心なことを抜きにして、ただ、「われわれに大切なのは法と秩序の維持だ、そのためには既に確定している判決は執行するのが当然だ」というようなことで、オウム事件などで世の中が騒然としているのに乗じて、この時とばかりに死刑執行を強行して事足れりとするようなことでは、法務省としてはあまりにも近視眼的であり、大きな見識に欠けるのではないか。人間味に満ちた、ヒューマニスティックな刑事政策こそが大事だということを私は言うのであります。

もちろん、被害者の立場を考えるというためには、上記のような方面だけではなく、被害者感情を裁判のうえでも考慮しなければならないことは、裁判が正義を実現するためのものだという見地からも、当然のことです。しかし、生《なま》の被害者感情をそのまま裁判に反映させるのは、けっして望ましいことではありません。被害者が犯人の死刑を望んでいるからといって、すぐに死刑が必要だという結論を導くのは、あまりにも短絡的です。裁判は私人よりも一段高い次元に立って行なわれなければならないのです。実際に被害者が死刑を望むかどうかは、犯罪の情状によることはもちろんですが、同じような情状とおもわれる事件であっても、被害者の復讐感情は、その人の性格、心情などによって、千差万別です。しかも、同じ人であっても、時の経つにしたがって、気持ちが大きく動いてくることがあるのは、いうまでもありません。凶悪な犯行後すぐに犯人を許す気持ちになる人は滅多にないでしょうが、犯人を死刑にしても殺された人が生き返ってくるわけでないし、結局、空しいものだと感じるようになる人もあるはずです。なかには、きわめて例外的なケースだとはいえ、散々に悩んだ末に死刑廃止論者になる人さえもあることは、折に触れて申し上げたとおりです。そこには非常に大きな個人差があります。そういう個人差が量刑の上にそのまま出てしまうことは、裁判を恣意的なものにします。死刑と無期刑との限界はきわめて微妙で、けっして明確な基準があるとはいえないだけに、それが被害者の主観によって左右されることは、極力さけなければなりません。そうでないと、もともと正義のためであったはずなのが、かえって大きな不正義を招くことにさえもなるのです。しかも、死刑を廃止することは、犯人を罰しないでおくということではないのは、もちろんです。死刑を廃止した刑法のもとでは、無期刑が極刑ということになるわけですから、犯人も無期刑にすることとによって、被害者の復讐的な気持ちもかなり満足されるはずです。場合によっては、現行の無期刑のほかに終身刑を導入するということも、過渡的な制度として私はかならずしも反対ではありません。死刑を廃止するということは、被害者感情を単純に無視するということでは絶対にないのです。私は被害者感情を満足させるために死刑が必要だという議論には、人道的立場からも絶対に承服することができません。なお、この問題については、後に、殺人罪と死刑の項（II 3）で、もうすこし考察することにします。

被害者救済と死刑廃止とどちらが先か――●

ここで、念の為に、ぜひとも論じておかなければならないことがあります。それは被害者救済と死刑廃止とどちらが先かという問題です。というのは、現在、被害者救済の制度が整備されていない以上、死刑廃止の条件はそろっていないのではないか、という議論があるからです。死刑廃止と被害者救済とは両々相俟って行かなければならないのはもちろんですが、本当は、むしろまず死刑廃止を実現することこそが被害者救済実現へむかっての道順ではないか、とおもうのです。くだいて申しますと、例えば、犯人を死刑にしてしまえば、世の中ではそれで一件落着だという観念ができてしまう、被害者側から犯人側に損害賠償の請求が出ても、それは個人間のことにすぎないという感じになってしまいます。ところが、死刑が廃止されたあかつきには、はっきりと被害者の救済は社会的な関心事であって、放ってはおけないということになる。損害賠償だけでなく、物心両面で国家ないしは社会が被害者の面倒をみる責任を感じるようになるべきはずです。金沢文雄教授も指摘されたように（一二一頁）、いわば死刑廃止によって一種の社会連帯の観念が生まれてくるのではないか。その意味で死刑廃止が先で、同時に被害者救済がそれにともなうという考えに立つべきだと私は信じるのです。

ヒューマニスティックな刑事政策の必要——●

そこでヒューマニスティックな刑事政策とはどういうものか、について話を進めていくことにしましょう。こういう観念を正面から最初に言い出したのは、ヨーロッパの刑法学界の大立者として知られるフランスのマルク・アンセル判事（1902-90）であります。もう亡くなりましたが、私も大変親しくしていた世界的な学者であります。この人の『新社会防衛論』[30]というフランス語の書物は、各国の言葉に翻訳されて、広く世界で読まれた書物ですが、この中で、今までのような社会防衛——社会防衛というのは社会を犯罪から防衛するということでつまり刑事政策のことですが——これまでのような刑事政策では駄目で、新しいヒューマニズムの視点を盛り込むべきだといって、ヒューマニスティックな刑事政策ということを強調したのであります。この中では、かれは詳細な理論を展開しておりますが、ここではその紹介は抜きにして、皆様に手っ取り早くわかっていただくために、その書物からは離れて、私が自分で直接に体験したことを一つだけ申し上げてみましょう。

ずいぶん前のことですが、イギリスにいたときのことです。イングランドの中部の工業地帯にリーズという町がありますが、あのリーズから支線に乗りかえて地方鉄道で三〇分ばかりいったところに、ウェイクフィールドという田舎町があります。ゴールドスミスの有名な小説の舞台になった、尖塔をもった小さな教会のある静かな町です。そこに刑務所も付置されている矯正職員研修大学がありますので、そこへ一晩泊まりで見学に行きました。前の日の夕刻に着いて翌日一日見せてもらうことになりました。リーズから汽車に乗って、だんだんにウェイクフィールドの町に近づいてきますと、各駅停車ですからいろいろな人が乗ってくるのですが、ちょうど一人のペンキ職人が乗り込んできて私の前の席に座りました。ペンキの缶を下げてペンキだらけの作業服を着ていました。いつも私はなるべくそういう人たちと話をするようにしていますから、横にだれもいなかったので向かい合っていろんな話をしたのです。あなたはどういう仕事をしているんですかと聞いてみますと、その男のいうには「実は最近まで自分はウェイクフィールドの受刑者だった。最近釈放されて刑務所の方からこういう仕事があるといわれたので、この近くでペンキ塗りの仕事をしています。駅の電柱にペンキを塗る仕事です」と、こういうのです。今度は向こうから、「あなたはどういう仕事か」というので、私は隠すこともありませんから、実は自分は日本の刑法の教授で、これからウェイクフィールドの研修所と刑務所へ見学に行くところだと言ったのです。ところが、意外にも、かれは「そうですか」と喜んで、しかも大変懐かしがって、「あそこは良い刑務所ですよ。大変みんな親切にしてくれました」と言うのです。普通でしたら、出所したような人は、そういう前歴は少なくとも見ず知らずの人には言わないものですが、問わず語りに、いろいろと自慢らしく話をしてくれました。私はすっかり嬉しくなって、熱心に話をきいてやりました。かれは、途中でウェイクフィールドのひとつ手前の駅で降りていったのですが、私はかれがホームに降りたところを窓から顔を出して見ていますと、むこうも盛んに手を振っているのです。最後に姿が見えなくなるまで何遍も何遍も振り返っては手を振っておりました。こっちも嬉しくて手を振ってやりました。

いよいよウェイクフィールドの施設に着いて、職員や研修員たちと一緒の夕食のときですが、学長兼刑務所長のウィンストン氏にむかってその話をしたのです。私は「これはあなたのところが非常に立派な矯正のやり方を採っているということの証拠だと思う」ということを言いましたら、所長は「そういう形でお褒めいただくことはこの上なく嬉しいことです」と非常に喜んでくれました。向こうはお世辞に「それはあなたの人柄ですよ」などと言っていましたが、むろん私の人柄ではなくて、やはり刑務所のやり方がいいということであって、そういうことになれば本当に受刑者が社会復帰いたします。この話は大変印象深かったので、私の『刑法紀行』(31)という書物に書いておきました。翌日、詳しく見学させてもらいましたが、いろいろと参考になりました。こういうのがヒューマニスティックな矯正のやり方です。

ところが、それを人間味のないやり方でいきますと、いくら科学的でも、成果はあがらない。アメリカはもともとニュー・イングランドあたりにピューリタンの精神が植えつけられていますから、精神的にもすばらしいし、刑務所の改良の関係でもアメリカはもともと大きな実績をもっていて、我々として教わることは多いのですが、すべて最先端をいく国柄ですから、矯正も科学的な矯正でなくてはならないというような傾向が出てきたわけです。これはそれ自体として結構なことですが、それが行き過ぎになって人間性を忘れるようなことになってしまっては、駄目ではないでしょうか。

これも一つの例だけを申し上げますと、サンフランシスコから一〇〇マイルくらいのところにヴァッカヴィールという所がありまして、そこに「メディカル・ファシリティ」という、主に神経症の受刑者を対象とする一種の医療刑務所があります(32)。精神分析の療法を大胆に採用していました。これも大変興味がありますので、ここでも私は一晩泊めてもらって見学してきたのですが、いろんなことをセラピーに使っている。例えば、ミュージック・セラピーだとか木工セラピーだとか、すべてセラピーずくめであります。フラストレイションの解消のためでしょうか、施設の内部ではまったく自由自在に行動ができる。そしてサイカイアトリーの専門家が随時、呼び出してはトリートメントをやっています。内部でやっていることはすべてサイカイアトリーずくめで、科学一辺倒といってよいようなものです。ところが、戒護となると人間性を忘れたのではないかと思われるくらい厳重をきわめているのです。

というのは、その晩、所長の家で夕飯を御馳走になって、帰りに車でゲストハウスまで送ってくれたのですが、うっかりと施設の金網に近づいたところ、「あ、危ないっ。もうちょっとでライフルで撃たれるところだった」といってあわててバックして別の道をとりました。金網のあちこちに逃走防止の監視所があって、ライフルに実弾を込めた職員が絶えず厳重に監視している。誰でも金網に近づくと、有無をいわせずいきなり狙撃する。所長でも誰でもうっかり近づくわけには行かないんだというわけです。ほうほうの体《てい》で逃げ出して、ゲストハウスに泊まったのでした。要するに非常に科学的な方法でやっているのですが、あまりうまくいかない。成果が上がらないときめんに予算を削ってしまうのがアメリカ流です。その後、何か不祥事もあったらしくて、あまり長く経たないうちにここは閉鎖になってしまったように聞いております。科学的方法だけでやっていくことはいけないのです(33)。

さきほども、ちょっと名前を出したアメリカのフランシス・アレン教授が一九八一年に『社会復帰理念の衰退(34)』という書物を書いています。矯正について社会復帰思想が減退してきていることを指摘したものですが、それは教育刑的な考えそのものの否定というよりは、それがあまりにも科学一辺倒になっていくことへの警鐘だと、私は受け止めています。数年前にあちらで教授にそのことを言いますと、教授もそれを首肯されました。

わが国でも、矯正関係では戦前には正木亮博士(35)がその中心部にいて、ペスタロッチ的な教育理念を推進しておられました。戦後、これを受け継いだのが熱心なカトリック信者であられた中尾文策氏(36)でした。残念ながら、まず正木博士を喪いやがて中尾氏も亡くなられ、その後は、矯正の分野は次第に科学万能主義になったようにも見受けられましたが、それさえもこの頃は影が薄くなって、むしろ現実的な所内秩序の維持、戒護一点ばりの観があるようです。もっとも、この頃は私は矯正関係にはすっかりご無沙汰していますから、見当ちがいであればお許しいただきたいとおもいます。いずれにせよ、あのよき時代の人道主義の溢れるような矯正理念をもう一度再生させたいものです。

死刑問題とのつながり——●

今申し上げたことは、死刑の問題とは関係のない、一般の矯正の問題のようですけれども、実は、一般の受刑者の矯正の問題は、自ずから死刑の問題に関連してくるのであります(37)。死刑囚であっても、けっして改善不能ではない。例えば、メッカ殺人事件(一九五三年)の正田昭という人物は冷血的極まる、情性欠如型の精神病質者といわれるタイプで矯正不能といわれていたのですが、有名なカンドー神父の感化を受けてカトリックに入信し、しかも獄中で文通していた美絵さんという女性や母親の力もあって見事な人間に立ち直っていたのです。執行直前にこの女性や母親と文通していたのが、加賀乙彦氏によって編集されて刊行されていますが、私などは涙なしには読めないくらいです(後出三四〇頁注25)。私はどんな人間でも、最後の最後まで、無限の人格形成可能性をもっていると信じます。

ご承知の「自由権規約」——正確には「市民的及び政治的権利に関する国際規約」——というのがあって、これは国際条約ですが、日本でも批准を経て今でははっきりと国内法になっております。その六条四項を見ますと、「死刑を言い渡されたいかなる者も、特赦又は減刑を求める権利を有する。死刑に対する大赦、特赦又は減刑は、すべての場合に与えることができる」という規定があります。死刑囚も恩赦を求める権利を法律上はっきり認められているわけで、つまり、死刑判決が確定しても拘禁中に良くなってくる可能性があるものとして、そうなれば恩赦になりうることが、法律そのものによって明確に認められている。ということは、その人たちに良くなる機会を与えてやらなければならないわけです。そういうことで、今の一般の懲役囚などに対する矯正の問題をどういう精神でやるかということは、自ずから死刑の問題にもつながってくるのです。私が法務省に対して人間性をもった刑事政策に頭を切り換えてほしいということを強く主張していますのは、こういう趣旨であります。

死刑囚の処遇の問題——●

人道的刑事政策の見地から、ここでどうしても触れておかなければならないのは、死刑囚の処遇の問題です。前にも一言しましたが（一八頁以下）、わが国で実際におこなわれている死刑囚の非人道的な処遇、ことに執行にいたるまでの極端な密行性は世界的にも悪名が高いくらいで、アムネスティ・インターナショナルの日本関係の文書（AI Index : ASA 22/02/96）にも指摘されているとおり、これだけでも死刑に残虐性をあたえているといわれても仕方がないような状態のようです(38)。

これについては、監獄法九条に「本法中別段の規定あるものを除くほか、刑事被告人に適用すべき規定は、……死刑の言渡を受けたる者に……準用す」るという規定があります。これはもともと監獄法の立案にあたった小河滋次郎博士の説いておられるとおり、「死刑の言渡を受けたる者は、……その性質においても略《ほ》ぼ未決勾留と同じく専ら逃亡を防ぐが為めにする已むを得ざるの自由拘束に過ぎざるが故に、之に刑事被告人と同一の処遇を為すこと実際の便宜と理論の要求とに適合したるものなるべし」ということでありましょう(39)。

これに対して、死刑囚処遇の基本点をどこにおくかについて、あらたに問題を提起されたのは、正木博士でありました。博士は「その後の死刑に対する考え方は、急変している。廃止国も増加しているし、執行についても、できるだけこれを避けようとする傾向があって、死刑囚の位置、その処遇も変化をきたしたとみなければならない」として、「死刑囚処遇の基本点をどこにおくか。すくなくとも三つの観点がある。第一は、本人の死刑回避の努力にあらゆる機会を与え、さらには、なお、当局が積極的にこれを援助する観点、第二には、これとは逆に、死をやすらかに迎えるように、諸種の方途をつくすという観点、第三には、まったく中立的に隔離をかたくして、もっぱら執行まで精神と身体の健康な維持をはかるという観点である。……生命という基本的人権を奪いながら、執行までは人権を尊重するという死刑そのものに内蔵する矛盾について、その解決を、単に刑事被告人に準ずるという指針で、あとは現場にまかすということは妥当でない。……死刑囚の処遇について、指針を与えるために、その特則が制定されることをのぞみたい」と説いておられるのです。(40) これは一九六一年の『刑政』誌上に書かれた文章です。

その二年後、一九六三年に例の法務省通達が出ているのですが、正木博士の閲歴や当時の地位（中央矯正審議会［のち中央矯正保護審議会］会長、矯正協会会長、等々）からいって、その影響があったことは当然ではないかと推測されます。博士はもちろん死刑廃止論の指導者でしたし、以前から、死刑囚にも改善的処遇の必要なことを主張しておられたのですから、ここでも第一、第二の点を主眼としておられたに違いありません。ところが、この通達では第一の観点は完全に欠落しているのです。ですから、ことに今となっては、博士の意図は完全に裏切られてしまっているわけです。

ここで、その通達の内容をちょっと見ておきましょう。(41)

［法務省矯正甲第九六号］昭和三十八年（一九六三）三月十五日

死刑確定者の接見及び信書の発受について

接見および信書に関する監獄法第九章の規定は、在監者一般につき、接見及び信書の発受の許されることを認めているが、これは在監者の接見及び信書の発受を無制限に許すことを認めた趣旨ではなく、条理上各種の在監者につきそれぞれその拘禁の目的に応じてその制限の行われるべきことを基本的な趣旨としているものと解すべきである。

ところで、死刑確定者には監獄法上被告人に関する特別の規定が存する場合、その準用があるものとされているものの、接見又は信書の発受については、同法上被告人に関する特別の規定は存在せず、かつこの点に関する限り、刑事訴訟法上当事者たる地位を有する被告人とは全くその性格を異にするものというべきであるから、その制限は専らこれを監獄に拘置する目的に照らして行われるべきものと考えられる。

いうまでもなく、死刑確定者は死刑判決の確定力の効果として、その執行を確保するために拘置され、一般社会とは厳に隔離されるべきものであり、拘置所等における身柄の確保及び社会不安の防止等の見地からする交通の制約は、その当然に受忍すべき義務であるとしなければならない。更に拘置中、死刑確定者が罪を自覚し、精神の安定裡《り》に死刑の執行を受けることとなるよう配慮さるべきことは刑政上当然の要請であるから、その処遇に当たり、心情の安定を害するおそれのある交通も、また、制約されなければならないところである。

よって、死刑確定者の接見及び信書の発受につきその許否を判断するに当たって、左記に該当する場合は、概ね許可を与えないことが相当と思料されるので、右趣旨に則り自今その取扱いに遺憾《いかん》なきを期せられたい。

右命によって通達する。

記

一、本人の身柄の確保を阻害し又は社会一般に不安の念を抱かせるおそれのある場合
二、本人の心情の安定を害するおそれのある場合
三、その他施設の管理運営上支障を生ずる場合

この通達の出たあとも、急に死刑囚の処遇がそれほど窮屈になったわけではありませんでしたが、ことに正木博士の逝去（一九七一年）後、次第に人間味を失って厳格・冷酷なものになり、今ではほとんど非人道的ともいうべきものになってきているようです。[42]前述のように、アムネスティ・インターナショナルの日本関係の文書が日本における死刑執行の密行性や死刑囚の処遇の実情を取り上げて、残虐性をもつものと指摘しているのも、当然でありましょう。

通達は、まず冒頭で死刑囚と被告人との違いを述べていますが、大切な点を無視ないしは看過しています。それは死刑囚も再審を請求する権利と恩赦を求める権利をもっているという点です。これは法務大臣が死刑執行命令を出す六箇月内という期間について、再審の請求や恩赦の出願・申出がされその手続が終了するまでの期間はこれに算入しないという法律の規定（刑訴四七五条二項〔巻末の参照条文〕）がありますが、その反面において解釈上読み取れることとです。普通ならば、このような形の規定は「その期間内は執行命令を出さなくても差し支えない」というだけの意味にも取れるでしょうが、憲法が「生命」を基本的人権としてやや限定した形ながら保障（憲法一三条、三一条）しているのはもちろん、ことに「自由権規約」――正確には「市民的及び政治的権利に関する国際規約」（昭和五四年

条約七号）――では、とくに「生命に対する固有の権利」が「すべての人間」に保障されていることを念頭に置いて考えれば、ここはどうしても重い意味に解釈せざるをえないのです。

この第六版の校正中、一九九九年一二月一七日――あたかも国連総会による「死刑廃止条約」（II8）採択の一〇周年記念日の二日後のことです――死刑囚二名の執行があったのですが、その中の一名は再審請求中であったということです。これは法務当局自身もきわめて異例であったことを認めているようですが、単に異例であったというだけのことでは済まされません。おそらく本人が同じような理由による再審請求を繰り返すために、いつまでも当局の予定どおりに執行ができなくて手を焼いたというような事情があったものと想像されます。[43] しかし、同一事由によるものかどうかは、再審請求を受けた裁判所によって判断されるべきことで、法務当局によるべきことではありません。法務当局にできることは、せいぜい裁判所に事情を説明して事件の処理の促進を申し入れるだけだと思います。今回の措置ははっきりと違法なものであったといわざるをえません。

死刑囚の恩赦を受ける権利については、もう一つきわめて重要なことがあります。それは、この通達が出されたあとで出来たものですが、右にも触れた「自由権規約」の規定です。その六条四項には、はっきりと、「死刑を言い渡されたいかなる者も、特赦又は減刑を求める権利を有する」ことを明言しているのです。これが通達の後に出たことによって、通達の内容もきわめて重要な、ほとんど致命的ともいえるくらいの修正を受けるわけです。日本国が締結した条約を誠実に遵守することは、国にとって憲法上の要請であることを忘れてはなりません（憲法九八条二項）。要するに、この通達によって現在のような極端な隔離主義、秘密主義を死刑囚に対して取り続けることは、とうてい許されなくなっているはずなのです。残念ながら、法務当局はこういう国際条約関係には驚くほど無関心かつ怠慢のように見受けられてなりません。

いうまでもないことですが、第一に、再審の請求の権利をもっているということは、単に請求の手続ができるというだけではないはずです。請求の準備のために資料を集めたり、弁護士をはじめ必要な人との接見通信の便宜が与えられなければならないのは、当然のことでしょう。また、第二に、特赦や減刑を求めるためには、本人が自分の改心の機会をあたえてもらえるような処遇を受け、改心の行状を拘置所の職員に——そのつもりで——みてもらう実質的な機会が与えられなければなりません。単に厳重に戒護されているだけでは、本人としてもそれを示しようがないでしょう。聖職者との接触も、現に教誨師になっている人以外にも門戸が開かれている必要があるのではないでしょうか。以前は、聖職者以外にも、すくなくとも強い信仰をもっている熱心な人たちには、その途が開かれていたのです。(44)

「法と秩序」政策で知られたアメリカでさえも、死刑囚の処遇は日本に較べるとはるかにゆるやかなようです。ことに死刑の執行の日時はかなり早くから本人や近親者、弁護士には知らされていて、このごろは非常に窮屈になったとはいえ最高裁判所に「ヘイビアス・コーパス」の申請をするなど、種々の法的救済の手続をとってもらったり、州知事へ恩赦の申請をしてもらったりすることができます。さらに、もちろん、執行を控えて、本人の心の準備のため、最後まで聖職者に付き添ってもらったり、あるいは親族その他の者と最後の名残を惜しむためなどに、いろいろと配慮がされているようです。こうしたアメリカの死刑囚の実情は、しばしば劇的、感動的ですから、よく映画化されて、日本でもＮＨＫなどによって放映され、視聴者に感銘をあたえることは、読者の中にもご存じの方が少なくないと思います。(45) アメリカは例の「法と秩序」政策ということで——注18にみられるとおりドイツあたりですら(46)——悪名が高いのですが、そのアメリカでさえも、このとおりなのです。私は何かの機会に、旧知の山田洋次監督に、「日本でもあのような映画を作ってみてはどうですか」ときいてみたことがありますが、「日本のような秘密主義では、そういう材料は絶対に手に入らないので、残念ながら、とうてい無理です」とのことでした。思ったとおりの反応でしたが、日本の文化のために悲しいことです。

むすび——●

いよいよ時間が来てしまいました。先程お約束しました死刑執行ゼロの時期が、犯罪、ことに殺人罪とどのように関係しているかの問題について統計的な数字をちょっと申し上げて、最後の締め括りといたしましょう。死刑の執行が事実上停止されていたのは、平成元（一九八九）年一一月一〇日から平成五（一九九三）年三月二七日までの三年四箇月の期間です。年度内に死刑執行が完全にゼロであった平成二年から四年までの三年間の時期を、その前後と比べまして、警察庁の統計による殺人罪の検挙人員がどうなっているか、『犯罪白書』によってこれを見ますと、この期間の前年平成元（一九八九）年は一三二三人だったのですが、この期間に入りますと、平成二（一九九〇）年は一二三八人、続いて一一五九人、一一七五人という風に、その前に比べてずっと減っております。ところが死刑執行を再開したのが平成五（一九九三）年三月で、この時に一挙に七人もの人が執行されておりますが、この時は殺人罪の検挙人員は急に増えまして、一二一八人が検挙されております。ですから、この執行を停止していた期間の方が殺人罪はむしろ少なかったのです。[47] 法務省の考えによれば、執行の再開によってその威嚇力を発揮しているべきはずでありましょう。ところが、そういう時期になってむしろ殺人による検挙人員が増えているのであります。こういう事実は、いかに法務省に、この際、刑事政策についての頭を根本的に切り換えてもらわなければならないかを、端的に示すものだといわなければなりません。

オウム真理教の教団による今回の事件は、確定判決が出るまでは正確なことは申せませんが、しかし、報道されているああいうものを考えるかぎり、実に言語道断の事件で、世界一治安がいいといわれていた日本が、あのころは、一度に治安のもっとも悪い国になってしまった観さえありました。世間がああいうのは死刑にしてしまえというのは当然であります。しかし、教主を死刑にすれば、信徒たちにとっては教主のカリスマ性を高める効果しかないでしょう。それよりは一生贖罪の生活を送らせるほうが、政策的にもどのくらいいいかわかりません。むしろ、現在まだ大勢いる信徒たちの社会復帰をいかに進めていくか、また、どうすればこの種の事件が二度と起こらないような社会にすることができるかという、大きな対策を考えなければならないはずです。それには近視眼的でない、広い視野に立った見識が要求されるのです。それは死刑執行の強化というような方向であっては絶対ならない。人間性を盛り込んだ広い視野からの対策こそが、本当の意味で法と秩序を維持するための本来の道だということを認識しなければならない。「今こそ声を大にして死刑廃止を叫ぶべきときだ」というのは、こういうことであります。

(1) これは、前年の一二月に東京と仙台で二人が執行されて以来、半年ぶりのことで、村山連立政権下で二度目の執行であった。どちらも前田勲男法相によるものである。九段会館における大会は、これに対するプロテストの意味をもつものであった（フォーラム'90三四号〔一九九五年一二月二二日〕）。ところが、この講演を雑誌（法学教室一八六号〔一九九六年三月〕）に掲載することにして、その原稿の加筆を終えたところで、平成七（一九九五）年一二月二一日、東京・名古屋・福岡の各拘置所で、またしても三人の死刑囚の執行が行なわれたことが、報道された（村山内閣として三度目、宮沢弘法相による）。一二月二日の大会からまだ二〇日もたっていないのに、である。これはわれわれの主張に一顧をも与えようとしない法務省当局の固陋な態度を示すもので、遺憾にたえないところである。――その後、当局は態度を改めることなく、今では残念ながら、死刑の執行がほとんど年中行事のようになってしまっていることについては、前出五九頁注16に数字を挙げて述べておいたとおりである。一九九九年九月一〇日には陣内孝雄法相によって三名（東京、福岡、仙台）、同年一二月一七日には臼井日出男法相によって二名（東京、福岡）の執行が行なわれた。なお、最後に挙げた福岡の一名は再審請求中の者であった。これについては、一三四頁以下にとくに取り上げて論じることにする。

(2) なお、岩井信「いまこそ、死刑廃止の声を」（アムネスティ・ニュースレター二六九号〔一九九五年一二月〕八頁以下）、菊田幸一「一二／二フォーラムの課題と展望」（フォーラム三四号〔一九九五年一二月二日〕一頁以下）など。――なお、参照、『年報・死刑廃止』（創刊号・一九九六年）（「『オウムに死刑を』にどう応えるか」）。

(3) 川人博『いま、人権を読む』（一九九六年）二一二頁以下も、ほぼ同じ志向の考え方である。なお、同書七八頁以下参照（小著の紹介を兼ねている）。

(4) この問題については、団藤重光「法文化と人間の尊厳」国立教育会館通信・別冊三〇号（一九九六年）とくに一四頁以下。

(5) 林道義『父性の復権』（中公新書・一九九六年）、『母権の復権』（中公新書・一九九九年）、『母性崩壊』（一九九九年）。

(6) ヨガにかぎらず、オウム真理教の教義じたい、仏教と深く結びついているようである（オウム真理教に対する破壊活動防止法第三回弁明手続における教主麻原彰晃〔本名・松本智津夫〕の陳述、記録六六頁以下参照）。もっともそれがどこまで本物かは、私にはわからない。――オウム真理教問題についての宗教的見地からするアプローチとして興味深いのは、特殊な立場からのものではあるが、吉本隆明（聞き手・芹沢俊介）『宗教の最後の姿・オウム事件の解決』（一九九六年）。

(7) オウム真理教はロシアでもきわめて多数の信徒を獲得したと伝えられるが、これについては、ロシア人じしんが同旨のことを指摘している。ゲオルギー・E・コマロフスキー博士（モスクワ東洋大学卒業、日本宗教史研究家、ロシア共和国の大阪総領事）によれば、「わが国（＝ロシア）でオウム真理教が伸びたのは、東洋思想と日本への関心が強いからだ」という（広岡正久教授との対談「無神論国家の決算――ロシアの宗教事情」朝日新聞一九九六年三月二六日夕刊）。

（8）B. F. Skinner, *Science and Human Behavior*, 1953 (Paperback edition, 1965). 団藤重光「科学と人権」（同『この一筋につながる』一九八六年・所収）。

（9）団藤重光「科学と人権」（同『この一筋につながる』一九八六年・所収）一八八頁、二〇一頁注15参照。

（10）S. Dando, The Scientific Manipulation of Behavior and The Legal Protection of Freedom, in: *Equality and Freedom, International and Comparative Jurisprudence, Papers of the World Congress on Philosophy of Law and Social Philosophy, St. Louis, 24-29 August, 1975*, Edited by authorization of IVR., by Gray Dorcey, Vol. II, 1977, pp. 727-744. 前掲・団藤「科学と人権」（同『この一筋につながる』一七一頁以下）は、その要約である。

（11）B. F. Skinner, *Beyond Freedom and Dignity*, 1971.

（12）私の法哲学的な立場の概略は、団藤重光『法学の基礎』（一九九六年）の全編にわたって述べておいたつもりである。

（13）なお、スティーヴン・ハッサン（浅見定雄訳）『マインド・コントロールの恐怖』（一九九三年）参照。

（14）これは岩井信「いまこそ、死刑廃止の声を」（アムネスティ・ニュースレター二六九号〔一九九五年一二月〕九頁）によっても、明確に指摘されている。

（15）一九九九年には、坂本一家殺害事件発生後一〇年を迎えて、マスコミの中には、捜査の模様についての追跡調査をして報道する記事も出ていて参考になる（朝日一九九九年一一月三日号二六—二七頁）。

(16)　アメリカの状況につき、*Amnesty International Report 1996*, pp. 313-316. これによれば、一九九五年度において、テキサス州だけで一九人が執行されており、全国では五六人にのぼる（これは人口比からいっても日本よりはるかに多い）。しかも、この中には、問題のあるケースも、いくつか報告されている。なお、ニューヨークでは近時犯罪の顕著な減少が知られているが、これはニューヨーク州の死刑復活の結果とみるべきではなく、ニューヨークのジュリアーノ市長が警察官による街頭の警らを徹底したことの効果とみるべきである。井上正仁「ニューヨーク犯罪事情」（刑政一〇九巻八号〔一九九八年〕八二—八三頁）。——もっとも、これは先進国のあいだのことで、世界的に見ると、例えば、中国やイランなどは、桁はずれに多く、年度によっては一〇〇〇人を超える執行が報告されている。Roger Hood, *The Death Penalty*, 2nd Revised Ed., 1996, pp. 73-75.

(17)　R. Hood, *op. cit.*, pp. 47-51.

(18)　ドイツの『シュピーゲル』誌も、このような「法と秩序」思想の政治家たち（Law-and-Order-Politiker）がいかにアメリカに「残虐司法」をもたらしているかを報道している（Der Spiegel, 10/1999, S. 199 ff., insbes. S. 201）。「法と秩序」にわざわざ英語をそのまま使った上、「法と秩序」思想の政治家たちのことばをハイフンで結んで、全体をひとつの固有名詞化しているところに、いかにもドイツ人らしい痛烈な皮肉が窺われる。

(19)　Francis A. Allen, *The Decline of Rehabilitative Ideal*, 1981, p. 62. なお、こうした「犯罪との戦争」の実際につき、F. A. Allen, *The Habits of Legality and The Rule of Law*, 1996, p. 38 et seq.（麻薬関係）、p. 47 et seq.（死刑関係）。なお、教授は、矯正における社会復帰思想の低下と死刑の支持が民衆のあいだにひろがってきていることとは、共通の源泉をもっているにちがいないことを指摘している（*The Habits of Legality*, p. 47）。——こうした「犯罪との戦争」の政策はジョンソン、ニクソン両大統領によって持ち出されたらしい（サミュエル・ウォーカー〔藤本哲也監訳〕『民衆司法――アメリカ刑事司法の歴史――』〔一九九九年〕二五五頁以下、とくに二七五頁参照)。

(20) その一端がわが国に紹介されたものとして、アンソニー・プラット「クライム・パニック――アメリカにおける法と秩序の政治学」(刑政一〇六巻一二号〔一九九五年〕五二―五七頁)。

(21) 『デッドマン・ウォーキング』については、前出三七頁注40参照。

(22) Shigemitsu Dando, Toward the Abolition of the Death Penalty, 72 *Indiana Law Journal*, 7 (1996). これは本書の第V部に採録しておいた。四六八頁の記述参照。

(23) 『中尾文策矯正論集』(一九八四年)三〇八頁。これにつき、団藤重光「中尾文策さんの追憶」(『中尾文策追想録』〔一九九二年〕一四頁)。

(24) 「犯罪被害者をめぐる現状と対策」(特集)法律のひろば五〇巻三号(一九九七年三月)(執筆者は諸沢英道・長島裕・原田宗宏・冨田信穂・中島聡美・市村眞一・奥村正雄)、高橋則夫「被害者(遺族)と死刑制度」(同『刑法における損害回復の思想』〔一九九七年〕一八〇頁以下)、菊田幸一「犯罪被害者救済の問題状況」法律論叢六九巻三・四・五合併号(一九九七年)二五―五七頁、『犯罪被害者と死刑制度』(年報・死刑廃止98)、ジュリスト一一六三号(一九九九・九・一五)(特集「犯罪被害者の保護と救済」――大谷實「犯罪被害者対策の理念」、甲斐行夫「刑事手続における犯罪被害者等の保護に関する従前の法整備等の状況と立法的課題」、太田達也「被害者に対する情報提供の現状と課題」、加藤克佳「刑事手続への被害者の参加」、川出敏裕「刑事手続における被害者の保護」、太田裕之「被害者に対する支援――警察の立場から」、児玉公男「犯罪被害者の支援について――弁護士会の立場から」、高橋則夫「被害者の財産的損害の回復」、山上皓「被害者の心のケア」。――法務省も、法制審議会にも諮問(一九九九年一〇月)して、「刑事手続における犯罪被害者等の保護」の問題に本格的に取り組もうとしていることが注目される。もちろん、被害者の保護は法務省の守備範囲を大きく超える問題であり、さらにその相互の連絡、協力についての検討が不可欠である。

(25)　東京医科歯科大学難治疾患研究所には、社会医学研究部門に「犯罪被害者相談室」が設けられている。同研究所の被害行動学助教授である小西聖子《たかこ》博士は、そこでカウンセリングを行なっている。小西聖子『犯罪被害者の心の傷』(一九九六年)は、よい文献である。なお、参考のためにいえば、「東京犯罪被害者支援センター」(事務局、明治大学法学部研究室内)というのが設立準備中で、一九九七年六月に開設の予定ときいたが、その後どうなったか。

(26)　その実情の概略を知るために、例えば、立花隆司「『被害者サービスのためのヨーロッパ・フォーラム』に参加して」(「罪と罰」三六巻四号(一九九九年))六九頁以下参照。

(27)　被害者学については、宮沢浩一教授が指導的役割を演じておられる。やや古いものだが、宮沢浩一『被害者学の基礎理論』(一九六六年)。いまでは被害者学は実践的応用の段階に入っており、各所における宮沢教授の発言は有益である。いうまでもなく、宮沢教授は古くからの死刑廃止論者である(たとえば、宮沢浩一「死刑廃止論の立場」法学研究三七巻一号(一九六四年)六二頁以下)。――例えば、同「犯罪被害者への支援――心の支えのために」書斎の窓四五四号(一九九六年五月)一三―一九頁。なお、一九九六年の年頭には、警察庁が犯罪被害者や遺族を物心両面で支援する対策の基本方針を決めたそうであるが、これについては、財団法人「犯罪被害救援基金」内に設置された「警察の『被害者対策』に関する研究会」(座長、宮沢教授)の報告書を参考にした由である(日本経済新聞一九九六年一月一一日)。

(28)　前出注21参照。

(29)　この感動的な記録映画「ジャーニー・オブ・ホープ」は、アメリカのことであるが、日本人スタッフによって取材されたもので、構成にあたったのは坂上香氏(岩井信氏夫人)である。日本でも衛星第一放送とNHK総合などで放映された。坂上香『癒しと和解への旅・犯罪被害者と死刑囚の家族たち』（一九九九年）。なお、その前に、同「絶望と希望の狭間で」（三省堂ぶっくれっと一二二号〔一九九七年〕二四頁以下）。

（30） Marc Ancel, *La défense sociale nouvelle* (*Un mouvement de Politique criminelle humaniste*), 1ère éd., 1954, 2me éd., 1965, 3me éd., 1981. 本書は英訳をはじめ多くのことばに翻訳されている。第二版の邦訳として、吉川経夫『新社会防衛論――人道主義的な刑事政策の運動』（一九六八年）。アンセル氏はフランス破棄院の部長判事、国際社会防衛学会会長、フランス学士院（Institut）の会員などの地位にあって、ヨーロッパの刑法学界の重鎮であった。ちなみに、本書では死刑廃止論には触れられていないが、かれは以前から強い廃止論者として知られていた（後出三〇八頁注41）。

（31） 団藤重光『刑法紀行』（一九六七年）一五四頁以下。なお、スイスのヴィッツヴィルの刑務施設や（同書二一八頁）、デンマークのヘルステットヴェスターの異常犯罪者拘禁施設（同書二四四頁）参照。前者はケラーハルス博士、後者はステュールップ博士のような人間愛に満ちた人たちによって指導されていた。ステュールップ博士は、有名な精神医学者であるが、「われわれは、犯罪者を〈治療〉するという考えではいけない。自分の道を行き自分自身であり続けるようにさせなければならない。われわれは対象者を人間として尊重することが肝要である」といっている（Georg K. Stürup, *Treating the "Untreatable"*, 1968, p. 15）。

（32） 団藤・前掲『刑法紀行』二八六頁以下。

（33） なお、ここで付言すれば、フロイトの精神分析は、アメリカでは決定論的な科学的方法として普及しているが、アメリカ流のサイカイアトリー、つまり決定論的な精神分析の立場に対しては、フロイト門下からも、フランクル（Viktor Frankl）の実存分析やソンディ（Lipot Szondi）の運命分析のように、主体性を強調する有力な立場が現れてきているし、また、ベッテルハイム（Bruno Bettelheim）のように、フロイトじしんが決定論者ではなく実は主体性を認める立場だったのだ、という強い主張も現れているくらいである。団藤重光『法学の基礎』（一九九六年）四五頁以下参照。——なお、後出三三五頁注6。

(34) Francis A. Allen, *The Decline of the Rehabilitative Ideal*, 1981.

(35) 正木亮『刑事政策汎論』（増訂四版〔一九四三年〕）二七二頁等。本書が戦時中の著作であったことを思えば（初版は一九三八年であった）、博士の見識の高さがしのばれる。博士は当時から熱心な死刑廃止論者であった（前掲一二七頁）。これは古く小河滋次郎博士以来のわが国の矯正部門の伝統であったのである。それに引き較べて、思想的に硬直した法務省や矯正協会の現状は、嘆かわしいかぎりである。これは官僚主義のもっとも悪い面を露呈したものだといわれても仕方がないであろう。

(36) 中尾文策「科学か愛か」（『中尾文策矯正論集』〔一九八四年〕三〇七頁以下）。なお、団藤重光・前掲「中尾文策さんの追憶」（『中尾文策追想録』一四頁以下）。

(37) F. A. Allen, *The Habits of Legality*, 1996, p. 47 et seq. 前出注19。

(38) この点については、前出一七頁以下、三七頁注40参照。なお、以前のものとして、AI Index : ASA 22/11/90がある。これについては、辻本義男＝寺中誠（訳）『日本の死刑廃止と被拘禁者の人権保障〔日本政府に対する勧告〕一九九一年一月』（日本評論社・一九九一年）。

(39) 小河滋次郎『監獄法講義』（一九一二年〔一九六七年翻刻〕）九五頁。

(40) 正木亮『現代の恥辱——わたくしの死刑廃止論』（一九六八年）二八三頁以下（もとは『刑政』七二巻九号〔一九六一年〕）。——なお、その後、小野清一郎＝朝倉京一『監獄法（ポケット注釈全書）』（改訂版・一九七〇年）には、次のように述べられている。「死刑確定者を拘置監に拘禁し、また、『刑事被告人』に準ずるものとしているのは、死刑確定者は、その法律的地位において一種の受刑者ではあるが、行刑上矯正の対象となる者としての受刑者ではなく、単に刑の執行を待っている者であるという意味からであろう。刑死を待つ者に対する立法者の抑止しがたい人情にもとづく『法の涙』による。それが死刑確定者に在監者中いわば最も高い法律的地位を認め、比較的自由な処遇を与えている趣旨であるとおもわれる。『刑事被告人ニ適用ス可キ規定』を『準用』するという原則に対して例外となる『別段ノ規定』としては、解剖のための死体送付に関する法七五条の規定くらいのものである。このような現行法制に対しては、立法論として死刑確定者は有罪の判決が確定し、しかも死刑という最も重い刑の言渡を受けた受刑者であって、未決の刑事被告人とは全くその性質を異にするから、むしろ懲役監又は禁錮監内の分界した場所に拘禁すべきだという主張もある。また処遇上厳重な拘禁を必要とするが、同時に心情の安定をはかり、精神上の苦悩を和らげるように宗教的な教誨を施さなければならない。いずれにしても現在の立法では不十分である。」(上掲八五―八六頁)。当時、小野博士は法務省特別顧問、朝倉氏は矯正局参事官であられたから、この所論も影響力をもったことは、これまた、当然であろう。だから、この通達は早晩、出されるべき状況になっていたのである。問題はその内容であり、ことにその実際の運用であった。

(41) 便宜、大塚公子『死刑執行人の苦悩』(角川文庫・一九九三年)二〇八頁以下から転載させていただく。

(42) 大塚公子『五七人の死刑囚』(一九九五年)四頁以下参照。

(43) 朝日新聞(一九九九・一二・一八)の記事を摘記しておこう。「十七日、東京と福岡の両拘置所で死刑が執行されたが、福岡拘置所の小野照男死刑囚(六二)が再審請求中だったことについて、法務省は一般論としながらも『全く同じ理由でたびたび請求が繰り返されている場合は、再審を開始すべき理由がないとして、執行もあり得る』としている。法務省によると、死刑執行は原則として判決が確定した順に行われている。再審請求は執行停止の理由にならないが、少なくとも過去十年間、請求中に執行された例はなかった。死刑判決が確定している五十人のうち、約二十人が再審を請求しているという。同省は、再審を申し立てているケースについて『基本的には慎重に対応すべきだ』としながらも、『請求を繰り返す限り執行できないというのでは、死刑制度が形がい化しかねない』と話す。」

(44) 例えば、金沢文雄教授は熱心なカトリック信者であって、「自身永く付き合った死刑囚の執行に立ち会った経験」をもっておられる由である（後出三三四頁注5参照）。

(45) 例えば前出三七頁注40、一一八頁以下など参照。

(46) 前出注18参照。

(47) これとよく似た現象がアメリカでも報告されている。ペンシルヴェイニア州は一九七八年に死刑執行を再開したが、執行の頻度がはげしくなった一九八四年以降になって同州フィラデルフィア郡の殺人率はきわだって高くなった。この時期のニューヨーク州には死刑がなかったが、人口がほぼ同数の同州マンハッタン郡の一九九四年の殺人率はフィラデルフィア郡よりも二一％すくなかったという。James C. McCloskey, The Death Penalty : A Personal View, *Criminal Justice Ethics*, Summer/Fall 1996, p. 73.

第II部　死刑廃止を考える

1　議論の原点

人権の本質――人間の尊厳に由来――●

一九四八年一二月一〇日、国連総会は〈世界人権宣言〉を出して、その中で「すべて人は、生命……に対する権利を有する」と宣言しました（三条）。「生命……に対する権利」はすなわち「生命権」でありります。この〈世界人権宣言〉はフランスの人権宣言に匹敵する重要性をもつものですが、格別の法的効果をもつものではなく、むしろ思想的・啓蒙的な効果をねらったものというべきでありましょう。

そこで、一九六六年一二月一六日には、国連総会は、さらに一歩を進めて、法的な効力をもつ、れっきとした条約として、「市民的及び政治的権利に関する国際規約」を採択しました。これは名称が長いので、普通は〈自由権規約〉と略称されています。これは――やや遅ればせながら――わが国も署名・批准して、いまでは昭和五四年条約七号として、明白にわが国の重要な国内法の一部になっているわけです[1]。この〈自由権規約〉も、「すべての人間は、生命に対する固有の権利を有する」という規定を設けています（六条一項前段）[2]。ただし、これは法的効力をもつものであるだけに、端的に無制約なものではなく、一種のただし書きのようなものがついていまして、「この権利は、法律によって保護される。何人も、恣《し》意的にその生命を奪われない」とされています（同項中段・後段）。

この〈自由権規約〉は直接に死刑廃止までは行っていませんが、全体の趣旨から、死刑廃止を強く望んでいることだけは明白です。そこで、本来の目的を達成するために、一九八九年一二月一五日、国連総会がこの〈自由権規約〉の「第二選択議定書」として採択したのがいわゆる〈死刑廃止条約〉で、一九九一年七月一日に発効しています。残念ながら日本はまだ署名・批准をしていませんが、これについては後に一章を設けて、詳しく論じたいと思います（II 8）。

こうした各人の生命権を含む人権は、〈自由権規約〉の前文にも明示されていますとおり、まさに、「人間の固有の尊厳に由来する」ものであります。このように人権が人間の尊厳、人間の人格的価値に由来するものであることは、もちろん学説もひろく認めるところです[3]。ヨンパルト教授のいわれるとおり、「人間の尊厳」から「人命の尊重」が出て来るのです[4]。そして「人間の尊厳」は、人間の主体性を前提としますから[5]、根本的には人間像の問題になるわけです[6]。

こういうことが死刑問題の議論の原点、出発点になるわけです。

白紙から出発の必要――「死刑の存置か廃止か」ではなく「死刑の積極的な肯定か否か」の問題――●

右のように考えることは、重要な結論を導き出すのです。従来の議論は現行法に死刑制度が存在することを前提として、それをそのまま「存置」するべきか、それとも「廃止」するべきか、という形になっているのですが、そうすると特に廃止の理由がないかぎり現在どおり存置するべきだということになってしまいます。本当はそれではいけないのでありまして、原点に立ち返って、これから死刑制度を設けるべきかどうか、すなわち、死刑制度の肯定かどうか、という議論の立て方をしなければならないわけです。

しかも、死刑を肯定するためには肯定するのに十分な積極的理由づけが必要であって、それができないかぎりは、死刑は置くべきでない、つまり――現行法からいえば――廃止するべきだ、ということにならなければなりません。死刑制度は人間の根源的な価値、「人間の尊厳」から由来するところの「生命権」を制限するものなのですから、死刑制度を創設するのには、よほど決定的な積極的根拠がなければならないのは、当然なのであります。(7) いわば挙証責任が今までとは逆になると思うのです。いままでは、廃止するという議論が勝たないかぎり、廃止しないというのでしたが、それはそもそもおかしいのであります。挙証責任は、むしろ存置論の側にあるのであって、しかも、死刑制度が絶対に必要だということを挙証しなければならないのですから、肯定論というのは生やさしいことではないはずなのです。

先師小野清一郎博士は死刑存置論の代表者のように考えられていた方でありますが、死刑廃止の理由がないから存置するべきだなどとは当時においても決して言っておられませんでした。前にも引用しましたように（五三頁）、「国家的秩序と人倫的文化とを維持するため絶対に必要である場合の外、死刑は之を廃さなければならぬ」（傍点団藤）と書いておられたのであります。つまり存置のための積極的な理由がないかぎりは、廃止するべきだということです。博士は非常に直観の鋭い方でしたから、私どものような理論構成こそしておられませんでしたけれども、本質的なことはちゃんと見抜いておられたのであります。

世の中には、今でも現に裁判所で死刑判決が出されるではないか、実際に死刑判決が多少ともあるということは、死刑が必要だという証拠だ、といった議論をするむきが見られます。しかし、そんなことで死刑の要否が判断されるものでないことは、いうまでもありません。現行法が死刑を認めている以上は、殺人罪のように法定刑の中に死刑がある罪について、その種の犯罪として情状のもっとも重い事案について死刑を言い渡すべきことは、これは司法の性質上当然なのです。だから少数ながらも死刑判決が現にあるではないかということは、現行法上死刑制度があるということの同義反復にすぎないのであって、死刑制度が必要だという理由には全くなり得ないのです。

この文脈で世論の問題に触れておきましょう。前に最高裁判所の大野正男裁判官の補足意見に対する平川宗信教授のコメントを紹介しましたが（八八頁）、教授はあの中で「人権は、多数の意思で存否が決まるものではない」ことを強調しておられます。これは卓見だと思います。教授の強調されるとおり、人権問題は、人間の人格的な価値の問題であって、世論の問題ではないのです。そういう意見の人が多いかどうかにかかわらず、人間の人格の尊厳という価値の問題として、いわば先験的なものだということになりましょう。

かりにこれを世論の問題だとしても、世論調査の結果の解釈の仕方について、同じ文脈から、ひとつの重要なことが出て来ます。それはヨンパルト教授が注意されたところでして、「わからない」という回答は積極的に存置を支持する意見ではないから、むしろ廃止説と一緒にして考えなければならない、というのです。(8) たしかにそのとおりです。

ところで、ちょっと話題が変わって、先日、どの新聞かの投書欄で読んだ一読者の意見であったかと思いますが、死刑を廃止するためには、社会契約説にまで遡って、廃止論者が一〇〇％にならなければ駄目だ、というような趣旨のものに接しました。随分突拍子もない議論をする人がいるものだとも思いましたが、本当の原点にまで立ち返って議論をしなければならないということを言っている点では、やはり大切なものを含んでいますので、ここに少しばかり触れておくことにしたいと思います。

ルソーの社会契約説については後に述べますが（二六六頁）、要するに、われわれは社会契約を結ぶときに、「目的を欲する者は手段をも欲する」ということを前提として、「各自が殺人者の犠牲になららないために、もし自分が殺人者になったときは、自分が死刑になることをもあらかじめ承諾しているのだ」という論理によって、死刑制度を肯定しているのです。投書者はこれを頭に置いて、そういう社会契約が成立している以上、社会全員の合意によってのみ死刑制度の否定が可能になるのだ、と言いたいのでしょう。しかし、これはすべて裁判には――死刑判決をも含めて――不可避的に誤判が伴うものであることを忘れた議論です。ルソーの論理からいえば、社会契約の際に、各人が仮に自分が誤判によって無実なのに死刑にされることがあっても、それでもかまわないということを、承諾するのでないかぎりは、いまの議論は通らないでしょう。そんなことを承諾する人がいるはずはありません。本当に自分が殺した場合に、自分の生命を提供するということならばわかりますが、自分が殺しもしないのに死刑になることをあらかじめ承諾するといったことはあり得ないことです。ルソーの社会契約説による死刑制度肯定論は、誤判論の前には砂上の楼閣のように崩れ去ります。むしろ逆に社会契約上、死刑制度が基礎づけられないということが出て来るわけです。そもそも啓蒙思想の考え方をそのまま現実の立法論に当てはめることが、おかしいのです。ついでながら、ルソーの『エミール』の思想は、やがてペスタロッチを通じて、むしろ死刑廃止論につながるものであることをも、付け加えておきましょう。

（1） 条約の国内法としての効力につき、例えば、芦部信喜『憲法学Ⅰ憲法総論』（一九九二年）八四頁以下、八九頁

以下、同『憲法』新版（一九九七年）一三頁、二七八頁以下、三四六頁。

（2）Every human being has the inherent right to life.

（3）例えば、芦部信喜『憲法学II人権総論』（一九九四年）五四頁、五七頁以下、同『憲法』新版（一九九七年）八〇頁以下、ホセ・ヨンパルト『人間の尊厳と国家の権力』（一九九〇年）二五五頁以下。

（4）ヨンパルト『人間の尊厳と国家の権力』二四三頁。ちなみに、教授は、そこから「人間の尊厳」と「人命の尊重」との混同が許されないことをも、鋭く指摘される（二四七頁以下）。ことに、死刑を合憲としたことで有名なかの最高裁大法廷判決（昭和二三年）が死刑をもって「尊厳な人間存在の根元である生命そのものを永遠に奪い去るもの」と判示する箇所を批判しておられるのが注目される（二四八頁）。カトリック神父でもある教授のいわれるとおり、殉教者にみられるように「人間の尊厳は、ただこの世に生きるということではない」のである（二四六頁）。この種の深い洞察は死刑論にとって不可欠のことであって、われわれはこうしたことをも常に念頭に置いておかなければならないのである。

（5）この問題について、哲学者の側からの考察として私の興味をひくのは、永井博『人間と世界の形而上学』（一九八五年）二九九頁以下。

（6）法における主体性の理論は、私が『法学の基礎』（一九九六年）の全編にわたって強調しておいたところである（とくに四一頁以下）。アメリカでの講演の中では、「主体性」を〈existential self〉（実存的自己）ないしは〈existential subjectivity〉（実存的主体性）と訳しておいた（四五〇頁一行目）。——ちなみに、宗岡嗣郎『法の実存——〈反死刑〉の論理』（一九九六年）は、問題意識も理論的志向も面白いが、残念ながら私の議論と嚙み合うところまできていない。

（7）ヨンパルト『人間の尊厳と国家の権力』二六三頁以下。

(8) ヨンパルト「死刑の法理を説く」(インタビュー)(菊田幸一編著『死刑廃止・日本の証言』〔一九九三年〕二三二頁以下、とくに二三五頁)。

2　誤判の構造

取り返しのつかない死刑事件における誤判──●

第I部でお話ししましたとおり(1)、私はよほど以前から死刑廃止論に傾きながらも、なお長いこと慎重にかまえていたのですが、最後に断然廃止論に踏み切ることになったきっかけは、最高裁判所にいたときにみずから痛切に体験した誤判の心配の問題だったのです。

死刑廃止論の理由づけにはいろいろの論点があります。しかし、他の論点については賛否が論者の立場によって岐れてきますが、誤判の問題だけは、違います。少々の誤判があっても構わないという人はいても、誤判の可能性そのものを否定することは誰にもできないはずです。その意味で誤判の問題は死刑廃止論にとってもっとも決定的な論点だとおもうのです。世界的に有名な哲学者カール・ポパー博士（Sir Karl Popper, 1902-94）から私に寄せられた長文の手紙によれば、博士も「人間の可謬性

(human fallibility) こそが死刑廃止論の決定的な理由だというのが自分の見解だ」ということです。(2) 批判的合理主義哲学の創始者として論理の厳密を格別に重んじる博士にとって、まさにそうあるべきところでしょう。

誤判の問題は何も死刑事件に限りません。死刑以外の、どんな事件についてもあることです。そうして、どんな事件についても、誤判はあってはならないことです。ですから、死刑問題を議論するのに、誤判の問題は別にして考えるべきだという意見が、有力な学説の中にもあるくらいです。例えば、懲役刑などにしても、長いこと刑務所に入って、後で無実だということがわかって出されても、失われた時間、失われた青春は再び戻って来ないという意味では、これもたしかに取り返しがつかないものです。しかし、そういう利益はいくら重要な、しかも人格的(その意味で主体的)な利益であろうとも人間が自分の持ち物として持っている利益ですが、これに対して、生命はすべての利益の帰属する主体の存在そのものです(もちろん、このことと、前述の人間の尊厳が人命の上位にあるということとを混同してはなりません)。死刑はすべての利益の帰属主体そのものの存在を滅却するのですから、同じ取り返しがつかないと言っても、本質的にまったく違うのであります。(3) その区別がわからない人は、主体的な人間としてのセンスを持ち合わせない人だというほかありません。そういう人には、無実で処刑される人の気持ちがどんなものであるか、身につまされてはわからないでしょう。そういう人は、無実の人を処刑することがいかにひどい不正義であり、どんなことがあろうとも絶対に許されるべきでない不正義であるかということを、身をもって感得することができないのでしょう。死刑事件における誤判の問題は、決して単なる理屈の議論ではないのであります。

死刑の判決が執行された後で、無実だったことがわかった場合には、刑事補償法（四条三項）の規定によって、三千万円以内の金額――もし本人の死亡による財産上の損失が証明されればその額が加算されます――が補償金として出されますが、そういう刑事補償が遺族に出されたところで、本質的には何の償いにもなるものではありません。法律を改正してその金額をいくら引き上げても、そんなことで解決できるものではない。そういう点で、死刑事件以外の場合の誤判と、死刑事件の誤判とでは、質的な違いがあるのです。

●再審の道を開いた白鳥決定(4)

いままで世の中で注目された、再審で死刑囚が無罪になった四件は、みんなそういう問題に関係して来るわけです(5)。免田《めんだ》事件(6)は一九八三年、財田川《さいたがわ》事件が一九八四年、松山事件が同じく一九八四年、島田事件が一九八九年に、いずれも再審無罪が確定しています。いずれも世の中に知られているとおり、「白鳥決定」が再審の道を広げたことから来る、と言ってもいいでしょう(7)。

あの白鳥決定というのは、ちょうど私が最高裁判所に入った翌年、昭和五〇（一九七五）年の五月二〇日に私のいた第一小法廷で出した決定です（刑集二九巻五号一七七頁）。白鳥事件は、白鳥警部という警察官が、北海道で何者かによってピストルで撃たれて死亡した事件で、この被告人が挙げられ、死刑ではなかったのですが、有罪が確定しました。それに対する再審の抗告事件だったのです（たまたまこの事件の第一審公判の最中に、私は札幌で北大の集中講義をしていまして、札幌地裁の公判を傍聴したことがあるのです。当時は、まさか、その再審の抗告事件を、最高裁に入って、自分の小法廷で担当する巡り合わせになるとは夢にも思っていませんでした）。

白鳥事件の被告人は左翼方面の人でしたが、左翼の暴力的な活動が騒がれていた当時の社会情勢のもとで、警察は、そういった方面の被疑者を捕まえて来て、捜査についてかなり無理をしているらしかったのです。

とくに証拠物件のピストルの弾について、警察の作為があったのではないか、という問題が出て来ました。凶器に使われた弾と同じような弾がある山の中で腐食した状態で発見され、被告人の一味が警察官殺害の準備のためにピストルの練習をしたのではないか、ということで証拠として出されて来ているのですが、弁護側の主張によれば、どうも警察の方で、山のなかにピストルの弾を打ち込んでおいて、それが腐食したときに、証拠が見付かったといって持ち出して来たのにちがいない、というのです。そういう警察の作為があったらしいことが弁護側から主張されて来たのでした(8)。

これは由々しいことで、最高裁判所として簡単に見逃してよいことではありません。従来のような窮屈な再審開始の基準で調べただけでは大切なことを見落とすおそれがありはしないか、ということで、再審事由を従来の基準よりもゆるやかにしたのが、この「白鳥決定」だったのです。この事件そのものは、それにもかかわらず、結局、抗告棄却の結論になりましたが、この判例は、それ以後の実務に及ぼした影響はきわめて大きく、再審の門戸が広げられたために、従来の実務慣行では救済されなかった事件が次々に再審無罪になって救済されることになったのでした。
「白鳥決定」の要旨は、だいたい次のようなものです。

刑事訴訟法四三五条六号にいう「無罪を言い渡すべき明らかな証拠」とは、確定判決における事実認定につき合理的な疑いをいだかせ、その認定を覆すに足りる蓋然性のある証拠をいう。右の明らかな証拠であるかどうかは、もし当の証拠が確定判決を下した裁判所の審理中に提出されていたとするならば、はたしてその確定判決においてなされたような事実認定に到達したであろうかどうかという観点から、当の証拠と他の全証拠とを、総合的に評価して判断すべきである。この判断に際しても、再審開始のためには、確定判決における事実認定につき合理的な疑いを生ぜしめれば足りるという意味において、「疑わしいときは被告人の利益に」という刑事裁判における鉄則が適用される。

さらにその翌年、私ども第一小法廷では、財田川事件の抗告事件について「白鳥決定」を補充するような判例を出しました（昭和五一年一〇月一二日第一小法廷決定・刑集三〇巻九号一六七三頁）。判旨の要点は次のとおりです。

この原則を具体的に適用するにあたっては、確定判決が認定した犯罪事実の不存在が確実であるとの心証を得ることを必要とするものではなく、確定判決における事実認定の正当性についての疑いが合理的な理由に基づくものであることを必要とし、かつ、これをもって足りると解すべきであるから、犯罪の証明が十分でないことが明らかになった場合にも右の原則が当てはまるのである。そのことは、単なる思考上の推理による可能性にとどまることをもって足れりとするものでもなく、また、再審請求を受けた裁判所が、特段の事情もないのに、みだりに判決裁判所の心証形成に介入することを是とするものでもないことは勿論である。

この財田川事件は、第二次の再審請求が地裁・高裁ともに――「白鳥決定」の出る前のものでしたから――いずれも従来の実務の先例にしたがって棄却になったのに対して、本人の側から最高裁判所に特別抗告をして来たのでしたが、記録を調べてみると、相当無理な認定をしているし、証拠類をいろいろ見ましても、合理的な疑いがないとは言えないような事件でした。そこで、新しい基準に照らして、地裁・高裁の決定を取り消して地裁に差し戻し、結局無罪が確定したのでした。

免田事件も、まったくの偶然ですが、やはり第一小法廷の担当になりました。これについては格別の判例は出しませんでしたが、これもかなり無理な事件で、再審開始が相当だという結論に達して(昭和五五年一二月一一日第一小法廷決定・刑集三四巻七号五六二頁)、一審で再審が開始され、結局無罪になりました。あとの松山事件、島田事件は、私は全然タッチしていませんが、おそらくこの基準からいって、当然無罪になるべき事件だったにちがいないと思います。逆に言いますと、もし「白鳥決定」で再審の道が広げられていなかったならば、この四件にしても、おそらく再審は通らなかったでしょう。想像するだけでも、恐ろしいことです。従来、再審が通った事件は非常に稀有で、それまでの間に明治時代以降、無実のまま死刑が確定し、かつそれを執行された事件は、かなりの数にのぼるのではないかと推測されます。(9)

新刑事訴訟法になってから当分の間は戦後の混乱期で、捜査陣も裁判所の陣容も、人的・物的ともに非常に不備でしたし、新刑訴の勝手もわからず運用にも不慣れでした。特に戦争直後には、犯罪が非常に激増し、これに対応することがなかなかできなかった時期でした。ですから、この時期に粗漏な判決が出たことも、当時の情勢から見て、ある程度やむを得なかったかもしれません。しかし、いやしくも死刑という人の生命を奪うような判決について、そういういい加減な判決が許されるものではないことは、誰が見ても当然のことだろうと思います。

戦後の、やや特殊な状況であった時代が通り過ぎてからは、ずっとよくなったのではないかと思いますけれども、しかし、それではこれから絶対に誤判というものがなくなるかと言えば、決してそうは言えません。裁判官も人間である以上、絶対に誤りを犯さないということはあり得ないことです。これから以後も、裁判所はますます慎重になるでしょうが、それでもなお心配は残ると思います。

先頃の新聞の報道（一九九〇年一二月一五日各紙）によると、最高裁判所でも死刑事件の上告棄却の判決について、判決書の理由中に誤記があったという不祥事がおこったそうです。量刑事情の説示の中で、二つの犯行の間隔について「約二箇月」とあるべきところを「約一年二箇月」と誤記したということで、裁判所は最高検からの判決訂正の申立てによってすぐに訂正の判決（刑事訴訟法四一五条）をしたそうです。これは内容的な誤判ではなく、判決書の書き損じにすぎませんけれども、いやしくも死刑事件について、上告棄却の判決の判決書に誤記があるといったようなことは、事情がどうであれ、裁判官の心構えとして決して許されないことだろうと思います。単なる書き損じとはいえ、そのような杜撰な判決書を受け取った被告人やその家族の身になってみれば、どのような感じを持つことでしょうか。裁判すべてがそうですが、ことに死刑事件については、文字どおり真剣勝負なのだということを忘れてはなりません。全国の裁判官の範となるべき最高裁判所判事が、こういった種類のミスを犯したことは、私は非常に残念なことだと思います。そうしたわずかの心のゆるみでも、一つ間違うと、やがては実体的な誤判にもつながりかねないのです。

外国における死刑の誤判――イギリス、アメリカの場合――●

外国でも死刑の誤判事件はいろいろと報告されています[10]。ここでは、イギリスとアメリカの例を挙げておきましょう。

イギリスでは、死刑を廃止する法案が、一九三〇年、一九四八年、一九五五年、一九五六年というように、何回も出ました。いずれも期間を限って試験的に死刑を廃止するという法案でしたが、一九五六年の法案まではみんな議会で否決され、改めて一九六五年に提出された「殺人（死刑廃止）法（The Murder〔Abolition of Death Penalty〕Act）」の法案がはじめて通りました。これは謀殺罪について五年の試験期間に限って死刑を廃止したものでしたが、一九六九年に両院の決議によって恒久的なものにされたのでした。（因みに、イギリスではその後、さらに大きな展開があったのです。すなわち、一九九八年の犯罪法（Crime and Disorder Act）は軍事犯罪を除く全犯罪について死刑を廃止し、さらに同年、人権法（Human Rights Act）の新規定追加によって軍事犯罪についても――平時と戦時を問わず――死刑が排除されることになりました。こうしてイギリスはいまや全面的な死刑廃止国になったのです[11]）。

ところがこの背景には面白い事実が伝えられています。一九五六年の「殺人（死刑廃止）法案」が議会に提出されたとき、無実の者が処刑されてしまうリスクの有無の問題について詳しい討議が行なわれたのです。そのとき、ホーム・シークレタリー（内相）のグィリム・ロイド・ジョージ氏が、自信たっぷりな態度で、「近時においては、無実の者が絞首刑を執行されたというようなケースがあるとは、自分は信じません」という答弁をしましたので、法案は葬られてしまったのでした。ところが、それから一〇年近くも経《た》ってからのことですが、以前一九五〇年に処刑されていたティモシー・ジョーン・エヴァンズという男が、その後真犯人が現れて実は無実であったことが判明して、死後恩赦を与えられたという事件が起こったのでした。これで事態は一変して、さきほどの一九六五年の法案が一気に通過したというわけなのです(12)。

アメリカでは、ある調査によれば、死刑にあたる、あるいは死刑に処せられる可能性のある事件で有罪になり、後から無実であったことの判明した者が三五〇人も発見されました。その中で、判決前に無実の判明した者はわずかに五人で、あとは判決確定後に無実がわかった者ですが、その中で拘禁刑になった者が二〇六人、死刑になった者が一三九人いました。しかも、最後の一三九人中、実に二三人はすでに死刑を執行された後であった、ということです。これは、誤判の危険が多いといわれる誘拐や反逆罪を除いた調査だそうで、それを含めると無実の件数はさらに増加の可能性があるわけです。驚くべき数字であります(13)。

これは、アメリカのことですから、恐らく陪審にかかった事件ではなかったろうかと思います。陪審は、同じ仲間による裁判だというので、専門の裁判官による裁判に対するような不信感がないというわけですけれども、実際には素人の判断というものは、どこまで正しいか。[14] ここで思い出すのは、有名なアメリカ映画「十二人の怒れる男（12 Angry Men）」（一九五六年）です。あの映画では、たまたまヘンリー・フォンダの扮する陪審員が、ただ一人、非常に強い信念を持って、どこまでも正しい判定をしようというので頑張り、最後は無罪の答申にまで持って行ったわけですが、彼がいなかったら、どうなっていたでしょうか。あの映画に象徴されるように、陪審裁判ではどうしても、ああいうことが起こります。あの映画のストーリーでは、たまたま十二人の中にああいう正義感に燃えた、しかも大変頭のいい、説得力のある議論を展開できる人がいたからいいですが、大抵の陪審員なら、ああいう状況であれば、自分自身のことではないし、諦めてしまうでしょう。そうすれば、無実の少年に死刑の宣告があったわけでしょう。そういうことは、およそ陪審裁判には、つきものだと思います。世の中には陪審制度を採用すれば事実誤認が防げるという考えもあるようですが、これは非常に甘い考え方です[15]（日本では、もし陪審制度のようなものを取り入れるとすれば、裁判官と素人の裁判員とが一緒になって事実認定も法律論もするという参審制度にする以外にないでしょうが、それでも誤判が完全に防げるわけのものではありません）。

証拠にひそむ誤判の要因 ——●

日本の裁判官は、世界のどこの裁判官と比べても、優秀さにおいて決して引けを取らないし、十分に信頼できると信じますけれども、しかし、人間である以上、誤判はどうしても避けることはできません。しかも裁判所が事実を認定するのは、証拠によるわけですが、証拠の中にもいろいろと問題が潜んでいるのです。

証拠は刑事訴訟法によって、いろいろ制限を加えられていて、およそ間違いを招きやすいような証拠や人権の見地から問題のあるような証拠は排除してしまい、間違いのない証拠だけによって判断するようにしています。逆に言えば、そういう限られた証拠だけで判断することになります(16)。また、たまたま見つかった証拠が出て来るだけで、証拠のすべてということはあり得ないことです。

しかも、実際には捜査の段階で、いろいろと無理が行なわれる可能性があることは、よく指摘されるとおりです。留置場の問題を始めとして、非常に難しいが、しかしぜひとも解決しなければならない問題が沢山にあるのです。

一、二審の裁判所は、捜査中に警察段階で行なわれた被疑者の自白については、任意性の問題や証明力の問題について十分に慎重な態度で臨むと思いますが、むろん、いろいろの問題があります(17)。最高裁判所にいたときの体験から言いますと、特に死刑事件ともなれば、膨大な記録を綿密に読みますが(18)、正直のところ、ピンと来るような証拠が、事件の当初の段階の、警察での聴取書の中に割合にあるのです。いかにも生々しく具体的に叙述されていますので、心証を採りやすいのです。しかし、だからこそ、どんな状況で作られたものか、任意性の点に落とし穴があることを忘れてはなりません。

弁護側は、この自白は警察でひどい目に遭った結果なのだ、ということをよく言います。はたして任意性を認めていいのかどうか、その判断は非常に難しいのです。実際には、一、二審の公判廷で警察官を証人に呼んで調べた上で任意性があるという判断をしているときは、最高裁でそれをくつがえすことは、普通はきわめて困難で、全体の証拠関係から見て、その信憑性を判断する以外にありません。

自白以外の証拠について見ますと、例えば、証人の証言。これは目撃証人であっても、かならずしも、間違っていないとはかぎらないのです。たしかにこの被告人であったと言っていても、状況によっては見間違えのことが幾らもあります。照明の具合ですとか、体格、容貌、服装などが似ているときですとか、間違いの原因は無数にあります。ことに変装などの作為が加わりますと、なおさらです。ドイツの古典的な刑事学の書物の中にも、同一人なのにどう見ても別人としか思えないもの、逆に別人なのにどう見ても同一人としか思えないもの、の写真が並べてあるのがあります。こういう場合は証人は嘘をつく気持ちは毛頭ないのに間違った証言をしてしまいます。現場の状況や、そこで起こった出来事についても、目撃者のいた位置や、どの位注意して見ていたか、など、証言に影響する要因は無数にあります。細かいニュアンスは、証人の性格や個人的な表現能力や置かれた立場によっても違って来ます。黒沢明監督の映画「羅生門」——原作は芥川龍之介の『藪の中』——は誇張された形でこれを現したものだと言っていいでしょう。こうした問題は供述の心理学として、一つの学問分野になっています。

その上、偽証の問題もあるのですから、いよいよ始末におえないわけです。利害関係だとか被告人や被害者に対する感情によって、不利な証言をしたり、場合によっては不当に有利な証言をすることもあるでしょう。はっきりした偽証でなくても、表現のニュアンスというものがありますから、ある表現からどう心証を取るかというのは、なかなか難しいことです。利害関係や対人感情などに支配されない、非常に客観的であり得る証言であっても、見間違い、聞き違いということがあるし、後で記憶が薄れてしまうこともあります。捜査段階から、同じような証言を何回も繰り返しているうちに、何だかそういうものだという気になってしまい、後でそれと違ったようなニュアンスのことを言えなくなってしまうことがあります。また、他からの影響を受けて、自信を失って来る証人もいます。そういう風に証言が新鮮さを失って来ますと、それだけ、証拠としての価値は減って来るわけです。

具体例として、正木亮博士（当時は弁護士）が例の帝銀事件（平沢事件）の弁論の中で述べておられるところを、ここに引用してみましょう。(19)

逮捕後に平沢は帝銀事件で一命をとりとめた吉田武次郎、村田正子等に面通しをされました。また当法廷においてもこれ等の人々によって事件当時の犯人の顔と平沢貞通の顔が似ているかどうかを検証させられましたが、吉田武次郎外二、三名の者が強く平沢を真犯人と主張する以外に断定し切る者はございません。殊に逮捕後間もなく田口警部補立会の下に平沢を検証した村田正子は次のように云っております。

「記憶が薄らいでいるせいか判然と申し上げ兼ねるのですが、顔を見て感じが出ませんのです。姿や身長やからだ恰好は実によく似ており殊に痩せぎすの点はそっくりです。態度は御調中でしょうが神妙過ぎておりますので比較出来ません。

今迄何人もの人の顔を見分けいたしましたが、平沢という人が一番よく似ております。けれども前に申しますように顔の全体の感じが私達に毒を飲ませた犯人の顔と似ておらないような感じが致します。」

この事件では、周知のとおり平沢に対して有罪の認定があり死刑が確定したのでしたが、指紋などの直接証拠はなかったのです。事実認定のむずかしさが実感されることと思います。

それでは、血液型や指紋などはどうでしょうか。これは科学的に判定されますので、非常に確実だと言われますが、血液型にしても古い血痕が微量にあるにすぎないような場合ですと、判定がなかなか難しいことが出て来ます。法医学の最高権威と言われた第一級の学者の鑑定について、あとからこれが間違いであったとわかったというようなケースも、報告されています。これからは、DNAによる鑑識(20)が有力になって来るでしょうし、これは血液型などよりは桁外れに精度の高い結果を得られるはずですが、扱い方に問題があるばかりでなく、こうした科学的な証拠も材料になる検体そのものがどこでどういうふうに手に入れたものなのか、それが事件とどういうふうに結び付くのかといったことを見誤ると大変なことになります。鑑定そのものが正しくても、安心できないのです。

鑑定にはそのときの学問の発展水準による制約があることは当然です。精神鑑定の例を申しましょう。責任能力は、精神医学者が相当期間本人を病院に入れておいていろいろと観察するわけですが、非常に難しいのです。世界的に有名な精神医学者であられた吉益脩夫博士の述懐を紹介しますと、

科学が日進月歩である以上、いつ新しい知識が発見され、鑑定の基礎が揺ぐことがないとはいえない。精神分裂病の権威ウィルマンスは、かつて前駆期における殺人の研究を発表し、その中で、後世の人が現代の裁判を見たならばわれわれが中世紀の魔女裁判を見ると同じように感じるだろうと述べている。(中略)

さて、それほどではなくても、われわれは前の鑑定書を後年見た場合に或る程度変更したいと思うことは稀ではない。十年一日の如くありえないところに進歩がある。

これに関連してつぎのような思い出がある。わたくしは自分で二度小菅刑務所からハンチントン舞踏病患者を、病院へ運んだことがある。第一回は大正十四年の春でまだ日本にこの病気があるかないかも分からなかったときである。死後脳の組織学的研究の結果はじめて同病であることが証明できた。二例とも放火の犯人である。誰でも気付く身体の異様な運動は受刑後徐々に始ま

ったが、犯行がすでに脳の変化による精神障害の結果であると推定されることは極めて教訓的である。若し犯罪が強盗殺人の場合には死刑の判決を受けるかも知れぬ。[21]

死んでから解剖してみて、初めて脳そのものに器質的な病変があったことがわかったというので、そうであれば本当は責任無能力だったわけですから、責任無能力者を誤って能力者として判断してしまったことになります。本来は責任無能力として無罪になり、せいぜい措置入院の対象にしかならないような者が、場合によっては死刑にもなり兼ねないということです。これなどは人間として避けがたい誤判の一つの場合でしょう。そういうことで、吉益博士は良心的そのものといった学者でしたが、それだけに非常に強い死刑廃止論者になっておられたのでした。

検証なども、例えば月の具合だとか、天候や季節だとか、なるべく犯行のあったとされている時に近い状況の下で、行なわなければなりません。被告人が取ったとされる足取りなども、裁判官が犯行の時と同じような状況の下で実際に歩いて見ないと、判断を誤ることがあります。

困るのは放火事件で、決め手になる証拠物件が燃えてしまうことが多いですから、難しいのが多いわけです。放火事件でも現住家屋の場合は死刑もあり得るし、ことに殺人事件などと結び付いている場合ですと実際に死刑の問題も絡んで来て、非常に心配な場合があり得ます。

証拠の限界──●

証拠の関係でもう一つ付け加えておかなければならないのは、最初に触れましたように、刑事裁判で利用できる証拠の範囲には限界があるということです。法律は証拠として法廷に出すことを禁じているものがありますが、それは誤判や人権侵害を防止する趣旨のものです。また、事実上のこととして、例えば、事件について何かを知っていても、関わり合いを恐れて証人になって名乗り出て来ない人がいますし、証拠物も実際に発見されなければ仕方がありません。しかし、こういった意味でのいろいろの限界はしばらく別論として、ここでもう一つ問題にしなければならないのは、現行刑事訴訟法の訴訟構造から来る限界です。証拠開示の問題がそれであります。

旧刑事訴訟法のような職権主義の刑事手続ですと、公訴の提起と同時におよそ事件の記録全部がすべての証拠物件とともに、全部、裁判所に回って来ますから、弁護人は裁判所に行けば、いつでもそれらを全部閲覧できたので、よかったのですが、いまの当事者主義の建前ですと、検察庁の手元に証拠が全部残っています。検察官はそれを公判期日に証拠として次々に出して来るわけですが、もし検察官が、検察側にとって有利な証拠ではないということで伏せておきますと、法廷に出ないで終わってしまいます。その中には弁護側に有利な証拠──例えばアリバイや別の真犯人の存在を示唆するようなものまで──が含まれている可能性があるわけです。それがもし弁護人のほうに分かれば、弁護人側から、これこれの証拠が検察官の手持ちにあるはずだから、出してほしいということで、出させることはできますが、そこまで持って行くのがなかなか難しいわけです。これが証拠開示の問題です。現行刑事訴訟法が出来た当初は、「当事者主義の訴訟はゲームのようなものなのだから、相手に手の内を見せることは原理的にいって無理である、これは当事者主義に伴う必要悪なのだから仕方がない」、というように考えられていました。しかし、もともと当事者主義の趣旨は被告人の保護にあるわけなのですから、次第にこうした証拠開示が——いろいろの制約がありますが——実務上認められるようになって来て、最高裁の判例も出ています。(22)

しかし、検察官の手持ちの膨大な記録や証拠物の中にどういう形で有利な証拠が含まれているかは、必ずしも簡単にわかりません。差押えのときは差押物件の目録をくれることになっていますが、必ずしも具体的な実態が、いちいち分かるわけではありません。ですから、こういった証拠開示の問題は、誤判の問題と絡んで、大きな問題となって出て来ます。松川事件（一九四九年発生）の第一次上告審では、検察の手元にあった「諏訪メモ」(23)が最高裁の提出命令によって法廷に出されて、それが事件の結末にむかっての大きな転機になり、死刑四人（一審では五人）を含む被告人全員が最終的には無罪になったわけで、被告人たちの運命を劇的に左右したのでした。(24)

逆に言いますと、検察官の手元に被告人側に利益な証拠が眠ったまま、あるいは押さえられたままでいたら、どういうことになったでしょうか。誤判の危険はいたるところに潜んでいるのです。恐ろしいことです。

訴訟における真実とは――●

いったい訴訟における真実とはどういうことなのでしょうか。(25)

今までいろいろと見て来ましたように、現場の状況をどのように認定するか、それを被告人の犯行に結び付けることができるかどうか、種々の状況証拠をどのように判断するか、互いに矛盾することのある証人たちや鑑定人たちの証言や鑑定をどう判断するか、等々、実際には無限のニュアンスをもって、証拠関係の微妙な問題が続出して来ます。(26)一、二審の裁判官ならば、直接審理によって生《なま》の形で事件にかかわりますから、端的な心証の取り方があるだろうと思いますが(それはそれなりに沢山の問題をもっています)、最高裁に来てからですと、書面審理ですから、記録を読み、弁護人の上告趣意書を検討することによって、いろいろ判断するわけです。ところが、記録を読んでもその辺りのところが容易に見抜けない。(27)ですから、上告趣意書の出来、不出来が大きな意味をもつことが多いのです。

私の経験では、ある殺人事件で、弁護人は国選だったと思いますけれども、実によく調べて、敬服するような上告趣意書を書いて来たのがありました。証拠を子細に調べてあらゆる可能性を検討し、ここはこういう風《ふう》になっているのだから、こういう認定になるのはおかしいというように指摘して来たのがありました。そう言われてみると、なるほどそのとおりであって、原審の認定はおかしいというので、事実誤認の理由で原判決を破棄したことがあります。正直のところ、裁判官の目で記録を読んでも、なかなか見抜けません。弁護人のほうで証拠間の矛盾を、具体的に鋭く指摘して来たので、その目で見るとなるほど上告趣意書のほうが本当らしいという気持ちになって来たのでした。私はこの弁護人のおかげで誤判を犯さないですんだわけで、大変感謝しております。

そういうわけで、弁護人の良し悪しというものが、判決の結論に非常に大きく影響すると思います。これは殺人事件でも幸いに死刑事件ではありませんでしたが、死刑事件でも同じようなことが起こり得るわけです。弁護人の良し悪しで死刑になるかどうかが岐かれるようなことさえも、全然あり得ないこととして否定し去ることはできないのではないでしょうか。(28)

これは最高裁判所でのことですが、おそらく一、二審の裁判所でも、ことによると上告審以上に、弁護人の手腕力量や熱意の有無によって、結論が違って来ることがあるのではないかと思います。

有名事件になりますと、支援団体みたいなのもできますし、弁護人も弁護団を作って大がかりにやることになりますが、大部分の事件はそうではありません。しかし、それだけに、無名の事件についての弁護人の役割の大きさを忘れてはならないと思います。目につかないような小さなところに誤判の要因が潜んでいるのかも知れないのです。

およそ裁判には、人的な要素が非常に強いのです。(29) まず裁判官その人の人間は、訴訟指揮からはじまって証拠調べの仕方、証拠からの心証の取り方、その他すべての面に反映して来ます。裁判が全人格的なものだということは、裁判官の経験のある人は異口同音に認めるところだといっていいでしょう。これには、プラスとマイナスの両面があります。裁判は、司法権独立についての憲法七六条の規定にありますとおり、裁判官がその良心に従うものでなければなりません。これはプラスの面です。また、刑事裁判というものは人間関係が大切だというのが私の持論で[30]、これもプラスの面です。しかし、裁判官の個性が悪い方に働くことも当然に予想されますし、それが誤判につながらないという保証はありません。これはマイナスの面です。制度としては、合議制や上訴などによって裁判官の恣意による弊害の面を抑えるようにしてありますが、それだけでカバーしきれるものではないでしょう。

刑事訴訟法(三一七条、三一八条)の規定によれば、「事実の認定は証拠による」のですが、「証拠の証明力は、裁判官の自由な判断に委ねる」ということになっています。法廷に出された適法な証拠の全体を前提として、裁判官として自由な心証によって認定をすることになります。では有罪の認定にはどの程度の心証が必要かといいますと、それは、結局、「合理的な疑いを超える心証」です。つまり、常識のある人が合理的に考えて、これだけの証拠関係のもとでは、この事実を認めても間違いがないと思うような場合ならば[31]、有罪判決になるわけです。ところが、事件の証拠関係は今までいろいろ申して来ましたように、実に複雑で微妙なもので、それを裁判官の自由心証によって判断するのですから、訴訟における真実ははじめから絶対的な真実というようなものではないのです。

しかも、「合理的な疑い」は超えていても、それでは絶対に間違いがないかと言えば、そうは言えないのです。私じしんの経験でも、前に第I部でお話ししたように、なるほど記録からは「合理的な疑いを超える心証」がとれないとは言えないが（上告審では「事実誤認」が認められるときにかぎって原判決を破棄するのですから、こういう消極面から見ることになります）、それでは、神の目からみても間違いないのだろうか、絶対に一抹の不安もないのかと言われれば、そうは言い切れないということがありました。[32] これでは原判決を事実誤認で破るわけには行かないのです。これは、死刑以外の事件ならば割り切って考えるほかないのですが、死刑事件でしたから、私は深刻な苦悩を味わったのでした。私は、これは誤判の苦悩というよりは死刑制度そのものの苦悩にほかならないと思うのです。

国連経済社会理事会は一九八四年に「死刑に直面している者の権利の保護を確保する保障規程」というものを決議して、国連総会の承認を得ていますが、[33] その第四条によりますと、「死刑は、被告人の有罪が、事実についての、別の説明の余地を残さない程度に明白かつ説得的な証拠（clear and convincing evidence leaving no room for an alternative explanation of the facts）に基づくのでなければ、科することができない」と規定しています。[34] これは周到な規定の仕方だとおもいますが、運用上はわが国の自由心証主義の規定のもとにおける実務と異なるものではないだろうとおもわれます。したがって、このような規定によっても、私のただいま述べたような苦悩の解決にはなりません。私の感じた一抹の不安というのは、はるかに微妙なものなのです。

かつて国連の犯罪防止・刑事司法部門の主任を長年にわたって務められたミュラー（Gerhard O.

W. Mueller）教授の教示によりますと、[35] イスラーム法では、死刑事件に関するかぎり、有罪とするためには「合理的な疑い」を超える程度の心証では足らず、「いかなる疑い（any doubt）」をも超える心証がとれることが必要とされるのだそうです。[36] これは非常に興味深いことです。このような法制のもとでは、事実の認定について「一抹の不安」でもあるという場合には、有罪として死刑を言い渡すことはできなくなり、私がここに提起した問題は、一応は、解決されることになるとも言えましょう。しかし、よく考えてみると、これでも決して本当の解決にはならないのではないかと思うのです。

第一に、「一抹の不安」などというものはきわめて主観的な微妙なもので、裁判官各自の気質や感受性によって千差万別なのです。現に私じしんの体験した前述の事件にしても、他の裁判官たちは私と同じような「一抹の不安」などは感じていなかったのではないか、と思われます。第二に、合議体の中の一人の裁判官が「一抹の不安」をいだいたとしても、合議体としてはそのまま通るわけではありません。「一抹の不安」があるかどうかということじたいが、合議によって決められることになるからです。いな、実は一人の裁判官が「一抹の不安」どころか「合理的な疑い」があると信じたような場合でさえも、裁判官の多数が「合理的な疑い」を超えると考えるかぎり、やはり、無罪にはつながらないのです。これを解決するためには、私がかつて法制審議会の場で主張しましたように、死刑事件については裁判官全員の一致した意見によるべきことにするほかありません。この提案は通りませんでしたが、事実の認定と刑の量定の両方について間違いをすこしでも防止しようという意図によるものだったのでした。このことは「一抹の不安」の有無についても同様でして、やはり多数決によらず、合議体の一人だけでも「一抹の不安」があると考えるかぎり、死刑事件については有罪にできないものとする以外には、問題は本当は解決しないのです。しかも、かりにこのような法制を採用したとしても、なおかつ、問題が残るのです。すなわち、第三に、事件を取り扱う裁判所の構成員の中に「一抹の不安」を敏感に感じ取るような感受性の強い人がいるかどうかは、偶然性の問題であります。たまたまその合議体の中に感受性の強い裁判官が一人もいなかったら、それでおしまいです。しかも、第四に、そもそも裁判官に「一抹の不安」をおこさせるかどうかは、証拠関係や訴訟のやり方など、いままで詳しくお話しして来たような無数の要因にかかっているのです。要するに、イスラーム法のように、死刑事件について有罪とするためには「いかなる疑い」をも超える心証がとれることが必要だという法制を仮に採用したとしましても、所詮は人間社会の制度である以上、それは決して完全に誤判を絶無にすることには結びつかないのであります。

イギリスには、「一人の無実の者が処罰されるよりは十人の真犯人が免れる方がよい」(ブラックストーン)という法格言があります。これは非常によい格言のようですが、考えてみると問題があることにお気付きでしょう。ここでは「十人」の真犯人が免れてもよいとは言っていますが、「五十人」「百人」まして「千人」の真犯人などとは言っていないのです。(37) これは現実の制度としての刑事裁判制度は必然的に多くの制約のもとにあるのですから、実際的なセンスをもったイギリス人の格言として、さもあるべきところでしょう。われわれとしても、それはある程度、割り切って考えるほかないと思います。しかし、それは、あとで誤判とわかったときに刑事補償その他の形で多少とも取り返しがつく場合のことです。死刑事件については、たとい「百人」「千人」に一人であろうとも、いやしくも無実の者の処刑が許されてはならないのではないでしょうか。と言うことは、取りも直さず、死刑を廃止する以外にないということだと思うのです。

（1）　なお、団藤重光「なぜ、死刑廃止への決意を強くしたのか」〔インタビュー〕（『死刑の現在』法学セミナー増刊・総合特集シリーズ四六〔一九九〇年〕三〇頁以下）。福井厚「誤判と死刑——事実認定の構造を踏まえて——」『中山古稀』五巻（一九九七年）一六九—一八〇頁参照。

（2）　一九九二年一〇月四日付けの私信（本書Ⅰ1の英訳の送呈に対する礼状）。博士は批判的合理主義の創説者として、論理の厳密なことは、博士の著書に接する誰しもが感じるところである。死刑廃止論の決定的理由として特に人間の誤謬可能性を取り上げるのも、おそらくそこから来るであろう。同時に博士は人間的な情緒・感覚のきわめて豊かな学者である。私が一九八九年の秋にロンドンの郊外に博士邸を訪ねたときに、まず話題になったのは実に死刑の問題であった。博士の「可謬論（fallibilism）」の所説については、Sir Karl Popper, *The Open Society and Its Enemies*, Vol. 2, 5th Ed., 1966, p. 374 et seq., p. 377. 博士の「可謬論的（ファリビリスティック）な認識論」については、碧海純一「サー・カール・ポパーの近況」学士会会報七三一号（一九七六年）六八頁。なお、団藤重光「ポパー博士との出会い——間主体性のひとつの場面——」（日本ポパー哲学研究会会報『ポパーレター』六巻二号〔一九九四年〕）参照。

（3）　誤判の問題は死刑廃止論のほとんどすべてにおいて大きく取り扱われている。例えば、ローイ・カルヴァート

（竹田直平訳）『二十世紀に於ける死刑』（一九三四年）一四五頁以下、Moritz Liepmann, *Die Todesstrafe*, 1912, S. 126 ff. なお、小河滋次郎「廃死刑論」（同『獄事談』〔一九〇一年〕所収）とくに八〇一頁以下、正木亮『死刑』（一九五五年）一四一頁以下、二二七頁以下。

（4）小田中聡樹ほか（シンポジウム）「白鳥決定をどう継承するか」法学セミナー四九八号（一九九六年六月）一四頁以下（連載「白鳥・財田川決定の二〇年――再審の扉は開かれたのか」第三回――なお、光藤景皎「証拠の総合評価再論」同上九頁以下）。

（5）もちろん、問題は再審の場合にかぎらない。上訴の関係で、下級審の死刑が上訴審で無罪になった事件はどのくらいあるかわからない。例えば、正木亮『現代の恥辱・わたくしの死刑廃止論』（一九六八年）二六八頁（近藤某のこと）、三〇六頁、三二九頁（吉田石松氏のこと）。なお、田宮教授によれば、死刑事件の上訴率はほぼ一〇〇％であり、その破棄率も一般事件より高い（田宮裕「犯罪と死刑」荘子邦雄＝大塚仁＝平松義郎編『刑罰の理論と現実』〔一九七二年〕一五六頁）。

（6）免田栄『獄中記』（解説・青地晨）（一九八四年）参照。

（7）この問題につき参照されるべき文献として、とくに、Daniel H. Foote, “The Door That Never Opens”?: Capital Punishment and Post-Conviction Review of Death Sentences in the United States and Japan, 19 *Brooklyn Journal of International Law* 367-521 (1993). これは日米の比較法的研究としてばかりでなく、わが国の問題の研究としても、きわめてすぐれたものである。――ちなみに、アメリカは、この問題については、顕著な対照を示している。わが国の再審による救済に対応するのは、ヘイビアス・コーパス（人身保護）による救済手続であるが、その要件として、例えば、ヘレラ事件（Herrera v. Collins, 113 S. Ct. 853 [1993]）では、憲法上の権利の侵害と「実際に無罪であること（actual innocence）」の双方が証明されなければならないとされる（Foote, *op.*

cit., 405 *et al.*)。しかも、この判決は刑事司法の可謬性（fallibility）をはっきりと自認しているのだそうだから(Foote, *op. cit.*, 508 Fn. 599)、驚くべきである。そうであれば、立法によって死刑廃止に向かうのが当然と思われるが、治安状況からそれができないところに、アメリカの苦悩があるというべきであろうか。ちなみに、ジェイムズ・マックロスキー氏が裁判所のこの態度をキリストに対するピラトの裁判に比しているのが、印象的である。――なお、白鳥決定以後における下級審の再審実務の傾向について、いわゆる「逆流現象」があるらしいが、それについては、日弁連『再審通信』七七号（一九九八・七・三〇）に掲載された秋山賢三氏の論稿を参照されたい。James McCloskey, The Death Penalty : A Personal View, *Criminal Justice Ethics*, Summer/Fall, 1996, p. 70.

（8）　権力による作為は恐ろしいことである。正木亮「権力の魔力」（前掲『現代の恥辱』二五七頁以下）参照。

（9）　例えば、小河滋次郎博士は、「惟《おも》ふに今日まで既に死刑を執行せられて仕舞つた所の人間にも全く無罪であつて誤判の結果であつたと云ふものが必ず多数あるだらうと信じて居る。試みに諸君が多年実務に当つて居つた典獄なぞに就て御聞きになりましたならば其典獄の経験の内には少くも二三件は死刑を執行された者で自分の考で無罪なることが分明であつたと云ふことの証明を為す人があるだらうと思ひまする」と語っている（小河滋次郎・前掲「廃死刑論」八〇一―八〇二頁）。これは明治時代の話であるが、近年のものとしては、加賀乙彦『ある死刑囚との対話』（一九九〇年）一五〇頁によれば、その死刑囚Aからの手紙の一通の中に「私の見知った無罪を主張する多くの人々の中、すでに処刑された者も含めて、『ほんとうにコノ人はやっていないな』と思われた人は、たった一人、若い精薄者がいただけでした」と書かれていた由である。「たった一人いただけ」というのも、恐ろしいことである。ちなみに、いうまでもなく、作家加賀乙彦氏は精神医学者小木貞孝博士である。

（10）　ドイツについては、三原憲三「誤判と死刑――ドイツにおける死刑誤判事件――」（福田＝大塚古稀祝賀『刑事法学の総合的検討』下〔一九九三年〕七六五―七八七頁）。

(11) Amnesty International, The Death Penalty World wide: Developments in 1998 (AI Index: 50/04/99), p. 5.

(12) Hugo A. Bedau & Michael L. Radelet, Miscarriages of Justice in Potentially Capital Cases, 40 *Stanford Law Review* 21, at 22-23 (1987). なお、エヴァンズにつき、正木亮・前掲『現代の恥辱』六五頁以下、八二頁以下、九七頁、三五八頁参照。

(13) 注12所掲の文献のほか、Thorsten Sellin, *The Death Penalty, A Report for the Model Penal Code Project of The American Law Institute*, 1959, p. 63 et seq. 連邦議会の司法委員会への報告（一九九三年）によれば、一九七三年以来の、死刑囚で無実の理由で釈放された事件は四八件にのぼり、一九九五年にはこの数字は五四件に増加したという。McCloskey, *op. cit.*, p. 70, p. 75 note 13. なお、アメリカにおける無実の者ないしはそのおそれのある者の処刑の状況につき、辻本義男「アメリカ合衆国の死刑状況（その二）」中央学院大学法学論叢六巻一号（一九九二年）二三―三二頁、六三―六八頁参照。事例の一つ、エドワード・E・ジョンソンという黒人の処刑にいたる経緯は、BBCによって「五月の一四日間――黒人死刑囚・残された時間（Fourteen Days in May）」（一九八七年）という題名でミシシピーの州立刑務所からの実況放送としてドキュメンタリーに映像化され、日本でもNHKから放映されたから、読者の中にも見た方がかなりおられるだろう（辻本・上掲二四頁参照）。少年時の犯行でしかも疑問の多い事件なのに、強引ともいえる経過によって、最後まで無実を訴えながらガス室に送りこまれる。見ていて慄然とする思いがあった。

(14) Joseph L. Hoffmann, *et al.*, in: Symposium: The Capital Jury Project, *Indiana Law Journal*, Vol. 70, No. 4, 1995.

(15) フット教授は、日米法制の比較において、有罪判決に対する事後救済の難易との関係で最終判断性（確定性）

(finality）の強弱の問題を論じている（Daniel H. Foote, *op. cit.*, at 387, 494［1993］)。陪審裁判はマグナ・カルタ以来、「仲間の裁判」だということで、伝統的に格別に強い最終判断性――例えば上訴の制限――を認められて来ているのだから、この見地からも、陪審制度には再審のような有罪判決の事後救済を困難にする面のあることを指摘しておかなければならないであろう。

(16) 例えば、伝聞証拠の制限は被告人の不利益の方向にも働く。これは当事者主義の建て前からやむを得ないこともいえるが、被告人の救済のためには、「片面的構成」とでもいった理論的工夫のあるべきところである。専門的な問題になるが、田宮裕『刑事訴訟法』（一九九二年）三九一頁、同「証明力を争う証拠の問題」ジュリスト二七二号（一九六三年）、光藤景皎「『被告人の証拠提出権』試論」（吉川古稀祝賀『刑事法学の歴史と課題』〔一九九四年〕四三五頁以下）など参照。

(17) この問題についての文献はきわめて多いが、近時における優れた研究として、特に、守屋克彦『自白の分析と評価――自白調書の信用性の研究――』（一九八八年）、渡部保夫『無罪の発見――証拠の分析と判断基準』（一九九二年）。なお、司法研修所編（報告者：田崎文夫・龍岡資晃・田尾健二郎）『自白の信用性――被告人と犯行との結び付きが争われた事例を中心として――』（一九九一年）。

(18) ちなみに言えば、最高裁判所では上告審として、死刑事件については一般事件と違って、慎重を期するため、かならず弁論を開くことにしている。これは田宮教授が指摘しておられるとおりである（田宮裕・前掲「犯罪と死刑」一五六頁）。ただ、田宮教授が、「死刑事件には松川事件や八海事件のように複雑・難解な事件もあるが、筋としてはむしろ簡明なものが多いばかりか、原審でもとくに慎重を期しているはずで、格別の取扱いを要求するものではない云々。」と述べておられる点は、少なくとも私じしんの経験に関するかぎりは、まったく事実に反する。どんな死刑事件でも、かりに筋が一応簡明のように見えても、証拠関係はきわめて微妙であって、私は記録を精読しながら、どのくらい時間と精力と、そうして神経を使ったかわからない。犯罪事実の有無だけでもそうであるし、量刑――はたして死刑でよいか――についての事実やそれの評価についても、一人の人間の生死を分かつものだけに、散々に悩み人知れぬ苦労をしたものである。他の裁判官が全部そうなのかどうかは知らないが、私じしんはそうであったことを、ここに明らかにしておきたい。なお、田宮教授は死刑を「過去のものとなりつつある」ことを明白に認められるのであって、われわれの同志であることを念のために付け加えておこう。

(19)　正木亮・前掲『死刑』一二四―一二五頁。なお、本書第Ⅲ部中扉裏参照。

(20)　Eric S. Lander, DNA fingerprinting on trial, *Nature*, Vol. 339, 15 June 1989, p. 501 et seq.; Independence of forensic science, *Nature*, Vol. 350, 14 March 1991, p. 95. なお、Eric S. Lander, Invited Editorial: Research on DNA Typing Catching Up with Courtroom Application, *Am. J. Hum. Genet.* 48: 819-823, 1991. そこに問題点の指摘もある。また、アメリカの連邦議会ではＦＢＩにその基準を作成する権限を与える法案が準備中の由だが、その可否をめぐって論争があると伝えられる（*Science*, 21 June 1991, Sciencescope 1603)。その後も、アメリカでは、現段階においてＤＮＡによる鑑識を捜査や裁判で実際に使用することの可否について、レウォンティン（Richard Lewontin)・ハートル（Daniel Hartl）両教授から疑問が提起され、これをめぐってはげしい論争が展開されており、日本の新聞にも報道された（毎日新聞一九九二年一月三一日)。Christopher Anderson, DNA fingerprinting discord, *Nature*, Vol. 354, 19/26 December 1991, p. 500; Leslie Roberts, Fight Erupts Over DNA Fingerprinting, *Science*, 20 December 1991, p. 1721 et seq.; Forensic DNA Typing (Letters from Christopher Wills, *et al.*) 255 *Science* 1050-1055 (1992). なお、*American Journal of Human Genetics*, Vol. 49, 1991, p. 891-903. 以上、外国文献は、いずれも、遺伝学者、木村資生博士（1924―94）の教示による。――なお、法律時報六五巻二号（一九九三年）（特集「ＤＮＡ鑑定と刑事手続」――村井敏邦ほか）とくに二〇頁以下参照。ここでは、ＤＮ

A鑑識の消極面を強調したが、いうまでもないことながら、その積極面を低く評価してはならない。現に、アメリカでは、目撃証人の（悪意でない）証言の誤りがDNA鑑識によって判明し、被告人を不当な有罪から救った多数の事例が報告されている（一九九一年以来三〇件近いという）。McCloskey, *op. cit.*, p. 71.

(21) 正木亮＝吉益脩夫編・正田昭『黙想ノート』（第二刷・一九七一年・二二九頁）。ドイツでも、死刑執行後の解剖の結果、脳の異常が発見された多数の事例が報告されているという。Arthur Kaufmann, *Schuld und Strafe*, 2. Aufl. 1983, S. 9. なお、誤判かどうかは、裁判当時の学問発展段階によって見るほかないという議論（たとえば、レフラー）に対するリープマンの反論（「では魔女裁判はどうか」）参照（Moritz Liepmann, *Die Todesstrafe*, 1912, S. 147 ff.)。

(22) 最二決昭和四四年四月二五日刑集二三巻四号二四八頁、なお、最三決昭和三四年一二月二六日刑集一三巻一三号三三七二頁。この問題については、酒巻匡『刑事証拠開示の研究』（一九八八年）、なお、団藤重光「刑事訴訟法の四〇年」ジュリスト九三〇号（一九八九年三月二五日号）七頁以下。

(23) 諏訪メモについては、最大判昭和三四年八月一〇日刑集一三巻九号一四一九頁。

(24) なお、大野達三『松川事件の犯人を追って』（一九九一年）。

(25) 団藤重光「刑事訴訟法における真実の発見」（同『刑法の近代的展開』増訂版・一九五二年・一三五頁以下）。真実性についての法哲学的考察として、Arthur Kaufmann, *Die Rechtsphilosophie in der Nach-Neuzeit, Abschiedsvorlesung*, 1990, S.32 ff.; ders., Die strafrechtlichen Aussagetheorien auf dem Prüfstand der philosophischen Wahrheitstheorien, in: *Festschrift für Jürgen Baumann zum 70. Geburtstag*, 1992, SS. 119-130.

(26) 数学者で啓蒙思想家であったコンドルセ（1743—94）が、確率論から誤判の可能性を演繹して死刑廃止論を主張しているのが、この関連でも面白い。バダンテール夫妻の著書によると、かれが一七八五年にプロイセン国王フリートリッヒ二世に『複数の意見に対して与えられる判断の確率』という自著に添えて送った書簡の中で、長い一連の判決（判断）のなかで無実の者が有罪と認められる確率は非常に高いことを述べて、死刑は「絶対的に不正義」だとしている由である（Elisabeth Badinter et Robert Badinter, *Condorcet. Un intellectuel en politique,* 1988, p. 195 et suiv.)。ちなみに、かれは、フランス革命のときには、ルイ一六世の有罪には賛成の票を投じたが死刑に処することには反対した（*op. cit*., pp. 515-530)。かれ自身はのち投獄され獄死する（*op. cit*., pp. 616-618)。

(27)　死刑存置論者である青柳文雄博士も、誤判のおそれが最後まで残ること、上告審にはあまり期待ができないことを明白に承認されたが、博士は、その対策として、むしろ上告審の事実誤認調査の制度を廃して、別に特赦委員会を設けるべきことを提案された（青柳文雄「死刑存置論」法学研究三七巻一号〔一九六四年〕五七―五八頁）。われわれは、わが国の国内法になっている「市民的及び政治的権利に関する国際規約」六条四項に規定されているとおり、「死刑を言い渡されたいかなる者も、特赦又は減刑を求める権利を有する」ものであることを忘れてはならない。しかし、特赦委員会をもって上告審の事実誤認の調査に代えることは承認できない。――ちなみに、すべての死刑判決について、最高裁判所の義務的な事後審査を提案されるのは、斎藤静敬『新版・死刑再考論』（一九八〇年）二八三頁。

(28)　安田好弘弁護士が、ＪＣＣＤ（犯罪と非行に関する全国協議会機関誌）五六号（一九九一年四月）二頁以下（菊田幸一編著『死刑廃止・日本の証言』〔一九九三年〕二四頁以下）に、菊田幸一・辻本義男両教授のインタービューに応じて答えておられる詳細な談話は、この関連で、きわめて貴重なものである。それは死刑事件における弁護人の実情を明らかにすると同時に、死刑事件における弁護のあるべき姿をも提示している。――死刑事件の弁護の在り方について、非常に参考になるのは、バダンテール氏の著書『処刑』(Robert Badinter, *L'Exécution,* 1973）である。氏は、フランスのミッテラン大統領のもとで法務大臣として死刑廃止を実現した人として有名であるが、本書は氏が弁護士時代に世の中を騒がせた殺人事件の被告人ボンタンを弁護した顚末を叙述したもので（前出五五頁注1参照）、起伏の多い読み物として面白いばかりでなく、精神的な面と技術的な面の双方について弁護の在り方を示すものとして有益である。その後邦訳が出た。ロベール・バダンテール（藤田真利子訳）『死刑執行』（一九九六年）。私の「解説」が付されている。――大谷恭子『死刑事件弁護人――永山則夫とともに』（一九九九年）は、著者自身の弁護活動を具体的に叙述した好著である。著者は控訴審から永山の弁護人になったが、法廷や拘置所の場面ばかりでなく、事件の周辺にわたって、血の通った弁護活動をし、最後は実に本人の処刑後にまで及んでいて、深い感銘をあたえる。私自身も「序文」を寄せている。

(29) この関連で、西野喜一「証拠外の事実認定」判例タイムズ八三三号（一九九四年三月一日）一〇頁以下参照。

(30) 団藤重光「刑事訴訟法における主体性の理論」ジュリスト九〇五号（一九八八年四月一日号）四四頁以下、ことに四八頁以下。

(31) ブラドレイ教授は、「個人的印象」とことわった上で、「合理的疑い」の基準の実際の運用は「約九五%ないし九六%の確実性」を意味するとしている。C. M. Bradley, A (Genuin) Modest Proposal Concerning the Death Penalty, 72 *Indiana Law Journal*, 25 (1996) at p. 28.

(32) これは、英法において「疑いの影（shadow of doubt）」あるいは「疑いのきらめき（scintilla of doubt）」などといわれるものよりも、もっと微妙なものではないかと思う。参照、Leon Radzinowicz, Testimony on Abolishing Death Penalty, in U. S. Congress. Senate. 90th Cong. 2nd ses. of Subcommittee on Criminal Laws & Proc. of Cttee. on Judiciary S. 1760. Bill to Abolish Death Penalty under all Laws of U. S. . . . 3720–21 & 772768, Washington DC: USGPO, 1970, pp. 55–68 (at 59, 60). ――なお、ブラドレイ教授は「全く疑いの余地を残さない（no residual doubt; no lingering doubt）」という基準に触れて、一定の場面に限って、この基準によるべきこと

を提案している（Bradley, *op. cit.*）。前出二六頁注11の補説参照。

(33) Safeguards Guaranteeing Protection of Those Facing The Death Penalty, adoted by the UN Economic and Social Council (resolution 1984/50), endorsed by the UN General Assembly (resolution 39/118, 14 Dec. 1984). これは、Amnesty International, *When the State Kills*, 1989, pp. 245-246 に採録されている。邦訳として、田畑茂二郎ほか編集『国際人権条約・宣言集』（一九九四年）一七四頁。なお、辻本義男訳『死刑と人権・国が殺すとき』（一九八九年）三二六―三二七頁。

(34) Roger Hood, *The Death Penalty*, 2nd Ed., pp. 102-104. そこには、この規定に関連して、各国からの回答や実務が紹介されていて興味深い。ただし、博士は、各国での実務の実態は、これらの報告だけではわからないことを指摘し、それは注意深く掘り下げた詳細なケーススタディによってのみ把握されうるとしている。私も同感である。

(35) 一九九二年八月二六日付けの著者あて私信。なお、R. Hood, *op. cit.*, p. 25 note 37 参照。――イスラームの刑事証拠法については、とくに、M. Cherif Bassiouni, ed., *The Islamic Criminal Justice System*, 1982（ことに p. 109 et seq.）が詳細かつ有益であるが、この問題に関するかぎり格別の説明はない。そこで、私はその編集に当たったバシオウニ教授（国際刑法学会〔AIDP〕会長）に照会したところ、私信（一九九二年一一月九日付け）によって詳細な回答をいただいた。これは上記のミュラー教授の所説とかならずしも符合するものではないが、まだわが国に紹介されたことのない貴重な資料なので、参考のために、教授の許可を得て、以下にほぼ全文を訳出しておこうと思う。

『イスラーム刑事司法における有罪認定の証拠の問題に関しては、①フドゥド（Huddud）、②クェサス（Quesas）、③タアジル（Ta'azir）の三種の犯罪のカテゴリーを区別することが重要である。①フドゥドの犯罪については、一定の厳格な証拠上の要求がある。これは「合理的な疑いを超える証明」と訳すことはできないが、たしかにこれと同様のものである。例えば、フドゥド犯罪の一つである姦通については、四人の目撃証人が必要である。目撃証人は信用され信頼される証人でなければならない。しかし、これは格別の基準によらない「合理的な疑いを超える証明」と同様のものだといってよい。すべてのフドゥド犯罪については、きわめて高い証明基準があり、これは「合理的な疑いを超える証明」と同等か、あるいはそれ以上のものである。ある場合には、確実性（certainty）が要求される。例えば、もし当の証拠が被告人の一人の供述に基づくもので、その供述が他の者によって補強されたものであった場合に、本人が後になってその供述を撤回したときは、裁判官は、有罪が維持された後であっても、刑罰の適用を停止する義務を負い、再審（new trial）が開始されなければならない。この場合には、たしかに、「合理的な疑いを超える証明」よりははるかに高い基準が認められるわけである。しかし、法解釈に関するスンニ四大学派によっては、これらの証拠上の要求について見解の異なるものがあることをも、併せて留意しておいていただきたい。例えば、四人の証人が要求される場合に、若干の法律家は、もし被告人がその自白を四回繰り返せば、四人の証人と同価値になると主張するだろう。その結果、これらの証拠基準の適用のあまり理想的でない制度においては、被告人の権利を不当に制限（abuse）する可能性があるかもしれない。②クェサス犯罪に関しては、傷害の事実を補強しまたは認定するためには信用され信頼されるべき証人が要求されるという以外には格別の基準はない。この基準は、イギリスのコンモンローの若干の学者たちのいわゆる"wrongs"における不法行為法と刑法の訴訟の結合と同様のものである。これは assault（脅迫・暴行）や battery（暴行・不法接触）や homicides（過失致死を含む殺人）の状況にあてはまるであろう。これらの事件においては、訴訟は当事者の間のものであり、同害報復（タリオ）に似た制裁が損害賠償および補償（diyya）の代わりに科されることがあり得る。ここでは、証拠基準は証拠の優越（preponderance）のそれに近似したものだといってよい。なぜなら、ここでは（実定法制度のもとでは）訴訟は多分に民事過失の性質を帯びて来るのであって、タリオの結果も可能だとはいえ、むしろ補償の方に導くように意図されているからである。ただし、この場合において、解釈に関する二つの異なる学派は特種の証拠の問題について異なる見解を採っている。③タアジル犯罪については、フドゥド犯罪およびクェサス犯罪への類推によって認められる証拠法則を除いては、ほとんど証拠法則はない。法学のスンニ四学派およびその分派は、この場合における証拠法則について意見が分かれている。しかし、タアジル犯罪の正しい解釈によれば、比較的軽い犯罪またはクェサス犯罪に準じる犯罪においては証拠の優越によるものとし、類似するフドゥド犯罪と同様か、またはそれよりも軽い（しかし著しく軽くはない）証拠法則によるべきものであろう。』——以上が書簡の内容であるが、上記の文献によって若干の補注を加えれば、「フドゥド」（単数はhad）は神の法に対する犯罪であって、コーランによって定められた七つの罪で、訴追と有罪の場合の刑罰とが必要的とされるもの。「クェサス」は人身に対する罪で、報復または償い（diyya）が必要なもの。「タアジル」は字義的には訓戒ないしは刑罰（矯正を目的とする）を意味し、公共の福祉、安全、道徳、または人身や私的利益に対する有害な行為でフドゥド、クェサス以外のものを言い、訴追と処罰は裁量的とされる（*op. cit.*, p. 251 f.）。この三種の犯罪の詳細については、*op. cit.*, p. 195 et seq., p. 203 et seq., p. 211 et seq.

(36)　わが国でも、「無期懲役は誤判の吹きだまり」だといわれ、死刑にしようかどうしようかと考えたときに、本当に有罪かどうか心配になれば、無期懲役にするという運用が行なわれているというのは（前出二六頁注11）、実務上、これと同じようなことが行なわれていることを物語るといってよかろう。

(37)　Glanville Williams, *The Proof of Guilt*, 2nd Ed., 1958, pp. 154-158.

3　殺人罪と死刑——「目には目を」の問題

「目には目を」の由来と批判 ——●

第I部（一〇頁以下）のお話の中で申しましたように、「目には目を、歯には歯を」というのは最初に旧約聖書に出て来ることばです。引用して見ますと、(1)『出エジプト記』（二一章二四節、なお一二節以下）には「目には目。歯には歯。手には手。足には足。」とあり、(2)『レビ記』（二四章二〇節・二一節）には「目には目。歯には歯。人に傷を負わせたように人は自分もそうされなければならない。動物を打ち殺す者は償いをしなければならず、人を打ち殺す者は殺されなければならない。」、さらに『申命記』（一九章二一節）には「いのちにはいのち、目には目、歯には歯、手には手、足には足」というように記されています。いずれも、主（神）がモーセに告げて言われたことばであります。

このような「目には目を、歯には歯を」という法を「タリオの法」ないしは「同害報復の法」と言いますが、これが果たしてキリスト教の教義だといってよいのでしょうか。新約聖書になると、『マタイの福音書』（五章三八節以下）には、イエスの説教の中に次のようなくだりがあるのをご存じでしょう。『『目には目で、歯には歯で。』と言われたのを、あなたがたは聞いています。しかし、わたしはあなたがたに言います。悪い者に手向かってはいけません。あなたの右の頬を打つような者には、左の頬も向けなさい。』また、『ルカの福音書』にも、イエスが言われた中に「あなたの片方の頬を打つ者には、ほかの頬をも向けなさい。上着を奪い取る者には、下着も拒んではいけません」（六章二九節）ということばを含む一連の有名なくだりがあります。

同じく新約聖書のパウロの『ローマ人への手紙』（一二章一九節・二一節）の中には、「愛する人たち。自分で復讐してはいけません。それは、こう書いてあるからです。『復讐はわたしのすることである。わたしが報いをする、と主は言われる。』……善をもって悪に打ち勝ちなさい。」とあります。これは旧約聖書の『申命記』（三二章三五節）に主のことばとして、「復讐と報いはわたしのもの」とあるのを受けているのでしょうから、すでに旧約聖書にも、本当はこのような考えがあったものといってよいのでしょう。人間同士の間では復讐的であってはならないものとされるのです。

このように見て来ますと、キリスト教の教義として、「目には目を歯には歯を、生命には生命を」ということが、主の復讐原理としては別論として、すくなくとも人間社会の在り方として認められるとは決して言えないように思われます。キリスト者の中に多くの強い死刑廃止論者があるのは、もっともなことであります（ことにカトリックでは、教皇ヨハネ・パウロ二世が強い死刑廃止論者で、多くの公の機会にこれを訴えていることは、ひろく知られているところです(3)）。いな、キリスト教では、『ルカの福音書』（六章三七節）にも見られますように、死刑どころか、そもそも人を裁くことじたいが問題になる位です。「あなたがたのうちで罪のない者が最初に彼女に石を投げなさい」（『ヨハネの福音書』八章七節）というのも、ご承知のとおり、この文脈でよく引用されるイエスのことばです(4)。要するに、「キリスト教によって死刑を基礎付けようとする見解くらい非キリスト教的なものはない」（リープマン(5)）といってよいのではないでしょうか。ユダヤ教でも、一九五〇年代以降のアメリカでは――一部の正統派の宗派以外は――死刑を聖書に反するものと見るようになって来ているそうです(6)。

右には、キリスト教の聖書を中心にして見て来ましたが、コーランにも同じく「生命には生命を、目には目を……」ということばがあり、イスラーム教の教義の重要な部分になっているのです。イスラームはユダヤ教、キリスト教に続く同じセム人種の宗教で、姉妹宗教といってもよい同系の宗教で、コーランは旧約聖書を至るところで意識的に踏まえているのですから、これは当然のことでしょう。コーランではキリストの福音書さえもが踏まえられているようですが、キリストはイスラームでは預言者の一人にすぎないのですから、右に述べたような新約聖書の教義はイスラームには入って来ません。ですから、「生命には生命を、目には目を……」ということも、キリスト教の場合とは教義上かなり違ったニュアンスをもって来るようです(7)。

ともあれ、「目には目を、歯には歯を」というのが、社会的事実として、古代の人たちの素朴な正義感情であったこと自体は、疑いないでしょう。これは、現代人にも言えることで、応報観念は現代の法や裁判の上で軽視することはできません。その現代的な意味の一つは、刑罰が重くなり過ぎないように、その限界をきめる点にあります。刑法の大原則である罪刑法定主義の一要素としての罪刑の均衡ということは、こうした応報観念が基礎になっています。

こうした観念を哲学的にもっとも明確な形で構成したのは、刑法の古典派の源流のひとつに数えられるカントでした。少しむずかしくなりますが、カントにおいては、刑罰の原理は「正義の秤における指針の地位にある均等の原理」のみが規準になるのであって、「タリオの法」――「目には目を、歯には歯を」――のみが刑罰の質と量を決定的に示すものだ、とされるのです(8)。カントは、「彼が人を殺したならば、彼は死ななければならない。この場合には正義の満足のための如何なる代用物もない」と論じたのでした。そうして、そこから、「公民社会が一切の構成員の協賛を以て解散したにしても、牢獄につながれた最後の殺人犯人はその前に死刑に処せられなければならない」という徹底した議論をかれが展開したことは有名です。

しかし、このようなカントの考えは、純粋に理性的な人間像――「本体人」――についてしか当てはまりません(9)。現実の生きた人間――「現象人」――は、素質と環境によって大きく制約されています。ですから、純粋な自由意志というものを前提とするかれの議論は、現実の社会における犯罪を規律する法の世界には、そのままでは通用しないはずです。犯罪については、社会も共同責任を負わなければならないというべきでしょう[10]。

のみならず、そもそも、このようなカントの議論は、それじたいとしても、本当に正しい考え方でしょうか。民事の損害賠償でしたら、被害額を賠償させるわけですが、刑事の裁判では、例えば一〇万円相当の物を盗んだとしても、一〇万円の罰金を払ったり盗品を返しさえすればよいというものではありません。だいいち、現行法では、窃盗罪には罰金刑の規定はなく、一〇年以下の懲役ということになっています。そうして、情状によっては、検察庁で起訴猶予になったり、起訴されても裁判所で執行猶予になることもありますし、また、一〇年以下の範囲で懲役に処せられることもあります。殺人罪では、死刑または無期か三年以上の懲役ということになっていますが、これでさえも、情状によっては起訴猶予や執行猶予のこともないわけではありません。これで見ても判るとおり、カントの正義論はいわば民事法的なそれであって、刑事法的なそれではないのであります。

民事では、典型的にいえば個体対個体、個人対個人の関係で、誰かの行為によって凸凹《でこぼこ》が出来た場合についてその地均《なら》しをする正義、むずかしくいうと平均的正義が支配するのですが、これに対して刑事では国家の刑罰権の問題ですから、全体対個体の関係で、犯罪に対して全体的見地――正確にいえば個体を含むところの全体の見地ですが――から適正な処置をすることを考えるところの配分的正義の問題なのです。さきに述べた罪刑の均衡といっても、民事裁判的な均衡とは違うのです。哲学の方でも、カントに対してヘーゲルが犯罪に対する刑罰を基礎づけるのに、法を否定するものに対して法の側から否定し返すという意味で、「否定の否定」として肯定的な意味をもつのだという説明をしたのも、同じような意味合いをもつものと言ってよいと思います。(11) そうして、そのような考えからすると、タリオの法が刑罰の基本的な原理だというようなことはそもそも成り立ちませんし、殺人に対して論理的に当然に死刑が唯一の刑罰だなどという結論にはならないので、もっとよく考えてみなければならないのです（ただ、ヘーゲル自身は国家主義的傾向の強い立場でしたから、社会契約説的なベッカリーアの死刑廃止論を強く批判して、「刑罰において犯罪者が理性者として尊重されることになる」という議論をしています。(12) それはここでは別論です。ここではカントのタリオ説に対する哲学的批判というところに重点を置いてヘーゲルを引用しただけのことなのです）。

殺人罪に死刑は相当か──●

私は以上で「目には目を、歯には歯を」「生命には生命を」というタリオの考え方が刑法においては適当でないことを論じてみたのですが、同時に被害者感情をも含む応報観念そのものは軽視してならないことをも述べてみたのです。言い換えれば、応報観念を考えるについて、個人対個人のレベルで形式的に──民事的に──考えるべきではなく、全体対個人の問題として犯人に国家的刑罰を科するのにはどうすれば──刑事法的に──実質的に適正を期することができるか、を考えなければならないのです。
よく、人を殺した者は自分も殺されるのが当たり前で、「自分が殺されないで人を殺す権利」をもつというのはおかしい、という議論がありますが、ここには思考の混線があります。死刑を廃止すればもちろん「殺されない権利」ができるわけですが、それはどこまでも「殺されない権利」にとどまるのであって、「殺されないで殺す権利」などでは絶対にありません。(13)

われわれは、ここで二つの平面を区別して考えなければなりません。それは、犯罪の行なわれる事実の面と刑罰を科する規範の面との区別です。理論的に厳密にいうと、非常にむずかしい議論になりますが、ここではごく常識的な意味でいうのです。

国家ないしは法が殺人犯人を死刑にするというのは、規範面のことです。犯罪の事実面は不合理の世界、不正の世界ですが、刑罰を科するという規範面は合理性の世界、正の世界でなくてはなりません。不正に対するに正をもってするのが刑罰でなければなりません。犯人が被害者を殺すのは不合理の世界であって、これと同じレベルで国が死刑によって犯人を殺すことを考えることは許されません。もし同じレベルで考えるならば、それは法が個人対個人の間の犯罪のレベルに自己を貶《おとし》めることになります。犯人が人を殺したのだから法はその犯人を殺す、死刑にするのだ、という議論は、法を堕落させる議論ではないでしょうか。法は一段の高みに立たなければならない。殺人犯人を死刑にするのには、単に人を殺したからという以上の、十分な合理的根拠がなければならないはずであります。はたして、それだけの根拠があると言えるでしょうか。

「人を殺すなかれ」という規範を法が掲げるのは、世の中に殺人が行なわれないようにするためです。それなのに法じしんが死刑によって人を殺すことを規定したのでは、法がみずから規範を破ることになりはしないか。むしろ、法が自ら悪い手本を示すことになりはしないか。第I部のお話の中で引用したドストイェフスキーやカミュのことばを、ここでもう一度思い出していただきたいと思います。

ここで、政策論と正義論の二方面の議論が出て来ます。

一つは政策的な犯罪予防の見地です。死刑によって将来の殺人が起こらないように予防するということです。これについては、根本的には、そもそも、犯罪の予防という見地だけから刑罰の正当化ができるかという問題があります。刑罰によって犯罪を予防するという考え方は、先刻引き合いに出したカントもヘーゲルも、前述のような立場の大きな違いにもかかわらず、これは両者とも揃って拒否します。人間は主体性をもったものであって、他の手段にされてはならない、という基本的な考えから来るのでありまして、私も私自身の主体性理論からこれに深い共鳴を感じますが、しかし私はやはり法律家です。哲学と法学とでは違いがあるのであって、私は法にはどうしても政策的考慮は不可欠だと思いますので、刑罰の予防的機能を無視したり軽視したりするわけには行きません。ですから、刑罰の予防的効果だけで刑罰の正当性を認めることはできないと同時に、予防的効果は刑罰の正当性を認めるための有力な一因子だと思います。

しかし、それでは、死刑に、果たして他の刑罰には期待できないような強い威嚇的・予防的効果があるか、別言すれば、死刑を廃止すればそれだけ殺人やその他の犯罪が増えるか、と言いますと、心理学的にみても、(14)これは決してそうは言えないと思うのです。殺人犯人が実行にあたって死刑のことを思い出して実行を止めるということは、むしろ滅多にないことでしょう。激情犯的な殺人の場合はむろんのことですが、計画的な謀殺の場合でも、第一、自分は絶対に捕まらないつもりで犯行に出ることが多いのです。怨恨による殺人の場合などには、たとい自分が死刑になろうとも犯行に出るでしょう。また、全然別の方面で、思想犯的・確信犯的・政治犯的な殺人の場合などについても、やはり同じことが言えると思います。政治犯については、次の項（II 4）で正面から取り上げることにします。

死刑の廃止が犯罪の増加に結び付くものではないという点については、例えば、リープマンは、刑法の歴史に現れた事例――死刑の執行方法や適用範囲の変更などの関係――によって例証したり、(15)あるいは、死刑を廃止した国について廃止前後の殺人罪等の犯罪数を統計的に比較検討する方法によって、(16)廃止が犯罪の増加につながらないことを示しています。アメリカには、もっと厳密に、廃止した州と存置している州の中で、他の点では社会的条件の近似しているものを取り上げて、両者の殺人罪の数を比較した結果、有意的な差異が認められなかったという、サザランドのような研究が出ていることは、第I部の中でも、お話ししたとおりです。[17] 近年では、アイザック・エーアリック（エールリッヒ）のように、計量経済学的な手法によって、殺人罪に対する死刑の抑止的効果を実証しようとする研究が注目されていますが、成功してはいないと思います。これも前にお話ししたところです（I 1）。

しかも、百歩を譲って予防効果があると仮定しても、現在では、死刑の言渡しは年間せいぜい数件程度なのですから、死刑を廃止したからといって、それによってわが国の社会秩序が保たれなくなるなどとは、とうてい考えられません。全体主義の国においては知らず、いやしくも個人の尊厳をみとめる自由主義の国においては、死刑というものが絶対に必要不可欠だという証明がないかぎり、死刑の正当性を認めることはできないのです。このことは私たちは銘記しておかなければなりません（II 1）。経済の繁栄のもと――いな、バブル崩壊後でさえも――世界でももっとも社会秩序がよく保たれていて、犯罪の少ないことで知られているこの日本だ、ということを考えてみていただきたいものです。[18]

死刑の予防的効果には、一般に死刑を法律に規定しておくことじたいの威嚇によるものと死刑の執行による威嚇によるものとがありますが、昔はことに後者に重点がおかれていました。為政者は、いかにすれば民衆に少しでも余計の恐怖感を植え付けることができるかに苦心した位でした。日本でいえば、磔刑（はりつけ）や梟示（曝し首）などがその例で、後者は明治初年まで残っていました。[19] 中国では、もっと残虐なものがあって、たとえば、斬の一種に凌遅《りょうち》というのがありましたが、元の時代以後、明朝から清朝まで残っていた刑罰で、荻生徂徠によれば、凌遅とは「ずたずたにきることなり」と説明されています。[20]私は以前、西洋の学者がその執行の実況を撮影した写真を古い刑事学の書物でみた記憶がありますが、街頭で犯人を杭に縛り付けて、大きなナイフのような刃物を持った執行吏が犯人の腕や胸などから次々に肉を無残に切り取って行くのです。写真で見るだけでも、鳥肌が立つほどのすさまじいものでした。こんな例を一々挙げるまでもなく、昔から、火刑、車裂刑、鋸《のこぎり》引き、石打ち、等々、洋の東西を問わず、人知の限りを尽くしたかと思われる位、残虐な死刑の例が無数にあることは、読者もご存じのとおりです。例えばミシェル・フーコーが『監獄の誕生』の冒頭で描写しているダミアンの処刑など、これは国王殺害犯人に対する特殊なものとはいえ、物凄いものです。[21]刑罰の執行の公開も、一般予防の目的によるものです。今では死刑を全廃したフランスでも、ギロチンによる執行の公開を名実ともに完全に廃止したのは、実はそんなに古いことではありませんでした。

現代では流石《さすが》にそのような野蛮なものは、なくなりました。反対に、死刑をいかに苦痛の少ない人道的なもの——人道的な死刑執行方法というのもおかしなことですが——にするかということで、ガス死刑だとか電気椅子だとか、注射による死刑だとか、いろいろと工夫しています。電気死刑（electrocution）は、受刑者を電気椅子に縛りつけて頭部と脚部に固定した電極に高圧電流を通すのですが、私がかつてアメリカのシンシン刑務所（ニュー・ヨーク州）で死刑室を見学したときの説明では、完全に死亡するまでにはスウィッチを数回切っては入れる必要があることがあり、執行後、電極の金具をつけた部分は黒く焼け焦げていて無残な感じを与え、医者によると頭蓋の内部で脳は溶けているということだ、といっていました。ガス死刑というのは密閉された室内の椅子に固定された受刑者の横に青酸化合物のガスを噴出させて、即効性のガスの毒性によって殺すものですが、心臓停止までに八分から一二分位かかると聞きました。私はやはりアメリカのサン・クェンティン刑務所（キャリフォーニア州）のガス死刑室（gas chamber）を見学したことがありますが、大きな室内の一方に作られた密閉したガス室そのものは、内部・外部ともグリーンの明るい色に塗ってあって、大きなガラス窓を通して内部が見えるようにしてあります。ガス・ボンベは裏側にあって、そこでボンベの栓を開くわけです。後で、ここで長く教誨師をしていたことのある牧師（カール・モリング師）に、たまたま出会ったのですが、その話によると、普通は目隠しをするのですが、それを拒んだ豪胆な受刑者がいて、煙草の煙に似た青酸ガスが顔のあたりまで上がって来るとものすごく苦悶を始め、その様子はとうてい正視に耐えなかったということでした[22]。注射死刑は私は見たことがありませんが（アメリカ映画「デッドマン・ウォーキング」には、その場面がセットながら如実に再現されています）、アムネスティ・インターナショナルの資料を見ると、注射針を刺すためにちょっとした手術が必要になることがあるそうです。いずれにしても、ずいぶん残酷なものです。

今では、死刑の執行そのものが公開されないばかりか、死刑執行の様子も一般には知らされておりません。ことにわが国では、外部には極秘にされているといってよいくらいです。[23] 私も拘置所にある刑場を見学したことはありますが、実際に執行の場面を見たことはありません。死刑執行の状況を記述したものはいろいろ出ていますので、それらを読んで知っていただきたいものと思います。[24] 絞首刑よりは人道的だというので発明されたのが電気椅子やガス死刑なのですから、それらが上記のようなものであるとしますと、日本の絞首刑の執行の残酷さがどの程度のものか、ほぼ想像がつくと思います。[25]

このように、死刑の執行そのものを公開しないばかりか、その模様さえをも一般に知らせないようにしているのは、おそらく、受刑者の名誉などのためというよりも、それによって公序良俗を害することになるからでしょう。実際、それをマスコミで生々しく報道すれば、社会にショックを与えるに違いありません。それは、まさしくベッカリーアのいう「残虐性の手本（l'esempio di atrocità）」、「野蛮な手本（il fiero esempio）」（後出二六二頁）であって、社会に暴力的な、悪い風潮を誘発・助長するものではないでしょうか。現に、アメリカでは、死刑執行の「残虐性助長効果（brutalization）」の存在を認める犯罪学的研究が次第に発表されるようになって来ています。[26] 正木亮博士が死刑を「現代の恥辱」だと言われたのは、[27] まさに至言だと思います。

このように公序良俗を害することにもなりかねないような実質をもったものを、国家が法律制度として置いておくことは大きな矛盾だと言うべきであります。それは、政策的な犯罪防止の面からいっても、また、正義論からいっても、非常なマイナスでしかないのではないでしょうか。[28]

私は、死刑論においても、正義論を軽視するつもりは毛頭ありません。被害者側の感情を無視した議論には、人を納得させる力がありません。しかし、まず、被害者の側の損害賠償が民事の問題であることは、前述のとおりです。また、これを補うものとして、国が「犯罪被害者等給付金」というのを支給する制度があります（犯罪被害者等給付金支給法）。犯人に損害賠償をさせるためには、死刑の代わりに無期刑にした方がよいことも、しばしば主張されるところです。[29]もちろん、被害者側の心理から言えば、損害賠償などで満足するものではないでしょう。死刑受刑者が、せめてもの償いとして、獄中で印税などで稼いだ金を被害者の遺族に提供しようとしても、頑強に受領を拒否した事例がありますが、これなども、その心情を察すると、簡単に依怙地《えこじ》だとばかりはとうてい言い切れないと思います。しかし、このような遺族は、おそらく犯人をなぶり殺しにしても、気が済むものではないでしょう。しかも、犯人を死刑にしたからと言って、それによって被害者が生き返って来るわけではないし、おそらく空虚な気持ちだけが何時までも胸の中に残るのではないでしょうか。しかも、このような生《なま》の被害者感情は、いわば前述の事実の面――犯罪と同じレベル――のものであって、それがそのまま正義に結び付くものではありません。法的な制度としては、被害者感情を十分に考慮に入れながらも、一段高い次元において、合理的な考慮のもとに刑罰制度を考えなければならないのです。被害者感情を考える余り、犯罪と同じ低いレベルでの応報を考えるのでは、単なる私的な復讐の代行になってしまいます。刑法で考えるべき応報は単なる復讐よりも次元の高いものであることが要請されるのです。被害者の遺族の中には、散々に苦悩した挙句、ついには死刑を否定して死刑廃止論者になった人たちがいることを、われわれは知っています（二八頁注14）。それはまことに尊いことです。そうしたことをすべての遺族に期待することはもちろん許されませんが、国が一次元の高みにおいて、殺人罪に対する応報を考えるについては、これまた、十分に考慮されるべき要素ではあるまいかと思います。被害者の救済の問題については、前に詳しく述べましたので（I 4）、ここでは繰り返しません。

しかも、被害者側の復讐感情にしても、世の中のすべての事象と同じく、時間の経過や事態の変遷に伴って、動いて行くものです。犯人自身に改過遷善の可能性があるように、被害者側の感情も何かの転機によって変わることがあり得るし、合理的な刑罰制度としては、それを期待することがなければならないのではないでしょうか。古い話で恐縮ですが、菊池寛氏の作品『恩讐の彼方に』を読まれた方は、仇と狙った者を最後には絶対に赦す気持ちになった物語を感動をもって思い起こされることでしょう。あれは多分に宗教的な境地で、すぐに法的な議論に直結するわけではありませんが、受刑者の人格形成の無限の可能性を認める私の刑罰理論からは、あのような話もやはり視野の中に入れたいのです。死刑囚にそのような可能性を否定しない限り、被害者側の生《なま》の復讐感情を重視しすぎてはならないと思うのです。「殺戮以外の手段で人間をみちびくことは不可能だ、という思想は、それこそ人類全体への不信と反逆である。私は、まだそこまで人間を侮蔑したくない」という阿部知二氏のことばに、私は深い共鳴を感じる者です。[30]

金沢文雄教授は、さらに「犯罪被害者に対する社会の連帯感」という見地を持ち出されました。教授によりますと、「社会は被害者を助け、苦しみを分かち合う道徳的・法理的義務があるのである。この被害者との連帯の意識は、死刑の存置によってかえって希薄になり、死刑廃止によってこそ強化されるのではないかと思う」と論じておられます。[31] これも、意味深長で重要な指摘だというべきでありましょう。損害賠償は別にして、犯人を死刑にすればそれで済んでしまうという考えは、被害者（の遺族）の苦しみや心の痛みを十分に汲み取っているとは決していえないと思います。死刑を廃止すればこそ、その苦しみや痛みをそれだけ余計に社会が汲み取って、その人たちのためにも一層何かを考えざるを得なくなるのではないでしょうか。

日本の絞首刑は「残虐」ではなく、したがって違憲ではないというのが、最高裁判所の判例になっています。[32] それは憲法三一条が「何人も、法律の定める手続によらなければ、その生命……を奪はれ、又はその他の刑罰を科せられない」という形の規定になっているからで、文理解釈として、死刑を少なくとも「一般に直ちに」憲法三六条で禁止する「残虐な刑罰」に該当するとは言えないからです。そう解釈しないと、二つの条文が完全に矛盾することになってしまうからです。しかし、それは憲法三一条がはじめから死刑の廃止に踏み切ることはできなかったというだけのことです（なお、前出三六頁注38参照)。私は、そのような見地をも顧慮して、かりに「残虐」と「残酷」とを用語として区別して使っています。死刑は「残虐」とまで言えなくても、少なくとも「残酷」な刑罰です。それは違憲とまで言えないとしても、憲法の前文や一三条その他の規定の趣旨ないしは精神から考えて、憲法上望ましい刑罰だなどとは絶対に言えないことは明らかではないでしょうか。反対に、それは憲法上、決して望ましくない制度だというべきだと私は信じます[33]。人間の尊厳ということと死刑とは、いかなる意味においても両立しないと思うのです。そうすると、正義論の見地から言っても、私は死刑は廃止されるべきものといわざるを得ないのであります。

　以上は、誤判の問題をいっさい度外視して議論を進めて来たのですが、私をして強い死刑廃止論に踏み切らせたのは、I 1のお話で申しましたように、何よりも、誤判の可能性が死刑制度に必然的に内在しているということを、自分の実務体験を通じて確信するにいたったからに外ならないのです。誤判の可能性の内在する死刑制度は、いかなる意味においても正義論によって擁護されることはあり得ないでしょう。かりに殺人の真犯人に対する死刑がいかに正義の要請だとしても、無実の者が処刑されることは、それを帳消しにしてはるかに余りある、とうてい許すべからざる不正義であります。また、犯罪予防論者から言えば、仮に無実の者が処刑される多少の心配があろうとも、死刑によって犯罪の予防ができさえすれば、それだけで十分に死刑制度の合理性があるという議論をするかも知れませんが、いやしくも無実の者が死刑になるという恐るべき犠牲において犯罪の予防を重視するという論者がもしいるとすれば、私はその人の人間的なセンスを疑うものです。

(1) 以下、聖書の引用は、すべて日本聖書刊行会の新改訳による。
(2) 念のために付け加えれば、ここでももちろん誤判のないことが当然の前提になっている。『出エジプト記』(二三章七節)には、「罪のない者を殺してはならない」ことが、とくに記されている。
(3) たとえば、カトリック新聞一九九九年二月七日号一頁参照。
(4) 聖書と死刑問題につき、なお、Arthur Kaufmann, *Schuld und Strafe*, 2. Aufl., 1983, S. 3.
(5) Moritz Liepmann, *Die Todesstrafe*, 1912, S. 13.
(6) Hugo Adam Bedau, Capital Punishment, in *Encyclopedia of Crime and Justice*, Ed. by Sanford H. Kadish, Vol. 1, 1983, p. 139.
(7) イスラームでは、教義の上でも殺人に対しては死刑が是認、というよりはむしろ要請されているようである。ただし、コーランの記述によれば、それは殺人犯人を死刑にするというのではなく、相手側に対する復讐が要請されるのである。井筒俊彦訳『コーラン』(岩波文庫、著作集7〔一九九二年〕)によって引用すれば、「これ、信徒のものよ、殺人の場合には返報法(いわゆる「目には目、歯には歯を」――以下、括弧内はすべて、訳者井筒博士の注)が規定であるぞ。つまり自由人には自由人、奴隷には奴隷、女には女(つまり一人に対して同格のもの一人の復讐である。一人殺されたのに、その復讐として相手側の人々をむやみに幾人も殺すというイスラム以前のならわしはもはや許されない)。しかも(殺人を犯しても)、同胞(相手の当事者)が赦すと言った場合(復讐として犯人を殺すかわりに、いわゆる「血の価」――例えば駱駝何頭の支払い――で満足する場合)には、(復讐者の側では)

正々堂々とことをはこばねばならないし、また（本人の方でも）立派な態度で償いの義務を果たすのだ。云々」（二「牝牛」一七三〔一七八〕＝文庫版㊤四三頁、著作集四八頁）。また、「我らはあの中で（ユダヤ人に与えた『律法』の中で）次のような規定を与えておいた。すなわち、『生命《いのち》には生命を、目には目を、鼻には鼻を、耳には耳を、歯には歯を、そして受けた傷には同等の仕返しを』と。だが（被害者が）この（報復）を棄権する場合は、それは一種の贖罪行為となる。アッラーが下し給うた（聖典）に拠って裁き事をなさぬ者、そういう者どもは全て不義の徒であるぞ」（五「食卓」四九〔四五〕＝文庫版㊤一五四頁、著作集一四八頁）。なお、井筒博士によれば、「血の復讐」はジャーヒリーヤ時代（イスラーム以前の時代）には人間対人間のいわば水平関係だったのが、イスラームになると、復讐の方向は垂直となり、以前からの水平方向と交叉するようになった。つまり人間が地上で行なう一切の究極的復讐者は神自身であることになったのだそうである（井筒俊彦訳『意味の構造・コーランにおける宗教道徳概念の分析』井筒俊彦著作集4〔一九九二年〕七九頁、なお、五五頁以下、二七六頁参照）。――ちなみに、イスラームのスーフィズム（神秘主義）によれば、意識構造の最終階層である第五層（シッル）は「われこそは神」という神的第一人称「神的われ」になるとされる（井筒俊彦『イスラーム哲学』著作集5〔一九九二年〕三八八頁、四一五頁等）。ここに紹介したところとなんらかの関連があるのかどうか、私には興味のある問題なのだが、井筒博士にその趣旨の手紙を書いてまだ返事を頂かない中に博士が急逝されて（一九九三年一月七日）、これを確かめる機会は永遠に失われてしまった。博士はイスラームのほか仏教哲学(唯識・華厳・天台・真言）からプラトニズム、さらには老荘・儒教までをも視野に収めた、前人未到の雄大な「東洋哲学の共時論的構造化」の構想を抱いたまま永眠されたのであって、その急逝はまことに痛惜のきわみであった。遺著となった井筒俊彦『意識の形而上学――「大乗起信論」の哲学』（一九九三年）の豊子夫人による「あとがきに代えて」、なお後出三八〇頁注3参照。

（8）カント（恒藤恭＝船田享二訳）『法律哲学』（一九三三年）二五八頁以下。

(9) ラートブルフは、個人を現象人と見ないで、仮に「理性の具象化」として見たとしても、(社会契約に死刑の同意が含まれるかについての) カントの論理は当たらないことを論じている。やや論点はずれるが、この関係でも参考にはなるであろう。Radbruch, *Rechtsphilosophie*, 7. Aufl. von E. Wolf, 1970, S. 273. ラートブルフ (田中耕太郎訳)『法哲学』(一九六一年) 三五二頁。

(10) Liepmann, *op. cit.*, S. 24.

(11) ヘーゲル (速水敬二＝岡田隆平訳)『法の哲学』九七節およびその補遺、九九節 (一九三一年・一六八頁、一七〇頁)。タリオの考え方に対する批判として、同書一〇一節以下 (前掲邦訳一七四頁以下)。

(12) ヘーゲル・前掲『法の哲学』一〇〇節 (前掲邦訳一七二頁以下)。

(13) 例えば相手が切り掛かって来たときに正当防衛として相手を殺すような場合には、これは犯罪にはならないので、これを正当防衛権として権利の一種と見るのが普通であるが、もし個人に「殺す権利」といったものを認めるとすれば、こういった場合に限る。しかも、この正当防衛にしても、違法性がないために犯罪を構成しないというだけであって、権利とまでみるのが正しいかどうか、本当は疑問ではないかと思う。

(14) Liepmann, *op. cit.*, S. 26 ff. ――なお、死刑の存在によって、かえって犯罪が誘発される場合さえあることについて、後出注28参照。

(15) Liepmann, *op. cit.*, S. 37 ff.

(16) Liepmann, *op. cit.*, S. 46 ff.

(17) 前出一四頁、三一頁注20。なお、この関係でも重要な文献として、Thorsten Sellin, The Death Penalty, A Report for the Model Penal Code Project of the American Law Institute (A. L. I., *Model Penal Code, Tentative Draft* No. 9, 1959 の巻末に付録として印刷されている), p. 19 et seq.; ditto, *The Death Penalty*, 1980.

(18) 試みに、法務省法務総合研究所編『犯罪白書（平成一一年版）』二六頁によって、一九九五年度から一九九七年度までの諸国における殺人罪の発生件数および人口一〇万人に対する比率をみると、左表のとおりであって、いかにわが国における発生率が他国に比較して格段に低いかがわかる。なお、H.-H. Kühne und Koichi Miyazawa, *Kriminalität und Kriminalitätsbekämpfung in Japan*, 2. Aufl. 1991, S. 38 (Uwe Dörmann).

殺人の認知件数・発生率

区分		アメリカ	イギリス	ドイツ	フランス	日本
1995	認知件数	21,606	1,379	3,960	2,563	1,312
	発生率	8.2	2.7	4.9	4.4	1.0
1996	認知件数	19,645	1,353	3,531	2,385	1,257
	発生率	7.4	2.6	4.3	4.1	1.0
1997	認知件数	18,209	1,391	3,312	2,085	1,323
	発生率	6.8	2.7	4.0	3.6	1.0

(19) 明治三（一八七〇）年に出された新律綱領の名例律には「絞斬の外、仍ほ梟示なる者あり。其首を斬り、刑場に梟示し、看守人（ばんにん）を置き、犯由牌（すてふだ）に罪状を書し、其側及び各所に立て、三日を経て除棄す。凶残の甚だしき者を待つ所以なり」（括弧内は原文の振り仮名）と規定されている。明治六（一八七三）年の改定律例（七条）にも、これに相当する規定が残っている。史料と解説につき、石井紫郎＝水林彪『法と秩序』（日本近代思想大系７）（一九九二年）参照。

(20) 荻生徂徠（内田智雄＝日原利國校訂）『律例対照・定本・明律国字解』（一九六六年）一六頁。

(21) ミシェル・フーコー（田村俶訳）『監獄の誕生――監視と処罰』（一九七七年）九頁以下。Michel Foucault, *Surveiller et punir. Naissance de la prison*, 1975, p. 9 et suiv.

(22) 団藤重光「アメリカのガス死刑と電気死刑」（同『刑法紀行』一九六七年）二八〇頁以下。「暁の死刑執行――R・ハリス、最後の一二時間」刑政（一九九二年七月号）八四頁以下にも、ガス死刑執行の凄惨な状況がなまなましく叙述されている（ロサンジェルス・タイムズ紙の報道の紹介）。これは一九九二年四月にキャリフォーニア州で二五年ぶりに行なわれたもので、執行停止命令と連邦最高裁によるその破棄があったため、執行が開始後いったん中断されてから続行されるなど、情景をいっそう凄惨なものにしている。電気死刑につき、なお、正木亮『現代の恥辱』（一九五八年）三一〇頁以下。――ガス室については、John Grisham, *The Chamber*, 1994. ある死刑事件の顚末を、事件の発端から処刑の最後まで、犯人中の一人とその孫にあたる若い弁護士とを主人公にして叙述した作品であるが、作者じしんも元弁護士であり、詳細・精密な取材によって、おそらく実際をよく捉えているものとおもわれる。**ガス死刑**そのものの情景は主として間接的な描写ながら前後・表裏にわたって詳細に観察されており（例えば、pp. 176, 180, 220, 368, 369, 374, 414, 466, 472, 475, 478 *et al.*）、また全編を通じて弁護士はもとより裁判官、州知事などの活動も目に見えるように紹介されていて、われわれに非常に参考になる。読物としても面白く、井上正仁教授によればアメリカでベストセラーになっている由である。その後、邦訳が出た（J・グリシャム〔白石朗訳〕『処刑室』上下・一九九五年）。――スーザン・ヘイウォード主演の実話映画「私は死にたくない（原題〈I want to live〉）」（一九五八年）では**ガス死刑**執行の描写が真に迫っている（前科はあるが当の謀殺については無実としか思われない事件）。――ヘレン・プレジャン（中神由紀子訳）『デッドマン・ウォーキング』（一九九六年）三四頁以下には、**電気椅子**による処刑の残酷な有様が資料に基づいて詳細に描写されている。Helen Prejean,

Deadman Walking, p. 18 et seq. 原書には、有名な連邦最高裁のブレナン判事が判決の少数意見の中で、その状況を詳述しているのが引用されている (*op. cit.*, p. 19)。William J. Brennan, J. in: *Glass v. Louisiana*, 471 U. S. 1080 (1985) (at 1086-87). なお、映画「デッドマン・ウォーキング」では、原作の電気椅子を注射死刑に変えて、その執行の模様をリアルに描出している。おそらく十分な考証によるものと想像される。

(23)　一九九六年一二月、松浦功法務大臣は、同年一二月二〇日に東京拘置所の三人の死刑囚が執行された数日後の記者会見において、「これからは、取材に対して、執行指揮書にサインをしたかどうかだけは答える。方針を変える」と述べたことが、各紙に報道された（一九九六年一二月二四日）。当局の秘密主義の程度がわかるというものである。――ちなみに、死刑囚の確定判決記録（刑訴五三条参照）の閲覧も、従来検察庁によって拒否されて来たが、北九州大学の石塚伸一教授（刑事学）の提訴に対して、最近、最高裁第一小法廷がこれを認める決定をしたことが報道された（日本経済新聞一九九六年九月二八日）。

(24)　死刑執行の模様を述べたものは少なくないが、ここでは特に、玉井策郎『死と壁』（一九五三年）二〇七頁以下を挙げておく。著者は大阪拘置所の所長であった人であるから、その叙述は正確なものに相違ない。加賀乙彦『宣告』下（一九七九年）三八四頁以下は、作家のものだけに臨場感のある克明な描写である。作者はかつては東京拘置所医務部技官でもあった精神医学者の小木貞孝博士（作中では「近木」）であり、「処刑の実際の情景」を「非常に忠実にリアルに書いた」ものである（加賀乙彦「処刑までの濃縮された苦悩を描く」菊田幸一編著『死刑廃止・日本の証言』〔一九九三年〕二九一頁）。主人公のモデルは正田昭と推定される。なお、前坂俊之『日本死刑白書』（一九八二年）三五頁以下、大塚公子『死刑執行人の苦悩』（角川文庫・一九九三年――単行本としては一九八八年）も、ノンフィクション作家のものであるが、取材が正確のようで推奨に値する。――数多くの文献の中には、鬼気迫る叙述をしたものも見られるが、どこまで真実を伝えたものか私にはわからないので、ここには紹介しないでおく。

(25) 前出三六頁注38参照。

(26) Roger Hood, *The Death Penalty*, 2nd Ed., 1996, pp. 193-196. 死刑執行が社会に与える残虐性助長効果の研究の一例として、M. B. Cochran, *et al*., Deterrence or Brutalization?, 32 *Criminology* 107-134 (1994). これは一九九〇年にオクラホマ州で二五年ぶりに死刑の執行が再開された時期をとらえて、その前後における広義の殺人罪(homicide)への影響を調査したもので、重罪的殺人罪とそれ以外の殺人罪とを区別して考察したが、そのいずれについても抑止的効果は認められず、知り合いでない者に対する殺人罪についてはむしろ残虐性助長効果が認められたという結果が出た(資料は佐伯仁志教授の厚意による)。なお、Hood, *op. cit*., p. 195, n. 36.

(27) 正木亮『現代の恥辱・わたくしの死刑廃止論』(一九六八年)。

(28) なお、特殊な異常心理としてではあるが、自殺のため、あるいは自分も死刑になってみたいため、殺人を犯したという事例が——今世紀になってからのものをも含めて——報告されている。Sellin, *op. cit*. (A. L. I., *Model Penal Code, Tentative Draft* No. 9, 1959 の巻末), p. 65 et seq. さらに、死刑を置いている外国で殺人を犯したあと死刑のない自国に逃げ帰り、自国でさらに殺人を犯せば、先の殺人についても引渡しをされないですむと勘違いをして、自国でわざと殺人を犯したという事例も、そこに報告されている。

(29) 正木亮『刑事政策汎論』(増訂四版・一九四三年)一四七頁以下。無期刑にして被害者の家族に賠償をさせるというのである。わが国では、花井卓蔵博士(『刑法俗論』〔一九二二年〕一八三頁)が早くから主張され、正木博士は「刑罰論に一転回を要請するもの」として特にこの見地を重点として考えたいとしておられる。

(30) 前掲・玉井策郎『死と壁』への阿部知二氏の序文(三頁)。

(31) 金沢文雄「死刑廃止を望む」JCCD五八号(一九九一年九月)一頁以下、同「死刑廃止への提言」(ホセ・ヨンパルト＝三島淑臣編集『法の理論』12・一九九二年）一〇頁以下。

(32)　リーディング・ケースとして、最大判昭和二三年三月一二日刑集二巻三号一九一頁。「一般に直ちに」というのも、この判決に出て来る（一九四頁）。

(33)　この問題については、とくに平川宗信教授が根本的な問題提起をしておられるのが注目される（平川宗信「刑法の憲法的基礎について」『平野古稀祝賀』上巻〔一九九〇年〕六七頁以下、八八頁、八九頁注五二）。教授は、その後、この見解をさらに大きく展開しておられる（平川宗信「大野補足意見と死刑廃止論」法学教室一六〇号〔一九九四年一月号〕一一四頁以下、同「死刑制度と憲法理念――憲法的死刑論の構想」ジュリスト一一〇〇／一一〇一号〔一九九六年〕――これについては前出三五頁注36、八七頁以下）。

4　内乱罪と死刑

内乱罪と殺人罪の違い

同じ死刑でも、殺人罪に対しての死刑は、もしこれを基礎付けるとすれば、人を殺した者は自分も殺されるのが当然ではないか、「目には目を、歯には歯を」、「生命には生命を」というのが、どうしても基本になります。ところが、内乱罪の場合は、そういうふうに持って行くことができないので、大分様子が違います(1)。

内乱罪は、国の基本組織を破壊する罪です。内乱罪の場合にも人が殺されることが多いでしょうけれども、人を殺したことは、内乱罪成立の要件になってはいません。内乱で犯人の誰かが誰かを殺したとしても、直接に手を下したのはたいてい下っ端の者であって、首謀者が自分で人を殺すことは、むしろ少ないでしょう。つまり、内乱罪を処罰するのは、人を殺すところに重点があるのではなくて、国の基本組織を破壊するというところにポイントがあるわけです。ついでに言いますと、内乱の暴動によって殺人などが行なわれたとしても、それらの行為はすべて内乱罪の中に包括されてしまうので、殺人罪などが別個に成立するものではないと解されています。(2)

死刑存置国では内乱罪には死刑を規定しているのが普通ですが、それは、内乱は法自身を殺すような行為だからでしょう。国家秩序はそのまま法秩序であり、法秩序はすなわち国家秩序です。内乱罪はそういう法(国家法)そのものを滅却する行為ですから、法はその犯人の存在を否定する以外にないというのが、おそらく内乱罪について死刑を規定する理由だろうと思います。このように内乱罪と殺人罪とでは、死刑の根拠が違いますから、イデオロギーによっては、一時期の旧ソ連のように、殺人罪には死刑を規定しないで、反革命の罪——これも内乱罪の一種といってよいでしょう——には死刑を規定するというような立法例さえも見られたくらいです。(3) 個人の生命よりも革命的体制の方が重要だという考えです。

それでは、内乱罪については死刑廃止の問題や根拠をどう考えるべきでしょうか。この点に関する議論で、私がいちばん面白いと思ったのは、日本の旧刑法を立案したボワソナードの考えです。これを以下に紹介しておきましょう。

内乱罪とボワソナードの死刑廃止論——●

ボワソナード（1825―1910）はパリ大学の教授でしたが、[4] 一八七三（明治六）年に日本政府に招聘されて来日し、旧民法と旧刑法と治罪法（刑事訴訟法のこと）という三つの大きな法典を起草しました。その中で、民法は結局施行されることなく終わりましたが、かれの起草した刑法と治罪法の草案はかなり修正は受けたものの、どちらも法律として施行になりました。このようにボワソナードは日本における近代法制整備の恩人であり、大変な功労者だったのです。かれは、一八七五（明治八）年には司法卿大木喬任に拷問廃止の建白書を出して拷問の廃止を実現したのですが、さらに一八七七（明治一〇）年には司法省に「死刑廃止意見書」を提出しています。これは死刑の全面的廃止を提言したものですが、採用されるにいたりませんでした。[5] そこで、かれは刑法草案の起草にあたっては、やや控え目に全面的廃止はあきらめるとともに、その代わり、すくなくとも政治犯――とくに内乱罪――については、死刑廃止を非常に強く主張しています。かれの刑法草案はその立場から起草されたものです。

この刑法と治罪法が公布されたのが一八八〇（明治一三）年ですが、この草案が作られていた時期は、ちょうど佐賀の乱（一八七四年）や西南戦争（一八七七年）があったころの激動の時代でした。たとえば佐賀の乱を起こした元司法卿の江藤新平は死罪になりました。あのころの死刑の数は大変なものです。津田真道が一八七五（明治八）年に『明六雑誌』に書いた論文には、「そもそも我邦、人口三千余万、年々死刑に処せらるる者、概するに千人。少しとせず」とあります。[6] 人口が現在の四分の一だったのに、その中で約千人が処刑されたというのですから、大変な数です。ちょうどこの頃、司法省に刑法草案を検討する委員会が設けられていたのですが、内乱罪について死刑の廃止を主張するのには、いちばんやりにくい時期であったわけで、それにもかかわらず、こういう死刑廃止を盛った刑法草案を作ることにしたとボワソナードは言っています。

その審議の中で出て来た議論は政治犯についてでしたが、ここでボワソナードが念頭に置いているのは、主として内乱罪についてです。内乱罪については死刑を廃止するのが、賢明であり公平であり、かつ論理的であるというのが彼の議論でした。(7) まず、かれの議論を要約して置きますと、第一に、政治犯は個人の犯罪ではないから、首謀者を死刑に処することによって他の者の犯行を抑圧することができるどころか、むしろこれを刺激し激発する。理性からいっても、諸国の歴史的な経験からいっても、死刑廃止が賢明である。第二に、政治犯を通常犯罪と同じ扱いにするのは不正義であり、政治犯について死刑を廃止するのが衡平に合致する。第三に、政治犯は既遂にならなかった場合にしか罰せられない。政治犯が罰せられるのは、未遂の形態の場合だけである。未遂が当然に刑を減軽されるべきものであるとすれば、それに死刑を科するのは非論理的である。政治犯について死刑を廃止するのは、法の論理の要求でもある、というのであります。この第三の点については、あらかじめ少し解説を加えておきましょう。もし内乱が成功して既遂になってしまったら、政府が代わってしまい、法律が変わってしまいますので、内乱罪は未遂に終わった場合にしか罰せられないわけです。しかも、旧刑法では、現行法とちがって、客観主義の見地から、未遂は当然に刑が減軽されることになっていたのでした。ですから、それに死刑を科するのは、非論理的だといっているのです。こうしたボワソナードの議論はなかなか説得力があるのですが、実際には政府によって採用されないで、内乱罪の死刑が残ったわけです。ボワソナードは大変残念がって、将来この点が日本で新しく問題になるだろう、と注の中に書いています。(8) 現に、やがて、帝国議会の場に、そうした議論が聞かれることになります。最初の一人は、旧刑法の制定に参画しその注釈を書いたので有名な村田保氏でした。(9) 氏は、ボワソナードの薫陶を受けたのでしょう、この問題について卓越した見識をもっていた人物で、貴族院議員として貴族院の委員会で発言した内容は、われわれにとっても非常に参考になるものをもっています。第二は花井卓蔵博士で、すこし時代が下りますが、衆議院を舞台として華やかな論陣を張ったのでした。(10)

そこで、以下にボワソナードの議論をもう少し詳しく紹介しておくことにしましょう。かれの原文は非常な名文ですが、そのまま邦訳しても、なかなかその格調を写すことはできませんので、むしろ、ある程度自由に訳出することにしたいと思います。

第一に、政治犯における死刑の廃止は、賢明である（傍点の箇所は原文ではイタリック。以下、同様）。すなわち、理性と熟慮に合致するものである。

他のすべての国におけると同様に、この国（日本）においても、歴史的事実の証明するところによれば、死の脅威は、いまだかつて共謀者たちを押し止どめたことはなかった。共謀者たちは、ある者は個人的野望の動機によって、また、他の者は善意で国益と信じるところのものへの献身という動機によって、大きな目的を追求するものである。この二つの動機は、極めてしばしば、死の恐怖よりもはるかに強力なのである。また、日本でも外国でもよく見られたように、同じ犯罪的企図が、政治的な秩序の中において、何回も何回も繰り返し行なわれたことがあった。たとい、主だった暴動の首謀者や行為者たちが、その都度、死刑に処せられたとしても、である。

忘れてならないのは、この種の犯罪は孤立した個々の企てではないということである。それは多かれ少なかれ相当数の党派による仕事で、その党派は主たる、あるいは副次的な首謀者と、それに付随する人たちとから成るのであって、後者は、前者が死んでしまった場合には、今度は自分たちの番として、首謀者になるのである。こういう形で繰り返し繰り返し、同じ犯罪が行なわれるのである。首謀者の死というものが、社会的危険を終結させるどころか、むしろ、その鎮圧のエネルギーが惹起する憎しみや復讐の精神をいやが上にも増加させるものなのである。

つまり、こういうことである。鎮圧の犠牲者たちは、通常の犯罪者におけるように軽蔑の対象となる代わりに、かれらの党派によって栄光を与えられる。死刑というものは、法が将来のための保障として最も強く期待するところの威嚇の効果を完全に欠くものであった。反対に、死刑は同じ犯罪の再発に新たな口実を与えて来た。そうして、鎮圧というものは、通常、前よりも一層きびしい一般的治安措置を伴うものであるから、抵抗の精神は、より強いにが味をもって醸成され、やがて、より強い暴力と広がりをもって爆発するものである。

これこそが、いまの賢明さ、すなわち理性と経験とが、政治犯の領域における死刑の廃止を、いかに支持するものであるかという理由である。

ひとつ付け加えておこう。もし死のおそれのあることが恐怖を呼び起こさない国があるとすれば、それは紛れもなく日本である。われわれはその説明を探求することはやめにしよう。説明については議論があるかもしれない。しかし、事実そのものには議論の余地がない。それは著明な事実である。

ここまでが第一点で、政治犯については死刑を廃止するのが賢明であるという議論です。最後に付け加えた文章は、佐賀の乱や西南戦争を見て来たボワソナードですから、切腹のことなども思い浮かべていたかも知れません。なお、政治犯人については、行為者の精神医学的・心理学的な類型の見地から、死刑が威嚇的効果をもち得ないという議論があることも、ここにつけ加えておきましょう。(11) 次に第二点に移ります。

第二に、政治犯における死刑の廃止は衡平に合致する。なぜならば、それは政治犯を通常犯罪と不当に同視することをやめさせるからである。

政治犯罪は、通常犯罪よりも一層大きな危険を社会に及ぼすことがあり得る。通常犯罪、少なくとも法が死刑を規定しているような通常犯罪は、一般的に言って、個人に向けられたものである。しかし、最重の犯罪が、同程度の意思の不道徳性や動機の悪辣さを示すわけではない。前述のとおり、こうした犯罪の行為者たちは社会の改革に真剣に取り組む者であることが稀ではない。社会の改革、すなわち、自分たちの国の状態の改善、換言すれば、大威張りの、あるいは高貴とさえ言ってよいような目的を追求する者であることが、珍しくはないのである。(12)

ところで、行為の不道徳性を欠くものを社会的害悪のより大きいものによって償おうというのは、衡平に反する考え方だというべきであろう。むしろ、それは反対のことにさえもなりかねない。それが、社会的害悪を欠くものを不道徳性のより強いものによって償おうとするものであろうとも、また、特に社会的害悪はそれほど惹起されないという理由によって、極めて不道徳な行為の刑を軽くするということであろうとも、である。この種の償い (compensation) は、軽い犯罪や中位の犯罪については、法律の中に暗黙によく見られるところであって、それは社会的害悪あるいは道徳的な悪において等しくない行為を同じ刑で罰することを、一定の場合には、説明するのに役立つであろう。しかし、こういった償いは、その結果が刑罰を重くして、死刑にまで導くような場合については、ショッキング、衝撃的であり、是認し難いものになる。

この種の場合は、本当は不道徳ではないのです。世の中を良くしようという動機から来るのですから、動機において非常にいいのですが、その危険が大きいということで重く罰するということは、特にそれが死刑というようなことになると、ショッキングであって許すべからざるものになって来ると言おうとしているのだと思います。

もし、われわれがこの政治犯の問題により深く立ち入るならば、われわれは、否応なしに、それが行為の道徳性の見地において通常の犯罪とは深く異なるものであることを認めないわけには行かない。

フランスに例をとってみると、その違いがいかに大きいかということに驚かされるだろう。ほかの国においてと同様に、フランスにおいても、謀殺、毒殺、放火は、いまだかつて凶悪犯であることをやめたことはなかったし、(陪審が潜脱《もぐ》る場合と恩赦による場合を除いては)これらに対しては法律は常に死刑が適用されるべきものとしていた。

現在ではフランスは死刑廃止国ですが、このころはもちろん死刑がありました。ボワソナードも、一般犯罪についての死刑の廃止はこの草案の中で主張していないのです。

これに反して、政府を見ると、あらゆる形態のものが次々に樹立されては転覆されて来た。そのどれもが、自分が存続している間は、たとい侵害者に対する死刑の威嚇によってでもその存立を続けるつもりになっていたのに、どれもがやがては崩壊して、法律も力によって変わってしまった。このことは明らかに正義の原理とは言えないのである。

嘆かわしいのは、王政時代に共和制をつくるために為された最初の企てが、すべて死刑によって処罰せられてしまったことである。なぜならば、この共和制の形態こそは、やがてはフランスを支配するように運命づけられていたものであったからである。

確かに、正規な体制としての王政の下においてこれを暴力によって覆し、代わりに自分たちがより良いと考える形態の政府を樹立しようとした人たちは、罪責があったに違いない。しかし、実際に、かれらの過ちはその目的と動機の中にあったのではなくて、用いられた手段すなわち暴力の中にあった。なぜならば、後になって、かれらの目的は正当で、国の希望に合致するものであったことがわかったからである。

このような国家の統治形態における変化は、政治の分野において、絶対的かつ恒久的な真理というものはないことを証明するものである。この領域を支配する法の唯一の原理は何かというと、それは、正規な体制としての政府は尊重されなければならないということ、何人もそのオトリテ(官権)に対して暴力的に攻撃を加える権利を持つものではないということ、したがって、正当な政府は、その特権に対抗するすべての企てを抑圧することができ、また抑圧しなければならないということ、である。こうした正当な政府は、設定された法律と正規の権力とを自分のために保持する。特権の或るものを防衛するために他のものを用いる権利と義務を有する。

この点については、今日では例の抵抗権の問題があります。[13] 憲法上、当然に抵抗権というものが認められるべきだという議論が出て来ているし、私もある程度はこれを認めますが、ボワソナードのころはそういう議論がなかった時代です。かれによれば、正当な権威は認めなければならない、官権に対する暴力的な攻撃は許されない、政府はこうした攻撃に対しては権力を発動するのが当然である、ということです。「しかし」と、かれは言葉を続けます。

しかし、政府はその敵を暗殺者を扱うように扱ってはならない。それは二つの交戦国の間で戦勝国が戦敗国を憎しみと侮蔑をもって扱ってならないのと同様である。

内乱は内戦であって、一種の交戦団体相互のような関係になることを言っているわけです。かれはさらに続けます。

この比喩をもう少し続けよう。国際的な戦争の後では、戦勝国は戦敗国の反撃を防ぐための措置をとる。金銭的賠償を科し、その艦隊や兵器、場合によるとある地域を取り上げる。しかし、戦勝国は戦敗国の国民全体を殲滅《せんめつ》するということはしないのである。同様に内戦においても、勝った方の党派はその敵を、新たに自分たちに害を加えることのできない状態に置くような方策をとるべきである。その手段は刑罰であるけれども、しかし、死刑はこの目的のためには必要でない。必要があっても、それだけでは死刑を正当化するのには不十分であるが、必要がないならば、なおさらのこと死刑は正義ではあり得ない。しかも、死刑は絶対に永久に必要ではないのである。

これが第二の論点です。ボワソナードが内乱罪について戦争論に結び付けて死刑廃止論を展開しているのは、非常に意味深長です。日本国憲法が国際紛争を解決する手段としては戦争を永久に放棄しています。私は、そのことから、ひいては日本国憲法の精神として、死刑をも否定するところまで本来行くべきであろうと思います。(14)

それから、最後に、第三の論点です。

第三に、死刑の廃止はまた法の論理によって要請される。

一三八条によれば、一三四条の規定する最重の政治的な刑罰は「実行の開始があった後」に科せられることになっている。これはまさしく、政治的犯罪の特殊性の一つであるところの、既遂にならなかった場合に限って罰せられるものだという点を端的に示すものである。もしそれが既遂に達したとすれば、暴動は勝利を収め、勝利者は、もはや自己が転覆したところの法律には服せず、かれらに法律を適用する裁判官もなくなるだろうからである。

だから、政治犯が可罰的なのは、それが未遂犯ないし欠効犯の状態にとどまった場合に限るわけである。

ところで、既遂にならなかった犯罪の処罰につき、一等または二等を減じる、あるいは二等または三等を減じるという法制のもとにおいて、未遂犯ないし欠効犯の状態にとどまった政治犯を死刑に処するというのは、非論理的である。

このような考察は、政治的事件における死刑反対論者がいまだ提出したことのないものであろうと思うが、最後まで心の底に残るべき疑問を提起するものだと考える。日本においては、草案は既遂犯と未遂犯ないし欠効犯との間に深い区別を設けているのであるから、この議論は全面的にあてはまるはずである。

以上で政治犯に関する死刑廃止の理由づけについての議論を終わるのですが、ボワソナードは、さらに立法例に触れていますので、ついでに、これも訳出しておきましょう。

最後に一言付け加えれば、諸外国の大部分は政治犯について死刑を廃止しているが、これは、他の多くの点におけると同様に、フランスを手本にしたものである。しかも、これらの大部分の国は、王政にせよ帝制にせよ、君主制の形態をとっているのである。

フランスでは、こうした死刑廃止は第二共和制（一八四八年）に遡るが、第二帝制によっても尊重され、第三共和制も政治犯について死刑に立ち戻るものでないことは確かだと思われる。第三共和制はむしろ通常犯罪についても死刑を廃止するであろう。イタリアにおけると同様にフランスにおいても、死刑廃止の理念は明確なものになっているのである。

外患罪の場合——●

ここで、読者は、それでは外患罪の場合はどうか、という疑問をもたれるかも知れません。外患罪というのは、「外国に通謀して日本国に対して武力を行使するに至らせる罪」（外患誘致罪）と「外国から武力の行使があったときに、これに与《くみ》してその軍務に服し、その他これに軍事上の利益を与える罪」（外患援助罪）です。刑は、内乱罪の方は死刑か、でなければ無期または有期の禁錮ですが、この外患罪の方は死刑か、でなければ無期または有期の懲役になっています。非破廉恥罪である内乱罪と違って、この方は売国的な裏切り行為で破廉恥罪だからだというので、自由刑は禁錮でなくて懲役にしてあるわけです。

しかし、外患罪も政治犯であることは同じでしょう。国という枠の中で考えるかぎり、いま言ったような違いがありますが、国の枠を外して人類の見地で考えますと、よりよい人類社会を目指してこの罪を犯すということもあり得ます。一方、内乱罪にしても、犯人が私利私慾のために犯すという場合がいくらでも想像できるのであって、両者の間にかならずしも本質的な違いがあるとまでは言えないのではないでしょうか。内乱は私戦ですが、こちらは外国との戦争への関与で、戦争との関係でいえば、こちらの方が一層密接です。先程のボワソナードが内乱罪の死刑廃止理由の第二点として論じていたところは、この外患罪にも、かなりの程度において当てはまると言ってよいでしょう。定型的にいえば両者のあいだに非破廉恥罪・破廉恥罪の違いがあることは否定できないでしょうから、私は、選択刑としての自由刑に禁錮と懲役という区別を設けることを否定するところまで主張するつもりはありませんが、死刑に関するかぎり、内乱罪の死刑を廃止して、外患罪の死刑は残しておくというのは、筋が通らないということをいっておきたいのです。

戦争に聖戦だとか正義のための戦争だとかいうものがあるように言われますが、そういうものがあるとしても、その規準は決して絶対的なものではありません。一国の内部で考えてさえもそうですが、国の枠を外して考えるときは、なおさらです。内乱罪や外患罪は――前者は時間的、後者は空間的に――国の枠の内外にまたがるものです。その意味でも、われわれは視野を広げて、全人類的見地を十分に加味して考察する必要があるのではないでしょうか。このごろは、地球上の各地で内乱・外患の類《たぐい》のいろいろな事件が起こりますので、それらを念頭に置いてみると、死刑の問題を考えるための教材が沢山にみられるのではないでしょうか。人類のために生き残って欲しい人が抹殺されてしまうのは、本人の無念はもちろん、人類のために非常に不幸なことではありませんか。

（1）死刑の基礎付けには、殺人罪の死刑にしばしば援用される「生命には生命を」という個体対個体の見地からする立場と、内乱罪の死刑について典型的に持ち出されるような全体対個体の見地からする立場との両者がある。判例にも、この二つの見地のそれぞれが見られると思う。例えば、「……同時に他人の生命、人格等をも尊重しなければならない。……さすれば他人の生命を尊重せずして故意にこれを侵害した者は、その自己の所為につき、自己の生命をも失うべき刑罰に処せられる責任を負担するものといわざるを得ない」（最一判昭和二四年八月一八日刑集三巻九号一四七八頁）というのは前者であり、「死刑の威嚇力によって一般予防をなし、死刑の執行によって特殊な社会悪の根元を絶ち、これをもって社会を防衛せんとしたものであり、また個体に対する人道観の上に全体に対する人道観を優位せしめ、結局社会公共の福祉のために死刑制度の存続の必要性を承認したもの」（最大判昭和二三年三月一二日刑集二巻三号一九一頁）といっているのは後者である。事案は、どちらも、殺人罪に関するものであった。ちなみに、ラートブルフによれば、死刑の基礎付けは超個人主義的な法律観によってのみ可能である。Radbruch, *Rechtsphilosophie*, 7. Aufl., besorgt von E. Wolf, 1970, S. 270.

（2）団藤重光『刑法綱要・各論』三版（一九九〇年）一七頁。反乱罪（旧海軍刑法二〇条）については同旨の判例がある（大判昭和一〇年一〇月二四日刑集一四巻一二六七頁）。

(3)　旧ソ連では、かつては、殺人には死刑を科しないで反革命行為には死刑を科するという時期があった(一九二六年のロシア共和国刑法五八条の二と一三六条を比較せよ——一九五四年四月まで)。これは社会主義国における価値体系の特殊性に由来する(団藤重光『刑法綱要・総論』三版〔一九九〇年〕五六頁注七参照)。旧ソ連における死刑の問題についての文献として、上野達彦『ペレストロイカと死刑論争』(一九九三年)。そこには革命以来の死刑の歴史についての簡明な叙述も含まれている。

(4)　大久保泰甫『日本近代法の父・ボワソナアド』(一九七七年)。

(5)　大久保泰甫「ボワソナード(続日本刑事政策史上の人々(2))」罪と罰三一巻二号(一九九四年)四六頁以下、とくに五一頁以下。このボワソナード草案は司法省の刑法草案取調掛でも承認され、一八七七(明治一〇)年の「日本刑法草案」では内乱罪・外患罪については死刑のかわりに無期流刑が規定されていたが、太政官においてこの立場は退けられたのであった。

(6)　津田真道「死刑論」明六雑誌四一号(一八七五年)(『明治文化全集』五巻・改版〔一九五五年〕二五一頁)。もっとも、この数字にどこまで信憑性があるかは、私にはわからない。明治初年の死刑数については、手塚豊博士の研究が貴重である。手塚豊「明治初年の死刑数」(同『明治刑法史の研究』上〔一九八四年〕二九九頁以下)。博士はA(元老院会議筆記における細川潤次郎議官の発言)、B(小崎弘道稿・六合雑誌)、C(村岡良弼稿・法制論纂)、D(明治史要)、E(明治八年日本政表)の資料によって、明治元—七(一八六八—七四)年の死刑数を表示しておられる。それによれば、明治元年が二三人(A)、二年が四八〇人(A)、三年が一〇八〇人(A)、四年が一二四六人(A)、五年が一一二八人(B)または一一二五人(C)、六年が九六〇人(A)、九六一人(C)、九六一人(D)、九四六人(E)、七年が七五〇人(C)、七四八人(D)、七二二人(E)となっている。博士は少なくとも明治元年および二年の数字については——藩における数字の脱漏から——実数より少ないと推定しておられる

（三〇三頁注一二）。――明治八年（一八七五年）以降は政府による刑事統計がある。それを整理してまとめたものとして、平野竜一『死刑』（法律学体系〔日本評論社〕第二部・法律理論篇127〔一九五一年〕）四三頁、同『犯罪者処遇法の諸問題』（増補版・一九八二年）二五六頁。それによれば、第一審で死刑判決を受けたのは、明治八―一三（一八七五―八〇）年の六年間は各年度それぞれ四五二人、三七八人、一三五人、一六九人、一五四人、一二五人で、執行された人員は合計一〇〇五人、これに続く明治一四―一八（一八八一―一八八五）年の五年間ではそれぞれ九六人、七〇人、七二人、九九人、一二五人で、執行された人員は合計三九〇人になっている。なお、後出四五八頁第一表参照。

（7） G^ve Boissonade, *Projet révisé de Code Pénal pour l'Empire du Japon, accompagné d'un commentaire*, 1886, p. 457 et suiv.

（8） Boissonade, *op. cit.*, p. 456 note (a).

（9） 村田保氏の死刑廃止論については、倉富勇三郎＝平沼騏一郎＝花井卓蔵監修〔松尾浩也解題〕『増補・刑法沿革綜覧』〔増補・復刻一九九〇年〕三六四頁以下、五三三頁以下、五八八頁以下、六〇七頁以下、七一二頁、七二九頁（国事犯については特に五八八頁以下）。

（10） 花井博士の死刑廃止論については、前掲・倉富勇三郎ほか『増補・刑法沿革綜覧』一七八九頁以下、一八〇五頁以下、二〇九四頁以下（内乱罪については特に二〇九四頁以下）、なお、花井卓蔵『刑法俗論』（一九二二年）一九四頁以下。

（11） Moritz Liepmann, *Die Todesstrafe*, 1912, S. 33. そこでは、とくに、ロンブローゾがいっているようなファナティックな類型が考えられている。

（12） このことは、例えば、幸徳伝次郎（秋水）氏や古田大次郎氏の場合に見られるような、確信犯人たちの処刑に臨んでの悪びれない立派な態度に象徴される。後者につき、江口渙＝小沢三千雄編・古田大次郎『死の懺悔・或る死刑囚の遺書』（一九六八年）二頁。——なお、確信犯人の問題につき、木村亀二「死刑と確信犯人」（同『刑法雑筆』一九五五年・所収）。

(13)　抵抗権については、団藤重光『法学入門』（一九七三年・増補一九八六年）二〇七頁以下、同『法学の基礎』（一九九六年）二三六頁以下参照。

(14)　その後、この点に関連して、丸山眞男・家永三郎両氏から——それぞれの立場において——戦争放棄と死刑廃止とが不可分であるという有益な所見を寄せられた。日本国憲法における戦争放棄・平和主義と死刑制度との矛盾について、とくに、ホセ・ヨンパルト『人間の尊厳と国家の権力』（一九九〇年）二六五頁以下。なお、最大判昭和二六年四月一八日刑集五巻五号九二三頁（死刑制度は憲法九条に違反しないとする）。

5　死刑廃止論の思想的系譜（その一）——西洋

トマス・モア——●

死刑廃止論の思想系列を考えるとなると、やはりヨーロッパから始めなければなりません。そうして、そのいわば前奏曲のような形で登場するのがイギリスのトマス・モア（Thomas More, 1478—1535）です。かれは有名な『ユートピア』（一五一六年）——いうまでもなくユートピアというのはかれが設定した理想の共和国の名です——の中で、ラファエル・ヒスロディという架空の人物をもってきて、これに自分の考えを代弁させています。『ユートピア』には、平井正穂氏の名訳がありますから、(1)訳者のお許しを得て、以下、これを引用させていただくことにしたいと思います（以下、括弧内は同書の頁数）。

まず、相手がこう聞きます。

ところでラファエルさん、あなたに一つお訊きしたい点があります。あなたは、窃盗罪は死刑に値しないとお考えのようだが、なぜそうなのか。また、もしかりに値しないとすると、公安を維持してゆく上に、もっと有効な、どういう刑罰があるとお考えなのか、そういう点をおききしたいと思います。まさか、あなたが、窃盗行為は罰する必要はない、と考えておられるとは思われないからです。死刑という極刑をもってしても泥棒をやめさせることができない、というのが現状です。もし、絶対に生命だけは大丈夫だ、ということが分れば、いくら圧力を加え、威嚇をこころみてみたところで、強盗どもの泥棒を禁ずることはできないのではないでしょうか。何しろ、この連中ときたら、刑の軽減をかえって犯罪奨励策とでもとりかねまじき連中なのですからね。(三二頁)

そこでラファエルは、こう答えました。これは、いま申しましたように、実はモア自身の意見です。

恐れいりますが、私は、金を盗《と》った為に命を奪《と》られるということは、決して正しいことでも道理にかなったことでもない、と思っております。世界中のあらゆる物をもってしても、人間の生命にはかえられない、というのが私の意見なのです。しかし、中には、われわれがこの極刑を課するのは、金を盗んだということに対してでなく、正義をふみにじり、法律を犯したことに対してである、と説く人もあろうかと思われます。しかし、もしそうなら、この極端な法行為はむしろ極端なる不法行為と称してもよいのではないでしょうか。なぜなら、どんな小さなものであろうと、罪を犯したら最後、直ちに刃の露と消えなければならないなどという、そういう残酷な政治、そういう峻厳な国法、無情な法律などは、許すべからざるものであるからです。（中略）神は汝殺すなかれ、と誡め給いました。われわれは少しくらいの金を盗んだからといって、むざむざと平気で人間を殺してよいものでしょうか。（三二一―三二三頁）

当時は、窃盗罪にも死刑があって、それで処刑される人は大変な数にのぼっていたのです(2)。ですから、今と違って、まずそういうものから死刑をやめさせなければならないということで、その当時としては、これがいちばん現実の問題だったわけです。ラファエルすなわちモアは、続けて言います。

もしわれわれが、汝殺すなかれという神の誡めは人間の法律が殺人をどの程度まで合法的とみとめるかということによって規定されると解釈するならば、同じく、淫行も姦淫も偽証も場合によっては合法的となり、結局人間の法律が決定的なものとなるのではないでしょうか。人間には自殺する力も他人を殺す力もありません。それは神が許し給わないからです。しかるにもしわれわれが、勝手にお互いに相談して人を殺す法律をつくり、それを強力なものとし、神の誡めにそむいて、この法律の命ずるところにしたがって人を殺してもかまわない、つまり、神の誡めのもつ一切の束縛や権威から完全に免除され自由である、とするならば、当然それこそ神の誡めの力というものが、結局人間の法律の規定し、許可する範囲以外一歩も出ることはできない、ということにならざるをえません。同様に、あらゆる問題においても、神の誡めを守る範囲を決定するものは人間の法律にほかならないということになりましょう。(三三―三四頁)

このように、モアはキリスト教の信仰――特にかれの場合はカトリックで、ローマ教会の教え――を基にして死刑廃止を強く言っているわけです。ここに出て来る考え方、例えば自殺をすることが許されない以上は、人を殺すこともできないだろう、まして人を殺す法律を作るなどということは、神の誡めに背くものだ、という考え方は、後の思想家たち、いな現代の死刑廃止論者にまで尾を引いています。

西欧では、自殺は宗教上だけでなく法律上も罪でした。イギリスでは、自殺罪が廃止されたのは一九六一年のことでした。今でも自殺幇助は依然として罪になります。そういう思想を頭に置きますと、人を殺す法を作るなどというのは、神の掟に背くものだ、神の誡めを人間の法によって動かしてもいいのか、という、自然法の思想とも結び付くかれの議論がよくわかります。

それだけではなく、モアは他方では刑事政策的なことまで言っているのです。

一たび窃盗罪を宣告された人間は、殺人罪の判決を下された人間と同じように、生命はまさに風前の灯火《ともしび》であり、また同じ極刑に処せられるということが、泥棒に前もって分《わか》っているとすれば、ただこのことを考えただけでも、本来ならただ物を盗っただけですませた筈の、その当の相手を殺そうという気がむらむらと湧いてくる、いや、むしろある意味では、殺すことを余儀なくされるといってもいいのです。（三四頁）

窃盗罪を死刑に処するということになれば、どうせのことに、人を殺しても同じですから、むしろ重い犯罪を犯させるようなことにもなる、というわけです。また、モアは、この国では、窃盗犯人は監禁や束縛さえもしないで、公共の労役に服させ、稼ぎを国庫に納めさせるようにしている、というようなことも言っているのです（三六―三八頁）。かれは、こんな風《ふう》にも書いています。

それが相当凶悪な犯罪の時には勧善懲悪的な意味から公開の懲罰が加えられる。しかし大体においては凶悪な犯罪に対しては仮借なく奴隷刑にするのが普通である。この方が手っ取り早く死刑にしてしまって厄介払いをするよりも、犯人自身の苦しみは変らないにしても国家にとっては一層有利であると想像されているからである。死刑にしてしまえば元《もと》も子もなくなるが、奴隷にして働かせるなら、そこから多くの利益も浮いて来ようというものである。（一三六頁）

これは、現代の刑事政策で言われるようなことを、一六世紀の初めに言っているのですから、大変な見識だというべきです。かれのことばを続けて引用します。

しかもその上、奴隷として人のみせしめにしておけば、同じような罪を犯す者への戒めもそれだけ永く保つであろう。それでもなお叛逆罪をくわだてる者があれば、それこそ死にもの狂いで荒れまわる野獣でも屠《ほふ》るように、忽ち死刑にしてしまう。もはや牢獄も鉄鎖も意味をなさないからである。けれどもじっと我慢強く奴隷の境遇に耐えしのぶ者は前途に全然希望がないわけではない。長年の悲惨な生活ですっかり骨の髄まで打挫がれて悔恨の情を示す者があれば、しかもそれが単に刑罰がいやでたまらないからというのでなく、本当に自分が悪かったという心からの悔恨である限り、時には市長の大権により、時には一般市民の輿論《よろん》と斡旋《あっせん》によって、奴隷刑が大いに軽減されたり、或いは全然青天白日の身となることもありうるのである。(一三六頁)

以上に見て来ましたように、モアは、一方では神の掟ということから説き起こして、「人を殺すなかれ」ということからして、「人を殺す法」を作ることがいかに神の教えに背くものであるかを論じているのです。しかも、神の教えの範囲を、人間が勝手に動かすことは許されないというのが、かれの強い主張でした。神の掟を守るべきことは、かれが文字どおり自分の生命を賭けた主張だったのです。

時の国王ヘンリー八世が、愛する女性アン・ブリンを新しく妃に迎えるために、現在の王妃アラゴンのキャサリンを離婚しようとしましたが、ローマ教皇がそうしたことを認めるはずもありません。そこで、王はモアに助力を求めましたが、敬虔なカトリック教徒のモアは、応じるわけに行きません。王は大法官であったモアに対して、法律を改正して離婚を認めるように懇願し、また強圧しました。王は「卿《おんみ》が認めてくれさえすればいいんだ」と言って迫ったのですが、モアは頑として承知しませんでした。大法官というのは国家最高の大変な地位ですが、かれはその地位を擲《なげう》って、とうとう牢獄に閉じこめられてしまいました。しかし、それにも屈しないで、最後は——「国王至上法」違反ということで大逆罪に問われて——死刑になったのでした。断頭台の上で死刑執行人に向かって「ちょっと待ってくれ、髭だけ剃らせてくれ。髭は別に大逆罪を犯したわけではないのだから」と言って、髭を剃ってから首を斬られたという言い伝えが残っているほど、ユーモアもある素晴らしい人であったようです。モアを主人公にしたロバート・ボルトの劇をジンネマン監督が映画化した「わが命つきるとも（A Man for All Seasons）」という有名な作品があって、御覧になった方も多いと思いますが、それにも非常によく描かれています。(3) モアは、このようにカトリックの教義に殉じたわけで、ずっとのちになってからですが、一九三五年にローマ教皇庁によって聖人に列せられたのでした。

それと同時に、モアは、他面では、理想の共和国（たといモンテスキューの指摘するように「ギリシャの都市の簡明さ」をもってするようなものであろうとも）(4) を想定して、しかも刑事政策のような近代的ともいうべきほどの合理的思想を鼓吹しているのです。当時はヨーロッパ大陸において宗教改革の狼煙《のろし》があがり新時代へむけての胎動がすでに始まっていたのですが、政治的にはまだ専制君主の時代でした。かれは死刑廃止論を全面的に展開したわけではありませんが、窃盗罪に焦点をしぼって死刑廃止を強く主張したのは、それが当時の現実的な問題であったからで、かれの政治家としての見識であったとも言えましょう。このようにして、モアは啓蒙思想の——そうして死刑廃止論の——先駆者の名誉を担うことになったわけです。約二〇〇年を隔てた啓蒙思想家の間でさえ、モンテスキューやルソーなど、多くは死刑肯定論者であったのですから、モアの死刑廃止論はまさしく時代に抜きんでた巨塔であったのです。

チェーザレ・ベッカリーア——●

本格的な死刑廃止論の火蓋が切られたのは、チェーザレ・ベッカリーア（1738—94）(5)の著書『犯罪と刑罰について』（一七六四年）(6)によってでありました。フランスでは、もうモンテスキューを初め、大勢の啓蒙思想家たちが次々に現れて来ていましたが、一方では、まだ中世的な拷問や残酷な刑罰などが行なわれていた時期です。こうしたフランスの啓蒙思想家たちに触発されて、北イタリアのミラーノでは、青年貴族たちのあいだに新しい社会を目指す機運が起こって来ました。それが、ベッカリーアだとか、ピエトロ・ヴェリだとか、立法学や財政学を志したG・フィランジェーリだとかの仲間が作った「イル・カッフェ」(Il Caffè) という同人グループで、同名の雑誌を出していました。かれらはこのグループで社会改革の議論に明け暮れていたのですが、ちょうどそのころフランスのトゥールーズで起こったのが有名なジャン・カラース (Jean Calas) の事件で、これがヨーロッパ全土に喧伝されましたから、「イル・カッフェ」の同人たちにも格好の議論の題材を与えたに違いありません。それは、こういう事件です。

商人ジャン・カラースは、自宅で縊死《いし》した長男マルク－アントワヌの死骸を降ろして首の紐をのけていたところを発見されました。息子の自殺の不名誉を避けるため、自殺でないように取り繕おうとしたらしいのです。ところが、検死の最中に群衆の一人が「家人が殺したのだ」と叫んだことから、役人たちによって殺人の犯人にされてしまいました。役人たちがカトリック教徒で狂信的な反ユグノーの連中であったこと、ジャンが熱心なユグノー（プロテスタント）であり、長男はカトリックに改宗したがっていたというような事実が、背景にありました。ジャンは息子の改宗をめぐるトラブルからこれを殺してしまったものと見られたらしいのです。そういうことで、哀れなジャンは約半年の後一七六二年についに死刑——車裂の刑——に処せられてしまいました。この話をきいて驚いたのがヴォルテールで、かれの活躍によって再審が開かれることになり、処刑の三年後にジャンの無実が明らかになりました。その経緯は滝川幸辰博士の麗筆によって、生き生きと描かれています。(7)

「イル・カッフェ」の若者たちは、いろいろな社会問題や政治問題について議論を戦わせたのですが、中でも犯罪や刑罰の問題について議論した結果を、仲間のピエトロ・ヴェリらに励まされながら、ベッカリーアが一冊にまとめて書き上げたのが、この『犯罪と刑罰について』だったのです。最初に出たのが一七六四年で、(8) このころは、すでに啓蒙思想家たちの輩出した時期ではありましたが、世の中はまだ非常に封建的な、中世的だった時代でしたから、(9) 議論こそ盛んにやりましたが、その結果を印刷して世の中に出すことには、非常な危険があったわけです。そこで、最初の版は匿名になっていますし、文章も、とくに最初の部分など、わざと晦渋《かいじゅう》にしてあります。書中に具体的なカラース事件のことが出て来ないのも、慎重な考慮の結果であったにちがいないと思います。

ベッカリーアは、刑法学者というよりは、啓蒙思想家ですから、非常に範囲が広いのです。この『犯罪と刑罰について』の中にも、いろいろなことが書いてありますが、その第一六章が、「死刑について」です。まず社会契約ということを持ち出していますが、そういう点で、トマス・モアとは、出発点が大きく違って来ます。なにしろモアの『ユートピア』とは約二五〇年の開きがあるのです。以下、ベッカリーアの所論を聞いて見ましょう。

『犯罪と刑罰』には、風早八十二＝風早（五十嵐）二葉夫妻の邦訳(10)がありますが、訳者の情熱のほとばしりのためか、原文から離れてやや不正確になっている箇所がかなりありますので、ここでは原書(11)から直接に訳出することにします。括弧の中のアラビア数字は原書の頁数ですが、情熱的でわかりやすい風早訳もぜひ読んでいただきたいので、参照されるときの便宜のために［　］の中に対応する邦訳の頁数を併記しておきます。

人間たちがもっていると自称する、自分たちの同胞を虐殺する権利とは、一体いかなる権利であり得るのか。それは、主権や諸法律の基礎になるような、そういう権利でないことは確実である。主権や諸法律は、各人の私的自由の最小の分け前の総体以外の何ものでもない。それは、個々の意思の総体であるところの一般意志である。誰にせよ自分を殺す恣意を他の人々に与えようなどと思った者が一体あるであろうか。各人の差し出した最小限の自由の犠牲の中に、すべての利益の中で最大のものである生命の犠牲も含まれるということが、一体いかにして可能であろうか。（p. 80［九〇頁］）

要するに社会契約ですから、みんなで自由の分け前を出し合って、そこで国の権力を作るわけです。そういうときに、各自が差し出す自由の分け前とはいっても、生命まで差し出すということは、あり得ないのではないか。自分が何かの理由で殺されてもいいといったような、そういう同意を与えることはあり得ないではないかというのが、この死刑廃止論のいちばんの根本にあるわけです。ところで、ベッカリーアは言葉を続けて、こう言っています。

もし、そうだとすれば、そのような原理と、人間は自殺をすることを許されないという他の原理とは、いかにして調和するのか。いやしくも、このような権利を他人に、あるいは社会全体に、与えることができたとするためには、自分が自殺の権利主体でなければならなかったはずである。(p. 80［九一頁］)

イタリアはローマ教会の勢力の特別に強い所ですから、ベッカリーアもキリスト教の教義を前提として議論しているわけです。本書の冒頭の「読者に」と題する「はしがき」の中では、自分が宗教を破壊するような思想を持っているなどとは考えないでほしいということばが出て来ますが(p. 44［一七頁］)、ここは、それに照応することになります。それは、一つには、弾圧を恐れて予防線を張っているのでもありましょうが、死刑廃止論を進めるについて、自殺禁止の教義を逆手にとっているわけです。これはキリスト教の教義を前提とするかぎり、現在でも通用する考えだと言えましょう。人間が自らを殺す権利がないのなら、その権利を他人に、たといそれが社会契約であったとしても、譲り渡すことはできないはずだというわけです。一方では、社会契約説を根本に据えて、他方ではキリスト教的な教えを、その支えにしているわけです。

かように、死刑が権利（原文イタリック）とは言えないものであることは、私が述べて来たとお

> りである。それは、国家の一市民に対する戦争であって、かれの存在を滅却することが必要ないしは有用だという判断を理由とするものである。しかし、もし、このような死が、有用でもなければ必要でもない、ということを証明できたならば、人類《ウマニタ》（人間性）の勝訴ということになるであろう。(p. 80［九一頁］)

それでは、市民の死が有用・必要な場合というのが、一体あるのかどうか。ベッカリーアの議論をききましょう。

> 一市民の死を必要と考えてよいのは、二つの理由による場合以外にはあり得ない。第一に、ある一人の市民が、たとい自由を奪われていても、なおかつ、そのもっている諸関係と勢力とがかくも強大であって、それによって国家の安全を脅かすような場合であり、かれの生存じたいが体制の政府形態の中で危険な革命を生み出すおそれのある場合である。かようにして、誰か市民の死が必要となるのは、国家そのものの自由が回復されるか失われるかという危急存亡の時、あるいは無秩序そのものが法律に取って代わっている無政府状態の時である。(p. 80［九一―九二頁］)

いわば内乱のような場合、これは例外だというわけです。そのときは、もう社会契約によって成り立った国そのものが滅亡するかどうかというのですから、そのときはやむを得ない、というふうに見ているようです。ですから、内乱罪のような政治犯に対しての死刑は、ここで別枠になっている。「内乱罪と死刑」の項で詳論しましたように、そういう場合についてこそ死刑廃止を強く言わなければならないはずですが、ベッカリーアとしては、当時の情勢から考えて、いろいろな配慮があったのでしょう。それはともかく、平時においてはどうか。平時における死刑一般の廃止が、かれの主張の要点であったのです。そこで、「しかし」とベッカリーアは言葉を続けます。

しかし、法律が平穏に支配している状態のもと、国民が一致して支持している政体、対外的にも対内的にも実力や意見——意見は実力じたいよりも多分いっそう有力なものであるが——に対して十分に防禦された政体、支配力は真正の君主の手に収められ、富は快楽を購うだけで権力を購うものではないような、そういう政体のもとにおいては、どうか。私は、そういう時期と政体のもとでは、市民を破滅させるいかなる必要性をも見出ださないのである。ただし、……(p. 80〔九二頁〕)

要するに、平時においては死刑は不必要であり廃止されなければならない、というわけです。しかし、ここで、ベッカリーアは、「ただし」といって、もし死刑の正当化があり得るとすればその理由として考えられるところの第二の場合を持ち出すのです。

ただし、その者の死が他の人々に犯罪を思い止まらせる、真正で唯一の轡《くつわ》であるという場合があるとすれば、その場合は別である。もし死刑を正当かつ必要とすると考えることのできる第二の理由があるとすれば、それはこの場合である。（p. 80〔九二頁〕）

このようにして、ベッカリーアは、いよいよ一般的な死刑廃止論の主題に立ち向かうことになります。かれは、まず、歴史の教えるところとして、死刑が犯罪の防止に無力であったことを述べたのち、刑事政策論ともいうべき議論にはいって行きます。

人間の精神に最も大きな効果を及ぼすのは、刑罰の強さ（intensione）ではなくて、その長さ（estensione）である。（p. 81〔九三頁〕）

これはベッカリーアの有名な言葉であります。ちなみに、別の章では、「犯罪の予防のために大事なのは刑罰の重さではなくて処罰の確実性と無謬性である」という重要な議論をしています（第二〇章――p. 92〔一一四頁〕）。こうした思想は、すでにモアにも現れていることは前に見たとおりです。モンテスキュー以来の啓蒙思想家にも現れていることは申すまでもありません。ここでは、処罰の確実かどうかを別にしても、刑罰の強さや重さよりは、むしろ刑罰の長さ、継続性だという議論です。

なぜなら、われわれの感性は、激しいが一時的な揺さぶりによってよりも、弱くても反復される印象によって、ずっと容易に、また永続的に影響されるものだからである。(中略) 犯罪に対するもっとも強力な抑制は、一人の悪党の死の恐ろしいが一時的な光景ではなくて、自由を奪われた人間が、役務の畜生に成り果てて、自分が侵害した社会に労役によって償っている姿である。(p. 81〔九三頁〕)

これも、すでにモアにも見られた考え方です。牢獄にずっとつながれているのを見れば、そのほうがはるかに強い印象を与えるので、一度に死刑を執行してしまったのでは、強烈だけれども、その代わりその印象は短い、与える効果は少ないということです。すこし飛ばして、先へ進みましょう。

死刑は、観る者の大多数にとっては一つの見世物となり、また、ある者にとっては憤りの混じった同情の対象となる。法律が鼓吹しようとしている喝采的な恐怖よりも、この二つの感情の方が、見る者の心をすっかり占めてしまうことになるのである。(p. 82〔九四頁〕)

これでは、かえって逆効果というものです。そこで、ベッカリーアは続けます。

立法者が刑罰の厳格さに設けるべき限度は、刑罰の苦しみを見物する者の心中で、同情の念が他の感情に優越し始めるときだと思われる。そのときは、刑罰の苦しみは犯人に対するよりも、むしろ見物人に対するものになってしまうからである。（p. 82［九四頁］）

刑罰が正当であるためには、人々に犯罪を思い止まらせるのに十分なだけの厳格さをもちさえすればよい。ところで、犯罪がどれほどの利益になろうとも、熟考さえすれば、自分の自由の全面的・永久的な喪失のほうを選ぶような人間はいないのである。このようにして、死刑の代わりに設けられた終身隷役刑は、どんなに固い犯罪の決意をも翻させるのに十分な厳しさをもっている。（p. 82［九四頁］）

犯罪によってどんなに大きい利益が得られようとも、その代わり、それには必然的に無期刑が結び付いている。いったい、無期刑を選ぶような人間がいるだろうか、というのです。だから、無期刑さえ規定しておけば、それだけで、どんなに利益の大きい犯罪であろうとも、その予防には十分だ。これがベッカリーアの考え方です。ここにははっきりと利益較量の理論が現れています。かれは、さらに、付け加えます。

それは、さらにそれ以上のものをもっていることを、私は付け加えたい。冷静で確固たる態度で死を視る人々が非常に多いのである。或る者は熱狂のために。或る者は、たいてい墓場のかなたまで人間についてまわる虚栄心のために。或る者は、生き長らえるのをやめ、あるいは悲惨から逃避する最後の絶望的な企てのために。しかし、こうした熱狂も虚栄心も、足かせや鎖の間のもの、罰棒のもと、くびきのもと、鉄の檻の中のものである。絶望はその苦痛を終わらせるのではなく、これを始まらせる。(p. 82［九五頁］)

われわれの魂は、長い時間や絶え間ない苦痛に対するよりは、むしろ、暴力だとか極端だが一時的な苦痛だとかに対しては、より強い抵抗力をもっているのである。なぜなら、後者に対しては、われわれの魂は、いわば全てを集中することができるが、前者の長い反復的な作用に対しては、われわれの魂の強い弾力性をもってしても、これに抵抗するには不十分だからである。(p. 82［九五頁］)

ここでベッカリーアは、こんなことを言っています。

もし死刑をもってするならば、一つの見せしめを国民に示そうとするたびごとに、一つの犯罪を必要とすることになる。ところが、終身隷役刑においては、たった一つの犯罪だけで沢山の継続的な見せしめを与える。(pp. 82―83〔九五頁〕)

ベッカリーアは、死刑と対比しながら、終身隷役刑の刑事政策的な長所を強調するのです。

人はあるいは言うであろう、終身隷役刑は死刑と同様に苦痛であり、したがって同様に残酷である、と。これに対しては、私は次のように答えたい。隷役刑のすべての不幸な瞬間を合計するならば、たぶん、それ以上に残酷なものになるであろう。しかし、そうした瞬間は一生のあいだに引き伸ばされているのである。これに対して死刑はその力のすべてを一瞬の中に働かせるのである。受ける者よりも見る者に余計の恐怖を与える隷役刑の長所が、まさにここにあるのである。なぜなら、見る者は不幸な瞬間のすべての合計を考えるのに対して、受ける者のほうは将来から引き離された現在の瞬間の不幸について考えるだけだからである。すべての苦痛は想像の中で拡大される。実際に刑を受けている者は、外から見ている者の想像できないような代償と慰めを得ている。不幸に慣れた魂にとっては、こうした代償や慰めが自分の本来の感受性に取って代わっているのである。(p. 83〔九六頁〕)

ここで、ベッカリーアは犯罪者たちがどういう考え方をするか、その心理を興味深く描いてみせたのち（p. 83［九七頁］）、さらに一段と議論を進めて、次のような目覚ましい論旨を展開するのです。

死刑は、それが人々に残虐性の手本（esempio di atrocità）を与えるものだということからして、有用でない。激情あるいは戦争の必要性が人間の血を流すことを教えたとしても、人間の行動を調節することを任務とする法律が、こうした野蛮な手本（fiero esempio）をさらに殖やしてもよいものであろうか。しかも、この手本のほうは、法的な死が華々しく儀式ばった形で与えられるものであるだけに、一層痛ましいものなのである。公共の意志であるところの法律、殺人を嫌いこれを処罰するところの法律が、まさしくその殺人そのものを犯し、しかも市民たちを殺人から遠ざけるためにこれを公然と行なうことを命じるとは、私には不条理なことに思われるのである。（p. 84［九八―九九頁］）

これは比較的抑制した調子で述べられてはいますが、実に痛烈な議論であります。それでは、本当に望ましい法律とはどういうものでありましょうか。

真正の、もっとも有用な法律とは、どんな法律か。私人の利益を代表する声は常に傾聴されるがその声が沈黙している間に、あるいはその声が公衆の声と結合している間に、万人が遵守し提唱するような、そういう協約や約定こそが、それである。(pp. 84—85［九八—九九頁］)

要するに、人々が反感をいだくような法律では駄目なのです。それでは、人々は死刑に対してどんな感情をもっているのでしょうか。

死刑に対する各人の感情はどのようなものであるか。それは、誰でもが死刑執行人を見るとき、いかに怒りと軽蔑をこめた行為をするかということの中に、われわれは読み取ることができる。死刑執行人とはいっても、実は公共の意志を実現するところの罪のない執行者、公共の福祉に奉仕する善良な市民であり、勇敢な兵士が対外的にそうするように、対内的に国の安全のために尽くす必要な道具にすぎないのに、である。(p. 85［九九頁］)

死刑執行人も本来は善良な市民なのに、死刑執行人になっているがゆえに、皆から憎まれるわけです。そこには矛盾があります。そうした矛盾は、どういうところに由来するのでしょうか。

それでは、この矛盾の根源は何か。しかも、人々の心の中に理性を侮辱するような、こうした感情が消し難いのは、何故なのか。けだし、人々はみずからの魂の深奥において、そこにはまだ古い自然の原初的な形態が大抵は残っているので、自分の生命は、鉄の笏《しゃく》をもって宇宙を支配している必然性以外には、何人にも支配されるものではないと、常々、信じて来たからである。(p. 85〔九九頁〕)

個人の利益と公共の利益とが結び付かないような法律、理性ないしは人間性に反するような法律、こうした法律は、あるべき法律ではない、死刑を規定する法律は誤った法律である。これがベッカリーアの言おうとしていることであります。

一人の哲学者の声は、盲目的な風習に導かれた大勢の人たちの喧騒と叫喚の前には、あまりにも無力である。しかし、地球上に散らばっている少数の賢者たちは、心の底から私に反響を示してくれるであろう。そうして、もし真理が、心ならずも君主との中を阻む無数の障害の間にあって、その王座にまで届くことができるならば、その真理が万人の隠れた願いとともにそこに到達したものであることを、知ってほしいものである。また、征服者たちの血腥《ちなまぐさ》い名声でさえも、かれの面前においては、沈黙するであろうことを、知るべきである。(p. 86〔一〇一頁〕)

ベッカリーアは、単なる学者ではありません。かれは、机上の議論で満足するものではなく、あくまでも自分の所信を世間に問い、また、実際に諸国の君主たちによって採用してもらうことによって、それが実現することを期しているのです。最後に訳出した部分などを読みますと、ベッカリーアの情熱が切々として伝わって来るではありませんか。現在の日本の現実の問題としても、われわれにはこういった種類の情熱が必要なのです。

実際に、ベッカリーアの主張は、非常に大きな影響力をヨーロッパ全土に及ぼしました。[12] まず、イタリアでは、トスカーナ地方（一八四七—一八五二年、一八五九年—）を初めとして、いくつかの県で死刑廃止が実現し、一八八九年にはイタリア全土で廃止されました。ムッソリーニのとき復活されましたが、現在ではまた廃止されています。ドイツでは、一八四〇年にミッターマイヤー（C. J. A. Mittermaier）が新たに誤判の場合の回復不可能などを訴えて死刑廃止の論陣を張ったこともありまして、[13] 一八四八年のフランクフルトその他の国民大会で死刑廃止の決議が行なわれ、実際に、プロイセンやバイエルンなどを除いて、死刑廃止が実現されました。ヨーロッパだけでなく、南北アメリカの諸国でも、一九世紀の間に死刑廃止国になったのがかなりの数にのぼります。ベッカリーアによって引き金を引かれた廃止運動の波紋は驚くべきものがあったのです。わが国でも、明治初年にベッカリーアが紹介されたことは、あとでお話しするとおりです。やがて反動が起こって、一九世紀の終わりごろから、また死刑存置論が勢力を盛り返して来ましたが、しかし、ヨーロッパでは現在、ほとんどの国が死刑廃止国になっていることを忘れてはなりません。第二次世界大戦後の人権思想の波によることはもちろんですが、ベッカリーア以来の思想的な素地があることも、見逃すことはできないでしょう。ベッカリーアはそれほどの重要性をもっているのです。

さて、ベッカリーアの『犯罪と刑罰について』は、死刑廃止論の文字どおりの古典ですから、なるべく原典に即して、抄訳ながら、大事なところはほぼ尽くすように、その所論をかなり詳細に紹介してみたのでした。しかし、これから以後の分については、すこし駆け足気味にして、多少大まかに思想の系譜を辿って行くことにしましょう。すこし調子が変わりますが、お許しいただきたいと思います。

ちなみに、この項の最初にベッカリーアの社会契約説による死刑否定論の基礎付けを披露しましたが、実は、この『犯罪と刑罰について』よりも二年ほど早く現れたルソー(1712—78)の『社会契約論』(一七六二年)では、ルソーは「目的を欲するものはまた手段をも欲する」ということを前提として、「刺客の犠牲にならないためにこそ、われわれは刺客になった場合には死刑になることを承諾しているのだ」という議論によって死刑肯定論を主張しているのです。(14) これについては、ラートブルフが『法哲学』の中で両者をともに批判していますが、(15) ルソーには別に『エミール』の名著があり、(16) 後年、これがスイスの教育学者ペスタロッチ(Johann Heinrich Pestalozzi, 1746—1827)によって展開され、ルソーの思想そのものは、ペスタロッチの死刑廃止論につながって行くものであることを忘れてはな

らないと思います。(17)

刑法近代派と死刑廃止論 ――●

一九世紀の後半になって、イギリスで起こった産業革命がヨーロッパ大陸に広がり、それとともに犯罪、特に累犯が激増して来ました。そこで、これに対する対策を考えなければならなくなって、犯罪現象を実証的に科学的な方法で研究しよう、という動きが出て来ました。その先頭に立ったのが、イタリアのチェーザレ・ロンブローゾ（Cesare Lombroso, 1836―1909）です。

当時学界を席巻していたのがダーウィンの進化論で、医学者、人類学者であったロンブローゾは、この進化論の立場から犯罪者の研究をしました。私は一度トリーノ大学の法医学研究所を訪ねて、ロンブローゾが使用していた研究室を見せてもらったことがありますが、(18)かれが研究した無数の頭蓋骨が棚に陳列されていて、少々気味が悪いくらいでした。かれはこのような人体測定によって犯罪者と普通人とを比較した結果、前者にはとくに頭蓋骨に、顔面角が大きい、眉弓が張っている、頬骨が出っ張っている、下顎骨が異状に大きい、といったような、ちょっと猿に似たような特徴がある、ということを言い出したのです。かれは、これを隔世遺伝（先祖返り）ということで、説明しました。猿に近かったころの原始人に返ったのが犯罪者になるのであって、それは生まれつきの犯罪者、ホモ・デリンクェンスすなわち「犯罪人《はんざいじん》」という特種の人類なのだ、という考え方です。この考えは世界の学界に大変な波紋を巻き起こしました。これがイタリアの犯罪人類学派といわれるものです。このような生来的犯罪者は社会から絶対的に隔離するほかないというので、ロンブローゾは死刑存置論者でありました。いわば人為的な淘汰の主張です。

犯罪現象の実証的研究といっても、もちろん、生物学にはかぎりません。やがて、同じイタリアの地にエンリコ・フェリ（Enrico Ferri, 1856—1929）が犯罪社会学を創始して、自分の学派を実証学派と称しました。ところで、ドイツやフランスやベルギーその他の諸国でも、犯罪についての社会学、心理学、生物学、精神病理学など、実証諸科学が多角的に発展して来ました。

他方、古くからの古典派も依然として抜きがたい勢力をもっていますから、それに対抗するために、こうした新しい諸傾向を結集する必要が出て来たのは、当然です。この仕事は、よほどの能力と大きな包容力をもった人でなければ、遂行できません。こういう任務をもって現れたのが、ドイツの刑法学者フランツ・フォン・リスト（Franz von Liszt, 1851—1919）で、音楽家のリストの従兄弟にあたる人です。[19]かれは、その目的のために、一八八九年に国際刑事学協会（IKV）を——ベルギーのアドルフ・プリンス（Adolphe Prins, 1845—1919）やオランダのG・A・ファン・ハメル（Gerardus Antonius van Hamel, 1842—1917）とともに——結成しました。また、かれは学問的には刑法学と補助諸科学とを総合した「全刑法学」ないし「総合刑法学」を提唱しました。このようにして、ベルリン大学のかれの研究室には世界中から大勢の若い優秀な学者たちが集まって来ました。日本から参加されたのは、若かりし日の牧野英一博士でした。こうして結成されたのが、刑法の近代派（新派）です。

リストは、古典派の応報刑の考えに対して、刑罰は犯人を改善するためのものだという、改善刑の考えを持ち出しました。リスト門下の牧野博士やモーリッツ・リープマンは教育刑という用語を使いました。

刑罰を犯人の改善・教育とみる立場からは、死刑は絶対に是認できないはずです。ですから、近代派の人たちは、すべて強い死刑廃止論になるはずです。現に、前記のプリンスははっきりした死刑廃止論者でありました。(20) ところが、総帥のリストがかなり微温的であったのは、(21) なぜでしょうか。

一つには、近代派が発足した当時のドイツは、社会主義者弾圧法（一八七八年）を作ったビスマルクの時代で、学界でも死刑廃止論は下火になって来ていたという一般的な状況があったことも考えなければなりません。しかし、リスト自身は自由主義者でした。それなのに、かれがなぜ積極的な死刑廃止論者にならなかったのかと言いますと、今申しましたように、リストは新しい諸傾向を結集することを自分の最大の任務と考えていたと思われます。ところが、同志の中にはロンブローゾのような死刑肯定論者もいるのです。こうしたさまざまな傾向を包容して行くためには、死刑廃止にこだわるよりも、かれにとってはもっと大事なことがあったのです。それに、リスト自身もダーウィニズムの影響を受けて、少なくとも社会進化論の立場をとっていました。おそらく、そういうことで、リスト自身はついに死刑廃止論を積極的に唱えるまでには行かなかったのです。この点については、最近、ラヂノウィッチ博士も、私がここに述べたのとほぼ同じような見解を示しています。[22]

近代派の立場は科学主義で、もっぱら科学的見地からみて社会的危険性を持っていると認められる者に対して、その社会的危険性をなくすのが刑罰だという考えで、私にいわせると、人間の主体性を認めていない、人間的・人道的ではない。したがって死刑廃止へむけての熱情のようなものは出て来ないわけなのですが、実際にはリストは、行動的・情熱的な、非常に魅力的な人物であったようです。門下生のラートブルフが書いた思い出によりますと、リストは理論の上でも停滞を知らない人で、教科書も版を重ねるごとに更新されて行くし、かれのセミナーは活気そのものであったようです。セミナーがすむと、学生たちを何人かずつ交替に自宅に連れて行って「刑事学的なビールの夕べ」――実際には楽しい夕飯――が始まるのだそうです。[23] そういうリストですから、門下生の間から熱情的な死刑廃止論者が出るのは当然のことです。

リスト自身は、死刑に対して特に強い存置論ではない代わりに、積極的廃止論は言っていませんが、リスト門下でかれの刑法教科書の改訂者でもあるエバーハルト・シュミットあたりになりますと、教育的・改善的立場から言えば死刑は置いておくべきではない、ということを言っています。[24] リスト門下で、特に強く死刑廃止論を唱えたのは、キール大学教授であったモーリッツ・リープマン（Moritz Liepmann）です。[25] かれは一九一〇年の第三〇回ドイツ法曹会議以降、死刑廃止論の陣頭に立って論陣を張ったのでした。リープマンは日本の死刑廃止論にも大きな影響を与えました。ただし、かれは、自分は「いわゆる第三学派」を代表する立場から発言するのだと明言しています。(26) かれは教育刑ということを言い出した人ではありますが、近代派の主観主義が片面的にすぎるとの批判があることから、もっと広い視野に立って死刑廃止論を展開したものにちがいありません。実際に、かれの議論は、豊富な資料を駆使して多角的かつ周到に展開された立派なものでありました。

ラートブルフ (Gustav Radbruch, 1878―1949) も、門下のアルトゥーア・カウフマン教授によりますと、リープマンと同じ一九一〇年には、

死刑は常に「絶対的な悪」であって、「死刑が排斥されるべきものであること」は立証や反証を待つまでもなく、むしろ「端的に提示されるべきものである」。

と論じて、すでにはっきりした死刑廃止論を主張していたそうですし、また、

死刑は無くてすませるべきものである。それは、避けがたい司法殺人 (Justizmord) ――誤判によって無実のものを処刑すること――のおそれの故に危険なものである。生命――いかに惨めな生命でも――は、それじたいが最高の財益ではないであろうが、すべての最高の価値を内蔵しまたそこから外へ発展させ得る場所として、各人にとって神聖なものであって、死刑は各人にとっ

て嫌悪に値するものである。

と書いています。(27)「司法殺人」。これはドイツでひろく使われていることばですが、何というおそろしいことばでしょう。それは、およそ殺人の中でも、もっとも冷酷・無慈悲で恐ろしい計画的殺人だというべきではありませんか。ところで、ラートブルフは、一九二一年秋から一九二二年の秋までと、翌一九二三年の夏から秋までと、二回にわたって、ドイツのライヒの司法大臣になっていますが、特筆大書しなければならないのは、その司法大臣在任中に刑法草案――「ラートブルフ草案」(28)(一九二二年)――を作って、これに死刑廃止を盛り込んだことです。かれは、みずから筆をとってこの草案の理由書を次のように書いています。(29)

死刑は従来の刑罰体系の中でも異質なものである。それは、刑事拘禁、身体刑、身体毀損刑から始まって、沢山の段階に分かれる死刑に至るまで厳格さを増して行く刑罰系列の自然の末端をなすものであった。それは、罰金と自由刑の上に構築された刑罰体系の中で、他の刑種とは超えがたい裂け目によって断絶され、完全に接続を欠き比較ができないところの、この系列の唯一の残存物であったし、現にある。

ただ、残念なことに、たまたまかれの在任中に閣僚ラーテナウの暗殺事件が突発して、テロ対策の声が急にたかまり、死刑廃止の機運に大きく水がさされる結果となりました。普通なら法相を辞任するところでしょうが、門下のアルトゥーア・カウフマン教授によれば、責任感の強いラートブルフは、自分が辞めることによって事態は改善どころかむしろ悪化するだろうという気持ちから、その地位にとどまったのでした。しかし、死刑廃止の動きはここで頓挫し、やがて時代は足早にヒトラーのナチの時代に移って行くのです。そうして、吹き荒れたナチの暴虐の嵐と第二次世界大戦の犠牲を経て、世界中の人々が人命の大切さと尊厳を身にしみて痛感することになり、ドイツをはじめヨーロッパ諸国に、また、地球上各地の自由主義の諸国に、今度こそは確定的に死刑廃止の大きな潮流が押し寄せて来るのであります。

以上で、近代派の本流を追いながら、ひととおり最後まで見て来たのですが、もちろん、これだけで近代派のことを十分に尽くしたとは言えません。近代派は刑罰の本質を応報とみないのですが、この考え方を徹底するために「刑罰」の用語さえも避けて「制裁」という用語に代えたのは、一つはやや古くフェリの作ったイタリア刑法予備草案（一九二一年）[30]——いわゆる「フェリ草案」——で、もう一つは、やや新しくスウェーデンの「犯罪法典（Brottsbalken）」（一九六五年）です。前者は実定法にはなりませんでしたが、後者は実際に法典として制定されました。この法典はカール・シュリュイター（Karl Schlyter）の影響下に成ったもので、かれ自身が強い死刑廃止論者であったのは当然です。[31]

近代派は人間を科学的・客体的にみるので、私はその点でついて行けないのですが、このような近代派の社会防衛論を人道主義的な方向に転回して「人道主義的刑事政策」を唱道したのはフランスのマルク・アンセル（Marc Ancel, 1902—90）で、当然のことながらかれは強い死刑廃止論者でした。(32) かれの議論はつねに抑制の効いた調子で、あらゆる観点を考慮した重厚なもので、それだけにきわめて強い説得力をもったものであります。アンセル氏とは私も意気投合するところが多く、亡くなるまで親交を重ねたのでした。

イギリスの死刑廃止論 ──●

近代派は主としてヨーロッパ大陸諸国の学者が中心となって起こったものですので、イギリスについては叙述の順序が最後になってしまいましたが、重要なものとしてイギリスの死刑廃止論のことを、ぜひとも一言して置かなくてはなりません。イギリスには、前述のとおり、すでに古くトマス・モアがいたことを思い出していただきたいのですが、一七世紀のなかば、一六四七年には、死刑反対を宗旨とするクェイカー教徒の「友の会」の創設者ジョージ・フォックスが死刑廃止の宣教を始めているそうですし、(33) また、ベンタムからスペンサーにいたる功利主義の流れも死刑廃止の思想的な基礎になっているのです。(34) そういうわけで、イギリスでは、一九二五年には「死刑廃止全国協議会（The National Council for the Abolition of the Death Penalty）」が組織されたのですが、そのときに中心になったのが、ロイ・カルヴァート（Eric Roy Calvert, 1898—1933）でありました。かれの『二十世紀に於ける死刑』は、竹田直平博士によって邦訳され、滝川博士の解説的なすぐれた「序」とともに、日本でもひろく読まれて大きな反響を呼びました。(35) さきほど名前を出したベンタム（ベンサムとも発音）(Jeremy Bentham, 1748—1832）は一九世紀の前半に明確に全面的な死刑廃止論を展開しましたし、(36) その後を受けついで、サー・サミュエル・ロミリー（Samuel Romilly）が実践的に死刑制限の実現を推進したのでした。(37) カルヴァートもこのロミリーから筆を起こしています。このように、イギリスには古くから死刑廃止論の大きな伝統がありますので、カルヴァートはこのような伝統の上に現れたわけです。さらにまた、有名なジョン・ハワード（John Howard, 1726—90）のような博愛主義的な監獄改良運動の先覚者がいて、これはある意味では近代派の教育刑論にもつながって来るのですが、こうした精神もカルヴァートの若い心を捕らえたことは想像に難くありません。ジョン・ハワードを記念する「ハワード連盟」はいまでも盛んな活動をしていますが、カルヴァートもこの連盟の資料をふんだんに利用しています。このようにかれの運動はイギリスの地に根づいたものですが、しかし、上記のロミリーにも、ベッカリーアの影響があることを見落としてはならないと思います。(38) ですから、現代の死刑廃止論については、思想的系譜とはいっても、いろいろな流れが混じり合っているのは、言うまでもないことなのです。

（1） トマス・モア（平井正穂訳）『ユートピア』（岩波文庫・一九五七年）。

（2） 当時の状況および死刑廃止論につき、なお、Leon Radzinowicz, *A History of English Criminal Law*, Vol. 1, 1948, p. 259 et seq., p. 263 et seq.

（3） もっとも、Richard Marius, *Thomas More*, 1984 は、ボルトの作品とはかなり違ったモア像を描いているようであるが（*Time*, December 24, 1984, p. 43 の書評による）、私は読んでいない。モアについては、前記邦訳の末尾に付された平井氏の「解説」が有益である。

（4） モンテスキュー（野田良之ほか訳）『法の精神』二九編一九章（下巻・一九八八年・二〇二頁）。

（5） Cesare Bonesana, marchese di Beccaria（ベッカリーア侯チェーザレ・ボネサーナ）。

（6） Cesare Beccaria, *Dei delitti e delle pene*. 初版本（息子ジュリオの書き込みのあるもの）の写真版が刊行されていて（L'Unione Tipografico-editrice Torinese, 1964）、興味がある。私は宮沢浩一教授からその恵贈を受けた。

（7） 滝川幸辰『刑法史の或る断層面』（一九三三年）二五一頁以下。滝川博士はジャン・カラといっておられるが、〈Calas〉の発音は「カラース」が正しいようである（白水社・仏和大辞典二六一二頁）。なお、文献としてヴォルテール（中川信訳）『カラス事件』（冨山房百科文庫・一九七八年）、D. Bien, *The Calas Affair: Persecution, Toleration, and Heresy in Eighteenth-Century Toulouse*, 1960; E. Nixon, *Voltaire and the Calas Case*, 1961 があるが、私は見ていない。

（8） 注6参照。

（9） 例の魔女裁判も、一八世紀の後半まで、まだ残っていたという（不破武夫『魔女裁判』〔一九四八年〕一二三頁）。

(10)　ベッカリーア（風早八十二＝風早〔五十嵐〕二葉訳）『犯罪と刑罰』（岩波文庫・改版・一九五九年）。

(11)　底本にしたのは、ベッカリーアの次の全集である。Beccaria, *Opere*, a cura di Sergio Romagnoli, Sansoni, Firenze, Vol. 1, p. 36 e seg.

(12)　ベッカリーアの『犯罪と刑罰について』がフランスの思想界そしてそれを通じてフランス革命に与えた影響は著大であった。ヴォルテールはベッカリーアの『犯罪と刑罰について』の注釈（Voltaire, *Commentaire sur le traité des peines et des délits*, 1766）を書いて、かれに援護射撃をした。この問題につき、石井三記「啓蒙期の刑法改革思潮——ヴォルテールの刑法改革思想を中心として——」法学一一七巻四号（一九八五年）、一一九巻一号（一九八六年）、Robert Badinter, Beccaria, l'abolition de la peine de mort et la Révolution française, *Revue de science criminelle et de droit pénal comparé*, No. 2, 1989, pp. 235-251.

(13)　Bernhard Düsing, *Abschaffung der Todesstrafe*, 1952, S. 21 ff.

(14)　ルソー（桑原武夫＝前川貞次郎訳）『社会契約論』（岩波文庫・一九五四年）五四頁以下。しかし、ルソーのこの議論は誤判の場合のことを忘れている。「刺客と誤認された場合にも死刑になることを承諾している」などとは、いえないはずである。なお、前出一五五頁以下参照。——のみならず、ルソーは、「なにかのことに役立つようにできないほどの悪人は、決していない。生かしておくだけでも危険だという人を別とすれば、みせしめのためにしても、殺したりする権利を、誰ももたない」ということも言っていることが、注意されなければならない（前掲五六頁）。

(15)　Radbruch, *Rechtsphilosophie*, 7. Aufl. hrsg. von Erik Wolf, 1970, S. 270 ff.　田中耕太郎訳『法哲学』（一九六一年）三四九頁以下。

(16)　ルソー（今野一男訳）『エミール』（上中下）（岩波文庫・一九六二―六四年）。

(17)　正木亮『現代の恥辱・わたくしの死刑廃止論』（一九六八年）三八四―三八五頁参照。

(18) 団藤重光『刑法紀行』(一九六七年)二四頁以下。

(19) 余談だが、リストの祖父には三人の女性との間に二五人の子がいた。二番目の子が音楽家の父で、末子が刑法学者の父であった。

(20) Adolphe Prins, *Science criminelle et droit positif*, 1899, p. 406 et suiv. なお、ファン・ハメルの系統と考えられる同じオランダのファン・ベンメレン教授(Jacob M. van Bemmelen)も強い死刑廃止論者であった(Marc Ancel, Le problème de la peine de mort, *Revue de droit pénal et de criminologie*, 44me année, 1964, p. 388 note 29)。ファン・ベンメレン教授については、団藤・前掲『刑法紀行』一八四頁以下。

(21) リストは、死刑のもっている威嚇的・保安的作用が他の刑罰ないし保安処分によって果たされることになったならば、そのときは死刑は無用となるであろう、といった程度の議論をしているのである。Franz v. Liszt, *Lehrbuch des Deutschen Strafrechts*, 21. u. 22. Aufl. 1919, S. 242 ; ders., Der Zweckgedanke im Strafrecht, in : *Strafrechtliche Aufsätze und Vorträge*, Bd. 1. 1905, SS. 161, 169. ちなみに、リストの教科書も、シュミットによる改訂版になると、そうなれば、誤判の問題がある以上、死刑は是認できないものになる、と明言している。Vgl. v. Liszt-Eb. Schmidt, *Lehrbuch des Deutschen Strafrechts*, 26. Aufl., 1932, S. 374. シュミットの見解の詳細については、向江璋悦『死刑廃止論の研究』(一九六〇年)一四一頁以下。

(22) Sir Leon Radzinowicz, *The Roots of the International Association of Criminal Law and their Significance. A Tribute and a Re-assessment on the Centenary of the IKV*, 1991, p. 26 et seq. なお、Bernhard Düsing, *Abschaffung der Todesstrafe*, 1952, S. 107 f.

(23) Radbruch, *Der innere Weg*, 1961. S. 54 f. 山田晟訳『心の旅路』(一九六二年)六八頁以下。

(24) Düsing, *op. cit.*, S. 158. なお、前出注21。向江・前掲一四一頁以下参照。

(25) Moritz Liepmann, *Die Todesstrafe. Ein Gutachten mit einem Nachwort*, 1912. これは，第三一回ドイツ法曹会議の議事録の抜き刷りを単行本として刊行したものである。なお，Düsing, *op. cit.*, SS. 112, 156, 158 f., 165. ラートブルフもリープマンに賛辞を呈している（Düsing, *op. cit.*, S. 165 f.)。なお，リープマンの一般的立場については，Liepmann, *Einleitung in das Strafrecht*, 1900.

(26) Liepmann, *op. cit.*, S. 8 Anm. 4.

(27) Arthur Kaufmann, *Radbruch*, 1987, S. 84 ff. なお，戦後にラートブルフが死刑否定の考えを端的に述べているのは，ラートブルフ（碧海純一訳）『法学入門』（一九六一年）一五二頁以下。Radbruch, *Einführung in die Rechtswissenschaft*, 12. Aufl. hrsg. von Konrad Zweigert, 1969, S. 142 ff. また，かれは死刑は超個人主義によってのみしか基礎付けが不可能であることを論じている。Radbruch, *Rechtsphilosophie*, 7. Aufl. hrsg. von Erik Wolf. 1970, S. 270 ff.

(28) Entwurf eines Allgemeinen Deutschen Strafgesetzbuches (1922). これは，かれの全集に収録されている。Gustav Radbruch, *Gesamtausgabe*, hrsg. von Arth. Kaufmann, Bd. 9 : *Strafrechtsreform*, bearbeitet von R. Wassermann, 1992, S. 47 ff.

(29) Radbruch in : *Z. f. ges. Str. W.* Bd. 45, 1925, S. 417, zitiert nach : Düsing, *op. cit.*, S. 153. ただ，かれは理由書の結論部分に妥協的なことを書いているため，次の一九二五年草案に死刑が再導入される原因を作った，とデュージングは指摘している。

(30) Progetto preliminare di Codice penale italiano (1921). これは，フェリが刑法改正委員会の委員長として立案したものであって，次の著書に収録されている。Enrico Ferri, *Principii di diritto criminale*, 1928, p. 756 e seg. その三九条以下が「制裁（sanzioni)」の規定であるが，死刑は含まれていない。

(31) Marc Ancel, *op. cit.*, p. 390.――ついでながら、スウェーデンでは、死刑の廃止は、平時については、この「犯罪法典」よりも前の一九二一年には実現されていたし、戦時についても、この「犯罪法典」が一部改正された一九七二年には実現されて、今では憲法の政体書（一九七六年）の中に宣言されている（アムネスティ・インターナショナル編〔辻本義男訳〕『死刑と人権・国が殺すとき』〔一九八九年〕二〇六頁）。

(32) Marc Ancel, *op. cit.*, p. 373 et suiv.

(33) Ancel, Le problème de la peine de mort, *Revue de droit pénal et de criminologie*, 44me année, p. 376. 詳しくは、Radzinowicz, *A History of English Criminal Law*, Vol. 1, 1948, p. 301 et seq., p. 497 et seq.

(34) Ancel, *op. cit.*, p. 377. なお、功利主義はイエリングを通じてリストの目的刑の思想につながって来るものであることも、付け加えておこう。ちなみに、功利主義が当然に死刑廃止論につながるものでないことは、J・S・ミルがむしろ積極的な死刑存置論者であったことからも知られる。かれの議論は、死刑廃止論を阻止するためにしばしば援用されたのであった。Sir Leon Radzinowicz, *op. cit.*, Vol. 5, 1986, p. 686.

(35) ローイ・カルヴァート（竹田直平訳）『二十世紀に於ける死刑』（一九三四年）。Eric Roy Calvert, *Capital Punishment in the Twentieth Century*, 1st Ed. 1927, 4th Ed. 1930. ちなみに、訳者、竹田博士（故人）自身は実は死刑存置論者であった。

(36) ラヂノウィッチによれば、ベンタムはすでに一八三〇年に出した小冊子において、すべての犯罪についての死刑廃止を主張している由である。Radzinowicz, *op. cit.*, Vol. 4, 1968, p. 326 note 67.

(37) なお、村井敏邦「段階的死刑廃止論の一例――サミュエル・ロミリーの死刑廃止論」『中山古稀』四巻（一九九七年）二九―六一頁。

(38) Radzinowicz, *op. cit.*, Vol. 3, 1956, p. 428 note 1.

6　死刑廃止論の思想的系譜（その二）——日本

上代日本人の意識——平安朝の死刑停止三五〇年間——●

現代日本の死刑廃止論は、ベッカリーア以来の欧米思想に由来するのですが、われわれにはすでにずっと古く平安朝時代に三五〇年近くの長いあいだ死刑の行なわれなかった時期があったことを忘れてはなりません。それは、一つには当時の比較的平和だった社会的・政治的背景があるにちがいありませんが[1]、同時にわれわれの祖先たちのもっていた思想——「思想」と銘打つほどのものではないですから「意識」とでも言ったほうがよいでしょう——がその裏付けになっていたものと思われます。それはいわば日本人の国民性[2]ともいうべきものであったでしょうし、現在のわれわれの文化の底流として生き続けていないとは言えないでしょう[3]。ですから、欧米の場合には、死刑廃止論の前史としてトマス・モアから出発しましたが、日本については王朝時代から始めたいと思うのです。

読者もよくご存じのとおり、日本の王朝時代には唐の律令を継受した大宝・養老の律令が制定されました。その中の律が刑法です。大宝律令は七〇一年に編纂され七〇二年に施行、養老律令は七一八年に編纂され七五七年に大宝律令に取って代わったものですが、どちらも唐の律令を下敷きにしながら、日本の律は唐律に比べて法定刑を一、二等軽くしたのが多いのです(4)。しかも、非常に面白いことには、その後、この律令の刑法が検非違使庁《けびいしちょう》の庁例(執務の先例)によって次第に動いて来るにしたがって、ますます刑が軽くなって行く傾向がみられるのです。石井良助博士によれば、奈良時代からその傾向はあったのですが、平安時代になってから、八一八年には盗犯について事実上死刑を廃し、やがて実際上、何十端《たん》盗んでも裁判上は一五端《たん》以内盗んだことにして、死刑を免じたのだそうです。強盗についても、同じに扱ったのだそうです(5)(トマス・モアのころのイギリスと比較して、何という違いでしょう。一五、六世紀当時のイギリスでは無数の窃盗犯人が片っ端から死刑に処せられていたのです(6))。そこで、石井良助博士の所説を引用させていただくことにしたいと思います(7)。

このような寛刑の影響の下に、一般的な死刑の実際上の廃止という現象が生じた。すなわち、刑種としての死刑は廃止されたことはないが、嵯峨天皇の弘仁元(八一〇)年に藤原仲成が誅されてのちは、死刑の判決が下されても、別勅で、一等を減じて遠流に処する慣行が生まれ、後白河天皇の保元元(一一五六)年に、死刑がなくては、刑に懲粛の意がないという藤原通憲《みちのり》の請によって、保元の乱後源為義らにこれを科するまで、二六代三四六年間、平将門《まさかど》や平忠常が梟首《きょうしゅ》された特例を除いては、(8) 実際上、死刑が執行されることはなかったといわれている。

保元・平治の乱は、朝廷・貴族・武士を巻き込んだ、互いに骨肉あい食《は》む苛烈・醜悪・無残ともいうべき争いでありました。この保元の乱が、長く死刑を停止していた輝かしい時代に終止符を打ってしまったわけです。まことに悲しむべきことでありました。そうして、やがては武家政治の時代へと移って行くわけです。

さて、その死刑再開の折のことが『保元物語』(9) に出ていて非常に面白いので、これも引用してみましょう。素人なりに、文章を多少分かりやすく書き直します。

中院《なかのいん》左大臣雅定入道、大宮大納言伊通卿、東宮大夫宗能卿、左大辨宰相顕時卿など、申されけるは、「昔、嵯峨天皇の御時、左兵衛督仲成を誅せられしより以来、久しく死罪を留められ、よって一条院の御宇長徳（長徳二年＝九九六年）に、内大臣伊周公、ならびに権中納言隆家卿の花山院を射奉りしかば、罪すでに斬刑に当たる由、法家の輩勘《かんが》え申ししかども、死罪一等を減じて遠流の罪に宥せらる。今、改めて死刑を行わるべきに非ず。なかんずく、故院（鳥羽）御中陰なり。かたがた、宥せらるれば宜ろしかるべき」由、各申されけれども、少納言入道信西《しんぜい》（＝藤原通《みち》憲《のり》)、内々申しけるは、「この儀、しかるべからず。多くの凶徒を諸国へ分け遣わさるるは、定めてなお、兵乱の基となるべし。その上、非常の断は人主もっぱらにせよという文あり、世中に常にあらざる事は人主の命に従うと見えたり。もし重ねて僻事《ひがごと》出で来たりなば、後悔何の益あらん」と申しければ、皆切られにけり。誠に国に死罪を行えば、海内に謀叛者絶えずとこそ申すに、多くの人を誅せらるることそ浅ましけれ。正しく弘仁元年に仲成を誅せられてより、帝王二十六代、年記三百四十七年、絶えたる死刑を申し行いけるこそ、うたてけれ。

私はここに「誠に国に死罪を行えば、海内に謀叛者絶えずとこそ申す」というのが、特に面白いと思うのです。これは直接には政敵に対する死刑によって、政治的混乱の連鎖反応を起こす心配を言ったのかとも思われますが、広い意味では一種の刑事政策につながる考え方だといってもよいのではないでしょうか。死刑の与える社会心理的効果は、人々の間に逆効果を及ぼして、かえって秩序維持に反する結果ともなりかねないのです。このころの死刑は絞《こう》と斬《ざん》の二種だけで[10]、後世に現れるような特別に残虐な方法によるものではなかったのですが、それにしても、死刑の執行、ことに執行の公開が世情を殺伐にして、ひいては、かえって犯罪を誘発する原因にもなりかねないという面があるわけです。これは西洋近代に現れた考えで、今でもそのまま通用するのですが、「国に死罪を行えば、海内に謀叛者絶えず」[11]というのは、このような含意があるものと見ることも可能なのではないでしょうか。

こうした死刑の長期間の停止には、殺生戒、慈悲を本旨とする仏教の影響を否定することはとうていできないでしょう。[12] もちろん、仏教だけで説明することは無理でしょうが、[13][14] しかし、飛鳥時代に渡来した仏教は、この時期になりますと、いよいよ盛んになって来ているのです。最澄が天台宗を開いたのはちょうど死刑停止の時期が始まる直前の八〇五、六年ころのことですし、やがて空海が真言宗を開きます。空也や源信（恵心僧都）らによって浄土教が導入されたのも、やはりこの期間内のことです。仏教の影響を否定してしまうことの方がむしろ不自然だというべきでしょう。

この関連で『源平盛衰記』[15]（巻第五・「小松殿教訓」）の次のような記事を読んでみたいと思います。平重盛が父の清盛を諌める場面の一つで、その諌言の中に出て来ることばです。

我が朝には嵯峨帝の御宇、左衛門尉《さえもんのじよう》仲成を誅せられし後、死罪を止められしより以来《このかた》二十五代に及びしを少納言入道信西《しんぜい》が執権の時に相当りて、絶えて久しき例を背き、保元の乱の時、多くの源氏・平家の首を切り、宇治左府の墓を掘り、死骸を実検せしその報いにや、中二年こそありしか、平治に事出で来て、田原の奥に埋まれたりし信西が、掘り起され、頸を渡し、獄門に懸けられき。これはさせる朝敵にあらねども、併《しかしなが》ら保元の罪の報《むくい》と覚えて恐ろしくこそ侍りしか。[16]

仏教的な因果応報の観念もそこに見られるのではないでしょうか。その裏には仏教的な慈悲の気持ちがありましょう。もちろん、『保元物語』にしても『源平盛衰記』にしても、すこし後世のものですから、平安朝の当時の思想をそのまま反映していると見ることはできないでしょうが、しかし、そんなに時代がかけ離れているわけでもないのです。それよりも、真言宗や天台宗のような密教は、本来は高度に理論的なものですが、実際には主として加持祈禱を行なう神秘的な宗教になって行ったわけですから、迷信的なものとの結び付きもあったでしょう。平松義郎教授が、この死刑停止の現象について「上級貴族による死者の怨霊恐怖を主な理由とする」と言っておられるのは(17)、きわめて興味深いと思います。これまた、やや変態的ながら、やはり仏教の一種の影響といえるのではないでしょうか。

死刑の執行に期間や日の制限があったことは学者の認めるところですが(18)、これも、ことに神仏習合後の宗教と関係があるでしょう。

なお、石尾教授が、この長期間にわたる死刑停止について、「その原因として、遠流、すなわち、嶋に放棄遣る刑が、本来、死刑と同じく『神の制裁』を基本観念とする刑罰であり死刑と遠流の区別が流動的であるという思想、また、死刑執行廃止が死刑そのものを廃止するよりも死刑の執行にたずさわることを忌避する思想をあげ得るであろう」と説いておられるのが(19)、注目されます。

要するに、上代の人々の思想ですから、現代人であるわれわれの考え及ばぬところがあるのはもちろんですが、全体として、日本人の温和な国民性が仏教と結び付いたという面があることだけは、言えるのではないでしょうか。いずれにしても、平安時代に二六代三四六年間にわたって死刑が行なわれなかったという事実は[20]、現代のわれわれにも、大きな精神的遺産として残されたものでありまして、われわれは、死刑の存廃を議論するについても、とくと頭において、じっくりと考えてみなければならないのであります。

ここで、中村元博士（一九一二—九九）の教示によって、仏教の刑罰思想の概略を述べておくことにしましょう[21]。

仏典によると、政治とは「殺すことなく、害うことなく、勝つことなく、勝たしめることなく、悲しむことなく、悲しませることなく、法を以てする」のでなければならない。理想的な帝王は「この大地を征服するであろうが、刑罰によらず、武器によらず、法によって統治する」。国内においては、慈悲の精神に基づく政治を実行しなければならない。釈尊じしんも、掠奪を排除するために死刑を置けば、死刑を免れた者が国土を悩ますであろう、それよりは民生を促進することこそが大切である、といった説話をもって、王の顧問である或るバラモンに教えたということが伝えられているそうである[22]。

仏教では慈悲の精神によって政治を行なわなければならないのに、刑罰を行なうのは矛盾ではないか、ということから、刑罰も大慈悲心に基づくのだという考えになる。だから、刑罰の目的は、ある経典（『四十華厳』一二巻）によると、「悪人を変化し治めて、みな仏道に向わしむ」ということであった。刑罰に慈悲心が必要だということは、ナーガールジュナ（龍樹）がとくに強調しているところで、「極悪な暴虐人に対しては特にあわれみを起すべし」（『ラトナーヴァリー』四・三二）とされる。応報刑ではなく教育刑の立場で、死刑および身体を傷つける刑罰を認めなかった。『宝行王正論』においては、叛逆を企てた者に対しても死刑を科してはならないという。(23)「もしも人が叛逆を企てたならば、かれを殺さず、迫害せず、他の国土に擯けよ。自己を見ること敵を見る如くに厳しくあれ、恒に努力して『如法の事』をなすべし」（『大正蔵』三二巻五〇一頁上）といって、国王はまず自己を反省するべきことを教えているのだそうである。

国王は「悪をなす者を見なば撾打し罵辱するも、終に命を断たず」とされた。(24)

博士によれば、このような寛刑主義は、当時のインドにおいて、ある程度までは実際に行なわれていたらしいことが、法顕三蔵の旅行記『高僧法顕伝』や玄奘三蔵の旅行記『大唐西域記』からも認められるそうである。(25)もちろん、死刑廃止が完全にインドのあらゆる国々で行なわれたのではないという事実は、また、当時の経典に反映していて、「古えの聖王に順えかし。刑戮を行ずることなかれ。何を以ての故に。人道に生るるとは、勝れたる縁の感ぜしところなり。もしその命を断たば、定《さだ》んで悪報を招く」という。この経典の作者は、当時復活しつつあった死刑に抗議を述べているものと見られる。(26)慈悲の理想に基づく仏教の刑法論は、刑罰に関する平等主義を超えて、貧者に対する特別の顧慮を示すということで、ここでもナーガールジュナ（龍樹）の所説

が引用される。(27)
菩薩は「もし獄に繋がれたる衆生を見ては、もしくはみずから放ち、もしくは他を勧めて放たしむ」といい、鞭打たれ刑戮されようとする衆生を見た場合にも同様にするという経典の記載にもみられるとおり、仏教の寛刑主義の根本にひそむ思想は、刑罰を行なわないことを理想とするものであった。刑罰は必要・不可避ではあっても、それはどこまでも悪だと考えられていたのである。(28)

このようにして、博士は、「インドの仏教徒は死刑を端的に否定していた」とされ、(29)「総じて仏教の盛んであった国家或いはその時代においては、刑罰は軽く課せられるのが常であった。例えば、日本でも平安時代に死刑が行われなかったことなども、その適例の一つである」とされるのである。(30)ちなみに博士は、「近世の日本においては仏教者は死刑を承認していた」とされ、「個々の場合ごとに仏教者が命乞いをしたというような事例は枚挙にいとまがないほど」であるが、「死刑を全面的に否認するというような運動は、近世日本では起らなかったようである」とされる。(31)

その後——●

上記の王朝時代のあとは江戸時代の終りにいたるまで、私の知るかぎりでは、日本には死刑廃止の議論も動きも全然出ておりません。儒教では、『尚書（書経）』の「大禹謨」に「刑期于無刑」「刑は刑なきに期す」という言葉があって、儒教的な刑事政策の一つの理想とされて来た観があります。幕末に仙台藩士だった蘆野《あしの》徳林《とくりん》（芦東山）（一六九六―一七七六）がこれをもとにして『無刑録』という一八巻の大著を書いています。(32) 大体の趣旨は、刑は教えをたすけるものであって慎まなければならない、徳化によって「刑無きの地に至る」ことが理想である、すぐれた政治によって犯罪のない社会を実現するべきだ、ということのようですが、しかし、死刑廃止論というところまでは、とうてい行っていません。死刑についても乱用が戒められるのはもちろんですが、適正な死刑は是認されるので、「一を殺して万を慎《つつし》ましむ」といったことも説かれているのです。(33) 国学や仏教その他の方面にも何かあるかも知れませんが、これは読者諸賢の示教を待つほかありません。

私は初版に右のように書いたのですが、その後、谷口正孝博士からの教示によれば、尾張藩主徳川宗春（家光の外孫）はその治世一〇年近くの間死刑を行なわなかったそうで、これは特筆に値することと言わなければなりません。宗春の著書『温知政要』（一七三一〔享保一六〕年）の中心思想は慈忍の二字にあり、刑罪はたとい千万人中一人を誤って刑しても取り返しがつかず、天理に背き国持の大恥だというのが、その趣旨だそうで、見事な見識だというべきです。(34) 宗春は、紀伊藩主から将軍になった吉宗への対抗意識から奇嬌の振舞いが多く、幕府の忌避に触れたため、その事跡は十分に伝えられなかったようですが、かれの残した自筆の書画の類からも相当の文化人であったことが窺われますし、幕府の倹約方針に反抗したかれの政策が名古屋の商業都市・文化都市としての今日の繁栄の基礎を作ったことは、間違いないでしょう。すくなくとも右の著書は、かれが本来名君であったことを示す証拠であろうと思います。

更にその後、大橋健二氏からその著書の上で、一つの大切な示唆を受けました。[35] 氏は私を熊沢蕃山、山田方谷の流れを汲む陽明学の系列に加えた上で（私の幼年期の家庭環境から私がそのような精神構造をもっていることは、まさにそのとおりで、そもそも私の主体性理論そのものが実はそこからくるわけなのです[36]）、蕃山の『集義和書』を引用して、蕃山の精神が私の死刑廃止論の中にも静かに脈打っていることを指摘されたのです。[37] これは儒教思想、ことに陽明学の系列のなかに、死刑廃止論につながる要素があることを指摘されたわけで、そういえば、例えば明治初年に熱烈な死刑廃止論を唱えた後述の植木枝盛《えもり》（二九三頁）にしても、佐藤一斎からの強い影響を受けた一人だったわけです。[38] したがって、私が初版で上記のように論じたことは、大きく修正をせまられます。江戸時代の儒教の中にもやがて死刑廃止論につながってくる地盤が強固に潜在していたとみるべきでありましょう。徳川宗春の『温知政要』も、いま読み直してみますと、幕府が勧奨していた朱子学とはほど遠く、やはり陽明学の系列に属することは間違いないでしょう。

ですから、江戸時代の思想の中にも、実は死刑廃止論の精神的地盤が潜在的には用意されていたとみることができるのではあるまいかと思います。

さて、明治以降になりますと、何といっても西洋の思想の影響が決定的ですので、以下、その影響の筋道のあらましを示すことを主眼として述べてみたいと思います。西洋の死刑廃止論については、II5で、啓蒙思想だとか、あるいは刑法近代派だとかを中心として、思想系列を述べて来ましたが、実は、これらと並んで、宗教や文芸（例えばヴィクトール・ユゴー(39)、トルストイ、ドストイェフスキー、近年でいえばアルベール・カミュ(40)）、あるいは端的にヒューマニズムから発出するものがあることを忘れてはなりません。いな、啓蒙思想も近代派も、これらと密接に結び付いてこそ、真に強い死刑廃止論となって現れるのです。キリスト教の中でも、特にクェイカー教徒の宗旨では戦争や死刑に絶対反対の立場がとられていることは、II5の終りの方（二七四頁）でも述べたとおりです(41)。プロテスタントではもちろん、カトリックの立場にも――教皇ヨハネ・パウロ二世が強い死刑廃止論者であるのをはじめとして――死刑反対の人が多いことは言うまでもありません(42)。ユダヤ教でも、一九五〇年代以降のアメリカでは――ユダヤ正教の若干の宗派を除いて――死刑を聖書に反するものと考えて来ているそうです(43)。仏教の方面でも、戦前は刑務所の教誨の主力を占めていたくらいですから、死刑廃止の考えの人が多いにちがいないとおもわれます(44)。

以下、個々の学説については簡略にすることにして、さいわい、辻本教授の編著にかかる『史料・日本の死刑廃止論(45)』といううすぐれた文献がありますから、詳しくはそれを参照していただきたいと思います。

明治期――●

慶応四（一八六八）年といえば、九月には改元があって明治元年になる年ですが、この年の五月に早くも西洋の死刑廃止論を紹介しているのは、蘭学者であった神田孝平（1830―98）です。[46] 明治八（一八七五）年になりますと、すでに幕末にオランダに留学したことのある津田真道（1829―1903）が『明六雑誌』に「死刑論」を発表し、[47] はっきりとベッカリーアの名を引用して「聊《いささか》ベッカリア氏の顰《ひそみ》に倣《なら》ひて、我邦人の睡魔《すいま》を驚かさんと欲す」と言っています。時期尚早を自認していますが、短文ながら高い見識をもった堂々たる議論です。さらに、気鋭の自由民権論者、植木枝盛（1857―92）も、明治一四年（一八八一年）には「世界の万国は断然死刑廃す可きを論ず」という、世界に呼号するような、調子の高い論文を発表しています。[48]

明治二〇年代になりますと、とくに、現在の矯正協会の前身である大日本監獄協会の機関誌『（大日本）監獄協会雑誌』――現在の『刑政』の前身――を拠点として、行刑の実務家や学者のあいだから熱心な死刑廃止論が展開され始めます。まず、明治二二（一八八九）年には佐野尚氏、翌年には山崎柳蔵氏の論文が出ます。佐野氏はこの協会の産みの親の一人で中江兆民門下のフランス学者だそうです。[49] 山崎氏はベッカリーアやベンタムを祖述しながら改過遷善主義を主張しています。[50]

ここで登場するのが小河滋次郎（滋二郎とも）博士（1863―1925）です。[51] 穂積陳重博士の推薦で内務省に入り（当時は監獄は内務省の所管だったのです）、プロイセンから招聘されていたゼーバッハ（Kurt von Seebach）[52]の指導のもとに監獄制度の整備にあたり、現行監獄法の原案の起草[53]にもあたった人でありまして、わが国ではじめて「監獄学」すなわち行刑学、矯正理論の体系を組織した巨峰です。博士は相対的自由意思論をとっていますので、[54] 決定論を基礎とする近代派とは違いますが、近代派にもつながって来るハワードを引いていますし、行刑理論としてはゼーバッハの師であったクローネ（Karl Krohne）の影響が強いところから、すでに近代派の洗礼を受けているとみてよいでしょう。リストらによる国際刑事学協会（IKV）が創設されたのは一八八九年のことで、もう近代派の影響は世界各地に広がりつつあったのです。ですから、博士を近代派の流れの中での第一号として位置付けても、それほど見当ちがいのことにはならないと思います。こういう立場から、本格的な死刑廃止論が主張されることになるのは、きわめて当然のことであります。博士は明治三三（一九〇〇）年の二月に浅草本願寺の講習院で「廃死刑論」という演題で講演をしています。[55] これは一場の講演にすぎませんが、博士の地位からいって、また、新刑法典へ向けての改正問題が大きく日程にのぼっていた時期のことでもあり、[56] 世間に与えた影響は少なくありませんでした。ついでながら、日本への近代派の紹介者であられた勝本勘三郎博士[57]（1866―1923）がイタリアのトリーノ大学ではじめてロンブローゾに接せられたのが、その二年後の明治三五（一九〇二）年五月のことですし、やがて日本における近代派の総帥になる牧野英一博士（1879—1970）はこのころは、まだ東大に在学中の一学生でした。このようにして、小河滋次郎の名がわが国における死刑廃止論の歴史の中で大きな地位を占めるのは当然です。博士は信州上田の人で、上田市の公園にはその銅像が立てられています。

さらに、ここでどうしても名を逸することができないのは、留岡幸助氏（1864—1934）であります。氏は新島襄門下のキリスト者として社会事業、とくに矯正保護の領域でわが国における先覚者になった一人ですが、(58) 明治三三（一九〇〇）年に発表した「死刑論」は「教育主義」から死刑廃止を主張されたもので、時期といい論旨といい、きわめて注目に値するものであります。(59)

明治期から大正期にかけて活躍した、もう一人を挙げるとすれば、花井卓蔵博士（1868—1931）にとどめをさします。(60) 博士は弁論の雄として知られ、華麗で迫力のある論陣を張ったのでした。明治三五（一九〇二）年以降、帝国議会の内外において「廃死刑論」——ある時期は一歩後退した「減死刑論」でしたが(61)——を振りかざした活躍は華々しいものでした。死刑だけでなく無期刑の廃止をも訴えたのが、博士の議論の一つの特徴でした。死刑の時効との関係についての独自の立論をもとにして、死刑も三〇年以下の有期刑に代えるべきことを主張されたわけです。(62)

大正・昭和期（その一）——ベッカリーアの系統——●

実は、前項で述べた明治三〇年代は日本の産業革命ともいうべき時期で、犯罪の増加、社会不安

――ことに小作争議や労働争議の頻発――を受けて、治安警察法・労働争議調停法の制定（明治三三〔一九〇〇〕年）や大逆事件（明治四三〔一九一〇〕年）に象徴されるような治安政策強化・弾圧強化の時代でありました。それにもかかわらず、前記のような先覚者たちが死刑廃止論を展開したのは、格別の評価に値することだったのです。大正に入っても、こうした社会政治情勢は続きますし、ヨーロッパでは、リープマンの書物を最後として第一次世界大戦に突入し、死刑廃止論は一時ほとんど沈黙した形になります（ラートブルフ草案は大戦終了後です）。日本でも大正時代の前半はそのような有様でした。

しかし、やがて、その後半に入りますと、ヴェルサイユ講和条約が調印された大正八（一九一九）年に、滝川幸辰博士（1891―1962）が「人々よ、死刑廃止の為め益々奮起せんことを祈る」と叫んだのを皮切りとして[63]、大正・昭和期にはベッカリーアもいよいよ本格的に紹介されることになり、また、それに基づいた議論も発展して来ます。その代表者は、まさに滝川博士その人です。

滝川博士はむろん人道的立場からの主張ですが、大きく見て、明らかにベッカリーアの系統を引くものというべきでしょう[64]。ベッカリーアの『犯罪と刑罰』が風早八十二教授によって邦訳されたのが、昭和四（一九二九）年のことです[65]。滝川博士はその学界における地位から言っても、その死刑廃止論は世の中に大きな影響を与えました。竹田直平博士も滝川門下で、その翻訳にかかるカルヴァートじしんもベッカリーアと決して無縁でなかったことは、前に述べたとおりです。

大正・昭和期（その二）──近代派の系統──●

近代派の影響はすでに明治時代の半ば以降から──少なくとも萌芽は──見られるのですが、大正・昭和に入りますと、いよいよ本格的になって来ます。日本で近代派を代表する牧野英一博士じしんは、ちょうど前述のリストの態度に似たところがありまして、死刑廃止論について、実質的には賛成されていたにちがいありませんが、著作に現れたかぎりでは、かならずしも積極的ではありませんでした。しかし、教育刑の理論はもともと死刑とは相容れないのですから、その門下からは、やがて積極的な廃止論者が出たのは当然のことです。その両巨頭が木村博士と正木博士です。

木村亀二博士（1897─1972）は、近代派の教育刑理論を代表するといってよい学者ですが、論理的な学風のためでしょうか、やや概念的になる傾向があったように見受けられました。そのせいか、戦時中には、「日本的世界観」から、人間は死後には「よみの国」「黄泉国」に身を隠すだけなのだから、死刑もまた「改善教育的作用」を持ち得るのであって、死刑は教育刑と矛盾するものではないという、当時としても異様と思われる議論を展開されたこともあったのでした。(66) これは、「教育刑」とはいっても近代派の思想とはおよそ無縁のもので、魔がさしたといいますか、戦時に流行した「精神的熱病」にとりつかれたようなところがあったわけですから、戦後には、おそらく博士じしんが真っ先に──後悔の念をもって──この所論を全面的に撤回されたものと信じます。博士の死刑反対論は戦後になって、まず、新憲法下の死刑違憲論となって現れました。ただし、これも、死刑は「残虐な刑罰」だから違憲だが（憲法三六条）、もしどうしても死刑を規定するとするならば法律の定める手続によらなければならない、それが憲法三一条の趣旨だという議論でありまして、私などは、その理屈が十分に納得できないでいます。(67) しかし、博士は戦後、死刑廃止に向けて多くの論稿を世に問われたばかりでなく、(68) 正木博士の実践活動にも協力されたことは、大きな貢献であったといわなければなりません。

教育刑思想、そうしてまた、その見地からする死刑廃止論を、理論と実践の両面においてもっとも強く推進されたのは、正木亮博士（1892—1971）でした。博士は牧野博士に心酔するくらい傾倒しておられました。牧野博士の理論そのものは、人間を決定論の見地から純科学的・客体的にみようとするものでしたが、人間としての牧野博士じしんは、狷介《けんかい》なところがありながらも、ヒューマニズム精神に燃える方でした。(69) 正木博士が牧野博士に打ち込まれたのは、そうしたヒューマニズム精神に裏打ちされた教育刑だったのです。ですから、近代派の一部に流れていた——例えばロンブローゾ流の——死刑肯定の考えは、正木博士にはとうてい採ることのできないものでした。正木博士が、そもそも死刑廃止論者になられたきっかけは学生時代に読んだトルストイの『余は黙する能わず』のドイツ語訳だったのだそうです。(70) それが牧野理論に出会ってこれと結び付いたわけです。ですから刑法学派の点からいいますと、滝川博士と正反対の立場にあったのですが、情熱的な心情をもっていた点では、両者共通だったというべきだと思います。総じて、死刑廃止論には人間的情熱、ヒューマニズム的な心情が不可欠ではないかと思われるのです。正木博士には、ルソーの『エミール』につながるペスタロッチの教育思想ないし社会改良思想も大きな影響を与えていますが、これもヒューマニズム精神のしからしめるところです。

正木博士は、とくに実践の面での功績が著大であります。戦前、司法省（法務省の前身）に在官中には矯正制度の改革に大きな功績を残されましたが、戦後、野に下られてからは、弁護士として帝銀事件などの弁護活動を通じて死刑廃止運動に全力を尽くされました。しかし、特筆大書しなければなりませんのは、一九五五年に、博士が中心となって「刑罰と社会改良の会」を結成し、『社会改良』を機関誌として、同志とともに活発な死刑廃止運動を展開されたことです。[71] この会は博士の逝去とともに消滅しましたが、[72] 今では、「犯罪と非行に関する全国協議会（JCCD）」が矯正・保護の改良や死刑廃止の問題について、菊田幸一・辻本義男（一九三二—一九六）両教授が中心となり、八木国之教授を会長として、活発な活動を行なっています。これは、まさに、正木博士の遺志をつぐものとも言えるでしょう。

ヒューマニズムないし人権思想は、思想系列といったことを離れて、自然に国際的・世界的に広がって行くものです。それを端的に示すのが、世界的な組織をもつアムネスティ・インターナショナルであります。これは一九六一年に創設され、一九七七年にはノーベル平和賞を授与された民間団体です。イデオロギーや宗教の点で完全に中立の立場をとっているところに、何ものにも屈しないところの格別の強みをもっています。日本支部も次第に強化されつつありますが、われわれも、これにできるだけの協力をするべきではないでしょうか。

(1) ローマでも共和制の最後の百年は、人道主義思想の旺盛な時代で、事実上死刑廃止が実現していたという。原田慶吉『ローマ法の原理』(一九五〇年)一六九頁。Mommsen, *Römisches Strafrecht*, 1899, S. 941.

(2) 石井良助『日本刑事法史』(一九八六年)四六頁注八も「わが国民性の温和なるによるものであろう」とされる。なお、正木亮博士は、日本人がもともと「死刑を嫌う国民性を持っていた」ことの例証として、中国の『後漢書』『魏志』『晋書』に東夷すなわち日本には死刑がないと書かれていることを挙げておられる(正木亮『現代の恥辱・わたくしの死刑廃止論』一九六八年・二二七頁)。私はまだそれを確かめていない。

(3) この関係で、坂本太郎博士(1901—87)が「こうした珍しい例の続いた原因について、色々の事情が挙げられますが、有力なものとして、私のいわゆる日本律令の右文主義が、公家の間に強く浸透していたことを忘れてはなるまいと思います」と述べておられるのが、注目される(坂本太郎『律令制度』著作集七巻〔一九九二年〕一四一頁)。「右文《ゆうぶん》主義」とは「右文左武」つまり「武」に対する「文」の優越をみとめることであって、博士は「文化国家の建設といい、専守防衛といい、シビリアン・コントロールというような今日の政治の綱領は、歴史を辿れば、律令の右文主義に遡ります」と説かれるのである(前掲一四三頁)。これは日本学士院第一回公開講演(一九八四年)で、たまたま私の講演と同時に行なわれたものであって、私は拝聴しながら深い感銘を受けたことを——今や亡き博士の温容とともに——なつかしく想い起こす。

(4) 石井良助『法制史』(体系日本史叢書4・一九六四年)四七頁以下。なお、石井博士は、「日本が中国より律令制度を輸入したのは、中国では五刑の制度が完成したときで、残酷なる肉刑の行われないときであったことは、幸であった。もっとも、日本では、その温和なる唐律の刑をさらに緩和しているのであるから、唐に残酷な刑があっても、おそらくは輸入しなかったであろうが」としておられる（同『日本刑事法史』一九八六年・四〇頁以下）。

(5)　石井良助・前掲『法制史』七五頁。

(6)　モアの記述によれば、「盗人はあちらこちらで、一絞首台毎に二十名ずつ絞首刑に処せられているとのことでした」という（トマス・モア〔平井正穂訳〕『ユートピア』岩波文庫・一九五七年・二一頁）。

(7)　石井良助・前掲『法制史』七六頁。なお、『古事類苑』法律部第一冊二五七―二六〇頁参照。

(8)　この点につき、『古事類苑』法律部第一冊二五九頁は、「其間、平将門、藤原斉明、平忠常、安倍貞任、平師妙、源義親の梟首を被るが如きありと雖も、死後の事に係れるを以て、保元の議には之を算へず、又、陸奥守師綱が季春を斬せしも、朝議を経たるにあらず、国司の権宜に出づるを以て、亦算へざるなるべし。」と論じている。

(9)　『保元物語』「為義最後事」の項。『古事類苑』法律部第一冊二五七―二五八頁による。――『保元物語』には流布本以外に諸本が多い。ここでは、国文学の専門にわたる必要はないので、本文には単純に上記のものを引用したが、念のため、『日本古典文学大系』に収められた『保元物語』（永積安明＝島田勇雄校注・一九六一年）（底本は金刀比羅宮蔵本）からの引用をも付け加えて置こう（同書一四一―一四二頁）。前掲とちがって、これは「為義最後の事」の前の「忠正・家弘等誅せらるる事」の項に出ている。次のとおりである（文中「伊《い》周公《しうこう》」とあるのは藤原伊《これ》周《ちか》であろう）。

又内裡《だいり》より中院《なかのいん》（＝中院雅定）の右府《ゆうふ》入道殿《にうだうどの》をめされて、「抑《そもそも》六条判官為義出家《ろくでうはうぐはんためよししゆつけ》して、義朝《よしとも》が許《もと》に来《きた》れるよし聞召《きこしめ》す。罪科《ざいくわ》の事《こと》如何《いかが》あるべき。」と御尋有《たづねあり》ければ、畏《かしこまつ》て申されけるは、「彼為義《かのためよし》と申《まうす》は、武勇《ぶいう》の家《いゑ》の正統《しやうとう》として、今度《こんど》の合戦《かつせん》の大将軍《たいしやうぐん》、誠《まこと》に其罪遁《そのつみのがれ》がたしといへ共《ども》、齢《よはひ》六十にあまり、重病《ぢうびやう》を得《ゑ》、出家入道《しゆつけにうだう》して手《て》を合《あはせ》まいりたらんをば、助《たすけ》られたらんはしかるべし。就中《なかんづくさ》嵯峨天皇《がのてんわう》の御時《とき》、右兵衛督仲成《うひやうゑのかみなかなり》、平城先帝《へいぜゐせんてい》をうごかしたてまつり、謀叛《むほん》を発《おこ》すによつて、死罪《しざい》に定《さだめ》られたりしかども、死《し》する者再《ものふたた》びかへらず、遠流無帰罪《をんるぶきのつみ》は死罪《しざい》に同《おな》じきとて、遠国《をんごく》へつかはされしよりこのかた、本朝《ほんてう》に死罪《しざい》をとゞめられて年久成《としひさしくなり》ぬ。又長徳《ちやうとく》の比《ころ》、花山法皇紅《くはさんのほうわうくれなゐ》のはかま（袴）をつき（継ぎ）のへ（延べ）させ奉《たてまつり》、高足《たかあし》にめされ、築垣《ついかき》に御尻《しり》をかけさせ給ひて、夜《よ》なく〳〵御遊《ぎよゆふ》ある事《こと》ありしを、或時《あるとき》内大臣伊周公奏《ないだいじんいしうこうそう》せらるべき事ありて、小夜深方《さよふけがた》にまいられけるが、是《これ》をみ奉《たてまつり》、変化《へんげ》の者《もの》ぞとこゝろえていだき奉《たてまつ》り給《たまひ》たりしかば、其罪奴《そのつみやつこ》に及《および》し由《よし》、法家《ほうけ》勘《かんがへまうし》申たりしかども、大同《だいどう》の例《れい》に任《まかせ》て、死罪一等《しざいいっとう》を減《げん》して遠流《をんる》に処《しよ》せられき。然《しかる》を今度《こんど》死罪《しざい》を改《あらた》め行《おこな》はれば、頗善政《すこぶるぜんせい》を背《そむく》に似《に》たり。且《かつ》は故院《こいん》の御中陰《ごちういん》也。其上天子《そのうへてんし》の守八方《まもりはつぼう》にあり。今《いま》は何事《なにごと》か候《さうらふ》べき。」とやう〳〵宥《なだめ》申されければ、諸卿一同《しよきやういちどう》に尤《もつとも》しかるべき由《よし》申されけるを、信西《しんせい》御後見《うしろみ》として、「此儀《このぎ》しかるべしとも存《ぞん》ぜず。非常《ひじやう》の断《だん》は人主守《じんしゆまも》らずと言本文《いふほんもん》あり。今度《こんど》の謀叛希代《むはんきたい》の勝事《しようじ》也。大将軍《たいしやうぐん》をなだめられなば、さしもの悪党《あくたうら》等国々《くにぐに》へわけつかはさるべし。しからば果《はた》して天下《てんか》の大事出来《だいじいでき》なん。後悔《こうくわい》さきにたつべからず。」と申《まうし》ければ、或《あるひ》は人に預《あづけ》をかれ、或禁獄《あるひはきんごく》せられたるを皆召出《みなめしいだ》され、同《おなじく》十七日夜悉《のよことごとくちう》誅せられけり。

(10) 正確には、律の規定では、絞・斬だけであったが、七七三年には放火と盗賊に対して「挌殺」（打殺）が加わり、斬刑を受けた者その他有罪の死者を梟首することも行なわれた（石井良助・前掲『日本刑事法史』四三頁）。

(11) 「死罪を行へば海内に謀反の輩《ともがら》絶えず」という句は、『平家物語』の重盛の諫言の中にも引用されている（注15参照）。

(12) 中村元博士も、本文中に後述のとおり（二八九頁）、「適例」として、はっきりと仏教の影響をみとめておられる（中村元『宗教と社会倫理』一九五九年）。辻本教授は、「奈良時代以来、仏教が盛んに行われ、慈悲を重んじ生を憐れむ思想が高まり、国法が定めた刑罰までも軽減有恕することが功能福徳であるとされ、死刑囚についても『絶者難更続、死者不再生』の趣旨のもとにしばしば恩恵をもってその刑の執行を避けた」ことを挙げておられる

（辻本義男『史料・日本の死刑廃止論』〔一九八三年〕「はしがき」一頁）。私も同感である。

(13)　石尾教授は、「死刑執行廃止の原因について、通説は、仏教の殺生戒の思想をあげるのであるが、しかし、それによっては、仏教思想の興隆した奈良朝後期に、却って謀反人に対する苛酷な制裁が行われたという矛盾を充分に解明することができない」とされる（石尾芳久「日本古代の刑罰体系」法制史学会編『刑罰と国家権力』〔一九六〇年〕四七頁注三四）。しかし、私の考えでは、奈良後期は、律令制定後まだ日が浅かったのであるから、この時期に明文の規定を慣行によって修正することができなかったのは当然であろう。それに、仏教は平安朝に入って、いっそう本格的なものになって来たのである。また、保元・平治の乱を境にして武家時代に入ると、仏教は、浄土宗・禅宗の各派をはじめ日蓮宗その他が出揃って、いよいよ一大偉観を呈して来るが、もうこの時代は武断政治であって、仏教思想などによる死刑停止どころの話ではなくなってしまう。平安朝における死刑停止が仏教と結び付くとはいっても、ほかの政治的・社会的条件がかかわっていることは、もちろんなのである。だからといって、逆に仏教との結びつきを否定してしまうのは、妥当とは思われない。

(14)　ちなみに、本文に述べた弘仁以降の長期にわたる死刑停止に先立って、一時的ながら聖武天皇の神亀二（七二五）年に死罪を流罪に降す詔が出ていて、その中に「死者不可生、刑者不可息、此先典之所重也、豈無恤刑之禁、云々」という句があるが（『続日本紀』九）、これについては、ここに「先典」とあるのは仏典にかぎらず、儒教の経典（『論語』巻六〔顔淵二二〕の「季康子問政於孔子曰。如殺無道、以就有道、何如。孔子対曰。子為政焉用殺、子欲善、而民善矣」、漢温の『路舒尚徳緩刑書』の「夫獄者天下之大命也、死不可復生、刑者不可贖」、『書経』の「惟刑之恤哉」、など）をも指すのではないか、との指摘もされている（布施弥平治『日本死刑史』〔一九三三年〕七七頁以下）。これは、谷口正孝博士の教示による。

(15)　これとほぼ同様の記事は、『平家物語』（巻二「小教訓」）の重盛が父清盛を諫めることばの中にも出て来る（冨

倉徳次郎校訂『平家物語』上（一九四九年）一三九頁、市古貞次校註『平家物語』1（一九九四年）一二一頁）。

(16) 前掲『古事類苑』法律部第一冊二五八頁。ここでは、水原一（考定）『新定・源平盛衰記』一巻（一九八八年）二六六頁によって引用した。

(17) 平松義郎「刑罰」『国史大辞典』五巻（吉川弘文館・一九八五年）六六頁。なお、青柳文雄『日本人の罪と罰』（一九八〇年）五頁。

(18) 石井良助・前掲『日本刑事法史』四〇頁によれば、死刑は立春から秋分までの間、および大祀斎日には行なえなかった。石尾教授は、死刑そのものよりは死刑の執行を忌避するという思想を示す史料として、獄令五位以上条と弘仁六年一一月二〇日の太政官符の末尾の記載を挙げておられる（石尾芳久・前掲「日本古代の刑罰体系」四七頁注三四）。

(19) 石尾芳久・前掲「日本古代の刑罰体系」四四頁。教授がここに「死刑と遠流の区別が流動的であるという思想」を挙げておられる点については、注9に引用した『日本古典文学大系』の『保元物語』の中院雅定の言葉の中に出て来る「遠流無帰罪は死罪に同じ云々」の言葉が思い合わされる。

(20) この事実には、割引きが必要のようである。石井紫郎教授の教示によれば、要するに王朝のオフィシャルな裁判で死刑に処せられた例がないというにすぎず、太政官を構成する高級貴族と最終的に死刑宣告に裁可を下す天皇に責任が及ぶ（その結果「怨霊の祟り」を受ける）ことを避ける趣旨で、「死刑停止」の実務が展開したものと考えられ、それは奈良時代にすでに事実上かなり進行していたことだそうである。そうして、その反面、高級貴族の与り知らぬ（という遁辞が可能な）「死刑」は、地方レベルでいくらも行なわれていたと思われるとのことである（なお、前出注8参照）。——ただし、私は、そのような限定のもとにおいても、なおかつ、本文に述べた論旨の大綱にはなんらの変更を加える必要はないと思う。中央政府だけの考えや実務にとどまるにせよ、この事実は非常な重みをもつものとして、われわれは忘れることができないのである。——なお、この事実の評価として、別の面からの割引も考えられる。穂積陳重博士がこの長年にわたる死刑停止の結果として私力報復が誘発されたことを挙げておられるのが、それである（穂積陳重『復讐と法律』〔一九三一年〕一〇四—一〇六頁）。ただし、博士も「史伝に載するところ其例甚だ多からず」としておられる（一〇六頁）。ちなみに養老律には「凡《およ》そ人を殺して死すべきが、赦に会いて免《ゆる》されば、移郷《いごう》せよ」という「移郷」の制度が規定されていたが（賊盗律第七、18、なお、名例律第一24参照）、これは復讐行為を防ぐためであったとされる（井上光貞ほか編集『律令』日本思想大系3〔一九七六年〕九七頁以下）。いずれにせよ、死刑停廃の場合に心配される私的報復の問題は、被害者側の救済の問題および死刑の代替刑の問題、そうして根本的にはやはり正義の問題に帰着するのではないかと、私は考えている。これについては、とくにII 3に述べたところを参照されたい。

(21)　中村元・前掲『宗教と社会倫理』一三二頁以下、とくに三七六頁以下。以下の叙述は、中村博士の教示によるものであるが、博士の著書中から私が適当に摘記したものであって、文責は私自身にある。——なお、平川宗信「主体性と刑事責任」（『団藤古稀祝賀』二巻〔一九八四年〕）一二二頁以下、同「日本刑事法理論の自覚的展開に向けて」（柏木千秋先生喜寿記念『近代刑事法の理念と現実』〔一九九一年〕）二七五頁以下、とくに二八九頁以下、同「死刑制度と私たち——仏教と法律学の立場から——」（同朋仏教〔同朋大学仏教学会〕三一号〔一九九六年〕）八一頁以下、とくに九七頁参照。

(22)　前掲『宗教と社会倫理』一三三頁。なお、博士によれば、釈尊は王の顧問であるバラモンに次のように教えたという。昔、マハーヴィジタという王に対して、帝師のバラモンが『……王さまはこのような考えをおこすことがあるかもしれません「自分は〔犯人の〕死刑・捕縛・没収・譴責・追放によってこの略奪の苦難を取り除こう」と。しかしこれはこのような略奪の苦難を排除するための正しい方法ではありません。もしも死刑を免れた者があれば、後日王の国土を悩ますことがあるでしょう。むしろ次のような方策によるならば、それこそこの略奪の苦難を排除することができるのです。すなわち、王さまは王さまの国土のなかで農耕・牧畜に励む者には種子や食物を給し、商業に励む者には資金を給し、官職に励む者には食事と俸給を準備なさい。これらの人々が各自の職業に没頭するならば、王の国土を悩ますことはないでしょう。……』といって教えた。そこで国王がそのとおりに行なったところ、はたしてそのとおりになったという。中村元『原始仏教の社会思想』(同『選集』決定版一八巻〔一九九三年〕)三一〇―三一一頁。博士によれば、後代の物語でも死刑を実行しないことが称讃されている由である(上掲三四〇頁注一六)。

(23) 前掲『宗教と社会倫理』三七八頁、三七九頁注八。

(24)(25) 前掲『宗教と社会倫理』三八〇頁。

(26)(27) 前掲『宗教と社会倫理』三八一頁。

(28) 前掲『宗教と社会倫理』三八二頁。

(29) 中村元『慈悲』(一九八一年)二六九頁。

(30) 前掲『宗教と社会倫理』三八一頁。なお、インド古代の実際の法制については、中村元『インド古代史』上(一九六三年)四六九頁以下、四九五頁以下(厳罰主義)。

(31) 前掲『慈悲』二六九―二七〇頁。

(32) 原書は漢文で一八七七(明治一〇)年にはじめて元老院から出版されたが、その後、佐伯復堂訳注・蘆野徳林遺著『無刑録』三巻(一九二七―三〇年・刑務協会)の形で出た。さらに、一九九八年には信山社によって翻刻刊行され、これには私が解説を兼ねた序文を書いている。ちなみに、国会議員で死刑廃止運動の推進者として知られる志賀節氏は蘆野徳林の子孫である。

（33）　前掲『無刑録』上巻五六頁。

（34）　新見吉治「温知政要」『日本歴史大辞典』（河出書房）二巻（一九六八年）四六五頁以下、『名古屋叢書』第一巻九頁以下、四七頁以下、とくに四九頁。――ただし、平松教授によれば、「彼は治世九年間、死刑を行わず、――死刑の廃止ではなくて――入牢のまま放置していたという伝えに端的にあらわれているように、名古屋藩法制史に貢献した「名君」ではない。時に江戸では、将軍吉宗の改革が進行しつつあったが、宗春一代の、非享保時代的藩政は、名古屋藩刑法史の発展を中断、頓挫せしめた観があるのである」とされる（平松義郎「名古屋藩の追放刑」『江戸時代の罪と罰』〔一九八八年〕一五五頁注45）。なお、資料として、名古屋市役所編『名古屋市史・政治編第一』（一九一五年）五頁以下、『名古屋市史・人物編第一』（一九三四年）四四頁以下。以上については、平川宗信教授の教示によるところが大きかった。

（35）　大橋健二『日本陽明学奇蹟の系譜』（叢文社・一九九五年）四二六頁以下。なお、同『良心と至誠の精神史・日本陽明学の近現代』（勉誠出版・一九九九年）二九四頁以下。

（36）　団藤重光『わが心の旅路』（一九八六年）一一―一二頁、三六頁。

（37）　大橋健二『日本陽明学奇蹟の系譜』四三一頁。『集義和書』からの引用箇所は「君子の小人を退去《しりぞけさる》こと、かれを断亡《タチほろぼ》すにあらず、和して導き、教て其非心《ひしん》を改めしむべし。小人の道消《しょう》する時は決去《シさら》すしてなきがごとし」、「野《や》拙《せつ》は、むかし風にて、当世の風にはあひ侍らず。むかしの武士は人を大切におもひて、理屈をやはらげ侍れば、罪《ざい》科《か》に行ふべき者をも、又よき所あるものなれば、おしみてかくし置《おき》、我と悔《くい》さとりて改めんことを欲せし也。世上の理屈を以ては殺すべき者なれども、其身に成《なり》て見ればことはりもありながら、命《いのち》をおしむ様なるゆへに、黙してことはりをもいはざる者有《あり》、其心を察して助け侍り。今は世間無事なる故に、理屈専《もつぱら》にして人を愛せず。罪過《つみとが》をもとめ出《いだ》し、理屈を以て穿鑿《せんさく》せば、直《すぐ》なる人は多くは侍らじ。世間さはがしく国家あやうき時は、用にも立《たつ》べき者をば、何事をも見ゆるし、言葉をやはらげて頼むもの也といへり。俄《にわか》にひきかへてはみぐるしかるべき事をおもへば、かねて有事・無事一ならんことをねがひ侍り」というのである。熊沢蕃山『集義和書』（岩波・日本思想大系30・一九七一年）二〇七頁、二八四頁。

(38) 大橋健二・前掲（注35）三八一頁以下。

(39) ヴィクトール・ユゴーの『死刑囚の最後の日』（Victor Hugo, Le Dernier Jour d'un condamné, 1829）は発表当時大きなセンセイションを巻き起こした。スタンダールの『赤と黒』（一八三〇年）はその翌年に発表されたもので、本書の青色中扉にエピグラフとして掲げたジュリアンのことばも、そうした時代的背景を念頭において読まれるべきである。

(40) アルベール・カミュ（杉捷夫＝川村克己訳）『ギロチン』（一九五八年）。杉捷夫博士じしんも熱心な死刑廃止論者であった（「訳者あとがき」参照）。

(41) Marc Ancel, Le problème de la peine de mort, *Revue de droit pénal et de criminologie*, 44me année, 1964, p. 376 note 9. 日本では、もと聖公会司祭で「刑罰と社会改良の会」の理事でもあったパウロ関屋正彦師（1904―94）は強い死刑廃止論者であったが、一時ははっきりとクェイカーであられたことが注目される。ヨハネ・パウロ二世のアメリカにおける訴えかけについては、カトリック新聞三五一〇号（一九九九・二・七）。

(42) 例えば、ホセ・ヨンパルト＝金沢文雄『法と道徳』（新版・一九八三年）一二四頁以下、金沢文雄「死刑廃止を望む」JCCD（犯罪と非行に関する全国協議会機関誌）五八号（一九九一年）一頁以下。ヨンパルト教授はカトリック神父、金沢教授は熱心なカトリック教徒である。――プロテスタントとカトリックの双方にまたがるものとして、死刑廃止キリスト者連絡会編『死刑廃止とキリスト教』（一九九四年）。

(43) H. A. Bedau, Capital Punishment, in: Sanford H. Kadish (Ed. in Chief), *Encyclopedia of Crime and*

Justice, Vol. 1, 1983, p. 139.

(44) 仏教の刑罰思想については、前述した（前出二八七頁以下）。浄土真宗の僧籍にある左藤恵氏（死刑廃止国会議員連盟現会長）が、法務大臣に在職中、そのことを理由として、死刑執行命令書に署名をしなかったことは有名である（前出五〇頁）。なお、真宗ブックレット三号『死刑制度と私たち』（改訂・一九九三年・東本願寺）参照。——一九九九年四月には、天台宗が宗派見解として死刑廃止を提言することにしたと伝えられる。浄土真宗大谷派（東本願寺）では、死刑廃止運動の一環として企画された、死刑囚たちの描いた絵の展示会「いのちの絵画展」（私も多少のお手伝いをした）に協力するなど、実質的には死刑廃止運動に踏み切っている。ただ、教誨師の関係で法務省への遠慮があるためか、宗派自体をしての正式の態度決定は留保しているらしい。以上につき、朝日新聞一九九九・四・二〇夕刊（そこで池田洋一郎記者は簡単ながらキリスト教をも含めて広く各宗派のことをも取材・報道していて有益である）。——平川宗信「死刑制度と私たち——仏教と法律学の立場から——」（同朋大学仏教学会『同朋仏教』三一号〔一九九六〕）は、よい文献である。

(45) 辻本義男『史料・日本の死刑廃止論』（一九八三年）（以下、辻本『史料』として引用）。向江璋悦『死刑廃止論の研究』（一九六〇年）も、アジア地域を含む諸国の死刑廃止論の状況や国会における死刑廃止論議が紹介・論評されていて、有益である。なお、三原憲三『死刑存廃論の系譜』（一九九二年）。これには近年における国会両院の委員会での質疑応答（中山千夏・千葉景子・志賀節の各委員）が摘録されている。なお、前出六一頁注24参照。

(46) 神田孝平「西洋諸国公事裁判の事」（中外新聞三三号〔一八六八年〕・『明治文化全集』一七巻二八五頁以下・辻本『史料』六頁）。

(47) 津田真道「死刑論」（明六雑誌〔一八七五年〕『明治文化全集』五巻二五一頁以下・辻本『史料』七頁以下）。さらに、明治一〇（一八七七）年になると、甲賀揣造がベッカリーアやベンサムその他の名を引用しながら、ヨーロッパ諸国の状況を紹介し、詳細な死刑廃止論を展開している(甲賀拙造「死刑論」法律雑誌一〇号以下・辻本『史料』九頁以下)。
(48) 植木枝盛「世界ノ万国ハ断然死刑廃ス可キヲ論ス」(愛国新誌二〇号・二一号〔一八八一年〕『明治文化全集・自由民権(続)』一五七頁以下・辻本『史料』二一頁以下)。植木は、板垣らの立志社私擬憲法草案たる『東洋大日本国国憲按』を起草して、「日本ノ人民ハ何等ノ罪アリト雖モ生命ヲ奪ハ(レ)サルヘシ」(四五条)という規定を設けた由である(辻本『史料』二六頁以下)。家永三郎「明治時代の死刑廃止論」社会改良一巻三号(一九五六年)。なお、正木亮『現代の恥辱・わたくしの死刑廃止論』(一九六八年)一七四頁以下、二三〇頁以下。
(49) 辻本『史料』三四頁以下。
(50) 辻本『史料』三七頁以下。
(51) 小河博士につき、正木亮・前掲『現代の恥辱』一九八頁以下、二三二頁以下参照。
(52) 『近代監獄制度の指導者クルト・フォン・ゼーバッハ』(矯正協会・一九八五年)。
(53) 小河博士の起草した「監獄法案(草稿)」は、小室清氏の編集・校訂にかかる小河滋次郎『監獄法講義』(一九六六年)の巻末に採録されている。
(54) 小河滋次郎『監獄学』(一八九四年)七六―七七頁。
(55) 小河滋次郎『獄事談』(一八九五年)七八三頁以下。なお、同『刑法改正の二眼目――死刑及刑の執行猶予』(一八九六年)。辻本『史料』四三頁以下。
(56) この講演の前日に帝国議会に死刑廃止の建議が出ていて、小河博士もその相談に乗ったことが、講演の中でも触れられている(『獄事談』七八三頁、七八五頁)。この翌年には明治三四年刑法改正案が帝国議会に上程されて(倉富勇三郎＝平沼騏一郎＝花井卓蔵監修〔松尾浩也解題〕『増補・刑法沿革綜覧』〔増補復刻・一九九〇年〕一六一頁以下）、貴族院の特別委員会では、旧刑法や治罪法の注釈で有名な村田保議員から死刑の廃止が提案され、大津事件のときの検事総長であった三好退蔵議員の賛成で議題として取り上げられた。しかし、民法起草者であり刑法学者でもあった富井政章議員は残念ながら反対にまわっており、結局、反対多数で否決された（前掲三六五頁以下、三八二頁）。なお、小河博士じしんも法典調査会で廃止論を熱心に主張したことが、この講演の中にも出て来る（『獄事談』七八九頁）。なお、議会関係における死刑廃止問題の動向については、上記のことをも含めて、辻本『史料』三六六頁以下に詳しい。——村田保氏の死刑廃止論（前掲倉富勇三郎ほか〔松尾浩也解題〕『増補・刑法沿革綜覧』三六四頁以下、五三三頁以下、五八八頁以下、六〇七頁以下、七一二頁、七二九頁）については、正木亮博士がとくに高い評価を与えておられる（正木亮・前掲『現代の恥辱』一八二頁以下）。私も完全に同感である。

(57)　勝本博士の死刑論として、勝本勘三郎「死刑ニ就テ」（京都法学会雑誌二巻四号・一九〇七年）（同『刑法の理論と政策』〔一九二五年〕三二六頁以下・所収）、「死刑の存廃に就て」（法学志林九巻五号・一九〇七年）（『刑法の理論と政策』七七五頁以下・所収）。博士は原則的廃止論者であって全廃論者ではないが、ロンブローゾの死刑論には賛成し兼ねるとしておられる。

(58)　高瀬善夫『一路白頭ニ到ル——留岡幸助の生涯』（岩波新書・一九八二年）、団藤重光「留岡幸助先生と牧野英一先生」『わが心の旅路』（一九八六年）二九八頁以下。

(59)　『留岡幸助著作集』一巻五六二頁以下、辻本『史料』六一一頁以下。

(60)　花井卓蔵「死刑」（一九〇七年）（同『刑法俗論』〔一九二二年〕一五三頁以下、辻本『史料』七七頁以下）。衆議院での議論については、前掲、倉富勇三郎ほか監修〔松尾浩也解題〕『増補・刑法沿革綜覧』一七八九頁以下、一八〇五頁以下、二〇九四頁以下、辻本『史料』七〇頁以下。花井博士は中央大学の前身英吉利法律学校の出身で、その拠点であった中央大学には、今でもその気風が残っているように思われる。向江璋悦博士（前掲『死刑廃止論の研究』）なども、直接には正木亮博士の講義を聴いたことが死刑廃止論者になったきっかけらしいが（正木亮・前掲『現代の恥辱』三三六頁）、同時に中央大学の伝統を継ぐものでもあるといってよいのではなかろうか。八木教授の死刑論（過渡的には死刑執行延期制度の採用を主張）（八木国之『新派刑法学の現代的展開』増補〔一九九一年〕一七六頁以下）は、牧野英一博士の近代派の系統を受け継ぐものであるが、これまた、中央大学の伝統にもつながっていると見るのは、思い違いであろうか。花井博士がなお活躍の期待される壮年において、自宅でガス中毒のために急逝されたのは、残念なことであった。

(61) 正木亮・前掲『現代の恥辱』一八一頁以下、ただし一八八頁以下、一九六頁以下参照。

(62) 花井卓蔵・前掲『刑法俗論』二〇二頁以下。

(63) 滝川幸辰「死刑廃止論者ノ一典型」法学論叢二巻四号（一九一九年）（『滝川幸辰刑法著作集』四巻〔一九八一年〕五四三頁以下）の末尾のことば。辻本『史料』一五九頁。

(64) 滝川幸辰「死刑」法学論叢二〇巻一号（一九二八年）（『滝川幸辰刑法著作集』四巻〔一九八一年〕五八〇頁以下）、同「死刑問題への一寄与」（同『刑法史の或る断層面』〔一九三三年〕六九頁以下、『滝川幸辰刑法著作集』一巻〔一九八一年〕五三三頁以下）、同「チェザーレ・ベッカリーアとトマソ・ナタレ」（『刑法史の或る断層面』二一九頁以下、『滝川幸辰刑法著作集』一巻・六二三頁以下）、同「ベッカリーアとロムブローゾ」（『刑法雑筆』〔一九三七年〕所収）。念のために付言すれば、Cesare の発音は「チェザーレ」ではなく「チェーザレ」である。

(65) その後、夫妻の手によって共同改訳された（ベッカリーア〔風早八十二＝風早（五十嵐）二葉訳〕『犯罪と刑罰』岩波文庫・改版・一九五九年）。

(66) 木村亀二「死刑と教育刑」法学一二巻一二号（一九四三年）一〇〇一頁以下。辻本『史料』一六五頁以下。

(67) 私は、死刑を端的に違憲とするのは憲法三一条の文理上無理があるので（ただし、前出一七頁以下、三六頁注

38参照）、一三条、三六条をはじめ平和主義・戦争放棄（前文、九条）など多くの点から見て、死刑が憲法上きわめて望ましくない刑罰であることを明らかにするのが、憲法論としては重要だと思っている。それは多角的・全面的な死刑廃止論の一環をなすのである。ただ、私は、このように言うことによって、死刑違憲論に水を差すつもりは毛頭ないことを明らかにしておきたい（前出一七頁参照）。なお、田宮裕「犯罪と死刑」（荘子邦雄＝大塚仁＝平松義郎編『刑罰の理論と現実』〔一九七二年〕）一六九頁以下参照。

(68) 木村博士の論文については、辻本『史料』二一五頁、二二六頁の文献参照。戦前のものとしては、木村亀二「死刑論」（同『法と民族』一九四一年・所収）。木村博士の門下として、死刑廃止論を唱えるのは、斎藤静敬『新版・死刑再考論』（一九八〇年）。金沢文雄教授は、同じく木村門下ながらも、師の影響というよりも、むしろ自らの体験と信仰を通して、強い死刑廃止論者になられたというべきであろう。金沢文雄「死刑廃止への提言」（ホセ・ヨンパルト＝三島淑臣編集『法の理論』12・一九九二年）一頁以下。後出三三四頁注5参照。

(69) 牧野博士の遺詠「せめて今日一日《ひとひ》人をば心より愛せばやとおもふ朝めざめつつ」は、そうした宿命的な内心の葛藤を嘆いて詠まれた歌で、深層心理において、ひそかに深い人間的な愛情を湛えている。ちなみに、博士は、歌人として、佐佐木信綱氏の竹柏会の同人であった。

(70) 正木亮・前掲『現代の恥辱』の「はしがき」、三一七頁。

(71) 辻本『史料』一七二頁以下、正木亮・前掲『現代の恥辱』三三七頁以下。

(72) 機関誌『社会改良』も、一二巻二号（一九七二年八月）をもって「第一期終刊」とされた。

7　私の刑法理論と死刑廃止論（1）

私の人格責任論・動的刑罰論と死刑廃止論

この辺りで、とくに私自身の刑法理論と結び付けて、そういう角度から、改めて死刑廃止を論じておきたいと思います。私の刑法理論は一口でいえば、人間あるいは人間性をもとにした刑法理論です。法は人間の行為を律するものですし、ことに刑法は人倫と密接に関係するものなのですから、これはあまりにも当然のことなのですが、世の中ではかならずしも、そのように考えられていないようなので、私はこれを強調しなければならないのです。私のいわゆる主体性の理論、それから派生する人格責任論、さらには動的刑罰理論などが、私の刑法理論の骨格をなすわけですが、ここでは簡単に要点だけを説明しておきましょう。たいへん舌足らずなお話になりますが、お許しをいただきたいと思います。（2）（3）

主体性の理論は、何よりもまず、個々の人間について人格の至上性すなわち人格の尊厳をみとめることから出発します。一人一人の人間がそれぞれに根源的な価値をもつのであって、いわば自己目的なものであり、ほかのものの単なる手段として扱われてはならないことは、カントの言っているとおりだと思うのです。法哲学者のコーイングが書いていますように、「死刑は犯罪者じたいを否定するものである。しかし、国家はそのような権利をもつものではない。なぜならば、それは一人の人間を国家の目的に捧げることになるからである。だから、死刑は法の理念に反する」ものと言うべきであります。(4) カント自身は人間の自己目的性を主張しながらも死刑を肯定しましたが、タリオの考えに賛成できない点を別にしても、主体性理論からいって、私はこれはどうしても主体性の考えには反すると思うのです。自由権規約六条では「生命に対する固有の権利」が保障されていますが(後出三三〇頁)、ここで私たちはカミュが『ギロチン』(杉捷夫訳五七頁)の中でいっている次のことばを噛み締めてみる必要があるとおもいます。「生きるという権利は、償いの機会と表裏をなしており、もっとも悪い人間を含めたすべての人間に生まれながら備わっている権利である。犯罪者のなかで、もっとも凶悪な犯人も、裁判官のなかのもっとも公明正大な者とこの点では同等に並び、等しく惨めな状態にあり、そして連帯性を持っている。償いの権利がなければ、道徳的生活は厳密にいって不可能である」。これはきわめて深い哲学的省察で、まさしく主体性理論そのものによる生命権の基礎付け、死刑否定論の基礎付けというべきでありましょう。そういうことで、私は、まず、端的に主体性の理論の基本的な考えそのものから死刑を否定するものです。[5]——しかし、私の主体性の理論は、もっと多くの内容をもっていて、いろいろな見地から死刑廃止を主張することになりますので、そうしたことを順次、お話しして行くことにしましょう。

われわれ人間は誰でも自分の人格というものがあります。「自分の人格」があるということは、われわれは、各自、主体性があるということではないでしょうか。誰でもが、生物学的には、[6]自分の素質——端的にいえばジーン——と環境によって大きく支配され決定されながらも、自分で主体的に何かをすることができるわけです。しかも、人格は動的なもの、形成されて行くものであって、人間は自分の素質と環境のもとで、日常の行為あるいは体験の集積によって、自分で自分の人格を形成して行っているのです。しかも、人格と行為は相互作用的であって、一つ一つの行為はまたその人の人格の表現ないしは現実化であるといってよいでありましょう。行為を離れて人格はなく、人格を離れて行為はないのです。ですから、犯罪理論においても、犯罪行為はつねに行為者人格と結びつけて理解されなければならないのです。

ところで、刑罰は、図式的にいえば、犯罪の故にその行為者に加えられる国家的非難です。[7]それは、過去における犯罪の故に科せられるものですが、刑罰を受けるのは現在の行為者です。ですから、刑罰を考えるのには、犯罪についての非難ないしは非難可能性を犯罪の当時におけるものとして固定的に考えてはならないのであって、むしろ、現在の行為者人格について、犯罪についての非難可能性の大小を考えるべきだと思います。ですから、犯罪論は静的・固定的ですが、刑罰論は動的・発展的であります。犯罪と刑罰の間に一種の緊張関係があるわけです。

刑法における一番重要な大原則として、罪刑法定主義というものがあります。これは法律で犯罪構成要件と刑罰とを明確に規定することを要請すると同時に、罪刑の均衡——犯罪と刑罰の間に均衡を保たせるということ——をも要請します。しかも、抽象的に刑法の規定の上で犯罪とそれに対する法定刑とが均衡的な対応関係にあるだけでは足りないのであって、この原則の趣旨からいいますと、具体的な個々の事件において犯罪とそれに対する刑罰とがやはり均衡的な対応関係になければならないと思います。

この罪刑の均衡的な対応関係という点については、二つの問題を指摘しておかなければなりません。その一は、死刑の関係でこの対応関係がはたしてうまく行くか、です。殺人罪を例にとりますと、刑法一九九条によれば、「人を殺した者は、死刑又は無期もしくは三年以上の懲役に処する」ということになっています。裁判所は、殺人罪にあたる行為の中でも情状が極端に重いと考えられる者について死刑か無期懲役かを選ぶことになるわけですが、その限界はきわめて微妙ですし、むしろ、はっきりした限界はないというべきでしょう。ところが無期懲役と死刑との間には、生か死かという質的な断絶があります。つまり、犯罪の情状の違いは相対的なものなのにもかかわらず、刑には絶対的な——しかも恩赦による以外には事後的な修正の不可能な——差異が出て来るわけです。これでは、論理的にも、厳密な罪刑の対応関係は不可能だというべきではないでしょうか。(実務的には、これは裁判官のわずかなセンスの違いによって無期懲役と死刑との運命的な岐れ目が決まるという悲しむべき結果になって現れます。(8) 裁判官は主観的には恣意的でなくても、客観的には恣意的といわれても仕方がないでしょう。これは「市民的及び政治的権利に関する国際規約」六条の規定——「恣意的」であることを禁じる——の趣旨からいっても問題でしょう。(9) 前に第I部でも触れ、第III部で少し詳しく述べておきました東京高裁の「船田判決」は、これに対する不十分ながらも一つの解決の試みでしたが、これさえも最高裁判所ではそのままは通らなかったことは、それらの箇所でお話ししたとおりです。)

問題のその二は、刑罰の動的性格との関係をめぐるものです。具体的な個々の事件における犯罪と刑罰との対応関係については、刑罰の動的性格が、いろいろな形で反映して来ます。第一に、行為者人格との関係で、行為者に帰することのできる非難の増減を考えなければなりません。これは、犯罪における責任論そのものではありませんが、いわばその延長線上にあります。第二に、法秩序ないしは社会秩序との関係で、行為のもつ意味——犯罪が社会や被害者たちに与えた影響——の変化を考えなければなりません。これは、違法性論そのものではありませんが、やはり、いわばその延長線上にあると言えましょう。第三に、それ以外の政策的な理由からするところの、刑罰の必要性の増減が考えられます。これはもはや犯罪論そのものの延長だとはいえないでしょうが、犯罪論にも政策的な要素がないわけではないので、それに対応するものです。要するに、犯罪後において刑罰法律関係に動的な変化を与えるような種々の原由が、犯罪論そのものの中にではありませんが、いわば、その延長線上にあるのでありまして、ある程度ゆるやかな関係においてではあっても、全体として、刑罰は犯罪に対応するものである――対応するものでなければならない――と思うのです。(10)

少しばかりくどくなりましたが、問題点のその二で私の言おうとするところは、刑罰を考えるには、事柄を動的に考えなければならないということ、その中には、犯罪後における行為者の人格形成や犯罪に対する社会や被害者たちのリアクションの仕方の変化といった要因をも読み取らなければならないということです。

残忍な殺人の現場を見たり、あるいはその様子を聞いたばかりの人は、犯人を八つ裂きにしても飽き足りない位に思えて、容易に死刑廃止論に賛成する心境にはならないでしょうが、しかしまた、事件の生々しい記憶も薄らいだころ、すっかり改悛して、死刑の執行に臨んで安心立命の境地にある死刑囚に接して、それでもぜひとも死刑を執行せよという気持ちになる人も少ないのではないでしょうか。事件に対する社会――被害者側の人たちをも含めて――の関心の態様や強度の変化は違法性論の延長線上、また、死刑囚自身の心境の変化はその人格形成の問題として責任論の延長線上にあります。死刑の是非をどう考えるべきかということについても、このような事態の変化のことを考慮に入れないわけには行かないと思うのです。

端的に申しますと、私の常々強調する誤判の可能性の問題を仮に度外視するとしても、死刑というものは、こうした刑罰の動的性格と正面から矛盾するものであります。かりに死刑制度を存置するにしても、死刑の宣告まではよいとして、最小限度において、死刑の執行だけは認めるべきでないという結論にならざるを得ないのです。死刑の執行猶予ないし執行延期の制度が主張されたり(11)、死刑執行停止の運動が起こって来ているのも、私はよく理解することができます。後でお話しする〈死刑廃止条約〉が「何人も……死刑を執行されない」という形で最小限度の保障規定を置いているのも、こういった趣旨を含んでいるとは言えないでしょうか。

私の死刑廃止論と思想的系譜――●

ここで、もう少し別の思想的系譜といった角度から、私の基本的な立場を述べておきましょう。私の学生時代には牧野英一先生を代表者とする近代派と、小野清一郎・滝川幸辰両先生を代表者とする古典派とが大きく対立していました。私は在学中には牧野先生の講義を聴き、卒業後は小野先生の指導を受け(12)、また、滝川先生にも格別に親しくしていただいて、両学派からそれぞれに大きく影響を受けながら、自分ではできれば両学派を統合するような立場を見出すことはできないものか、と苦心したのでした。牧野先生はリスト門下で、行為者の社会的危険性を基礎にした教育刑論です。私は先生が行為者を客体視するような社会的危険性――社会的に危険な性格――の考えを基礎にされる点には承服できませんでしたので、小野先生にしたがって行為者の主体性の面を強調するのですが、牧野先生も実際上はヒューマニズム精神を強くもった方で単なる功利主義者ではなかったのです。そのことは、例えば牧野先生が北海道家庭学校の創始者であった留岡幸助氏と意気投合したことからもよくかります。[13] 滝川幸辰博士は牧野先生の教育刑論には徹底的に反対されましたが、私は牧野先生の教育刑論からも、滝川博士のヒューマニズム精神からも非常に学ぶところが大きかったのでした。言い換えれば、私はベッカリーアの系統やトルストイあたりのヒューマニズムの系統と、近代派の教育刑思想の系統と両者につながっているわけです。さらに言い換えれば、私の立場は、刑罰論に関するかぎり、受刑者の主体性を認めるところの教育刑論なのです。主体性を認めるのですから、国家権力によって受刑者の性格——社会的危険性——を矯め直すというのではなく、本人を助けて自発的な人格形成によって社会に復帰できるように仕向けてやるということになるわけです。これはやはり教育刑論の考え方にほかならないのです。

ところで、思想的系譜（II 5・II 6）の項で詳しく申しましたように、教育刑論の立場は大きく死刑廃止論につながって来るのです。牧野先生じしんは死刑廃止論を明言されませんでしたが、牧野門下からは、とくに正木亮博士や木村亀二博士のような有力な死刑廃止論者を輩出しました。この学問的系統に連なる八木国之教授が強い廃止論を展開しておられるのも、[14] これを物語ります。死刑廃止論のもう一つの流れは、いうまでもなく、もっと古くベッカリーア以来の自由主義ないしヒューマニズム精神からのもので、わが国ではとくに滝川幸辰博士がその代表者です。私においては、死刑廃止論に関するかぎり、牧野先生の系統と滝川博士の系統とが結合しているわけです。

今ここでは、とくに、前述の動的刑罰理論と結び付く教育刑の見地を強調したいと思います。死刑と教育刑の考えとは、どうしても相容れないのです。近代派の先駆者ロンブローゾは、生来性の犯罪者という範疇を認めてこれには絶対的隔離としての死刑しかないというような乱暴な議論をしたのですが、かれにはヒューマニズム精神が全く欠落していたので、例えばトルストイとかれとが出会ったときに両巨人が啀《いが》み合ったというエピソードが滝川博士によって紹介されているのも、(15)それを物語るものでしょう。私は精神病などによる殺人者などは、精神医学的な処置の対象になるだけで、刑罰の対象にはならないものと考えます。正常人であるかぎり、よほど性格の偏した人でも、私は人格形成の可能性は無限であると信じたいのであります。(16)そうすれば、死刑——少なくともその執行——は、どうしても否定せざるを得ないのです。

ついでながら、この関連で、死刑の代替刑としての終身刑の問題にちょっと触れておきましょう。死刑廃止論者によってよく主張されるのは、仮釈放などのない完全な終身刑こそが死刑の代替刑だという見解ですが、私はこれにはくみしないのです。本人にまったく希望を失わせることは、人格形成の無限の可能性を認める私の見解とは相容れません。リストもこのような終身刑はむしろ死刑以上に残酷なものだと論じています。(17)私は死刑を廃止した場合の、これに代わるべき最重刑は、現行法の規定するような無期の懲役・禁固以外にないと思います。なるほど、現行法の運用上、無期刑の場合に比較的早期に、やや安易に仮釈放がおこなわれる傾向があるようですが、これはどこまでも運用の問題として解決されるべきものだと信じるのです。例えば、判決の中で当の事件について仮釈放についての希望的な注文をつけることなどは、実務上の事例も現れており[18]、私はこれをきわめて注目に値するものと考えています。ただ、論者のいうような終身刑にしても、第一、誤判の場合の安全弁という点だけからいっても、死刑にまさることは数段です。また、終身刑にも恩赦による無期の懲役・禁固への減刑の可能性を認めるならば（その可能性を否定することは原理的にも困難でしょう）、それは私の考えとも合致することになります。いずれにせよ、この私見は死刑存置論との対決の場では、あえて強くは持ち出さないつもりです。

人格形成は無限 ——●

前にメッカ殺人事件（一九五三年）の正田昭のことに触れましたが（三三頁注31、一二八頁以下）、ここで、吉益脩夫博士[19]の述べておられるところにしたがって、かれのことをもう少し考えてみたいと思います。かれは有名大学を卒業後ある証券会社に勤めていたのですが、他人から株式売買の証拠金として預かった株券を勝手に知り合いの証券外務員Hに頼んで売却してもらい、その売得金を遊興費などに使ってしまったため、依頼先への返済金や自分の生活費にも窮して、ついにHをバー「メッカ」において惨殺したという事件で、犯行そのものが残忍きわまるものであったばかりでなく、「犯行後の行動の冷血性」も吉益博士を驚かせた位でした。かれは非常に自我意識の強い頭の勝った人間で情性が欠けており、改悛などは困難のようでありましたが、やがて有名なカンドー神父[20]の力によってついにカトリックに入信したのです。博士によれば、カンドー神父はかれの信仰を「本当の信仰」でなく「理性の信仰」とみておられたようですが[21]、その後、かれ自身、「カンドウ師がわたしを絶対に見捨てられぬなら、イエズスもまたわたしを見捨てたもうまい、と今明らかに悟る」――「自分がかくも信頼するカンドウ神父が信じておられるのだから、カンドウ神父に賭けて、自分も神を信じます」――というようなことを書いています。信仰に関する師へのひたむきな絶対的信頼でありまして、こうなりますと、そこにはもはや理知的なはからいをはるかに超える尊いものがあります。それは、親鸞聖人とその師法然上人との関係をさえ思い出させるような感動的な話で[22]、カンドー神父がはじめ観ておられた以上に深い宗教的境地に到達するにいたったのではないかと思わせるのです。吉益博士も本人の「その後の人間的生長」について語っておられるのでありまして、かれが処刑された日の夜、小木貞孝博士から突然電話でそのことを知らされたとき、「言い知れぬ驚きと悲しみのため何も手につかないほどであった」と述懐しておられます。処刑の数日後に、吉益博士の手もとに本人からの「今生のわかれを告げる書翰」が届いたのだそうですが、その一節を引用させていただきますと、「私はこれでいよいよ先生とお別れしなければならぬ時を迎えました。明日、私は〈あちら〉へ参ります。死に当って、私は再び三度び心から御礼を申上げます。先生ほんとうにありがとうございました。御恩は〈あちら〉へ参りましても忘れることなく、先生のうえに一層のおめぐみがありますよう、お祈りいたします。では、先生お体をくれぐれもお大事に。昭」というのであります。博士は「その日の従容自若たる態度がまざまざと眼に見えるようである。それは筆者（＝本人）の天性と日頃の精進の賜に他ならない」として、哀悼の意を表しておられます。(23) 加賀乙彦氏（＝小木貞孝博士）が『ある死刑囚との対話』のなかで、A（＝正田昭）との間の文通を公開しておられるのが、私のいわゆる「間主体的」なやりとりとして格別の興味を惹きますし、また、その巻末に紹介されている、Aの生前に親しく文通していた美絵さんという女性（修道院の経営する女子高校の先生）や自分の母に宛てた――処刑前夜から処刑直前までの間に書かれた――手紙は、(24) 本人が吉益博士や小木博士との間では多少ともみせていたような他人行儀なところの全くない、赤裸々な自分をさらけ出して書いているものでありますだけに、いっそう感動的なものをもっています。それはほほえましくも、涙ぐましい絶筆であります。小木博士によれば、「私の知っているAは、生真面目で冷静な思索の人であったが、美絵さんへの手紙に現れる彼は、ユーモラスで茶目で、明るくやんちゃな、子供のような人だった」のです。(25) この絶筆は宗教的な臭みをもっていないだけに、かえって、かれの心境が宗教的にも本物であったにちがいないと思わせるのです。私は涙なしにこれを読むことはできませんでした。吉益博士は、「精神病質を改善（治療）不能と考えてはならない」。「われわれのまだ知らないことは多い。人間にどんな転機が起こらないとも限らない。わたくし個人としても予想を裏切るような事実を経験したことはさほど稀ではない。

この筆者にはカンドウ神父との出会いを契機として生活が一変し、その後撓みない不断の努力によって最後には立派な回心をなしとげることができた。……この筆者は先年黙想ノートの印税を日本犯罪学会に寄贈されたが、この一つの善行は編者たちの念願する日本の犯罪学の発展に寄与したばかりでなくもっと大きな意味をもっていると思う。もしこの人が生き永らえ、あの懸命な努力を続けたならばどんなにすばらしい作品が生まれたか知れない、少なくとも社会のために有意義な貢献ができたことは疑いなかろう。それが実現しなかったことは極めて残念である。死刑は犯罪者の改善を考慮しない唯一つの刑罰である」として、博士の文章を結んでおられるのであります[26]。これは、人格形成の可能性は無限ではあるまいか、という私の主張を裏書きされるもので、それが博士のような精神医学者のことばであるだけに、私としては心強く意義深いことと思うのであります[27]。

　ここでは、さしあたり、正田昭だけを取り上げましたが、「島秋人」のことですとか[28]、最後まで無実を訴え続けながら死刑台へ送られた佐藤誠のことですとか[29]、「純多摩良樹《すみたまよしき》」のことですとか[30]、そのほか多くの例を付け加えることができます。そうした人々については、例えば、高橋良雄氏の『鉄窓の花びら――死刑囚へのレクイエム』(一九八三年)を読まれたいと思います[31]。この書物は著者が断っておられるとおり、実話そのままではないのですが、それぞれにモデルはあるので、著者の経歴からいっても、本書の意図からいっても、絵そらごとでないことはいうまでもあるまいと思います。

　私はアメリカの大学で死刑廃止論の講演をしましたときにも、以上と同じように、人間の尊厳から立論して、誰でもが、どんな段階にあっても、人格形成の無限の可能性をもつものであることを、重要な根拠のひとつとして挙げたのですが（四七六—四七五頁）、これに対して、ホフマン教授[32]が深い理解を示され、アメリカの従来の死刑廃止論に欠けていた新しい視点と論拠を提供するものとして、高い評価を示してくださいました。これは私にとって心強い限りでありました。

社会的反応の変化と死刑——●

以上は本人の人格形成に重点を置いて、いわば責任論の延長線上の見地から死刑廃止の問題を考えてみたのですが、続いて、いわば違法性論の延長線の問題としての、犯罪に対する社会的反響の変動といった問題についても少しばかり考えてみましょう。両方が相俟って動的刑罰理論の基礎になるわけです。一般に犯罪はそれがマスコミに報道されて世間で騒がれているあいだは、社会も厳しい刑罰を期待しますが、ほかの社会的な出来事と同じように、犯罪も次第に世間から忘れられて行きます。刑事にも時効の制度（公訴の時効と刑の時効）がありますが、これも一つには社会の忘却ということが理由になっているのです。時効にかかるというところまで行かなくても、社会に与えた心理的影響が少なくなれば、一般的に言って、刑罰の必要性がそれだけ弱くなるわけです。例えば、懲役の場合の仮釈放にしても、本人の改心の状況と同時に社会が当の犯罪に対して現在どの程度の関心を持っているかといったことも、仮釈放をするかどうかの重要な目安になります。

このことは、一般的にいいますと、いろいろな意味合いをもつので、一面では、世の中の記憶が薄らいだころに刑が言い渡されたのでは刑事司法は気の抜けたものになりますから、刑罰の言渡しは時間的に犯罪となるべく接着した早い時期の方がよい、ということになります。しかし、反面、このことは、後々のことまでをも考慮して刑罰をできるだけ慎重にしなければならないことをも意味します。このことに、とりかえしのつかない硬直した刑罰であるところの死刑ともなりますと、周囲の状況の変化、社会的反響の推移ということがあり得る以上、死刑を宣告し、ましてそれを執行してしまうということは、例の誤判の問題を抜きにして考えても、私は非常に不都合なことだと思うのです。要するに、死刑は動的刑罰理論とはもともと相容れないのです。

なお、一言付け加えれば、状況の変化ということは、個々の具体的事件についての問題として今までお話ししたようなことだけでなく、もっと一般的に、例えば社会思想の変動に伴う裁判所の量刑の基準の変化といったことも、見逃すことができません。明治、大正、昭和、それも戦前と戦後というように、時代が移るにしたがって、死刑の言渡しの基準が大きく動いて来ているのは、間違いありません(後出四五八頁第一表参照)。これは刑罰全体についていえることですが、死刑については、これは決定的な意味をもつものと思います。このごろでは、以前ならば死刑を免れなかったでもあろう事件が無期でおさまっているのが多く見られるようです。刑罰の緩和は文化のバロメーターのようなものです。こうした見地もこの関連で考え合わせるべきではないかと思います。

死刑の硬直性●

死刑は動的刑罰観と相容れないといいましたが、ここで死刑の硬直性のことを少しばかり見ておきましょう。刑事訴訟法（四七五条以下）によれば、死刑の執行は法務大臣の命令によるのですが、その命令は判決確定後六箇月以内に出さなければならないことになっているのです。そうして、その命令が出されたときは、五日以内に執行をしなければならないのです。ただ、再審の請求や恩赦の出願などがあったときは、その手続が終了するまでの期間は、その六箇月の期間には算入されないことになっています。共同被告人であった者に対する判決が確定するまでの期間も同様です（刑事訴訟法四七五条二項但書）(33)。実際に死刑囚が判決の確定後、長く執行されないで拘置監（刑法一一条）に拘禁されたままになっていることがありますが、それは大抵はこのような理由によるのです。なお、本人が心神喪失中のときだとか、懐胎中のときだとかは、回復後または出産後までは執行されないことになっています。このような限度で、死刑の硬直性はやや緩和されて、多少は動的な要素が現れて来ますが、法律の建て前としては、あくまでも変則的なものにすぎないのです。ですから、こういうことがあるからと言って、死刑制度を是認する理由には少しもならないのですが、それにしても、現行法の運用としては、これをできるだけ適切にうまく利用する必要があると思います。

ここで、われわれは、「市民的及び政治的権利に関する国際規約」（昭和五四年条約七号）の六条が「すべての人間」に「生命に対する固有の権利」を認めていること、また、「死刑を言い渡されたいかなる者も、特赦又は減刑を求める権利を有する」ことが認められていることを、想起しなければなりません。これは日本国の締結した条約ですから、憲法上も「誠実に遵守」することを必要とするのですが（憲法九八条）、ことに、これらの権利は、この規約の前文にもあるとおり、「人間の固有の尊厳に由来する」ものなのですから、現行法の運用にあたっても絶対に忘れてはならないのです。私のいわゆる主体性の理論も、いうまでもなく、人間の固有の尊厳を要請するのであります。わが国では、恩赦の運用が非常に不十分のように思われます。ほかの場所でも申しましたように、恩赦は啓蒙時代とくにベッカリーア以来、君主の恣意によるもので望ましくないと考えられて来ましたが、今ではその観念は大きく変わったものといわなければなりません。人権規約の規定に現れた「権利としての恩赦」という観念は、そういう意味で、きわめて重要なのであります(34)。

おわりに――●

最後に、もう一度、主体性の理論の根本に遡って考えますと(35)、それは必然的に実践的なもの――実務的なものを含めて――と結びつかざるを得ません(36)。私が第Ⅰ部（Ⅰ1）で、抽象的・哲学的な議論でなくて、実際の制度としての死刑制度を問題にしなければならないことを強調し、ことに自分の実務経験から誤判の問題を取り上げて、その見地から死刑廃止論を主張したのも、そこから来るわけです。

主体性の理論は、間主体性（主体相互性）ということをも、当然に導きます。主体と主体との間柄ということです。主体と主体とが響き合うことだといってもいいでしょう。これがあればこそ、他人への思いやりというものが出て来ます。思いやりのできない人には、頭の中での死刑論はできても、心からの死刑論はできるはずもなく、したがってほんとうの死刑廃止論にもつながって来ないでしょう。われわれ一人一人が主体として尊厳性をもっています。間主体性は他の主体の尊厳性を認めることです。

このように言うことは、生命が単純に個体のものだということにはなりません。われわれが両親さらにその両親というように、何十代も何百代もさかのぼって考えてみるだけでも、そこにどんな数字が現れて来るかに驚き、しかも、その横のつながりをも考えるとき、われわれの生命がいかに民族的さらには人類的なものであるかが、わかります。ユングの「集合的無意識」の考え方[37]も、これを裏づけるものだとおもいます。間主体性は、そのようにして、全人類的なものにつながって行くのです。また、逆に、全人類的なものが、われわれ一人一人にも関係して来るのです。

そこで、われわれは、[38]国際的な方面に当然に目を向けなければならないのです。今世界の死刑の状況はどうなっているか。われわれは世界に死刑の問題についてどのように貢献できるか。節を改めて〈死刑廃止条約〉の問題を考えることにしましょう（II 8）。

（1）　鈴木敬夫教授は日本における死刑廃止論を中国語で紹介された（もとは中華人民共和国吉林省の延辺大学法律系における講義において）。鈴木敬夫「日本死刑廃除論——談談団藤重光博士的死刑廃除論——」札幌学院法学九巻二号（一九九三年）一九一—二二四頁。その中で本書の所説について多くを割かれ、ことにII 7の部分はほぼ全文をそのまま中国語に翻訳してくださった（上掲二〇一—二一九頁）。後者は、その後、中国の雑誌『外国法訳評』（一九九三年三月）八六頁以下に転載された。さらにその後、鈴木敬夫「中国における死緩受刑者の主体性と尊厳——団藤重光博士の死刑廃止論にふれて——」札幌学院法学一一巻二号（一九九五年）。——なお、私見とほぼ同旨の考え方を要領よくまとめて論述されたものとして、葛野尋之《くずのひろゆき》「死刑廃止——共に生きる社会のために」法学セミナー五〇二号（一九九六年）七三頁以下参照。

（2）　やや詳細には、団藤重光「法における主体性」（同『この一筋につながる』〔一九八六年〕所収）、同「刑法と主体性理論」ジュリスト九七四号・九七五号（一九九一年三月一日号・三月一五日号）、なお、団藤重光「死刑制度について」（インタビュー）JCCD六二号（一九九二年）（菊田幸一編著『死刑廃止・日本の証言』〔一九九三年〕七七頁以下に収録）、早稲田大学での講演の速記、団藤重光「刑法理論と死刑廃止論」法学教室一六七号（一九九四年八月）。——こうした私の主体性理論の考え方は法学の全領域にわたるものである。団藤重光『法学入門』（一九七三年、増補一九八六年）、『法学の基礎』（一九九六年）。——なお、主体性の理論からは、以下に縷述するような迂路を辿るまでもなく、端的に死刑廃止論を導くこともできると思う。けだし、死刑は本人の主体性を正面から否定し抹殺し去るものだからである。なるほど、事態によっては、人はみずからの死によってその主体性を全うすることもあり得るが、それは自ら進んで行なう場合のことであって（なお、前出一五七頁注4参照）、死刑とはまったく次元を異にする。ちなみに、死刑囚は自殺ができないように、厳重に戒護されているのである。これは自殺によって死刑の執行を免れることがないようにするためだが、そこでは、死刑囚の主体性はまったく無視されているわけである。付言すれば、現行法上も、死刑執行の意味が本人にわからないといけないという観点から、本人の心神喪失中は執行を停止し、その状態が回復してから執行することになっていて、そうした意味で、わずかながらも本人の主体性が考慮されているといえないではない(刑事訴訟法四七九条)。しかし、一九九三年三月に死刑執行を受けた者の中には精神障害の疑いのある者が含まれていたことは、この規定でさえもが実務的に軽視されていることを示す。

(3) 私の主体性理論を取り上げて、わが国の学説状況(とくに平野龍一、碧海純一両博士による経験法学からの批判)を考察しながら、私見を――好意的に――紹介・評論したものとして、内田弘文教授(九大)の論説が興味深い(内田弘文「団藤刑事法学と死刑廃止論」(『民衆法学と刑事法学』庭山英雄古稀祝賀・一九九九年・三八七―四〇六頁))。ただ、教授はベッカリーヤを取りあげて「歴史的なものの理論化」を主張されるが、「理論的なものの現実化・歴史化」の重要性を忘れてならないことは、論者自身も承認されるであろう。どちらも「主体性」の営みである。

(4) Helmut Coing, *Grundzüge der Rechtsphilosophie*, 1950, S. 214.

(5) 金沢教授が『人格の尊厳』には例外がなく、犯罪者にもこれを認めるということは、犯罪者が罪を自覚し反省して人間として再生する可能性を認めることである。死刑はこの人間的再生の可能性を奪うものであるから、人間の尊厳の思想に反するのである」とされるのは(金沢文雄「死刑廃止を望む」JCCD〔犯罪と非行に関する全国協議会機関誌〕五八号〔一九九一年〕一頁)、私の共鳴を禁じえないところである。教授は、「自身永く信仰上の友として付き合った死刑囚の執行に立ち会った経験」さえをもっておられる由で(前掲二頁)、その点からも教授の発言は格別の重みをもつものといわなければならない。金沢文雄「死刑廃止への提言」(ホセ・ヨンパルト＝三島淑臣編集『法の理論』12・一九九二年)二頁、一〇頁以下参照。なお、死刑廃止との関係で、人間の尊厳をもっとも早く強調されたものとして、菊田幸一『死刑廃止を考える』（岩波ブックレット一六六号〔一九九〇年〕五八頁）。

（6）　心理学・精神医学的には、フロイト（Sigmund Freud, 1856—1939）の精神分析のように、リビドーとしての幼時性欲動がコンプレックスとなっているものとして、決定論的に考える立場が長く支配的だったが、やがて同じ系統の中から、フランクルの実存分析やソンディの運命分析のように、主体的なものに着眼する立場が大きく台頭してきた。いな、フロイト自身についても実は決定論ではなかったとするベッテルハイムのような見方も現れている（前出一四四頁注33）。また、フロイトから出発しながらも、権力欲動に着眼するA・アドラーの個人心理学の考えも出てきた。さらに、無意識ことに「集合的無意識」をとらえて、その中に歴史性と社会性を大きく取りこむとともに、主体的なものの形成を見出だそうとするユング（Carl Gustav Jung, 1875—1961）の注目すべき見解が現れて、これはわれわれをとくに強く惹きつける。C・G・ユング（高橋義孝訳）『無意識の心理』（一九七七年）、同（野田倬訳）『自我と無意識の関係』（一九八二年）。C. G. Jung, Über die Psychologie des Unbewussten, 7. Aufl., 1942 (1990).

（7）　この考え方は正義の観念を基本とする意味で応報刑の思想であるが、これを単なる復讐観念と混同してはならない。復讐は本来、同等者間の個体対個体の関係において認められるべき平均的正義の観念によって支配されるが、刑法における応報は国家と犯人との間の全体対個体の関係において認められるものであって、配分的正義によって支配される。だから、同害報復（タリオ）の観念は、本来、ここにはあてはまらないのである。詳細はII 3で述べた。

（8）　実例として、判例時報一四七四号一四七頁。ここに紹介されている甲事件は仙台高裁平成四年六月四日判決で、被告人から上告があったが被告人の死亡により公訴棄却になった（一審判決は盛岡地裁平成二年一一月一六日）。乙事件は高松高裁平成五年七月二二日判決で、検察官からの上告はなくそのまま確定している（一審判決は松山地裁平成二年一一月八日）。甲事件は仙台高裁の判決で、妻子五人を殺害したという事案について被告人を無期懲役に処した一審判決を破棄して死刑に処した事例であり、乙事件は元雇主に対する恨みから、盗んで来たダイナマイト等を用いた爆発物を同人方に仕掛けて爆発させ、一人を殺害し四人に重傷を負わせたという事案について、一審の死刑判決を破棄して無期懲役に処した事例である。つまり、一つは一審の無期懲役が控訴審で破棄されて死刑とされた事例であり、他は逆に一審の死刑判決が控訴審で破棄されて無期懲役とされた事例である。両判決はともに確定した。両件とも、犯罪事実も情状となる事実もかなり複雑で、『判例時報』について直接読まれたいが、読者の中にこの結論の違いをすぐに納得される方はおられないのではなかろうか。この二つの事件の裁判官がかりに入れ替わっていたら、どうなっていたか。それは想像のかぎりではないが、すくなくとも、おなじ結論になっていたかどうかはわからない。——この種の指摘は従来もしばしばされている。例えば、Moritz Liepmann, *Die Todesstrafe*, 1912, S. 207 f.——平野博士は、刑事裁判資料その他によって、戦後における死刑判決と無期懲役判決の間の一線がどこにおかれているかを、綿密に調査されたことがあった。これは、この問題を意識し、これになんらかの解決の糸口を見出そうとする意図をもつものとして、地味ながら貴重な寄与であった。博士は、結論として、「死刑と無期とは、一応限界はつけられるが、これはどうしても死刑にしなければならないと思われるものは、必ずしも多くない」とされた。なお、博士は、「今少し社会の平穏がつづくならば、死刑ははるかに減少し、その廃止も不可能ではないと思われる」としておられるのが、注目される。平野竜一「死刑」（法律学体系〔日本評論社〕法学理論篇127・一九五一年）四九頁以下、同『犯罪者処遇法の諸問題』（増補版・一九八二年）二六一頁以下。博士は、さらに、最近では「死刑廃止の時はそう遠くはないであろう」との見通しを示しておられる（ジュリスト一〇〇〇号〔一九九二年五月一日＝一五日号〕二三五頁）。——なお、最高裁の判例の動きにつき、後出四三四頁注15参照。死刑と無期刑の量刑の限界についての文献として、前田俊郎「死刑と無期懲役の分水嶺——新しい死刑・無期懲役識別表」

ジュリスト七八七号（一九八三年四月一日号）、加藤松次「死刑・無期量刑選択の変化――判決の傾向」ジュリスト七九八号（一九八三年九月一五日号）、対馬直紀「死刑と無期懲役刑を分かつ情状について」ＪＣＣＤ六二号〔一九九二年〕。――菊田幸一編著『死刑廃止・日本の証言』〔一九九三年〕に収録の諸編参照。

(9)　日本の死刑の運用における「恣意」については、直接には執行についての批判であるが、ヨンパルト教授の所説参照（前出六〇頁注18）。

(10)　団藤重光『刑法綱要総論』三版（一九九〇年）四七五頁参照。

(11)　八木国之『新派刑法学の現代的展開』（増補・一九九一年）一九三頁以下。

(12)　小野博士は死刑存置論の代表者ともいうべき方であったが、しかし、もし現在のわが国の状況を見られたならば、博士も廃止論者になられたにちがいない、と思われる（前出五三頁以下、一五四頁参照）。

(13)　団藤重光「留岡幸助先生と牧野英一先生」『わが心の旅路』（一九八六年）二九八頁以下参照。

(14)　八木国之・前掲『新派刑法学の現代的展開』。

(15)　滝川幸辰「ロンブローゾのトルストイ訪問」（同『随想と回想』〔一九四七年〕一九頁以下）。なお、ロンブローゾがいかに人間を科学的にクールに割り切る人であったかは、かれがトリーノ大学の研究室に自分の骨格やアルコール漬けの自分の顔までを残しているという驚くべき事実からも推測される（団藤『刑法紀行』〔一九六七年〕二五頁以下）。

(16)　玉井策郎『死と壁』（一九五三年）の阿部知二氏の「序」三頁参照。ついでに言えば、現行法の運用の上でも、死刑囚の処遇の点で、本人のよい方向へ向かっての人格形成を助けるための、当局による十分な考慮が要請される。それは恩赦への道にもつながるはずである。「死刑囚の処遇」の問題はやや等閑視されているようであるが、正木博士の提言は重要である（正木亮『現代の恥辱・わたくしの死刑廃止論』〔一九六八年〕二八二頁以下）。――昭和三八年法務省矯正局長通達が「心情の安定」を主軸として死刑囚の処遇を考えているのは、正しい面をもっていることを否定できないが、それは本人の「死」を究極の目標とするものであってはならない。死刑制度のもとでは、いかに死を迎えさせるかが主題になることはやむを得ないが、ここでも本人の人格形成を助けることによって、できることならば恩赦による無期刑への減刑への途を開き、さらには仮釈放への希望にもつなぐことが重要である。安心立命が死だけを念頭に置くものであってはならない。まして、心情の安定を理由として、不当に接見・通信を制限し、その結果、再審請求や恩赦出願の準備の途を阻害するような運用がおこなわれているとすれば、それは許されるべきことではない（前出二五頁注8）。このように、死刑囚の処遇については、死刑制度の存在を前提とする現行法の運用の上でも多くの根本的な問題をかかえているのであり、この方向を最後まで追求して行くときは、やはり死刑廃止論に到達せざるを得ないであろう。なお、上記の通達が今となっては全体として根本的批判を免れないことは、前に詳論しておいたとおりである（前出一三一頁以下）。

(17)　V. Liszt, *Strafrechtliche Aufsätze und Vorträge*, Bd. 1, 1905, S. 261 f.　Cf. Sir Leon Radzinowicz, *The Roots of the International Association of Criminal Law and their Significance*, 1991, p. 42 note 51.

(18)　広島地裁平成六年九月三〇日判決（平成五年（わ）二九六号、三三四号、四五三号）。これは死刑の量刑を回避するための工夫であった点でも注目される。

(19)　正木亮＝吉益脩夫編・正田昭『黙想ノート』（二刷・一九七一年）における吉益博士の「解説にかえて」一九三頁以下、とくに二一一頁以下（一刷〔一九六七年〕にはない）。

(20)　カンドー神父（Sauveur Antoine Candau, 1897—1955）については、例えば、宮本敏行編『S・カンドウ一巻選集』（春秋社・一九六八年）参照。——ついでながら、ヨンパルト神父も死刑囚を教誨して「大きな安らぎ」の境地に導かれた（ホセ・ヨンパルト『こんなにすばらしい人がいる！』〔一九九一年〕一七三頁以下）。なお、山野静二郎『死刑囚の祈り』（聖母文庫）（一九九九年・聖母の騎士社）に寄せたヨンパルト神父の「序文」参照。長崎はコルベ神父のゆかりの土地であり、この著者は大阪拘置所に在監の死刑囚だが、コルベ神父を原点としてカトリックに入信した。雀が房内にやってくる話（二九五頁）など、本人の純粋さがわかるようだ。一般に宗教家による教誨が多くの成果を挙げていることは周知のとおりである。

(21) 前掲・正木亮＝吉益脩夫編・正田昭『黙想ノート』（二刷・一九七一年）における吉益博士の「解説にかえて」二一〇頁。なお、加賀乙彦『宣告』下（一九七九年）一六五頁参照。

(22) 森田宗一氏は、正田昭の遺稿「わがキリストへの歩み」の中から、「わたしがカトリックを選ぶのは、ただ一つの理由、すなわちカンドウ神父を信じるからです。……わたしもカンドウ神父に賭けたわけです」という一節、さらには、かれの最後の獄中日記「不死身の愛の矢よ……」の終りにある「わたしは、カンドウ師のおもかげの上にイエズスを重ね合わせ、カンドウ師がわたしを絶対に見捨てられぬなら、イエズスもまたわたしを見捨てたもうまい、と今明らかに悟る」という一節を引用して、「恩師への絶対信頼、それは親鸞がその恩師法然上人に対する態度と同じである」と書いておられる（森田宗一『人間の復興』〔一九七〇年〕三五頁以下）。これは、いうまでもなく、親鸞聖人が、「親鸞におきては、ただ念仏して弥陀にたすけられまひらすべしと、よきひとのおほせをかふりて信ずるほかに子細なきなり。……たとひ法然上人にすかされまひらせて、地獄におちたりとも、さらに後悔すべからずさふらふ」（『歎異抄』第二章）と言っている話を指すのである。小野清一郎『歎異抄講話』（一九五六年）五三頁以下参照。

(23) 前掲・正木亮＝吉益脩夫編・正田昭『黙想ノート』（二刷）二一六頁以下。

(24) なお、正田昭の母親あてのこの最後の手紙は、カトリック誌『聖母の騎士』六四巻五号（一九九九年五月号）に、母親と一緒に松沢病院の庭で撮られた背広姿の本人の写真（公判係属中に鑑定入院中にカンドー神父から洗礼を受けたときのもの）も併せて転載されており、それだけにいっそう強い印象を与える。

（25） 加賀乙彦（＝小木貞孝）『ある死刑囚との対話』（一九九〇年）二一二頁以下。「美絵さん」あてに出した書簡は、その後、加賀乙彦編『死の淵の愛と光』（一九九二年）として、編集・刊行されている。本人の心境の動きが見えて感銘を与える。

（26） 前掲・正木亮＝吉益脩夫編・正田昭『黙想ノート』（二刷）二二〇頁以下。

（27） ヨンパルト神父も、宗教的見地から、反省しない犯罪者も「人間である限り、心を改める可能性を常に持つはずである」（傍点原著者）とされる（ホセ・ヨンパルト『人間の尊厳と国家の権力』〔一九九〇年〕二六四頁）。

（28） 島秋人『遺愛集』（一九六七年）。かれは愛情に恵まれない少年時代を送ったが、拘置所生活に入ってから、中学時代にただ一人褒めてくれた図画の教師との文通が縁となって、歌人窪田空穂・窪田章一郎両氏との接触が始まり、作歌の精進によって、やがて、最後には、「この澄めるこころ在《あ》るとは識《し》らず来て刑死の明日に迫る夜温《ぬく》し」といった処刑前夜の句にみられるような安心立命の境地に達している。養母になってくれた女性や、絶えず励まし続けた盲目の女性のいたことも、かれにとってどれほどか大きい意味をもったことであろう。ちなみに、処刑の四年ばかり前、昭和三八（一九六三）年の句に、「無期なれば今の君なしと弁護士の言葉懐ひつつ冬陽浴びをり」というのがあり、かれには、もし自分が死刑でなく無期であったならば、安心立命の境地にはなれなかったかも知れないという反省もあったらしいことを、念のために記して置こう。「島秋人」は歌人としてのペンネイムであるが、孤独の島の囚人という含意があるようである。かれについては、なお、森田宗一「死刑囚と盲婦人と花」（同『砕けたる心』上〔一九九一年〕一六六頁以下）参照。

（29） 佐藤誠歌集『ダンテ神曲天国編』（一九七三年）、『処刑地』（一九七四年）。

（30） 純多摩良樹歌集『死に至る罪』（一九九五年）。昭和一八（一九四三）年生れの著者（本名は伏せる）は、幼児のとき父が戦死し母親の手ひとつで育てられたが、昭和四三（一九六八）年に横須賀線電車爆破事件（一人死亡、一一人負傷）を起こして、死刑囚となった。獄中で「潮音」主宰の太田青丘氏の指導をうけて短歌に励み、また、加賀乙彦氏（＝小木貞孝博士）によって支えられてきたが、昭和五〇（一九七五）年一二月、ついに死刑を執行された。三二歳の若さであったが、かれがキリスト者としての信仰とあいまって、いかに平安な心境に到達していたかは、加賀・太田両氏の序文および「あとがき」に感銘深く記されている（なお、加賀乙彦『宣告』、『死刑囚の記録』参照）。ことに、かれ自身が執行直前に両氏それぞれに宛てて書いた遺書は、涙を誘うものである。太田氏は「かかる境地にまで到達した者を死刑に処することの残酷さを改めて思はざるを得なかった」と書いておられる。その後、かれの絶唱の一首は、大岡信氏の「折々のうた」（朝日新聞一九九六年一〇月一〇日）にも取り上げられた。――なお、北山河＝北さとり編『処刑前夜』（一九六〇年、改訂版・一九八一年）参照。編者父子は大阪の俳人で、二代にわたって、大阪拘置所で死刑囚たちの俳句指導にあたられた。この書物は、処刑を前にして詠まれた絶唱ともいうべき句を編集したもので、ことに作者が編者にあてた遺書も採録されていて、深い感銘をあたえる。

(31)　なお、玉井策郎・前掲『死と壁』、板津秀雄『愛と死の壁』（一九五六年）、正木亮・前掲『現代の恥辱』三二六頁など。板津秀雄氏は刑務官であったので、刑務所内部のことを書くのは公務員の守秘義務違反だといって非難をうけながらも、逝去（一九九八・一・一八）まで、上記著書以外にも書き続けた（朝日一九九八・二・一〇夕刊）。

(32)　Joseph L. Hoffmann, Justice Dando and the "Conservative" Argument for Abolition, 72 *Indiana Law Journal*, 21 (1996) at pp. 23–24.

(33)　刑事訴訟法四七五条二項但書後段の事例として、連合赤軍事件。一九九三年二月一九日、最高裁判所の上告棄却によって連合赤軍の永田洋子・坂口弘両名に対する死刑判決が確定することになったが、一連の事件で起訴された十七名の中、坂東国男被告はクアラルンプール事件で国外逃亡中のため、いまだに公判停止中というわけである。

クアラルンプール事件というのは、一九七五年八月四日、日本赤軍を名乗る五名がマレーシアの首都クアラルンプールにあるアメリカ大使館などを襲撃、アメリカ領事ら五十三人を人質に取って立てこもり、日本政府に、当時、被告人として拘置所に拘禁中であった連合赤軍の坂東、坂口両名を含む七名の者の解放を要求した。日本政府はこれを受け入れて、翌日、「超法規的措置」として坂東らを含む五名をクアラルンプールに移送、犯人らは人質と引き換えにこれを奪取してリビアに向かい投降した、というのであった（坂口ら二名は所信にしたがって出国を拒否）。「第三版はしがき」（本書の〔一四〕頁以下）参照。ちなみに、坂口の短歌は「朝日歌壇」にも掲載され『坂口弘歌稿』（一九九三年）という単行本としても刊行され、さらにかれの短歌や文章などを掲載した冊子「しるし」が非売品として「坂口菊枝さんを支える会」によって随時発行されていることを、参考までにつけ加えておこう。号によっては、P・G・スタインホフ＝伊東良徳（対談）「現象としての日本——オウム真理教事件で私たちが失おうとしているもの」のような論述も含まれている（一〇号〔一九九六年四月〕）。これは赤軍事件とオウム真理教事件の双方に関連していて、興味がある。

（34）恩赦については、ラートブルフの考察がすぐれている。ラートブルフ（田中耕太郎訳）『法哲学』（一九六一年）三五七頁以下。Radbruch, *Rechtsphilosophie*, 7. Aufl., besorgt von Erik Wolf, 1970, S. 276 ff. しかし、本文に述べた国際規約の関係では、さらに、それ以上の意味付けが恩赦に認められるべきものと思う。

（35）さらにその背景には私の幼児期における陽明学的な人格形成がある（前出二九一頁参照）。

（36）団藤重光『実践の法理と法理の実践』（一九八六年）は、そのような見地から書いたものである。

（37）前掲注6参照。

（38）世界の死刑の状況については、Amnesty International, *When The State Kills*……*The death penalty v. human rights*, 1989. 邦訳として、アムネスティ・インターナショナル編（辻本義男訳）『死刑と人権・国が殺すと

き』（一九八九年）。その後のものについても、アムネスティ・インターナショナルから、毎年、詳細な年報（*Amnesty International Report*）が出ている。なお、ロジャー・フッド（辻本義男訳）『世界の死刑・国連犯罪防止・犯罪統制委員会報告書』（一九九〇年）。Roger Hood, *The Death Penalty, A World-wide Perspective*, Revised Ed., 1996.

8　いわゆる〈死刑廃止条約〉について

はじめに──●

いわゆる〈死刑廃止条約〉について、ここに簡単な解説[1]を加えておくことにしましょう。これは一九八九年一二月一五日に国連総会で採択されたものです。

［追記］　これは初版の一年前に採択されたものですが、第六版を書いている現在からいうと、ちょうど一〇年前のことになります。われわれはひたすらにこの批准を願って骨を折ってきたのですが、はなはだ残念ながら、政府はまだその気配もみせていません。

国連が総会でこういう条約を採択するようになったのは、死刑廃止がすでに国際世論（前出四六頁以下、六八頁以下参照）になっていることの証明だといってもよいでしょう。ですから、例えば、旧ユーゴースラヴィアのボスニア・ヘルツェゴヴィナにおける紛争に関して、国連によって部分的・暫定的ながらも国際刑事裁判所が設けられていますが、ここでは戦争犯罪についてさえも、死刑は認められていないのです。(2) そして、一九九九年七月一七日にローマの国連外交会議において政府代表者によって採択された恒久的国際刑事裁判所規約（Statute for a permanent International Criminal Court）によれば、ジェノサイドをはじめ人道に対する罪や戦争犯罪を含めて、最高刑は終身刑とされ死刑は排除されることになっています。(3) 恒久的国際刑事裁判所は、この規約を六〇箇国が批准したときに設立されます。なお、条約が成立後も国内法の適用を排除するものではないことになっています。

この〈死刑廃止条約〉の正式の名称は、英文のテキストでは、(4)〈Second Optional Protocol To The International Covenant On Civil And Political Rights Aiming At The Abolition Of The Death Penalty〉(5) というので、正確でわかりよい日本語に訳するのがちょっとむずかしいのですが、私は仮に〈死刑の廃止を目的とする「市民的及び政治的権利に関する国際規約」の第二選択議定書〉と訳してみました。「死刑の廃止を目的とする」は「第二選択議定書」にかかるのです。原文には括弧などないのですが、解りよくするために、中国語正文にならって括弧をつけてみたのです。(6) この選択議定書については、外務省では仮訳さえも作られておりません。さしあたり、私の知るかぎりでは、田畑茂二郎博士らの抄訳(7)と辻本義男教授の仮訳(8)とが出ていますので(9)、私はこれらを参考にして、私なりの試訳を作ってみました。標題じたいも、田畑訳では、〈死刑の廃止を目指す、市民的及び政治的権利に関する国際規約の第二選択議定書〉となっており、辻本訳では〈死刑廃止にむけての市民的および政治的権利に関する国際規約第二選択議定書〉とされています。

私は国際法には全くの素人ですから、訳文には自信がありませんが、すでにわが国の国内法としても実定法になっている後掲のいわゆる〈自由権規約〉の規定との整合性を考えながら、なるべく解りよい訳文にするように心掛けたつもりです。いろいろとご叱正をいただきたいと思います。短いものですから、まず、ここにその全文を掲げて置きましょう。

死刑の廃止を目的とする「市民的及び政治的権利に関する国際規約」の第二選択議定書（試訳）

この議定書の締約国は、

死刑の廃止が人間の尊厳の向上（enhancement of human dignity）と人権の漸進的発展(10)（progressive development ; ［仏］ développement progressif）に寄与することを信じ、

一九四八年一二月一〇日に採択された世界人権宣言の第三条及び一九六六年一二月一六日に採択された「市民的及び政治的権利に関する国際規約」の第六条を想起し、

「市民的及び政治的権利に関する国際規約」の第六条が、死刑の廃止が望ましいことを強く示唆する文言をもって死刑の廃止に言及していることに留意し、

死刑の廃止のあらゆる措置が生命に対する権利（right to life ; ［仏］ droit à la vie）の享受にお

ける前進（progress；［仏］progrès）と考えられるべきであることを確信し、[11]
このようにして死刑を廃止するという国際的な公約（commitment；［仏］engagement）を企図することを願って、
次のとおり協定した。

第一条

1 何人も、この選択議定書の締約国の管轄内にある者は、死刑を執行されない。
2 各締約国は、その管轄内において死刑を廃止するためのあらゆる必要な措置をとらなければならない。

第二条

1 批准又は加入の際にされた留保であって、戦時中に犯された軍事的性格をもつ極めて重大な犯罪に対する有罪判決によって、戦争の際に死刑を適用することを規定するものを除くほか、この選択議定書にはいかなる留保も許されない。
2 このような留保をする締約国は、批准又は加入の際に、戦時に適用される国内法の関連規定を国際連合事務総長に通報（communicate）するものとする。
3 このような留保をした締約国は、その領域に適用される戦争状態の開始又は終了について国際連合事務総長に通告（notify）するものとする。

第三条

この選択議定書の締約国は、規約の第四〇条の規定に従って人権委員会（Human Rights Committee）に提出する報告書に、この議定書を実施するためにとった措置に関する情報を含めなければならない。

第四条

規約の第四一条の規定による宣言（declaration）をした規約締約国に関しては、当該締約国が批准又は加入の際に別段の声明（statement）をしたのでない限り、一締約国から他の締約国がその義務を履行していない旨を主張しているという通報について、人権委員会がこれを受理しかつ審議する権限は、この議定書の規定にも拡張されるものとする。

第五条

一九六六年一二月一六日に採択された「市民的及び政治的権利に関する国際規約」についての（第一）選択議定書の締約国に関しては、当該締約国が批准又は加入の際に別段の声明をしたのでない限り、その管轄権に服する個人からの通報（communications）を人権委員会が受理しかつ審議する権限は、この議定書の規定にも拡張されるものとする。

第六条

1　この議定書の規定は、規約の追加規定として適用されるものとする。

2　この議定書の第二条に定める留保の可能性を害することなく、この議定書の第一条第一項において保障される権利は、規約の第四条の規定によるいかなる廃止的措置（derogation；［仏］dérogation）をも受けることがないものとする。

第七条

1　この議定書は、規約に署名したすべての国による署名のために開放される。

2　この議定書は、規約を批准し又はこれに加入したすべての国により批准されなければならない。批准書は、国際連合事務総長に寄託されるものとする。

3　この議定書は、規約を批准し又はこれに加入したすべての国による加入のために開放される。

4　加入は、国際連合事務総長に加入書を寄託することによって行われる。

5　国際連合事務総長は、この議定書に署名し又は加入したすべての国に対し、各批准書又は加入書の寄託を通知する。

第八条

1　この議定書は、一〇番目の批准書又は加入書が国際連合事務総長に寄託された日の後三箇月で効力を生ずる。

2　一〇番目の批准書又は加入書が寄託された後に本議定書を批准し又はこれに加入する国につ

いては、この議定書は、その国の批准書又は加入書が寄託された日の後三箇月で効力を生ずる。

第九条

この議定書の規定は、いかなる制限又は例外もなしに、連邦国家のすべての地域について適用する。

第一〇条

国際連合事務総長は、規約の第四八条第一項に規定するすべての国に、次の事項について通知(inform)するものとする。

(a) この議定書の第二条の規定による留保、通報(communications)及び通告(notifications)

(b) この議定書の第四条又は第五条の規定によってされた声明(statements)

(c) この議定書の第七条の規定による署名、批准及び加入

(d) この議定書の第八条の規定によるこの議定書の効力発生の日

第一一条

1　この議定書は、アラビア語、中国語、英語、フランス語、ロシア語及びスペイン語をひとしく正文とし、国際連合に寄託される。

2　国際連合事務総長は、この議定書の認証謄本を規約の第四八条に規定するすべての国に送付する。

この標題の中に「市民的及び政治的権利に関する国際規約」とあるのは、いわゆる「自由権規約」のことで、以下には〈自由権規約〉と略称することにします。この議定書の中では、単に「規約」と略称されています。この規約は、一九六六年一二月一六日に国連総会で議決され、一九七六年に効力発生、わが国も一九七八年に署名、翌一九七九年に批准して、同年条約第七号として公布されています。だから、これはすでにわが国内法として効力をもっているわけです。これは、非常に重要な条約ですから、たいていの六法全書に採録されています。その六条を出してご覧になると、次のような規定があります。

市民的及び政治的権利に関する国際規約

第六条

1　すべての人間は、生命に対する固有の権利（The inherent right to life）を有する。この権利は、法律によって保護される。何人も、恣《し》意的にその生命を奪われない。

2　死刑を廃止していない国においては、死刑は、犯罪が行われた時に効力を有しており、かつ、この規約の規定及び集団殺害犯罪の防止及び処罰に関する条約の規定に抵触しない法律により、最も重大な犯罪についてのみ科することができる。この刑罰は、権限のある裁判所が言い渡した確定判決によつてのみ執行することができる。
3　生命の剝《はく》奪が集団殺害犯罪を構成する場合には、この条のいかなる規定も、この規約の締約国が集団殺害犯罪の防止及び処罰に関する条約の規定に基づいて負う義務を方法のいかんを問わず免れることを許すものではないと了解する。
4　死刑を言い渡されたいかなる者も、特赦又は減刑を求める権利を有する。死刑に対する大赦、特赦又は減刑は、すべての場合に与えることができる。
5　死刑は、十八歳未満の者が行つた犯罪について科してはならず、また、妊娠中の女子に対して執行してはならない。
6　この条のいかなる規定も、この規約の締約国により死刑の廃止を遅らせ又は妨げるために援用されてはならない。

まず、注目をひくのは、この一項で「生命に対する固有の権利」(12)がはっきりと保障されていることです。ただ、これが本当に絶対的に保障されるならば、死刑はもはや許されなくなるはずですが、ここでは一気にそこまで行くことはできませんでした。「この権利は、法律によつて保護される。何人も、恣《し》意的にその生命を奪われない」という、やや控え目な規定になっているのであります。おそらく少しでも多くの国による参加を期待するためには、さしあたり、この程度の規定にとどめるのが賢明だと考えられたのでありましょう。実際に、だからこそ、人権の方面では遺憾ながら保守的なわが国も、この〈自由権規約〉を批准することになったのだろうと思います。

それにしても、この〈自由権規約〉で、こうして「生命に対する固有の権利」が正面から認められたことは、二項以下の規定とも相俟って、きわめて重要な意味を有するものと言わなければなりません。この第二選択議定書の**前文**に――前掲のとおり――「世界人権宣言の第三条及び……『市民的及び政治的権利に関する国際規約』の第六条を想起し、『市民的及び政治的権利に関する国際規約』の第六条が、死刑の廃止が望ましいことを強く示唆する文言をもって死刑の廃止に言及していることに留意し」とうたっているのは、まさに、このようなことを言っているわけであります。なお、ここに「世界人権宣言（一九四八年一二月一〇日国連総会決議）の第三条」というのは、「すべて人は、生命、自由及び身体の安全に対する権利を有する」という規定であります。

ところで、これは〈自由権規約〉すなわち「市民的及び政治的権利に関する国際規約」への「第二選択議定書」で、しかも「死刑の廃止を目的とする」ところの「選択議定書」なのです。ちなみに、「第一選択議定書」というのは、「市民的及び政治的権利に関する国際規約の選択議定書」という標題のもので、一九六六年一二月一六日に国連総会で採択されたものですが[13]、日本はこれにも参加していません。

選択議定書とは——●

ここで、「選択議定書（optional protocol；［仏］protocole facultatif）」とは何かということについて、簡単に説明しておきましょう。これは本条約に付属する別個の条約で、本条約の締約国が任意の選択によって、署名・批准・加入をして当事国になることを認められ、そのときは議定書が本条約と共に適用されることになるのです。ですから、選択議定書は実質的には本条約の付属書ですが、形式的には独立の条約であって、ただ、一般の条約と違って、本条約の締約国に限って当事国になることが認められるのです。砕いて言えば、条約の本来企図するところが、簡単に国際的なコンセンサスに達する見込みが少なく、仮に成立しても多数の国が参加することを期待しがたい、さればといって、すぐに諦めてしまうのは残念だ、といった場合にとられる、いわば二段構えの、非常に賢明な方法であります。今の場合で言えば、〈自由権規約〉が本条約で、これは死刑廃止の理想を掲げながらも、その理想を完全に実現するところまで行っていませんが、そのかわり、これには日本を含めてかなり多数の国が加入をしています。第一段は成功だったわけです。そこで、今度は第二段として百尺竿頭一歩を進め、いよいよ死刑の廃止の大理想を実現するために、この「第二選択議定書」が出来たわけであります。われわれが日本政府によるその批准を待望するのも、こういう背景があるのです。わが国が、この「第二選択議定書」を批准しますと、**六条一項**に規定されているとおり、「この議定書の規定」

は、すでにわが国の実定法になっている〈自由権規約〉の「追加規定」として適用されることになるわけであります。

一条の意義 ——●

この「選択議定書」の核心的な部分は、いうまでもなく、その**一条**であります。そこで、ここに一条を見出しとして掲げることにしました。他の条文はそれぞれの関係の場所にばらして説明しますが、説明を加えるときは、検索の便宜のために本文の中でも注の中でも、その条文の条数は太字（**ゴシック活字**）にしておきます。なお、巻末の条文索引をも利用していただきたいと思います。

まず、一条一項によれば、「何人も、この選択議定書の締約国の管轄内にある者は、死刑を執行されない」ものとされています。ここに、「何人も、……死刑を執行されない（No one……shall be executed. [仏] Aucune personne……ne sera exécutée.)」という含みのある表現を使っているのが注意されます。ですから、二項による死刑廃止のための措置をまつまでもなく、この選択議定書が国内法として発効しさえすれば、当然に国内では死刑の執行が許されなくなるのです（憲法九八条二項）(14)。

しかし、この選択議定書の標題にあるとおり、それが死刑廃止そのものを目的とするものであることは、いうまでもありません。ですから、二項に規定されているとおり、「各締約国は、その管轄内において死刑を廃止するためのあらゆる必要な措置をとらなければならない」のは、もちろんであります。わが現行法は、以前に較べると、死刑を法定刑とする罪はずっと少なくなっていますが、それでも刑法典には、今でも、内乱罪（七七条）、外患罪（八一条・八二条）、放火罪（一〇八条）、劇発物破裂罪（一一七条）、出水罪（一一九条）、汽車転覆致死罪・往来危険致死罪（一二六条・一二七条）、殺人罪（一九九条）、強盗致死罪（二四〇条）、強盗強姦致死罪（二四一条）など、多数の規定があり、また、特別法の中にも死刑を法定刑に含んでいるものがかなりあります。一条二項のもとでは、国は、これらの規定の法定刑から死刑を削るか、少なくとも、その執行ができないようにする必要があります。もっとも、こうした国内法の整備ができる以前であっても、一項によって、当然に、少なくとも死刑の執行は許されないことになるわけです。なお、刑事訴訟法や監獄法のような関連法規の整理も必要になるのは、言うまでもありません。

多少問題になるのは、死刑を法定刑から削ってしまわなくても、死刑の執行ができないようにしさえすれば、よくはないか、という点です。先程申したように、過渡的に事実上、死刑の執行が許されないことになるのは、しばらく措き、そのような制度を正面から法制に取り入れることができるかどうか。私じしんは、このように死刑の執行をしない、ノミナルな死刑の制度を認めることも、過渡的なものとしては、この選択議定書の違反にはならないのではないか、と考えています。完全な死刑廃止に移行する前に、過渡的な段階として、死刑執行停止制度を採用すれば、一応はそれで通ると思うのです。第I部の話の中で死刑執行停止法案の運動のことにちょっと触れましたが（二二頁）、それはここにも関連をもって来ます。執行されることのない名目的な死刑判決の制度を認めることは、この規定のもとでも差し支えないだろうと思います。

この問題に深入りするのは、ここは適当な場所ではありませんが、私はこのような「執行されることのない名目的な死刑判決」の制度というものも、形容矛盾というべきではなく、けっしてノンセンスではないと思うのです。刑罰は犯罪に対する評価ですから、極度に情状の悪い殺人事件に対しては死刑という極刑にあたるものとして評価をすることも、世の中の常識からいって一概に排斥するわけには行かない。しかし、私は前にもお話ししたとおり、人格形成は無限なものだと思うのです。ですから、どんな死刑囚でも最後には立派な心境になることがあり得るので、その可能性を否定して執行してしまうことは許されないのではないか。万一の誤判の保障のためにも、そうだと思います。それなら、無期刑と同じではないかという疑問も出るでしょうが、無期刑は一〇年服役すると仮釈放が許されますが、この執行されない死刑には恩赦で無期刑に減刑されたときは別として、そうでないかぎり仮釈放はありません。このような「執行されない死刑」の制度も、過渡的なものとして、一考に値するのではないでしょうか。要するに、この「第二選択議定書」を批准したからといって、完全な即時死刑廃止だけが唯一の道ではないことを——何とかして批准を実現してほしいという気持ちから——参考までに述べてみたのです。

恩赦は、啓蒙思想——死刑廃止論者のベッカリーアを含めて——では君主の恣意によって司法権を侵害するものとして拒否されましたが、今では、その意義が見直されて来ています。日本国憲法でも、恩赦は内閣の職務でその認証は天皇の国事行為になっていますが（憲法七条六号、七三条七号）、個別恩赦に関する限り、中央更生保護審査会の議を経ることになっていて（犯罪者予防更生法三条）、恣意的な運用はできないようになっています。先に引用した〈自由権規約〉の六条では、さらに一歩を進めて、「死刑を言い渡されたいかなる者も、特赦又は減刑を求める権利を有する。死刑に対する大赦、特赦又は減刑は、すべての場合に与えることができる」と規定され、恩赦に対する権利さえもが認められていることを特に注意しなければなりません。(15) 死刑を執行しないためには、恩赦が大きな役割をもつことになっているのです。恩赦が非民主主義的であるかのように思っている向きもあるようですから、重ねて一言しておく次第です。

もう一度話を前に戻しますが、**一条一項**は、この〈死刑廃止条約〉中もっとも核心的な部分をなす規定です。そこで、**六条二項**は、いわば駄目押しのように、「この議定書の第一条第一項において保障される権利は、規約の第四条の規定によるいかなる廃止的措置（derogation ; [仏] dérogation）をも受けることがないものとする」と規定しています。〈自由権規約〉の四条では、締約国が、「国民の生存を脅かす公の緊急事態の場合」についてだけですが、きわめて例外的ながらも、同規約に基づく義務に違反する措置をとって同規約で保障される自由権を制限することが認められています。この選択議定書の規定は〈自由権規約〉の追加規定になって、いわばこれと一体化することになりますから、黙っていると、「この議定書の第一条第一項において保障される権利」についても、同様の扱いになるおそれがあります。そうなると、折角の保障が大きく骨抜きになってしまう。そこで、そのような制限をいっさい排除しているのです。六条二項は上記のような規定を設けて万全を期したわけです。唯一の例外は前述の留保の規定です。「この議定書の第二条に定める留保の可能性を害することなく」とあるのは、その趣旨で、同条によって留保をした国は、その限度で例外を認められるわけです。

二条は、留保についての規定です。これは、広い意味での廃止国の中にも非常時についての例外を認めている国も多く、国によっていろいろと事情があるでしょうから、留保の余地を残すことによって、加入国を少しでも多くしようという実際的考慮から出たものと思われます。しかし、もちろん、厳重な歯止めがかけてあります。第一に、時期的に、留保をするのは、批准または加入の際に限ります。また、第二に、事項的には、「戦時中に犯された軍事的性格をもつ極めて重大な犯罪に対する有罪判決によって、戦争の際に死刑を適用することを規定するもの」に限るのです。「軍事的性格をもつ極めて重大な犯罪」で「戦時中に犯された」もの、そのような犯罪に対するものとして「有罪判決」があったこと、その「有罪判決」によって、「戦争の際に死刑を適用する」ものであること、――こういうことを規定するものでなければ、留保は許されません。尻抜けになるといけませんから、手続や運用の面でも、きちんとしたものにするために、二項・三項の規定が置かれています。

あと、まだいろいろの規定がありますが、いずれも細かい技術的な規定ですので、ここでは解説を省略することにしましょう。[16] ただ、この「第二選択議定書」の発効のことだけは、述べておく必要があります。**八条**によりますと、「この議定書は、一〇番目の批准書又は加入書が国際連合事務総長に寄託された日の後三箇月で効力を生ずる」と規定されています。実際には、一九九一年の四月一一日に一〇番目の国としてスペインが批准手続を済ませましたので、三箇月後の七月一一日にこの「第二選択議定書」が発効することになったわけです。なお、一九九六年一〇月現在で、批准国は二九箇国、署名国はそのほかに四箇国にのぼっています。[17]

政治的リーダーシップの要望 ●

最後に付け加えておきたいことがあります。この「第二選択議定書」を最初に提案したのはドイツ連邦共和国だったのですが、私が同国の連邦司法省刑事局の国際部長をしているヴィルキツキー (Peter Wilkitzki) 博士からきいたところでは、外相（当時）のゲンシャー (Hans-Dietrich Genscher) 氏がみずから音頭を取って持ち出したのだそうです。前にお話ししたフランスのミッテラン大統領[18]の死刑廃止に踏み切った英断といい、ドイツのこのゲンシャー外相の態度といい、日本とヨーロッパ諸国の政治的リーダーたちの姿勢の違いが、こんなところにも目立っております。日本の政治的リーダーたちには哲学や思想がないといわれても、仕方がないのではないでしょうか。わが国でも、死刑廃止を目指して多数の政治家たちの超党派的な活動がはじまっています。とくに最近、一九九四年四月、国会に超党派的な「死刑廃止を推進する国会議員連盟」が正式に結成されたことは（七三―四頁）、特筆に値することでありました。是非とも、この「第二選択議定書」の批准の早期実現を期待したいものです。

いままでもたびたび強調してきましたとおり、先進国でこの「第二選択議定書」を批准していないのは、日米両国だけなのです。私には政府がアメリカに追随しているように思われてなりません。経済関係は知らず、こういう問題については不可解です。ところで、私は一九九六年にアメリカの大学へ講演に行ったときにホフマン教授から聞いてはじめて知ったのですが、アメリカ政府が死刑問題について国際条約に積極的でないのは、あちらでは二百年以上にもなる建国以来のフェデラリズムの伝統から、この種のことがらについては連邦政府は州に介入しないのが建て前なのだからだそうです(19)。ですから、日本がこうした問題についてアメリカに追随するというのは、非常におかしいことなのであります。かつて、渡辺美智雄外相（当時）が、一九九二年の第一二三回国会衆議院予算委員会分科会で、江田五月委員の質疑に対する答弁として、この〈死刑廃止条約〉の批准を「真剣に研究します」という答弁をされ、それが議事録にも記録されていることは、前にも述べたとおりです（六一―二頁）。たとい分科会での発言とはいえ、いやしくも外務大臣が国会の場で正式に発言したことなのです。氏は故人になられましたが、政府はその重みを忘れてはならないのではないでしょうか。

(1)　この条約の解説として後出注7の文献。なお、Dominique Breillat, L'abolition mondiale de la peine de mort. A propos du 2e Potocole facultatif se rapportant aux droits civils et politiques, visant à abolir la peine de mort, *Revue de science criminelle et de droit pênal comparé*, n°2 avril-juin 1991, pp. 261-278.

(2)　Christopher L. Blakesley, Comparing The Ad Hoc Tribunal for Crimes against Humanitarian Law in the Former Yugoslavia & The Project for An International Criminal Court by The International Law Commission, *Revue Internationale de Droit Pênal*, 67° Année, 1996, pp. 139-208 (at p. 198). なお、M. Cherif Bassiouni with the Collaboration of Peter Manikas, *The Law of the International Criminal Court for the Former Yugoslavia* (Transnational Publishers, NY 1996).

(3)　Amnesty International, Death Penalty News, Sep. 1998, p. 1.

(4)　この「第二選択議定書」の正文は、中国語、英語、フランス語、ロシア語、スペイン語およびアラビア語である(**一一条**)。アラビア語の正文があることについては、イスラーム諸国は、ほとんどすべてが死刑存置国であることが思い合わされる(ただし、フィリピンのように、国民の中に相当数のイスラームがいるのにもかかわらず、最近まで法律上廃止国になっていたところもある)。ちなみに、イスラームでは、教義の上でも殺人に対しては死刑が是認、というよりはむしろ要請されているようである。前出二一四頁注7参照。

(5)　フランス語の正文の標題は〈Deuxième protocole facultatif se rapportant au Pacte international relatif aux droits civils et politiques, visant à abolir la peine de mort〉である。テキストの内容にも、英語のそれとの間に多少の違いが見られる。例えば前文一段は英語の正文では〈Believing that abolition of the death penalty contributes to enhancement of human dignity and progressive development of human rights〉であるが、フランス語正文では〈Convaincus que l'abolition de la peine de mort contribue à la dignité humaine et le développement progressif des droits de l'homme〉となっている。しかし、こうした違いは単なる語感の相違から来るにすぎないので、ここでは英語の正文をもとにして訳出した。中国語は日本語と同文とはいいながら用語法はかなり違っているので、中国語正文は単に参考とするに止めた。

(6) 中国語正文では、「旨在廃除死刑的〈公民権利和政治権利国際条約〉第二項任意議定書」(簡体字を本字に改めた)というように、括弧をつけてある。

(7) 田畑茂二郎＝松井芳郎＝竹本正幸＝薬師寺公夫(編集)『国際人権条約・宣言集』(一九九〇年、二版・一九九四年)。

(8) 辻本義男「『死刑廃止にむけての市民的および政治的権利に関する国際規約第二選択議定書』の成立とその意義」(中央学院大学総合科学研究所紀要七巻二号・一九九〇年)の資料(7)。これは、菊田幸一『死刑廃止を考える』(岩波ブックレット一六六号・一九九〇年)の巻末にも転載されている。辻本教授には、そのほかに、「『死刑廃止にむけての市民的および政治的権利に関する国際規約第二選択議定書』に関する報告書(仮訳)」(中央学院大学法学論叢四巻一号・一九九〇年)、「『国連・死刑廃止条約』の採択とわが国における問題点」法の支配八二号(一九九〇年)一四頁以下がある。なお、この第二選択議定書成立の背景については、阿部浩己「国際人権法における死刑廃止――国連死刑廃止議定書の成立」法律時報六二巻三号(一九九〇年)、北村泰三「国際人権法における死刑問題――死刑廃止条約の起草を視点として――」熊本大学法学部創立十周年記念『法学と政治学の諸相』(一九八九年)一〇一頁以下。なお、次の注9、斎藤敏「いわゆる死刑廃止条約と我が国の立場」参照。

(9) その後、斎藤敏氏の訳が出た(斎藤敏「いわゆる死刑廃止条約と我が国の立場」自由と正義四二巻一〇号(一九九一年)二〇頁以下)。氏は法務省刑事局国際課国際第一係長である。氏は、この標題を〈死刑廃止を目的とする

「市民的及び政治的権利に関する国際規約第二選択議定書」〉と訳しておられる。

(10) 前文四段の「前進」の語との関係からも、私ははじめ「前進的発展」の訳語を考えたが、田畑博士の教示によれば、「経済的、社会的及び文化的権利に関する国際規約」二条一項との関係から、「漸進的発展」の訳語の方が整合性があるだろうとのことなので、これに従うことにした。ちなみに、中国語正文では「持続発展」となっている。

(11) 中国語正文では、「進歩」となっている。

(12) なお、名和鉄郎「人権の歴史と生命権の発展——死刑廃止に関する序論的考察——」法経研究（静岡大学）四二巻二号（一九九四年）参照。

(13) 田畑茂二郎ほか・前掲『国際人権条約・宣言集』に採録されている。これは、人権委員会が権利を侵害されたと主張する個人からの通報を受理・検討することを認めるものである。なお、この「第二選択議定書」の**五条**参照。

(14) 憲法九八条二項の解釈として、条約は当然に国内法として法的効力を有するものと考えなければならない。例えば、宮沢俊義（芦部信喜補訂）『全訂日本国憲法』（一九七八年）八〇八頁。なお、辻本義男・前掲「『死刑廃止にむけての市民的および政治的権利に関する国際規約第二選択議定書』の成立とその意義」一五頁以下。

(15) なお、国連の「死刑に直面している者の権利の保護を確保する保障規程」（前出一九二頁注33）の七条参照 (Roger Hood, *The Death Penalty*, 2nd Ed., 1996, pp. 125-127)。

(16) 詳細については、阿部浩己・前掲「解説・死刑廃止条約」『死刑の現在』（法学セミナー増刊・一九九〇年・所収）を参照されたい。

(17) アムネスティ・インターナショナルによれば、一九九九年九月一〇日現在における批准・加盟国は四〇箇国にのぼる（AI Index : ACT 53/04/99)。

(18) ミッテラン氏は大統領選の選挙運動中から死刑の廃止を公約していて、政権の誕生とともに、かねて熱心な死刑廃止論者であったバダンテール（Robert Badinter）氏を法務大臣に任命した。死刑廃止が実現するについては、バダンテール氏に負うところが大きかった。一九九二年三月、われわれの「死刑廃止国際条約の批准を求めるフォーラム'90―II」に招聘したときのことは、I2に詳しく述べておいたとおりである。なお、フランスにおける死刑廃止の経緯については、麻生令彦「フランスはいかにして死刑を廃止させるに至ったか」インパクション五〇号（一九八七年一二月一五日）（インパクト出版会編集発行）一〇四頁以下参照。

(19)　Joseph L. Hoffmann, Justice Dando and the "Conservative" Argument for Abolition, 72 *Indiana Law Journal*, 21 (1996) at p. 22. 前出五八頁参照。

9　アジアにおける死刑廃止の推進*

＊これは一九九三年七月一〇日、日比谷公会堂でおこなわれた「死刑廃止アジア・フォーラム」（死刑廃止国際条約の批准を求めるフォーラム'90実行委員会主催）のオープニング・スピーチの速記に加筆したもので、『法学セミナー』四六六号（一九九三年一〇月号）からの転載である。そういうオケイジョンのものであるから、調子にも希望的な――あるいは希望的すぎる――ものがあることを、ご承知いただきたい。なお、後出四五四頁注7参照。

はじめに――●

今日は四つの国、地域からすばらしい方々にご参加いただき、アジア諸国の人々が互いに提携し合って死刑廃止運動を進めて行くきっかけを作ろうという、きわめて有意義な大会であります。あたかも、明、七月一一日（一九九三年）には「死刑廃止条約」の効力発生まる二年を迎えるという記念すべき日に、この大会を開くことができましたことは、皆さんとともに喜びに堪えないところであります。そして、その最初にお話を申し上げる機会を与えられましたことは、私にとって無上の光栄でありま す。ちなみに、本日の私のこのお話はフォーラムを代表しての公の立場ではなくて、私一個の、個人的な見解、所信ですので、そのつもりでお聞きとりいただきたいと思います。

アジアと申すときに、まず私の心に浮かんでくるのは、岡倉天心の「アジアは一つ」という言葉です。[1]「アジアは一つ」というのは、受け取りようによっては語弊がないわけでもありませんが、私はいい意味において「アジアは一つ」という言葉を用いたいと思います。アジアの各地からの参加者をお迎えして、ここに一堂に会してお話しすることができることは、仲間意識、親近感と申しましょうか、私は格別の感慨にひたるわけです。

時間があまりありませんから、論点をいくつかにしぼってまいります。最初にアジアにおける死刑廃止の状況について一言申し上げたいと思います。

アジア諸国と死刑廃止の状況——●

フランスのマルク・アンセルという有名な刑法学者が「死刑の地理」ということを申しました（後出四四一頁）。いま、その考え方に従って世界地図を広げて、死刑廃止国を次々に色で塗って行きますと、たいへん残念なことですが、アジア地域が白く抜けてしまいます。[2]

アジア地域にも死刑廃止国がいくつかあります（四四九頁）。ところが、最近届いたアムネスティ・インターナショナルの一九九三年度（なお、一九九四—一九九六各年度）のレポートによると、たいへん残念なことですが、これらの廃止国とされている国においても、実際上、エクストラ・ジュディシアル（裁判外）の非合法的な処刑が行なわれているようです。

したがって形の上では死刑廃止国になっていても、必ずしも大手を振って死刑廃止国としては通らない。そうすると、どうしても今の死刑の世界地図の白く抜けたところを埋めることはできないのです。

ですから、一面ではわれわれはアジアで死刑廃止ができるんだろうかという、やや絶望的な気持にもならないわけではありませんが、はたして本当に絶望的であろうかということを考えると、私は決してそうではないと信じています。

アジアの精神的および政治的風土と死刑廃止――●

ここで、アジアの精神的風土ということを考えてみたいと思います。アジアといっても非常に広い。いろいろな民族があり、いろいろな歴史、いろいろな宗教がありますので、一口にアジアということは申せません。ましてアジアの精神的風土と一括りに申すことはできませんが、あえて大きくそれを取り上げてみると、物質文明に対する精神的な文化がアジアには伝統的に昔からあるのではないか。(3)

岡倉天心が「アジアは一つ」ということを言ったのは、直接には日本美術あるいは日本文化について東洋独自の精神的なものがあるということを言ったものと思います。しかし、これはあえて美術などだけに限らない、アジア全体にわたって、独自の精神的なものが風土としてあるのではないかと言ってもよろしいでしょう。

私は何も西洋が物質文明で東洋が精神文化だなどと言い切るつもりは毛頭ありません。そんなふうに言い切れるものではありません。しかし、また一方では欧米の人たちの中にも西洋文明の行き詰まりを感じて、改めて東洋文化を見直そうという人たちも出てきている。これもまた事実です。ですから私どもはアジアの精神的な風土について十分な誇りを持つべきではないかと思います。

死刑廃止という問題は、皆さまもおわかりになりますとおり、頭で、理屈だけで考えるだけのものではありません。理屈だけで考えるといろいろ議論ができますが、最後は人間的なセンスの問題であり、心の問題だろうと思います。

心の問題ということになってくると、アジアは非常に強い、死刑廃止になじむような風土を本来持っているといってもよいのではないでしょうか。

実際に、アジアに生まれた最も大きな宗教として、われわれはまず仏教を挙げることができるでしょう。仏教は慈悲ということを根本にしています。これもいろいろと考えられるでしょうが、慈悲の考え方が根本にあることは疑いのないところです。

そうなると、仏教と死刑廃止とは本質的に非常に強く結びつくものを持っている。ご承知のとおり、日本では王朝時代に三五〇年の長きにわたって死刑が行なわれなかった時期があります（二八一頁以下）。これは朝廷の中央政府を中心にしたもので、必ずしも全国的に行き渡ったものではないということも言えるかもしれません。しかし、三五〇年もの間、たとい朝廷を中心とする中央政府の関係だけであったにせよ、死刑の執行が、一、二の例外がありますが、ほとんど行なわれなかったという事実は、われわれの歴史において特筆すべきことです。

なぜそうなったのかと申しますと、一つには日本の国民の穏和な国民性ともいうべきものがありましょうが、その奥に仏教の影響を看て取らなければならないと思います（前出二八六頁以下）。これはむしろ通説的な考え方だろうと思います。

現在においても仏教は死刑の廃止の面で結びついている。(4) 例えば、最近出た辻本義男教授の『アジアの死刑』（辻本衣佐嬢との共同編著・一九九二年）という、たいへんな有益な書物がありますが、それを読んでおりますと、古来、仏教国として知られるスリランカは事実上死刑廃止の形になってはいるものの、実際には民族的対立による政治的紛争の結果エクストラ・ジュディシアル・エグゼキューションが行なわれているようです。しかし、ここで仏教の立場から死刑廃止を推進している人たちがいるそうです。これはたいへん心強いことです。

またインドにおいては、かつてはマハトマ・ガンディーが強い死刑廃止論者であったことは知られているとおりです。また、やはり、非業の最期を遂げたインディラ・ガンディー首相も死刑廃止を支持する一人でした。これは仏教に直結するというよりも、そういうインドの精神的風土に根ざしているのではないか。広く言えばアジア的な風土の中に死刑廃止論が強く根ざしていることの例証であろうと思います。

仏教だけではなくキリスト教もアジア地域各国に広く普及していることはご承知のとおりです。キリスト教も、特に新約聖書に現れているとおり、教義的に見ても死刑と相容れないものを持っています。死刑廃止論者がキリスト者の中にたくさんおられることは当然のことだろうと思います。

仏教とは反対に、死刑廃止に一番なじまないのはイスラームです。中近東諸国はだいたいイスラームです。東南アジアにおいてはパキスタンがそうです。いな、見方によっては、アジア全域に伝播しているともいえます。(5) これらの諸国においては、どうしても根本的にコーランがものを言う。コーランの教えがそのまま法律としての効力を持つわけです。

コーランにどう書いてあるかというと、ご承知のとおり、「生命には生命を」ということがうたわれています。それがそのまま法律としても適用されますから、死刑廃止にはどうしても結びつきません(II 3を参照)。

しかしながらイスラームにおいても、これはつねに絶対ではない。コーランに直接出てきますが、もし被害者側が報復を棄権して、「血の値(ディア)」によって赦したときはどうかというと、赦した以上は犯人は死刑にはなりません。(6) そういう大きな制約があるのでありまして、「殺したから殺す、殺したから死刑だ」と単純に直結してはいないのです。

なお、辻本教授の書物によりますと、パキスタンでは大統領が憲法上この種の死刑事件についても恩赦としての減刑をおこなう権限を認められているそうです。イスラームの国では、憲法といえどもコーランの上には立たないのだろうと思いますから、こういうことがはたして可能なのかどうか私にはわかりませんが、もしそういうことがあり得るとすると、これも非常に重要なことです。もしこのようなことが可能だとしますと、イスラーム諸国においても、法律上の死刑廃止は教義上不可能であるとしても、いろいろな形で事実上の死刑廃止、あるいは実質的にそれに近いものに持って行く可能性は残っているといえるのではないでしょうか。

儒教はどうか。儒教は近代的な人権思想と相容れないものをいろいろともっていますが、[7] しかし、大きく見て、儒教は王道を根本として、覇道を排斥します。覇道は死刑と結び付くでしょうが、王道は徳をもって治めるのですから、本来、死刑を否定するところまで行ってもおかしくないのではないでしょうか。中国には中国の風土に根ざした人権がなければならないはずです。[8] 中華人民共和国で現在、死刑が多用されていることは、[9] 儒教から批判することは見当違いでしょうが、それにしても悲しいことだと思います。[10] もともとマルクス主義はヒューマニズムに発するもので、マルクス自身も強い死刑廃止論者であったことを、ここに思い出すべきではないでしょうか（後出四三〇頁注6）。

以上、だいぶ粗っぽい議論ながら、文化、特に宗教に重点を置いて申し上げてきました。アジアの精神的風土から考えてみて、アジア諸国は本来、死刑廃止のほうに行くべき素地をむしろ強く持っていると考えていいのではないか。これが私の根本的な考えなのです。

なお、別に政治的風土ともいうべきものがある。これは死刑廃止論にとっても、まさに曲者です。

これについては、きょうは立ち入りませんが、私は法形成の上で政治は比較的、表層に属するものと考えていることだけを申し上げておきましょう(11)。しかも、現在は、多くのアジア諸国は、新しい国家に生まれ変る産みの苦しみの真只中にあるのです。

経済発展と人権——●

こんどは少し視点を変えて経済との関係です。特に東南アジア諸国は、まさしく経済発展の途上にある。非常な速度で、すばらしい経済発展を遂げつつあります。

経済発展のためには個人の人権は犠牲にしてもしかたがないじゃないか、人権を犠牲にしてでも経済発展を進めて行くことが至上命令だ、という考え方が出て来る。「発展の権利(12)」が、本来の趣旨から全くはずれて、妙な風《ふう》に援用されるわけです。

現に、この春(一九九三年)バンコクで開かれた「世界人権会議・アジア地域会合」において、このような「アジアの論理」がまかり通ったことについて、この会合に個人参加された阿部浩己助教授が要点を衝いた紹介をしておられるのが、たいへん参考になります(アムネスティ・ニュースレター二四二号)。その後ウィーンで開かれた「世界人権会議」の本番においてもその種の発言があったと伝えられております。そういう考え方がある。

しかしながら個人を犠牲にして、個人を無にして経済発展を遂げたとしても、そういう経済は非常に脆弱なものであって、やがては崩壊の運命にある。これは全体主義諸国が大きな見本を示してくれたわけで、一見、派手な発展を遂げたけれども、いよいよとなってみると全くみじめな廃墟になってしまっています。経済の発展にはどうしても人権の尊重が裏付けになっていなければならない。個人の力が背後にあればこそ、本当の意味で経済の発展がありうるのであります。

そうすると、ひとり一般の人権だけではない。死刑廃止の問題は人権問題の最たるものです。死刑廃止論にしても、発展途上国なるがゆえに死刑廃止までいますぐ行くのは尚早だという考え方には、私はどうしても賛成できません。発展途上国であればなおさらのこと、人の生命を重んじ、人権を重んじることがなければならない。そうあってこそ、本当の健全で充実した経済的・社会的発展ができるのではないかと思います。

ここでは詳しく申しませんが、死刑に抑止力があるかどうかという問題。私は死刑には抑止力がないことを強く信じております。死刑に抑止力がない以上は、死刑の存置が秩序の維持に役立ち、ひいては経済の発展に役立つというようなことは考えられません。経済の発展が民生の充実、国民生活の充実に役立つことは申すまでもありませんが、それは人権を尊重した上のことです。このようなことは、死刑などはなくして国民全体が相互に連帯し相互扶助の精神に生きるような社会において、はじめて本当に実現されるのではないかと思います。

最近では政治テロの問題、また麻薬の問題があります。麻薬は何としても防がなければ人類が悲惨な状況に追いこまれてしまう。麻薬を抑えるため、政治テロを抑えるためには、死刑が必要ではないかという議論があります。そのために、いままで死刑の規定がなかった麻薬事犯についても、新たに死刑を規定するという動きも出てきております。私は、死刑によって麻薬が入って来るのを防止するというようなことは不可能ではないか、その防止については別途いろいろな方策がありうるのではないか、と思います。そのために死刑を残して置くことは、とうてい許されないことだと思います。

治安状況と死刑廃止――●

そこで、今度は、治安状況という視点から、アジア諸国と欧米諸国と比較してみようと思います。治安状況をどうやって判断するか。これはいろいろ見方があるでしょうが、端的にいって殺人罪がどれぐらい発生しているかが、単純でしかもかなりはっきりした指標になるのではないかと思います。国によって人口が違いますから人口比率で見なければなりません。普通は人口一〇万に対して殺人が何件発生したかという、一〇万に対する殺人罪の発生率で見ます。

さしあたり、各国の統計を共通に利用できる一九九一年の統計についてみますと、日本は一・〇、すなわち人口一〇万に対して殺人発生件数はわずかに一件です。これに対して、アメリカ合衆国はどうかというと、九・八で、日本の一〇倍近くにもあたります。だからアメリカでそう簡単に死刑廃止に踏み切れないでいる背景がわかります。アメリカでも各州には死刑をすでに廃止した州がいくつもありますが、フェデラリズムの伝統ということもあって、連邦全体としては廃止になかなか踏み切れないでいる。また、いままで執行しないでいた死刑囚たちを、かなり無理までして、無実の疑いのあるような人たちまでも、次々に強引に執行しつつあります。これは治安状態への政府のあせりを示すものだと思います。それは日本の一〇倍近いという殺人罪の発生件数をもっているのですから、やむを得ないと言えばやむを得ないのかも知れません。それにしても、アメリカのマスコミや学者の間ではこれに対する批判は非常に強いのです。

もう少し他の国を見て行きますと、欧米ではイギリスが二・五件、ドイツが三・四件、フランスが四・六件。アメリカがずば抜けて多いのですが、イギリス、ドイツ、フランスを見ても、みんな二以下ではなく、五に近い数で、相当多いのです。

これに対してアジア諸国はどうでしょうか。欧米諸国のは『犯罪白書（平成五年版）』によって見た数字ですが、アジア諸国のは、法務総合研究所とアジ研（UNAFEI＝国連アジア極東犯罪防止研修所（東京））との調査で『アジア諸国の犯罪報告書（平成五年版）』というのが最近出ましたので、それによります。

日本は、先ほど申したとおり、一・〇件ですが、ほかの諸国も、みんな少ないのです。香港が一・八件。インドはずば抜けて多くて七・五件ですが、それでもアメリカよりは少ない。インドネシアは不明。韓国が一・六件。これも日本よりは多いのですが、やはり少ない。マレーシアが一・九七件。

ネパールはかなり多いのですが、それでも四・二件ですから、フランスよりは少ない。フィリピンが一・二四件。これは私がいろいろな数字を操作して算出したものですから、間違っていましたら、あとでフィリピンの参加者の方から訂正をしていただきたいのですが、私の算出した結果では一・二四件で、これも非常に少ないのです[13]。

シンガポールが一・八件。スリランカはアメリカよりももう少し多くて一〇・七件という数字になっています。タイも非常に多くて九・六件。この両国は現在のいろいろな混乱した政治的・社会的情勢によるのでしょう。

こうして見ると、インド、スリランカ、タイは欧米に比べて多いのですが、あとは欧米に比べて非常に少ない。要するに、アジア諸国における殺人の発生件数の人口比は、アメリカに比べればもちろんんですが、西欧諸国と比べても少ないのです。それでもなおかつ死刑を置いておかなければならないという理由がどこにあるのでしょうか。アジアでも大部分の国では、死刑廃止の条件が統計から見ても十分そろっているものと見ていいと思います。

しめくくり——●

最後にしめくくりとして、一言しておきますと、人権の問題は、したがって死刑廃止の問題も、普遍人類的なものです。私は今日、ここでアジアということを強調しましたが、それは今日は「アジア・フォーラム」であり、アジアのわれわれがお互いに手を取り合って行こうという会ですから、特にアジアに焦点を合わせて申し上げたわけであります。死刑廃止の問題はもともと全人類的なものであることについては、誤解のないようにしていただきたいと思います。

比喩的に申しますと、同じある種の植物、どんな植物でもいいのですが、これを育てるにしても、育てる土壌によって育成の仕方に違いがある。違いがあるけれども育ってくる植物は同じです。

逆に申しますと、アジアにはアジアの育て方がありうる。アジアの中でもそれぞれの国や地域によって対応の仕方に違いがあっても不思議ではない。当然のことです。

しかしながら究極的な見地から申しますと、あくまでもそれは全人類的、地球的なものです。私どもが「地球が決めた死刑廃止」ということを申しているのも、そういうことです。私どもはアジアにおいても「地球が決めた死刑廃止」の運動をお互いに手を取り合って進めて行こうではありませんか。

(1)　岡倉天心（富原芳彰訳）「東洋の理想」（『岡倉天心集』明治文学全集38〔一九六八年〕六頁）。

(2)　第一三一回国会衆議院法務委員会議録（三号——平成六〔一九九四〕年一一月九日）によれば、同日の委員会において、前田勲男法相は、志賀節委員がスウェーデンの犯人引渡拒否問題（前出六八頁以下）に関連して日本が死刑に固執することが世界の趨勢に反するのではないかという趣旨の質疑をされたのに対して、「アジアという国に当てはめてまいりますと、……死刑そのものをアジア全体で廃止をしている国は例がほとんどございません。存置をしておる国ばかりであろう、かように思っております」と答弁しておられる。事実認識としてはそのとおりであるが、この文脈における答弁としては、不見識きわまるものである。この直後、一九九四年一二月一日に同法相の命令による死刑執行が行なわれたのであった(九六頁注34)。

(3) 故井筒俊彦博士がイスラームから仏教・老荘・儒教などまでを視野に入れて、雄大な「東洋哲学の共時論的構造化」を構想しておられたことを(前出二一四頁注7)、ここに考えあわせてみることも、示唆的であろう。なお、岡倉天心・前掲参照。

(4) なお、前出三〇九頁注44参照。

(5) 千葉正士編『アジアにおけるイスラーム法の移植』(湯浅道男還暦記念)(一九九七年)。

(6) 前出二一四頁注7。なお、Roger Hood, *The Death Penalty*, 2nd Ed., 1996, p. 127.

(7) ただし、陽明学が自由人権論、したがって死刑廃止論とも結びつくことは、前述のとおりである(前出二九一頁)。

(8) 浅井基文「中国の実情踏まえたアプローチを」(アムネスティ・ニュースレター三〇六号〔一九九九年六月〕一二一一四頁)は示唆に富む。

(9) アムネスティ・インターナショナルの資料によれば、一九九七年の新刑法典のもとでも、その膨大な数字には改善の形跡がなく、例えば一九九八年には死刑宣告が少なくとも一、六五七名、執行が少なくとも一、〇六七名で、実数はこれよりもはるかに多いとみられている(Amnesty International Report, 1999, p. 130)。ちなみに、中国では「死刑の執行猶予」(緩期執行、死緩)の制度があり(旧刑法四三条以下、一九九七年新刑法四八条、五〇条、五一条)、中国の解説者は死刑宣告を受けた者の九〇パーセント以上がこの制度によって減刑されているといっているそうだが(Roger Hood, The Death Penalty, Revised Ed. 1996, p. 148)、具体的な資料が見当たらないし、上記アムネスティ・インターナショナルの資料とどういう関係になるのか不明である。

(10) ちなみに、処刑を翌日に控えた死刑囚二名による訓話——懺悔話——を中学生約六〇名に聞かせたという挿話が紹介されている。岡村志嘉子『死刑囚と中学生』(『刑政』一一〇巻一一号〔一九九九年〕六九頁)。それぞれに深い感銘を与えたという。中国における死刑の考え方の一端を伝えるものかもしれない。

(11) 団藤重光『法学の基礎』(一九九六年)一四五頁以下、一五五頁以下参照。

(12) 「発展の権利に関する宣言」(一九八六年一二月四日国際連合総会第四一回会期決議四一/一二八〔付属書〕)。これによれば、「発展の権利は、譲ることのできない人権である。この権利に基づき、それぞれの人間及びすべての人民は、あらゆる人権及び基本的自由が完全に実現されうるような経済的、社会的、文化的及び政治的発展に参加し、貢献し並びにこれを享受する権利を有する」(一条一項)とされるのである(田畑茂二郎ほか編集『国際人権条約・宣言集』二版〔一九九四年〕二四〇頁)。

(13) フィリピンの実情については、なお、後出四五四頁注8参照。

第III部　死刑についての二、三の省察

本稿は、一九八五年一一月一五日上智大学法学部で行なった講演の速記に加筆したものである。今から考えると、あまりにも微温的で、改めて読むに耐えない箇所も少くない。現在の私の心境は、死刑廃止の実現にむかって遥かに切迫したものになっているが、ここには、参考のために、もとの文章をそのまま残しておく（ただし、注には新しくつけ加えたものが多い）。

〔付記〕　平沢事件については、本人の死後も再審請求が続けられ、新資料にもとづいた第一九次請求については、NHKのETV特集「戦後史発掘——帝銀事件・死後再審一〇年目の報告」（二〇〇〇・二・二八夜放映）に詳細に報道された。その中には驚くべき事実もあらたに浮かび上がってきている。事実認定の恐ろしさを今更ながら痛感させられる。（二〇〇〇・二・二九追記）

ただいまは大木（雅夫）法学部長から過分のおことばをもってご紹介をいただき、ありがとうございました。その際、ご披露がありましたように、きょうはとくに最高裁判所の谷口正孝裁判官ご夫妻にご参列いただきまして、光栄の至りであります。また、こちらの教授方まで多数ご列席くださいまして、まことにおそれいります。

実は、死刑のことにつきましては、谷口裁判官がおいでになったので、真っ先にご披露したいことがあるのです。それは、私が最高裁判所におりましたときに、死刑事件について判決の言渡をする場合のことです。もちろん上告審ですから死刑言渡の判決ではなくて上告棄却の判決ですが、上告棄却をしますと原審の死刑判決が確定するわけですから、死刑言渡の判決と同じことです。そういうときに私は、これは心を引き締めて厳粛な気持で法廷に臨む必要があるという考え方から、私は、平生はこういう赤いネクタイなどをしているのですが、そういう場合には、スーツも必ずダークにしまして、白いワイシャツを着てダークのネクタイを締めます。黒いネクタイは、これは初めから死刑が執行されることを前提としますので（笑）、まだ恩赦があるかもしれない、再審かなにかで救われるかもしれませんから、黒はいたしません。しかし赤いネクタイは避けまして、ダークな地味なネクタイにしておりました。そのことを谷口裁判官はお気付きになりまして、私が最高裁判所を辞めるころに、『判例タイムズ』（五〇六号）に、私のことをお書きくださった中にいまのことをご紹介くださいました。大変恐縮に存じたのであります。

きょうこちらへ出掛けます際に、家内が、きょうもやっぱり赤ネクタイはいけないか、色ワイシャツはいけないかと聞きますので、きょうは別に死刑の判決をするために行くのではなくて(笑)、死刑のお話をするために行くのだから、いつもと同じでよろしいということで、ちょっと赤いようなネクタイをしてまいりました。しかし、事柄はそういう厳粛な事柄であります。厳粛な事柄でありますが、きょうは一歩も二歩も退いて、やや遠回しにこの問題について多少のお話を申し上げてみようとおもいます。

もし死刑問題の核心に迫ろうとするのならば、哲学や宗教の問題に立ち入ることが不可欠ですが、きょうはそういうことは抜きにしたいとおもいます。また、刑法理論との関係で考えるとしましても、古典学派か、近代学派かによって、いろいろと交錯した、おもしろい議論の分かれが見られるのでありますが、そういう議論もやめにいたしましょう。きょうここでは、ちょっと角度を変えて、演題も「死刑についての二、三の省察」という題を選ばせていただきました。たくさんにある中から二、三の問題だけを取り上げまして、それについて、なるべく自分で反省しながら考えてみよう、こういうことで「省察」ということばを選んだわけであります。

死刑の問題について、まず、どういう犯罪について死刑ということがあり得るかという問題があります。たとえば一方には殺人罪というものがある。殺人を犯した者に死刑を科する、こういうことがあります。またもう一つの別のパターンとしては、内乱罪のような政治犯について死刑を科する、といった問題があります。おそらく皆さんもお気付きの通り、この二つはだいぶん問題のポイントが違っております。カント的な考え方でいえば、殺人罪についての死刑は当然のことだということになりましょう。しかし、カント的な立場からしても、内乱罪について同じようにいえるかどうか、これは疑問でありましょう。ですから、明治初年にボワソナードが旧刑法の草案を起草したときには、殺人罪には死刑を置きましたが、内乱罪には置きませんでした。ボワソナードはその理由を詳しく説明しております（II 4）。

しかし、殺人罪にしても、死刑があっていいのか。あるいはおよそ死刑というものはやめるべきなのか。これはきわめて重大かつ深刻な問題であります。こういう問題については、これも皆さんお気付きの通り、みる場面によっても考えが変わって来ます。もし、殺人の現場に出会った、非常に残虐な方法で被害者が殺されている、こういう場面に出会ったとしましたら、おそらく普通の人間的な感情をもっている人でありますならば、その犯人を許すことはできませんでしょう。許すことができないということは、これは当然に死刑だ、こういう残虐な方法で人を殺しておいて、自分は死刑にならないでいるということを、一体正義が許すだろうか、こういうふうに感じるにちがいありません。

ところがまた、その犯人が捕まって死刑を宣告されて拘置所に入れられているとします。そのうちにすっかりその犯人が改悛して生まれ変わったような立派な境地に達しているとします。もしそういう人に行き会ったといたしますならば、そういう安心立命の境地にいる人を、これから死刑の執行だということで、絞首台に上らせるということを、一体素直に受けとめることができるかどうか。これまた、普通の人間的な感情をもった人は、それは気の毒だ、そういう人は何とかして助けたいという気持になるのではないかとおもいます。菊池寛の『恩讐の彼方に』を想い出してみて下さるといいとおもいます。

小説『少年死刑囚』に思うこと――●

こういう観点から一つの例を申し上げてみたいのであります。皆さんは中山義秀という作家をご存じでしょうか。もうだいぶ前に亡くなった方ですが、私の好きな作家の一人です。この中山義秀の『少年死刑囚』(1)というノン・フィクションものがありまして、これは昭和二五(一九五〇)年に出た書物ですから、いまごろ書店にないかもしれませんが、大変おもしろい、感激的な、そして考えさせる小説であります。小説でありますが、これは実話であります。おそらくその少年死刑囚自身の手記をもとにして、一人称で書いた作品であります。

主人公は、実在の人物としては、昭和六(一九三一)年生まれの人でありますが、これが子どものときから不幸な生い立ちでありました。これが大変な非行少年になって、戦争中にいろいろとひどいことをやりました。どこかで食うに困ってひもじくて仕方がなかったときに自分の家にまで連れて行って食べ物をめぐんでくれた親切なおばあさんがいるのですが、よりにもよって、その親切なおばあさんの家に強盗に押し入りまして、そこでおばあさんに騒がれて、とうとうこれを殺してしまったのです。

続いて、これも自分を大変にかわいがってくれた祖父母が――お父さんは亡くなっているようですし、それに本人はお父さんがよその女に生ませた子でしたので生母のことは子供のときから顔も名前も生死さえも知らなかったということですが――その祖父母が従兄弟のところに身を寄せていたのでありますが、そこへ忍び込みまして、初めから殺すつもりじゃなかったのでありますが、まずその従兄弟夫婦を殺しました。そして祖父母に対しては少年は非常に愛情をもっていたのでありますが、何だかわけがわからなくなり、こういう老人をこのまま生かしておいてもかえって気の毒だという気持もあったような様子でありますが、これまで殺してしまったのであります。そこでこれは死刑を宣告されたのであります。

本人は、その犯行の当時一八歳未満でありました。中山義秀さんは法律家じゃありませんから、その文章からは犯行時の正確な年齢はわからないのですが、おそらく一七歳以上一八歳未満というところらしいのであります。現在の少年法ですと、犯行時に一八歳未満ですと死刑は科されません。死刑に処すべきときは無期、また、無期に処すべきときは一〇年以上一五年以下で懲役または禁錮ということになっております。しかし、このころはまだ新しい少年法になっておりませんで、当時の旧少年法では、この年齢の限界が一八歳ではなくて一六歳でありました。すなわち、旧少年法では、犯行の時に一六歳未満でありましたならば、これは死刑・無期にはしないで、そのかわりに一〇年から一五年の懲役または禁錮、こういうことでありました。したがって、旧少年法の時代でありましたから、この本人は死刑を言い渡されたわけであります。

死刑の判決を受けて、拘置所に拘置されたのですが、初めは大変すさんでおりまして、世の中をのろって、さんざんにあばれて騒いだのであります。ところが、やがてだんだんに心が鎮まってまいりましたときに、真宗の坊さんが教誨にやって来まして、親鸞聖人の『歎異抄』をこの少年に与えた。拘置所の中でひとりぼっちで、何もほかに読むものはない。そこでこの『歎異抄』を毎日毎日、朝から晩まで耽読したのであります。だんだんにその意味がわかって来ますし、わからないところはときどきその教誨師の坊さんがやって来て説明してくれる。すっかりよくわかりまして、最後にはいままでのすさんだ気持がなくなって、いままでオオカミみたいにやせこけて目ばかりらんらんとしていたのが、すっかり表情もよくなり、まるまると太って来ました。

ちょうどそのときにこの拘置所を訪ねたのが、作品の中では単に国会議員の婦人ということになっておりますが、これは実在の人物としては宮城タマヨ女史であります。そのころ参議院議員をしておられたのでありますが、これは昔司法大臣をしておられた宮城長五郎氏(2)の未亡人でした。宮城女史もずっと前に亡くなられましたが、大変に立派な方で、私は大変親密にお付き合いをいただいておりました。この宮城女史がこの中山義秀の『少年死刑囚』の中に登場されるのであります。所長が所長室でその少年を女史に引き合わせて、「この宮城先生がおまえの母親がわりになってくださるそうだ」ということを伝えました。少年はすっかり感激しまして、ニコニコしながら頭を垂れた。それを見て、宮城さんが驚いたわけです。ああいうひどいことをした少年死刑囚ですから、どんなにすさんだ様子でいるかとおもったところが、ふくよかなニコニコした顔で、しかも丁寧に自分にあいさつする。すっかり宮城さんはこれに打たれまして、自分の胸に少年を抱き寄せて抱き締めておやりになった。

そういうことで少年はすっかりいい人間に立ち戻りました。しかも、もうそのころは新少年法が出来たころであって、新少年法でありましたならば、これは死刑にできなかった事件でありますから、そういうこともおそらく当局の頭にあったのではないかとおもわれます。おそらく中央更生保護審査会でそういう角度からの検討があったのだとおもわれますが、恩赦によって死刑が無期懲役に減刑されたのです。ところがです。本人は、無期懲役に減刑されたのでどんなに喜んだかとおもうと、意外にも、その点が逆だったのです。いままで死に直面してすっかり安心立命の境地にあったのが、無期懲役ということになって、なぜおれを殺してくれないのだということで、またすっかりすさんでしまった。――こういうところで中山義秀氏の作品は終わっております。

この『少年死刑囚』はそのころ映画化されまして、私も見に行ったのですが、映画のほうでは、いよいよ絞首台に引き出される、死刑執行場へ引き出される、その途中の渡り廊下で、無期に減刑されたという連絡が伝わって来る。そこで「どうしておれを殺さないのだ」といって狂乱状態でわめき散らすというあたりで終わりになるのであります。

これは途中まで非常に感激をもって来て、最後にこういうところで終わるものですから、私はやりきれない気持になりました。そういうわけで、中山義秀氏の作品はそこで終わっているのですが、その後少年はどうなったであろうかということで、宮城女史にお目にかかるたびに、「あの少年はその後どうしていましょうか、あれからお会いになったことがありますか」と伺いましたら、たまに会いに行く、たまに会いに行くが、初めのうちはやっぱり大変すさんでいて、いままでとはまるで違った、また元のようにやせこけて大変険しい表情になって、情けなくなった。しかし、このごろだんだんによくなって来ている、というお話でした。最後に宮城さんに伺ったところでは、その子どもは今度は無期刑の受刑者として以前と同じようになかなかしっかりやるようになった、こういうことでありまして、私も心からよかったなとおもったのであります。

この『少年死刑囚』の「あとがき」を見ますと、刑務協会——いまは矯正協会と申しますが——の小沼修さんという人の世話で受刑者、死刑囚たちの手記をいろいろ見せてもらったのが縁になって、こういうものを書いた。こういうことであります。私も小沼さんには前に会ったことがありますから、今度もしわかればこの小沼さんに、その少年死刑囚が——昭和六年生まれでありますから、いまではもう相当な年配になっているはずでありますが——どうしているか調べていただこうとおもって、実はきのう矯正協会に電話をして小沼さんの安否をたずねてみましたら、大変残念なことにこの五月に亡くなったそうでありまして、小沼さんからは、この受刑者のその後の様子を聞くことはできませんでした。しかし、矯正協会に頼んで、きょうの講演には間に合いませんでしたが、もしわかれば、その後のその受刑者の様子を知らせてもらうことにしております。

こういうお話をいたしますと、われわれは一方では死刑というもののもつ積極的な意味というものがこれによってわかるような気がいたします。死に直面する、そういうところで宗教的な極限の境地にまで至ることができる。おそらくこの少年に死刑の言渡がなかったならば、こういうことにならなかったかもしれない。(3) わかりませんけれども、ならなかったかもしれない。そういう意味で死刑というものの積極的な面も確かにある。死刑というものには改善効果はないとよく申しますが、ある場合には改善効果は非常に強くあるわけです。あるけれども、せっかくそうやってよくなった人に対して、死刑を執行してしまっていいのだろうかという問題になります。

いまの場合は、たまたま少年法の改正といったようなことがあり、また、このような特別の事情もありまして、おそらく宮城さんあたりも骨を折られたのではないかとおもいますが、恩赦による減刑という形で死刑の執行はないことになりました。しかし普通の場合では、〝守る会〟のようなものでもありますと、いろいろとまた道が開けることがあるのかも知れませんが、一般の死刑囚はそのままになってしまう場合が多いようであります。

私はよく元拘置所長といったような人の書かれたもの、例えば、やや古いところでは玉井策郎氏のもの、やや近いところでは高橋良雄氏のものなどを読みますが(4)、こういうのを読みますと、いまの少年に負けないぐらい最後には非常に立派な人間になって、しかしそのまま、安心立命の境地のままで結局絞首台の露と消えて行く、そういう人たちの群像が描かれております。これには非常に深い感銘に打たれざるをえないのであります。そういう人たちは、宗教的には救われているにちがいありませんが、現世的にも救済の道がなくていいのでありましょうか。

一つの行き方として、中国には死刑の緩期執行（「死緩」）という制度があります(5)(6)（中華人民共和国刑法四三条以下）(7)。これは、即時執行の必要のある事案でないかぎり、法院が死刑の言渡をする際に、同時に、二年の緩期執行を言い渡すという制度で、その二年間によくなれば無期徒刑に減じ、さらに有期徒刑にもなり得る。よくならなければ、最高人民法院の裁定ないし許可によって死刑を執行するというのです。簡単にいえば、死刑の執行猶予であります。この制度は洗脳のためにはきわめて有効な制度であろうとおもいますが(8)、これを採用するのについては、いろいろと検討しなければならない問題があろうとおもいます。中国で実際上この制度の狙いとされている政治犯の洗脳ということじたいが、そもそも大問題ですが、それればかりでなく、例えば、こういう制度のもとでは、死刑が裁判官によって多少とも安易に言い渡されるようになりはしないか、といったような問題があるとおもいます(9)。西原春夫博士はこの制度の採用を提唱しておられますが、私は賛成し兼ねております(10)。私は以前、法制審議会の委員をしておりましたころ、刑事法特別部会では刑法の改正にあたってこの死刑の緩期執行の制度を取り入れることの検討を提案してみましたが、これは検討の提案の程度でありまして、それ以上に強く推進することはいたしませんでした（幸か不幸か、この提案は採用されませんでした）。

そういうことでありまして、死刑には一番の根本のところで、これを存置することについても、また、これを廃止することについても、両方の面についてそれぞれきわめて深刻な問題があるのであります。ここでは立ち入ったお話を申し上げる余裕がありませんが、どの点からみても、非常に深刻な問題を含んでおりまして、一朝一夕に考えることはできない。ですから、そういう実体論だけから申しますと、私はそう簡単に死刑廃止論に踏み切ることはなかなかできない。本当に責任をもって死刑を廃止しろということは、なかなか言い切れないのであります。私の刑法理論から申しますと、いわゆる動的理論構成というものを中軸にしているのですが、死刑というものはそれと相容れないものを強くもっておりますので、全体としては私は死刑廃止に傾くということを私の刑法の教科書にも書いておりますが、実体論だけでは、それ以上にはなかなか申せなかったのであります。

死刑廃止論への私の転機——誤判の問題——●

しかし、いったん、手続の問題と絡ませて、誤判の問題と結びつけて考えますと、これはどうしても死刑を廃止せざるをえないのではないか、こういうことを強く感じるようになったのであります。いままでの死刑廃止論の中でも、これはごく初期の死刑廃止論から、誤判の場合に救済がないということは強く言われていたのでありますが、私は、比較的近年まで、ということは最高裁に入ってある体験をいたしますまでは、正直のところ、それを抽象的に頭の中でしか受けとめていませんでした。死刑というものは、万が一誤判のときには、取り返しがつかないことになるということは、頭ではよくわかっておりました。だから、やはりやめるべきだろうということは考えておりましたけれども、それ以上には考えていなかった。考えていなかったというよりは、感じていなかったわけです。

ところが、最高裁に入りましてから、ある事件について、痛切な体験を味わったのであります。これは幸いに私の主任の事件ではありませんでした。自分が関与した具体的事件ですから、ある程度以上に詳しく申し上げることはできないのですが、抽象化して申しますと、ある田舎町で起こった毒殺事件であります。被告人は捜査段階では自白していたかとも思いますが、はっきり記憶していません。しかし、少なくとも公判に来てからは一貫して否認している。よくある型の事件であります。しかし、状況証拠はかなりそろっておりまして、おそらくこの被告人が犯人であることは間違いないだろうという、少なくとも合理的な疑い、リーズナブル・ダウトを超える程度の心証は、記録を調べいろいろな証拠などを見ますと、これはとれるのであります。とれるのでありますが、被告人、弁護人の側の言い分を聞いてみますと、事件が起こった際に警察はその町の半分だけを捜査した、そして自分がその網にひっかかった、それでこれだけの状況証拠を突きつけられている。しかし、警察はその町のあと半分は見てない。半分だけ見たところで、この被告人がひっかかって来ましたので、これでいいということで、あとはこの被告人の追及だけに全力を挙げたらしいのであります。あと半分を見てない。もし町の残りの半分も見れば、同じ条件のものがほかに一人、二人絶対に出なかったという保証はないのであります。あとは状況証拠だけであります。それで本人は絶対に自分じゃなかったということを非常に強く言うのであります。

刑事訴訟法によりますと、上告審では、「判決に影響を及ぼすべき重大な事実の誤認」があって「原判決を破棄しなければ著しく正義に反する」ときは、原判決を破棄することができるということになっております。死刑事件でない普通の事件でしたら、いま申した程度のことでは、事実誤認を理由として原判決を破棄するということにはなりません。普通の事実誤認ということからいいますと、この程度では、とうてい事実誤認にはひっかかって来ないのであります。どう考えてもリーズナブル・ダウトをこえる程度の証拠はある。おそらく、九九・九九％は間違いない。しかし、それじゃ絶対に間違いないかと、自分で自分に問うてみますと、どうも一抹の不安が最後までつきまとうのであります。本当にそうだったろうか、絶対に間違いないだろうかというと、どうしてもそうは言い切れない。

私はほかにも何件か死刑事件を扱ったことがありますが、ほかの事件は、これはもう事実そのものは間違いないと思われる事件でありまして、そういう不安を感じないで、あとは情状の点で、死刑が相当か、あるいは死刑はやや重すぎる、考え直さなければいけないかというところで、これはもちろんずいぶん苦しんだこともありますが、事実そのものとしては、合理的疑いをみとめて再審をみとめた財田川《さいたがわ》事件や免田《めんだ》事件のようなのはありますけれども、そういうのは別論として、合理的疑いは超える程度の心証はとれるが一抹の不安が残るというようなケースにはぶつからないで、それほど神経をすり減らすまでもなく、まあまあ切り抜けてまいりました。ところが、この事件だけは、最後まで、事実認定そのものに最後までほんのかすかながらも一抹の不安が完全には払拭し切れなかったのであります。

死刑事件というのは弁論を必ず開く例になっておりまして、この事件についても弁論を開いたのですが、弁護人のほうからは、その弁論期日に被告人を出頭させてくれという申し出がありました。ところが、いままで最高裁にはそういう例が絶無でありまして、また、そういう例を開くことには非常に問題がありますので、この申し出は認めなかったのであります。そして最後に判決宣告期日になって、これは上告棄却の判決でありましたが、裁判長が上告棄却の主文を宣告しましたときに、法廷の傍聴席に来ていた、おそらく被告人の家族かとおもわれる二、三の者から、裁判官席に向かって罵声が飛んだのであります。ちょうど私ども裁判官五人そろって法廷から退廷しようとして半ばドアを入りかけたあたりで、後ろから罵声が飛びました。私は一抹の不安があっただけに、これは胸に突きささりました。私はその罵声がいまでも耳の中に残っていて、忘れることができません。たまたまこれは私の主任事件ではなかったのでありますが、主任であろうが、なかろうが、とにかく裁判官の一人として関与した以上は、責任があります。事実について一抹の不安がないではないということを、これは少数意見で書くということはなおいけませんから、そういうことはいたしませんでしたが、これはいまだに心の中にどこかにひっかかっております。

こういう事件を考えてごらんになりますと、もしこの場合に合理的な疑いがあるということであれば、これは事実誤認で破ることになります。そういうことであれば死刑どころか、これは——上告審においてなり、あるいは差戻審においてなり——無罪の判決を言い渡すことになります。ところが、いまの場合、合理的な疑いをこえる程度の心証はとれるのですから、とうてい無罪というわけには行きません。事実誤認で破るような事件ではないのであります。また、事実がその通りであるとすれば、これはきわめて冷酷無比の手口によるところの犯行でありましたから、死刑制度が存在する以上は、死刑はやむをえないというような事案でありました。そうかといって、事実認定に一抹の不安が残るということを理由として、死刑のかわりに無期刑にするというようなことは、一抹の不安というのは情状の問題ではないのですから、どうしても筋が通らないのであります。そうしますと、私はこういうときに死刑というものが制度として存在しなかったら、どんなに気持が割り切れたろうとおもったのであります。このとき以来、私は非常に強く死刑廃止の気持をもつようになったのであります。

そういうことで、誤判のおそれというものが人間のやることである以上どうしても残るというのであれば、これは死刑は廃止するべきである。これが私の主張なのであります。すこし遡って、私が最高裁判所に入る前、まだ法制審議会の委員をしていましたころ、法制審議会に刑法改正の問題がかかっていましたとき、刑事法部会において、続いて総会において、この点について議論がありましたが、そのころ昭和四二（一九六七）年に総理府で世論調査をいたしました。(11) その世論調査によりますと、国民の七〇％が死刑を支持しているという結論が出ておりまして、法務省当局をはじめ、委員の中の死刑存置論者はこれを盾にとりまして、国民の大多数が、七〇％というものが死刑を存置することを望んでいる、この際死刑を廃止するのは時期尚早である、こういう議論をいたしました。

ところが、そのときの総理府の統計を見ますと、アンケートの出し方が、「人を殺した者」とか、「内乱の首謀者」とか、「人のいる建物に火をつけた者」といったような、五つの項目を立てておりますが、一番初めに「人を殺した者」という項目を立てまして、これに対する意見の分け方としては「死刑にすることができるようにしておいた方がよい」、この答えが七〇％、「死刑にできないようにした方がよい」というのが一七％、「一概にいえない」、「わからない」というのが一三％、計一〇〇％、こういうことになっております。要するに、「人を殺した者」という項目を立てまして、これに対して「死刑にすることができるようにしておいた方がよい」あるいは「できないようにした方がよい」というのを答えさせたわけですから、こういうふうな問いの出し方でありますならば、これは死刑にできたほうがいい、という答えになるのが、まず一般の常識ではないでしょうか。七〇％にとどまったということが、むしろよく七〇％で済んだものだとおもうくらいでありまして、八〇％も、それ以上も、そういうのは死刑があったほうがいいという答えになりそうであります。

もっともこの調査報告書に引用してあるアメリカのギャロップ世論調査でも、同じような形で、「マーダーで有罪と認められた者に対して、あなたは死刑を支持するかどうか」という形でアンケートを出しまして、「イエス」の回答が一九五三年には六八％であった。ところが、その問いの出し方でありましても、一九六六年には四二％に減っております。これは誤判とかなんとかという問題を抜きにしても減っております。ですから、そこにアメリカと日本の一般民衆の死刑に対する態度の違いがあらわれるわけです。しかし、日本でも、いまのアンケートを受けた人の答えにしても、仮にいま私が申し上げたようなこういうケースを説明して、「本当はこの被告人ではないかもしれないという一抹の不安が残っている、そういうケースでもなおかつあなたはその被告人を死刑にせざるをえないような制度がいいとおもいますか。」こう聞いたならば、私は五〇％以上がイエスと答えるということはまず考えられないのではないか、こういうふうにおもうのであります。

私は法制審議会の席上でも、これは問いの出し方がおかしいのだということを主張しましたが、どうも委員の皆さんにはあまりそれが通じなかったようでありまして、この議論は通りませんでした。

こういうことでありまして、こういう形の世論調査による結果が法制審議会に反映して、死刑はいま廃止するのは時期尚早である、ただ死刑に処することのできる犯罪の種類をずっと限定する、こういうところに落ちつきました。それでも現行法に較べると大きな進歩だとおもいます。

私は、いまのようなことから、何とかして死刑というものをやめるほうにもって行くべきではないかとおもいますが、各国を見渡しますと、ヨーロッパ諸国では憲法で死刑を廃止した国も、西ドイツをはじめとしていろいろあります。また、アメリカの諸州においても、死刑を廃止したところが、かなりの数にのぼっております。ところが、そういう諸国の死刑の廃止の様子を、昔へ遡ってみますと、国によっては、死刑を廃止した、しばらくするとまた復活した、またしばらくするとまた廃止した、また復活した、こういうふうに動揺しているところがあるのです。これはいけないですね。たまたまある時期には死刑にならなかった、たまたまある時期には死刑になる、こういう形で不公平が起こるということは、これは正義が許すものではないとおもいます。死刑を廃止するのならば、きっぱりと永久に廃止する、こういうことにもって行かなければいけない、少なくともそういうつもりで廃止しなければいけないとおもうのです。ずうっと長く廃止している国をいろいろ調べてみますと、そういう国では、それまでにも、死刑の言渡や死刑の執行が非常に少なくなっている。ほとんどゼロに近いような、こういう状況がしばらく続いている。こういう国でありますと、法制上死刑というものをやめましても永続するのであります。それが安定するのであります。そう簡単に死刑が復活することはないのであります。

死刑廃止に向かって——●

ですから、日本でも、私は死刑の廃止の方向に向かうべきものと固く信じておりますが、性急にいますぐ廃止しろということではなくて、辛抱強くそっちへ向かってできるだけのことをするということで行かなければならないとおもうのであります。しかも、これにはそれが可能なような社会情勢、社会的条件をつくらなければならない、根本はそこであります。日本でも王朝時代に三百何十年間か死刑を行なわなかった時期があるということが指摘されておりますが（詳しくは二八二頁以下）、これは王朝時代における日本の平和な社会がしからしめたところであろうとおもいます。いまの日本もこうやって平和を享有しております。いまはそれに向かって行くべき非常にいい時期であろうとおもいます。しかし、経済的な繁栄というものが凶悪犯を減らすものでは決してないのであります。これは犯罪学のいわば常識でありまして、経済的条件がよくなると、一般に財産犯罪は減って来る。現在たまたま日本は必ずしもそうでなくなって来ているので、これは犯罪学者に大いに勉強してもらわないといけない、私も勉強しないといけないのでありますが、しかし、経済的条件がよくなると人倫関係が乱れて来る、また一人一人の体力が旺盛になって来る等々のいろいろな理由によりまして、人身犯罪、凶悪犯罪はかえって増える傾向があるということは、これは昔から指摘されていることであります。また、物質的繁栄はとくに子どもをスポイルする傾向がありますから、少年非行を誘発しやすい。ですから、いまの日本が決してそういう意味でいい時代だとは言い切れない、いろいろと問題をはらんでいるでありましょう。

現にアメリカを見ますと、アメリカでは一時死刑廃止論が圧倒的でありまして、そういう国民の間の世論を受けて、あちらこちらの州で死刑を廃止したのでありますが、近年になりましてから、死刑復活論あるいは死刑存置論が再び台頭して来ているようであります。[12] 廃止した州であってもあれは復活しろ、存置している州では廃止するなと、こういう考え方がだんだん強くなって来ているようであります。これはアメリカでは、経済的な条件もいろいろと問題があるようでありますし、また、社会的にいろいろなむずかしい問題を抱えております。これは皆さんご承知の通りであります。そういうところからして治安状態がかならずしもよくない。都市によってははなはだ悪い。ですから、刑事訴訟法を聴講された方は、証拠排除の法則がだんだんに緩んで来ているということはお聞き及びだとおもいますが、[13] それと並んで死刑というものもやっぱりあったほうがいいのだ、こういう議論も強くなって来ております。

こういうことで、根本は社会的な条件をよくするということでなければならない。それであってはじめて本当に死刑の廃止ができるのだとおもいます。

しかしながら、法律家として法律面だけから申しますと、法律面においてもいろいろと努力しなければならないことがあるだろうとおもうのであります。その第一はいうまでもないことながら、裁判所によるところの死刑の言渡がなるべく少ないように、あまり死刑の言渡がないようにもって行く。実際に、戦後をずうっと見ますと、著しく死刑の言渡の件数は減って来ております。これをさらにもう一歩進めることができるかどうかという問題であります。この関係で私は永山事件というのを取り上げてみたいとおもいます。さらに第二の問題として、刑の執行そのものもなるべく少なくするようにもって行くべきだ。恩赦にかけるなり、いろいろと考え方がありましょうが、死刑の執行の件数もなるべく少なくするようにする、こういう問題であります。この関係で例の平沢の死刑の時効の問題を、そういう角度から取り上げてみようとおもいます。

死刑判決を減らすこと——「船田判決」のもつ意義——●

そこで、まず第一の問題に入って行きたいとおもいます。それがいま申しました永山事件（最二判昭和五八年七月八日刑集三七巻六号六〇九頁）であります。永山事件というのは、被告人の名をとっているのですが、被告人は事件の当時は少年でありましたから、本名は伏せたほうが本当はいいのかもしれません。判例集でも被告人として少年Nとだけ表示してあります。しかし、もう永山事件としてずうっと通っておりまして、いまさらここでN事件といってもかえってわかりにくいし、しかも、現在はもう少年じゃありませんから、本人には悪いかもしれませんが、永山という本名を出します。永山則夫という人物であります。

事件の内容は後でもうちょっと詳しく申しますが、この永山被告人に対して、第一審の東京地裁の刑事第五部は昭和五四年七月一〇日に死刑の言渡をいたしました。これに対して被告人のほうから控訴の申立てをしまして、控訴審の東京高裁が昭和五六年八月二一日に判決をいたしました。このときの裁判長が船田三雄判事でありましたので、よく裁判長の名前をとって〃船田判決〃などと新聞などでいっていたものであります。

この船田判決がなぜ有名になったかといいますと、この判旨の一番重要な部分にこういうことを言っているからであります。一審の死刑を無期に変えるについての一般論の部分でありますが、そのところだけを読んでみますと、

ある被告事件につき死刑を選択する場合があるとすれば、その事件については如何なる裁判所がその衝にあっても死刑を選択したであろう程度の情状がある場合に限定せらるべきものと考える。立法論として、死刑の宣告には裁判官全員一致の意見によるべきものとすべき意見があるけれども、その精神は現行法の運用にあたっても考慮に価するものと考えるのである。

こういう一般論をいたしました。これはある意味では非常にチャレンジングでありますが、しかし非常な卓見であります。私なんか大いにわが意を得たりといって快哉を叫んでもいいような判旨であります。こういう気持であれば、そういいかげんに死刑というものは言い渡せない。——もちろん、どの裁判所であっても、いいかげんに死刑を言い渡すなどということは絶対にありませんが、いやが上にも慎重になるでありましょう。そういう意味で、私はこの船田判決の一般論に対しては、これは

大変いい判旨だという感想をもったのであります。

ただ、具体的な事件との関係で見ますと、これもわからないわけではないですが、問題があることも疑いがない。東京高裁はこういう判旨で第一審の死刑判決を破棄しまして、かわりに無期懲役を言い渡したわけでありますから、もちろん検察官が黙っているわけはない。また、こういうのがそのまま確定いたしますと、これからの実務をスウィーピングに決めてしまいます。これは大問題でありますから、これに対して検察官が上告をして来たのは当然のことであります。

それで最高裁にこの事件がかかりました。これは新聞にもよく出ておりましたが、この永山事件をどう扱うかということは大変な問題でありまして、また、その扱い方によって、各小法廷にかかっている幾つかの事件の取扱いにも、死刑を言い渡すべきいわば基準みたいなものがここで決まるわけですから、むろん影響いたします。ですから新聞の報道によりますと、永山事件の判決が出るまで各小法廷で死刑事件の判決を出すのを控えている、こういうことでありました。これは当然そうあるべきところであります。

この事件は第二小法廷にかかったのでありますが、そういう重大なものでありますから、一つの小法廷限りでもって判断をしていいかどうかはきわめて問題であります。実質的に見てこれは大法廷で判断するべきものであるかもしれない、そう見たほうがいいかもしれない。しかしまた、これはかなりきめ細かく見ないといけませんが、大法廷で一五人の裁判官で審議するとなりますと、きめ細かさが十分に行かないということも考えられる。そしてほかの小法廷の裁判官方の意見も、感触といったような形でわかってまいりますと、第二小法廷で判断されるということも、これも十分にあり得ることであります。実際にはそういう道が選ばれまして、各小法廷の、特に刑事関係の裁判官方の感触が、これはきわめて非公式な意味で、何らの拘束のない形で聞かれることになりました。

私はその際に、第二小法廷の方々に注文を申し上げた。もちろん私一個の非公式な注文でありますが、それはちょうどいままで私がお話しして来たような趣旨のことであったのでありまして、私としては、そういうコンテクストにおいて船田判決の趣旨を殺さないようにしてほしい。事件そのものとしては果たして船田判決の結論がいいかどうか、問題であろう。これは記録を十分に見ないとわからないから、もちろんお任せする以外にない。けれども、いずれにせよ、船田判決の、先ほど読みましたようなあの判旨の基本的な精神そのものは、何とかしてぜひ生き続けるような形で工夫していただきたい、こういうことを注文申し上げたのであります。

ところが、私がそういうことを申し上げたためというよりも、むしろ第二小法廷でお考えになったわけでありますが、私がちょうどお願いしたような線がよく工夫されて、上手に第二小法廷の判決に書かれております。今度はいまの第二小法廷の判決のポイント(14)のところだけをちょっと朗読してみます。

裁判所が死刑を選択できる場合として原判決が判示した前記見解の趣旨は（先ほど原判決の判旨を読みましたが、あの前記見解の趣旨は）、死刑を選択するにつきほとんど異論の余地がない程度に極めて情状が悪い場合をいうものとして理解することができないものではない。

こういうことで、原判決の船田判決の考え方を、こういう趣旨において理解することができないものではないとして、消極的な反面からの形ではありますが、これを是認しております。そしてことばを換えまして、

結局、死刑制度を存置する現行法制の下では、犯行の罪質、動機、態様ことに殺害の手段方法の執拗性・残虐性、結果の重大性ことに殺された被害者の数、遺族の被害感情、社会的影響、犯人の年齢、前科、犯行後の情状等各般の情状を併せ考察したとき、その罪責が誠に重大であって、罪刑の均衡の見地からも一般予防の見地からも極刑がやむをえないと認められる場合には、死刑の選択も許されるものといわなければならない。

死刑を選択しろとは決してここでもいってない。「極刑がやむをえないと認められる場合には、死刑の選択も許されるものといわなければならない。」こういうふうにことばを言い換えているのです

が、私は、ここでは船田判決の趣旨は言い換えられた形において十分に生かされているように、私なりに理解をするのです。また、このように理解されなければならないのであります。(15)(16)

この判決は、本件に関する限りは、こういう見地からみて、第一審判決を破棄して無期を言い渡したのはおかしいということで、この船田判決を破棄しましたが、しかし、すぐにそれで死刑相当というようなことを言ったわけではありません。十分に慎重にしないといけませんから、「本件事案の重大性、特殊性にかんがみ更に慎重な審理を尽くさせるため、刑事訴訟法四一三条本文により本件を原裁判所に差し戻すこととする」、こういうことで判決をしたのであります。

先に筋道のほうを言ってしまって、ではどういう事件だったのかということが後回しになりましたが、ごく大体のことを申し上げますと、この少年も大変気の毒な生育歴をもっているのでありまして、生まれたのは昭和二四（一九四九）年北海道の網走でありますが、きょうだいがたくさんおりまして、うちは貧乏だった。しかも、親父が賭博にふけって家庭を顧みない。母の行商などでようやく家計が維持されるという状況でありました。ところがさらに妹が生まれてますます困窮して、父母の仲も悪くなり、母が女の子二人と孫一人を連れて、被告人たち四人の子供はあとに残して、青森県のほうに移住してしまった。その後とうとう親父も家出してしまい、兄たちが新聞配達なんかやって、その収入でかろうじて生計を維持して来ました。そのうちに市役所の世話で青森県の母のもとに移り住んだのでありますが、母のほうもそういう状況でありますから、生活保護を受けながら、魚の行商でようやく過ごしていた。学校も初めはちゃんと行っていたのが、途中から欠席が多くなった。長期欠席などがあったのでありますが、母親は行商で手いっぱいで、被告人らの教育面での面倒をみる余裕はなかった、こういう状況でありました。

そして被告人はいろいろ就職などもするのでありますが、だんだんにぐれてまいりまして、いろいろなことで捕まって保護観察になったり、いろいろしております。そのうちに、自暴自棄になり、金にも困って来たというところから、次々に犯行が始まったのであります。犯行の第一は――これは大したことはないのでありますが――横須賀基地の米軍の軍人の家に入りまして、そこで拳銃と実包五〇発ぐらいを盗み出した。そういう窃盗事件であります。これが第一の事件。これ自身は別に何でもないのでありますが、これがもとになって次々にいろいろな事件を引き起こすのであります。これが昭和四三（一九六八）年の一〇月のことであります。

ところが、同じ四三（一九六八）年の一〇月のうちに、このピストルでもって早速第二、第三の事件を引き起こしている。これはもう大変な事件であります。第二の事件というのは、こうです。ピストルと実包を横浜の桜木町駅前のガレージの裏に隠していたのでありますが、それを持ち出して東京へ出て来て、池袋に遊びに行った。映画館の便所でこの実包をピストルに装塡いたしまして、これをジャンパーに入れて一晩は映画館で明かしました。翌日の夕方まで都内の盛り場であちこち遊びながら時間を過ごして、一〇月一〇日の夜、東京タワーのところへ行って、あそこのベンチで休んでいるうちに寝入ってしまいました。夜中に目を覚ましたところが、近くに東京プリンスホテルの灯が見えたので、そこへ行ってみる気になって、一一日に入りますが、真夜中であります、午前零時過ぎごろ中へ入って行ってみたところが、ここで二七歳になる警備員に見とがめられました。そこで、いま捕まったら、前の基地での窃盗がバレるということで、ここでそのピストルを使って、一、二メートルの至近距離で顔面に向けて狙撃して、この若い警備員を殺してしまったのであります。

第三の事件は、それからほんの二日、三日後のことであります。大変なことをしでかしたとはおもったようでありまして、これでは東京では捕まるからというので、まだ京都を見ていないから京都へ行こうとおもって、京都へまいりました。いまの実包六発をこめたピストルを持ったまま京都で一日あちこちした後で、一〇月一四日のこれも午前一時三五分ころ、八坂神社の境内で、やはり警備員に見とがめられました。どこへ行くんだといわれたんで、ジャックナイフを取り出して、近づくと刺すぞといって逃げようとしたのですが、この警備員さん、六九歳になるかなりの老人でありますが、気丈な人であって、それにひるまないで、警察に一緒に来いといって引っ張って行こうとしたので、これも至近距離から、いまのピストルを発射して、弾丸四発を老警備員の頭部と顔面に命中させて、これも殺してしまいました。

二人を殺してしまいましたので、ますます気持が落ち着かなくなって、生まれ故郷の網走まで帰って、そこで自殺しようと決意したのです。そこで、その旅費の工面のために東京へまた戻ってまいりまして、池袋に住んでいる次兄のところを訪ねて、そこで実はこれこれだといって打ち明けたのでありますす。兄貴からは、警察に自首しろといわれたのでありますが、それを断って、旅費として八〇〇〇円かそこいらをもらって、また拳銃と実包を持って上野駅から北海道へ行ったわけであります。このときは自殺するつもりだったのですが、札幌だけ見ておこうとおもって、札幌の市内見物をしているうちに、次第に自殺する気持が薄らいで東京へ帰ることにして、函館まで戻って来たのであります。函館まで戻って来たところが、そこで金がなくなってしまった。そこで、タクシー強盗を企てまして、一〇月二六日の夜ですが、タクシーに乗って、運転手に客席からやはり至近距離でピストルを発射して二発を顔面に命中させ、売上金、わずかなものであります、現金七〇〇〇円と、現金二〇〇〇円ぐらい入っているがま口、これを強取した。被害者はやはり死亡しました。これが第四の事実であります。

さらに第五の事実に入るのですが、函館から横浜に帰って来て沖仲仕をしていたところ、ここじゃ危ないというので名古屋へ行くことにしました。やはりピストルと実包を持ったままで名古屋へ行って、ここでも沖仲仕の仕事をみつけるために、そこらを歩いていたところ、夜遅くなって、ちょうどタクシーが通りかかって、「どこへ行くの」と聞かれたので、「港へ行く」といって乗りこみました。「港へ何をしに行く。いま行っても何もないよ」といったような問答のあとで、運転手から「あんた東京の人でしょう、今晩どうする」こういわれたんで、東京の人間と知られてしまっては、足取りがわかってしまうというので、とっさにこの運転手も殺すことに決めまして、やはり午前一時二五分ころに車内で至近距離からピストルを発射して、四発を頭部に命中させて殺してしまった。奪ったのは、このときも、売上金七〇〇〇円あまりと腕時計くらいのもので、全くやり切れないおもいがいたします。

さらに第六の事実があるのですが、これはちょっと間があいて翌年の四月になります。横浜から東京へ出てまいりまして、またピストルを持ち出して、千駄ヶ谷の一橋スクールオブビジネスというところへ夜の一時すぎごろ忍びこみまして、窃盗の目的で金品を物色中に警備員に見つかって、これもすぐにピストルで射殺しようとしたのでありますが、さいわいに弾が当たらなかった、未遂に終わったのであります。

さらに第七の事実として、拳銃と実包の所持がありますが、これは、まぁ、つけ足しのようなものであります。こういう状況でありますから、一審はどうしても死刑だ、生育歴から見るとかわいそうなところがあるけれども、これはしようがないということで、さきほど申し上げたとおり、死刑の言渡をいたしました。

ところで、二審へまいりましてから、ここに一人の女性が登場するのであります。これは和美さんという人で、本人といわゆる獄中結婚をしたのであります。この女性は沖縄の人ですが、親父さんの関係でアメリカに住んでおりまして、あるとき沖縄のおばあさんに会うためにアメリカから日本に帰って来た。その飛行機の中で、隣席に座っていた日本人のフリーカメラマンから被告人の著書『無知の涙』――被告人は一審当時に、次々に書物を書いているのであります。私は読んだことはありませんが、いろいろな書物を何冊か書いている。それを出版して、その印税は被害者に弁償したりなんかしているのですが、その最初に書いた『無知の涙』というのを見せられた。読んでみて、おもしろいとおもって、日本にいる間にこれを一冊購入しまして、それからアメリカへ帰ってからも愛読して、昭和五五（一九八〇）年になって、この被告人あてに手紙を出した、さっそく返事が来た。二八回くらい文通を重ねた上、とうとう五五（一九八〇）年の秋日本にやってまいりまして、アメリカで集めた百名くらいの嘆願の署名をもって、東京拘置所で被告人に接見して、弁護人や救援運動の人たちとも相談した結果、とうとう正式に婚姻届をして結婚したのであります。いわゆる獄中結婚であります。

これはどういう人か、それ以上のことは私は知りません。記録を見ればもっとわかるのでしょうが、私は読んでおりません。しかし、このとき以来、それまで被告人は大変反抗的であったのが、目に見えてよくなって来た。一審当時は、裁判長に食ってかかる、検察官に食ってかかる、弁護人にも食ってかかる、それも罵詈雑言をきわめた、大変なものでありまして、何べんも退廷を命ぜられたりしている。弁護人も何べんも解任して、また別の弁護人を選任してもらったりしているのであります。ところが、そういうふうなのが、この女性と獄中結婚してからずっとよくなった。そういうことがおそらく控訴審の裁判官にかなりの感銘を与えたものとおもわれます。

船田判決は、一審の死刑を無期懲役に変更するのについて、いろいろな理由を挙げております。その第一は、犯行当時には、一九歳何箇月の年長少年ではあったが、とにかく少年であったということ。第二には、いまの和美さんと結婚して環境に変化があらわれたこと。控訴審の判決をちょっと読んでみますと、「和美と結婚し、人生の伴侶を得たことが挙げられる。同人については、当審においても証人として尋問したが、その誠実な人柄は法廷にもよくあらわれ、たとえ許されなくとも被害者の遺族の気持ちを慰藉し、被告人とともに贖罪の生涯を送ることを誓約しているのである。右のように誠実な愛情をもって接する人を身近に得たことは、被告人にとってこれまでの人生経験上初めてのことであろう。被告人は当審において本人質問に応じて供述したが、その際にも素直に応答し、その心境の変化が如実にあらわれているように思われる」というのであります。第三は、先ほどもちょっと申しましたように、書物を書いた印税を被害者たちの遺族に贈って、可能な限り受け取ってもらっているということであります。

この第二の点がおそらくかなり控訴審に影響を及ぼしたのではないかとおもいます。獄中結婚の女性が感銘を与えたものと想像されるのでありまして、確かに被告人がそれによってずっと人が変わったようになったでありましょう。前と違ったということは出て来ましょうが、これだけですぐにそれじゃ無期でいいとまで言うのは、行き過ぎの感がないでもありません。第二小法廷ではそこらのところを踏まえて、先ほど申しましたように、一審の死刑を無期にしたのは、これはおかしいということで、もう少し調べてほしいというので原審に差し戻した、こういうわけであります。

要するにここで申し上げたいことは、死刑というものの言渡をすこしでも少なくするために、私は船田判決が果たした役割は決して小さくはなかったとおもうということであります。船田判決は結局破棄されましたが、しかしその精神は最高裁のこの第二小法廷判決に体現されているのではないかとおもうのであります。

死刑の執行を減らすこと――平沢事件を例として――●

ここまでで第一の問題を終わりまして、次に、第二の問題すなわち死刑の執行をすこしでも少なくするという問題にはいって行きたいとおもいます。ここで私が取り上げたいとおもいますのは、さきほどもちょっと申しましたとおり、例の平沢の死刑の時効の問題であります。時間がそろそろ迫ってまいりましたので、お話を端折りながら申し上げることにしたいとおもいます。

この平沢事件というのは、学生諸君がお生まれになるよりだいぶ前のことで、昭和二三（一九四八）年の一月に帝国銀行の椎名町支店で起こった事件であります。帝国銀行の名をとって帝銀事件と申しておりますが、本人の問題に重点を置いていうときは平沢事件とも呼んでおります。昭和二三年というとまだ占領中であります。すべてがまだ本当に混乱状態にあった時期であります。法律も、刑訴応急措置法が施行されておりましたが、まだ新刑訴法は出来ておりません。警察なども、組織の点からいっても、装備の点からいっても、まだ非常に弱体であり、かつ混乱していた時期であります。

まずこの平沢貞通という人物は明治二五（一八九二）年二月の生まれであります。だから来年（昭和六一年＝一九八六年）の二月になると満九四歳になりましょうか、いま九三歳と何箇月というだいぶの老人であります。事件当時すでに画家としてもかなり名を知られた人であったのです。ところが、若いころに狂犬病の予防注射の副作用か何かでコルサコフ氏病というのをやったということですが、この病気になりますと、ウソつきの習性が出るのだそうであります。

事件のあらましを申しますと、それが平沢本人かどうかわかりませんが、とにかく犯人が帝国銀行の椎名町支店にあらわれまして、この近所のだれそれさんのところで赤痢が出た、それについては自分は厚生省の技官だが、消毒をしないといけないし、皆さんにも予防薬を飲んでもらわなければならないということで、東京都防疫班消毒班長とかなんとか書いた腕章をつけまして、まことしやかに厚生省の技官になりすましてまいりまして、茶碗に青酸加里を入れて、行員たち一五人に飲ませた。まず自分のは青酸加里が入ってないのを取って、それをこういうふうに飲むんですよ、一気に飲まないとダメですよといって、一気に飲んでみせて、皆さんもどうぞ一気にお飲みくださいといって、「一気、一気」といって（笑）、みんなに一斉に飲ませた。あとで、中和するのに水も一杯飲んでくださいと、これも一気に飲ませた。そうしたところが青酸加里が入っていますから、すぐにバタバタ倒れて、一五人中一二人でしたか、死亡いたしました。バタバタ倒れたところを、現金と小切手なにがしかを持って逃走したのであります。

その前にも実は一つ事件がありました。前年の一〇月でしたかにも、似たような事件が起こっている。またその後にももう一件起こっている。これは同じ犯人にちがいないと、いまの椎名町支店の生き残りの人たちからの証言によって、似顔絵をつくりまして、これを新聞に出しました。私どもはその新聞に出た似顔絵をまだ覚えておりますが、そうするとそういう顔の人はたくさんいる、全国で結局五〇〇〇人以上もいたらしいのでありますが(笑)、それがリスト・アップされた。ところが、平沢はそのとき東京から北海道の小樽まで高飛びしたらしく見えるのでありますが、小樽で捕まった。顔がよく似ている、平素の行状からいってもどうもくさい。あと私文書偽造行使、詐欺という事件がもう一つか二つくっつくのでありますが、出て来た署名をみると、その筆跡が平沢の筆跡によく似ている。こういうことで検挙されて、東京に護送されて来たわけです。

しかし、先ほど申したような昭和二三(一九四八)年という当時のことでありますからして、初動捜査がはなはだうかつでありまして、指紋がとれていない。あるいは指紋がついていなかったのかもしれませんが、指紋がとれていない。それからそこで盗んだ小切手を犯人はどこかで現金化するに違いないのでありますが、それもうっかり見逃がしてしまった。こういうふうに、初動捜査が大変まずかったのであります。

第一審は東京地方裁判所でありましたが、後に最高裁判事になられた江里口清雄さんがこの第一審の裁判長として事件を審理されました。そのときの弁護人の一人は、これも私よく知っている山田義夫弁護士ですが、もう一人は牧野英一先生の門下で教育刑論者として有名な正木亮博士であります。正木さんは戦時中に司法省の刑政局長や広島・名古屋の検事長などをしておられたため、終戦後に公職追放になって検事をやめて、当時、弁護士になっておられたのでありますが、これは死刑廃止論のもっとも有力な旗頭の方であります。この正木さんが弁護に立たれました。

このときの東京地裁における弁論は、正木さんが書かれた『死刑』(17)という新書判の書物に全文が載っております。きのうちょっと書棚の奥から引っ張り出して読んでみましたが、なかなか迫力のある弁論で、久し振りで法廷の正木さんの雄弁に接したような感じがしました。その正木さんも昭和四六(一九七一)年に亡くなりました。そういえば一審の裁判長だった江里口さんも一昨年(昭和五八年＝一九八三年)亡くなられました。私にとっては感慨無量であります。ところが、わからないもので、そのとき死刑を宣告された平沢被告人は、先ほど申しましたように九三歳と何箇月という高齢で、病気勝ちかも知れませんが、まだ元気でいる。現在では八王子の医療刑務所に収監されております。

平沢に対する死刑判決が最高裁まで来て確定したのが昭和三〇年(一九五五年)の五月七日でありました。(18)そしてすぐに拘置所に収監されまして、ちょうどことし(昭和六〇年＝一九八五年)の五月六日の経過によって満三〇年が経過したわけであります。刑法の講義を聞かれた方はご存じの通り、死刑の時効は三〇年ということになっております。そこで死刑の時効が完成したということで、代理人の遠藤誠弁護士から人身保護の手続を東京地裁に求めて来た。人身保護法によって釈放の請求をして来たわけであります。

人身保護手続というのは迅速な救済を主眼とするものですから、東京地裁の決定も非常に早く、請求があってから一箇月もたたない五月三〇日に出されております（判例時報一一五二号）。しかし、これは請求棄却の決定でありましたので、請求者の側からは、すぐに最高裁に特別抗告を申し立てました。これに対する最高裁の決定、これは第一小法廷の決定でありますが、ことし（昭和六〇年＝一九八五年）の七月一九日に出ております。(19) 抗告棄却（一部は却下）の決定でありました。ここにご列席の谷口裁判官もこれには関与なさったわけです。私は、むろん辞めた後であります。

これはなかなかむずかしい問題でありますが、結論としては、拘置監に拘置するのは、死刑執行の当然の前置手続として刑法が定めているのでありまして、刑法の規定によって死刑言渡の判決の内容とされているわけですから、拘置は、死刑言渡の判決の執行になるわけです。死刑そのものの執行ではありませんが、死刑言渡の判決の執行に当たるわけであります。刑法三二条の規定をみますと、「時効は刑の言渡が確定したるのち左の期間内その執行を受けざるにより完成す」るということになっていて、死刑についてはその期間は三〇年となっています。ここで「その執行」というのは、「刑の言渡の執行」つまり「刑の言渡の判決の執行」という意味ですから、死刑言渡の判決の執行として拘置が行われているかぎり、言渡の確定後三〇年たっても、時効は完成しないとみるべきであります。つまり、拘置を続けているということ自体が、ずっと死刑判決の執行を続けていることに当たるわけですから、その間には時効というものは進行しようがない。これが、従来からのいわば通説的な考え方なのであります。ただ、私自身を含めて、その点をはっきり明言した人はあまりいない。亡くなった藤木英雄教授あたりははっきり書いておられますが、あとは書いておられません。しかし、それが一般の考え方であったのです。

ただ、これには有力な反対説が、古いころにも二、三ありましたが、ことに今回の平沢問題を機縁として、かなり出てまいりました。中でも新潟大学の沢登佳人教授が裁判所にも代理人を通じて甲号証の形で出して来ておられる意見書は、大変おもしろい考え方でありまして、本件請求者（平沢）の代理人である遠藤弁護士も、訴訟の中で同じ趣旨を強く主張しておられます。[20] この見解によりますと、再審の請求があったときは、検察官は刑訴四四二条によって刑の執行を停止するのが本当だ。執行を停止すれば、その間は、刑法三三条の規定によって、時効は当然停止することになる。本件でも、再審の請求のつど、死刑の執行を停止していたら、平沢は時効の恩恵に浴しないかわりに、この三〇年間のうちわずかの歳月を除き、あとは死の恐怖におびえることなく安神していることができたはずだ、とこういうのであります。これは理論構成としてもおもしろいし、ことに議論の根底にあるヒューマニスティックな考え方には、私も大いに共鳴を感じます。しかし、解釈論としては、やはり無理だろうとおもいます。刑法の規定によると、執行のための逮捕によって時効が中断することになっていますが、拘置中は、はじめから逮捕されたと同じ状態にあるのですから、そもそも時効が進行しないとみるほかないとおもうのです。

のみならず、ヒューマニスティックな見地からいって、私は、死刑の執行をすこしでも抑制する方向に持って行くことのほうが、もっと肝要ではないかと考えるのであります。ここいらは、法律論のめんどうなところでありますから、ここではずっと端折ってしまいまして、結論的に申しまして、一審の東京地裁の民事部——これは人身保護法の事件ですから民事部であります——の判決は、こまかい点で私としては異論のあるところもありますが、大筋として正当であったと考えます。したがって、第一小法廷がこれを支持して、抗告を棄却されたのは、これが正当であったと考えます。

ところで、刑事訴訟法（四七五条）をみますと、死刑が確定したときは法務大臣は六箇月以内に執行の命令を出さないといけない。法務大臣が執行の命令を出したら、五日以内に執行しないといけない、こういう規定があるのであります。この規定は、当時の占領軍のGHQ（総司令部）のサジェスチョンによって入れた規定でありますが、私どもは正木さんが大勢の死刑囚たちに折に触れては面接されたときの話をよく聞いておりましたから、死刑囚にとっては、死の恐怖にさらされていながらも、一日一日、一刻一刻、一瞬一瞬がどのくらいかけがえのない貴重なものと感じられているかということを身にしみて知らされていましたので、こんなに時間を切ることが一体いいんだろうか、と非常に疑問におもいました。そこで私は向こうのリーガル・セクションのオプラー（Alfred C. Oppler）博士にその点をただしてみましたところ、死刑囚をいつまでも生かしておくのは、生殺し、半殺しにしておくことになるわけで、非常に残酷である、早くきちっと決めてしまったほうがいいんだ、こういう意見でありました。ここいらは考え方、感じ方の違いでありましょう。もっとも、オプラーさんは表面的にはそういう説明をしていましたが、私はもうすこしうがった推測をしました。というのは、戦前から戦時中にかけて、右翼で死刑の宣告を受けた人たちが、恩赦か何かでいつの間にやら釈放されて中国大陸あたりで活躍しているというような話を耳にしたことがあるのですが、GHQはそういうことには敏感でしたから、そういったことが二度とくりかえされないようにするために執行の期間を切ったのではないか。これは単なる臆測にすぎませんが、いずれにせよ、死刑の執行にはこの六箇月という期間があるのであります。

しかし、再審の請求があったり、あるいは恩赦の出願なり申し出なりがあったりしたような場合には、その手続が終わるまでの間はその六箇月の期間には算入されないことになっているのです。共同被告人であった者に対する判決が確定するまでの期間も同様とされます（刑事訴訟法四七五条二項但書）(21)。ですから、六箇月以内とはいってもそういうゆとりのある期間なのであります。

そういうことで、法務大臣はいまの六箇月以内に死刑執行の命令を出さなければならないことになっているのにかかわらず、実際には何年も、十何年も、あるいは二〇年、三〇年——三〇年というのは今度の事件が初めてでありますが——という間、死刑の執行をしないままで来た、こういう例が沢山に出て来ている。これは、一つには、いまの規定は訓示規定だと理解されていまして、そこから来るのですが、もう一つには、再審請求や再審そのものの係属中、あるいは恩赦の審査の係属中といった場合には、その期間は六箇月の期間に算入されませんから、そこに一つの意味があるわけでありま す。本件について申しますと、再審の請求は一七回目のが現在係属中であります。恩赦の出願のほうも、いま四回目と五回目との二つが審査にかかっているはずであります。ですから、これは法務大臣としていますぐに執行の命令を出すということは、かえっておかしいのであります。そういうことがなかったのは、三〇年間にわずかに八二日だけだったということであります。あとずっと何かがかかっていた。だから、これだけ放っておいたことにも、十分に意味があるのです。

のみならず、そういうふうに現に再審の請求が出ている、あるいは現に恩赦の審査がペンディングであるということでなくても、法務大臣として何かそういう可能性がありはしないかというので、これを検討するために、すぐには執行の命令を出さないでおくということは、優にあり得ることであります。もしそうでなければ、そういうふうに長いことほったらかしておくのは職務怠慢であるということになる。この点はいまの一審の決定は非常にはっきりと、職務怠慢というようなものではないことをみとめております。判文の中からその箇所だけを読んでみますと、「だからといって、死刑を言い渡した裁判の確定後迅速に執行命令を発すべきであったときめつけるわけにはいかないのである。」これは非常にいいことをいっていると、私はおもうのであります。

もっとも、これにはいろいろな考え方がありまして、人によっては、相当な人が、これは職務の怠慢だということを言うのであります。そしてもしこういう刑の執行の事務――死刑の執行を含めて、これを執行の事務というふうに、「事務」、ビジネスとして考える以上は、これは怠慢でありましょう。しかし、いやしくも死刑の執行といったようなことは、単なる「事務」では決してありません。これはしかし、また同時に、法務大臣の個人的な趣味とか好みのようなものによって、あるいは自分なりのひとりよがりの考え方によって、左右されるということがあっては、これはむろんならない。これは、なかなか、むずかしいところであります。

歴代の法務大臣が何をして来たかということについて、毎日新聞の記者をしていた勢藤さんという人が、『死刑の考現学』(22)というおもしろい書物の中で、いかにも新聞記者らしく取材して書いていますが、某法務大臣は自分の在任中は絶対に判こを押さないといって頑張ったそうです。死刑執行命令の決裁が大臣のところに回って来るまでには、これは省内で刑事局から矯正局、保護局というように順次これを回すのですが、ことに刑事局では一人の局付の検事が一件記録を綿密に精査するのでありま す。綿密に読んだ後、それを各局に回して、いよいよ間違いないというところで大臣の決裁に回す、法務大臣のところへもって行くのであります。ですから、これは特別のことがなければ判こを押すのが本来でありましょう。人を納得させるような何らかの特別の考えがあるのでない限りは、押すべきでありましょう。それを自分の在任中は絶対押さないということを初めから宣言して、その大臣のときは押さなかったというのは、一見いかにも人道的であるようでありますが、いやなことを避けたといわれても、これはやむをえないだろうとおもいます。[23]

しかし、これはいいほうであります。もう一人の某法務大臣は、自分の在任中に片づけるということで記者会見を大臣のほうから言い出して（笑）、記者が集まったところへ数珠かなんか持ってあらわれて、死刑囚二十三人でしたかの書類を積んで、いま執行命令にサインしたところだといって数珠を片手に持っているところを写真にも撮ってくれ（笑）、新聞にも出してくれ、とやったんだそうであります。これには勢藤君も大変反撥を感じたらしいのであります。そのときの記者会見に出た各社でも、一社だけが出して、あとは結局記事にしなかったらしいのであります。それにしても、なにか自己顕示慾的なところがあるようでありまして、死刑の執行を自分の宣伝に使うなどとは、とんでもない。しかも、そのとき判こが二十何人一度に押されてしまって、五日以内に執行でありますから、拘置所では執行するのが大変で、ずいぶん困ったそうですが、これは困ったとかなんとかいうことではないですね。それ以前の人間的なエモーションの問題、もっとはるかに深刻な大事な問題であります。ただ、この法務大臣のことは、勢藤君の書物からの引用でありまして、法務大臣としては、何か信ずるところがあったのでありましょう。ご本人の話を直接にきいておりませんから、反対尋問にさらされていないわけで、そのつもりでおききいただきたいとおもいます。ここでは、もしそのようなことがそのまま事実であったとすれば、私としてはとうていそれを是認することはできないということを申し上げるわけであります。

このように、法務大臣のやり方はいろいろありましょうが、そう簡単に事務的に判こを押しては、これはいけない。十分に慎重にやってほしい。そういう形において、執行がすこしでも少なくなるように、もし恩赦の余地があるようであれば、恩赦にすることが望ましいでありましょう。恩赦でもいろいろな恩赦があります。どれをどのように選ぶか、これも一件ごとに十分に考えなければならない。これは中央更生保護審査会でそういうことが決議されますと、それが法務大臣のところへいって、法務大臣もよろしいということで判こを押すことになりますが、これは恩赦の形で解決されることになりましょう。

そういうことで、現行刑事訴訟法が出来ましたときには、確定後六箇月以内に執行の命令を出すということになっておりましたが、実際の運用はいまのようなことでありまして、だらしない面もありますが、しかしそれで執行が減って来ているのであります。私はこうした運用は今後も積極的に生かして行くべきであろうとおもうのであります。

死刑廃止の条件つくり――●

もういよいよ時間がせまってまいりました。ここいらで、きょうのお話のしめくくりをしたいとおもいます。死刑についての「省察」とは申しましたが、本当に内的なものに立ち入ってお話をすることはできませんでした。それは私の能力をこえることです。ただ、表面にこそ出しませんでしたが、気持の上では、きょうのお話も、自分のうちなるものに結びつけながら、申し上げたつもりです。少なくとも、現在の私の死刑廃止論は、自分の頭の中だけのものではなくて、私自身の実務上の切実な体験から出ていますので、控え目な主張ながらも、根強いものです。ですから、日本でも、明治初年以来、強い死刑廃止論がずっと続いていることは、非常に心強いことであります。また、日本の風土そのものの中に、死刑を慎重にする考え方が深く根ざしていることは、私どもにいつもあかるい希望をあたえるものであります。明治初年に津田真道がベッカリーアを祖述して死刑廃止の論陣を張った(24)のをはじめとして、小河滋次郎博士や、さきほども申し上げた正木亮博士といった方がたの死刑廃止論の足跡は忘れることができませんし（詳しくはII 6）、現在では、とくにアムネスティ・インターナショナルの日本支部(25)や「犯罪と非行に関する全国協議会（JCCD）」を中核とする死刑廃止運動は、私がとくに敬意を表するところであります。こういう高い理想を掲げて強力に世論を指導する社会運動がなければ、死刑廃止はいつまでも実現しないとおもいます。

それと同時に、私たちは、実際に死刑を廃止することが可能になるような条件をつくって行く努力を怠ってはならないのであります。きょうのお話は、主として、この点に焦点を合わせて申し上げたのです。まず、死刑を置いておかなくても一般の人びとが安心して生活して行くことができるような社会的・経済的・文化的条件を実現することが不可欠ですが、これは、きょうのお話の範囲外にいたしました。これは、もちろん、法律の力だけでできることではありません。しかし、法律の関係だけでも、ぜひとも実現しなければならないことが、少なくとも二つあるだろうということを、きょうは申し上げたのです。一つは、裁判所の死刑の言渡を極力少なくすること、もう一つは、死刑の判決が確定したばあいでも、その執行がすこしでも少なくなるように運用すること、この二つであります。どちらも簡単な問題ではありませんが、われわれは、そういう方向にむかって全力をあげなければなりません。それは、裁判所や法務省当局だけにまかせておいていいことではないのでありまして、国民の一人ひとり、われわれの一人ひとりが、そういう心構えをもって世論をつくり、裁判所や法務省当局をささえて行くことが必要だとおもうのであります。

（1）　中山義秀『少年死刑囚』（一九五〇年）。
（2）　山田憲児「宮城長五郎」罪と罰三四巻一号（通巻一三三号）（一九九六年）四七―五三頁。
（3）　前出三三九頁注28参照。
（4）　玉井策郎『死と壁』（一九五三年）、高橋良雄『鉄窓の花びら・死刑囚へのレクィエム』（一九八三年）。
（5）　飯田忠雄「中華人民共和国における刑罰思想と死刑執行猶予」刑法雑誌一三巻二・三・四号（一九六四年）、同「中国の死刑執行猶予制度」法律時報四二巻六号（一九七〇年）、同「盧蔚乾（ル・ウェイカン）の『死刑の執行猶予問題』」神戸学院法学二巻一号（一九七一年）、鈴木敬夫「中国における刑事司法と人権」札幌学院法学九巻一号（一九九二年）一五頁以下。なお、団藤重光『刑法綱要総論』三版（一九九〇年）四八六頁注六参照。
（6）　鈴木敬夫編訳『中国の死刑制度と労働改造』（一九九四年）は、第一章の全部を死緩制度に充てているだけでなく（力康泰ほか六氏が執筆）、全編を通じてこの問題に重点をおいているともいえる重要な文献である。高銘暄氏の「序言」によれば、「死緩制度は毛沢東法学思想に基づいて、〃少殺〃の原則、懲罰と寛大とを結合する政策、人道主義精神を体現した」ものである。なお、同氏の序言の中には「死刑廃止を目途とした第一歩としての〈死緩制度〉の意義」といった表現が見られることが、われわれにとっては、とくに注目されるが、同氏も他の箇所では、毛沢東の「処刑者は少なくしなければならないが、死刑は決して廃止しない」、「少殺を堅持し、濫殺を厳禁しなければならない」という言葉を引用して、「これは、まさに、我われが死刑に対してもっている堅固として動揺することのない政策である」としておられるのである（一六頁）。ついでながら、毛沢東思想はさておき、マルクスは強い死刑廃止論者であったことを忘れてはならないであろう。セパローヴィチ教授によれば、一八五三年にかれが〈New York Daily Tribune〉に発表した〈On the Death Penalty〉にそれを論じている由である（Z. P. Separovic, Political Crimes and the Death Penalty, 58 *Revue internationale de droit pênal*, 759 [1987]）。マルクスによるこのロンドンからの寄稿は、鎌田武治氏の邦訳によってその全文がマルクス・エンゲルス全集八巻（一九六二年）四九二―四九九頁に収録されていることを、その後、伊藤誠教授の教示によって知った。一読に値する興味ある論述である。――ちなみに、鈴木敬夫教授が本書のあとがきの中でマルクス主義人権論を鋭く批判した張文顕氏の論文を紹介しておられるのが、将来への展望的意味において重要である（二九一頁以下）。なお、鈴木敬夫「中国の死緩制度と受刑者の主体性――団藤重光博士の死刑廃止論にふれて」東山孫海睦博士華甲紀念論文集（一九九三年ソウル）一二四一頁以下、同「中国における死緩受刑者の主体性と尊厳――団藤重光博士の死刑論にふれて」（札幌学院法学一一巻二号〔一九九五年〕）。

（7）　一九九七年の中華人民共和国刑法（同年一〇月一日施行）四八条、五〇条、五一条（野村稔＝張凌「中華人民共和国新刑法（一九九七年）について」早稲田大学比較法研究所『比較法学』三二巻二号一八八頁以下、とくに一九六頁、二一三頁)。

(8) もともと死緩制度は一九五一年の第一次〈鎮反〉のうねりの中から生まれ、後に一般の刑事犯にも適用されるようになったものである(前掲、鈴木敬夫編訳『中国の死刑制度と労働改造』五六頁以下〔周振想〕)。

(9) なお、鈴木敬夫・前掲「中国における刑事司法と人権」札幌学院法学九巻一号(一九九二年)一五頁以下、特に二二頁以下(私見に関連して)、二四頁注(14)参照。

(10) 西原春夫博士の提案と、これに対するヨアーヒム・ヘルマンの批判、Joachim Herrmann, Gedanken zur Todesstrafe in Japan. Eine Antwort auf Nishihara, in: Albin Eser (Hrsg.), Festschrift für Haruo Nishihara zum 70. Geburtstag, 1998, SS. 401-403.

(11) 「死刑に関する世論調査」(一九六七年六月二二日—二六日)(内閣総理大臣官房広報室・一九六七年九月)。これは、全国の二〇歳以上の者三〇〇〇人(有効回収数二五〇〇人)に対する調査員による面接聴取の結果である。その後の世論調査につき、前出三〇頁注18、九六頁注34参照。

(12) アメリカでは、その後ますます状況が動いて来て、現在では国民の圧倒的多数が死刑支持になっているそうである。Francis A. Allen, A Crisis of Legality in the Criminal Law? Reflections on the Rule of Law, 42 *Mercer Law Review*, 811, at 840-841 (1991). もっとも、これについては背景となっている犯罪事情がアメリカと日本とではいちじるしく異なっていることを看過してはならないのであって(例えば殺人罪につき前出二一七頁の比較表参照)、わが国でこうした傾向に追随するようなことがあってはならないと思う。——アメリカで死刑支持率が四二%に下がった前述の一九六六年のギャロップ調査(前出四〇一頁)は、合衆国における一〇年間——一九六八年から一九七七年の有名なギルモア(Gary Gilmore)の処刑にいたるまで——の死刑執行停止の時期の始まる直前のことであった。ギルモアの処刑はセンセイショナルな出来事であって(小暮得雄「ギルモアの処刑」同『いまを生きる――魚眼の世界――』〔一九九七年〕一六九頁参照)、死刑の抑制効果についての研究の一つは、このときに行われている(ロジャー・フッド〔辻本義男訳〕『世界の死刑』〔一九九〇年〕一一六頁参照)。こうした保守的な傾向は、連邦最高裁判所――ことにレンクィスト(Rhenquist)首席判事になってからの――の動きによって裏打ちされているようである(前出六一頁注23参照)。一九八八年に同首席判事のもとに、パウエル(Lewis F. Powell, J.)元最高裁判所判事を議長とする死刑事件遅延防止立法の必要性に関する委員会がつくられ、その勧告にもとづいて、同首席判事は死刑執行の促進を提案した。それはまた、共和党政府によって一〇以上の死刑犯罪をつくる法案を準備させる結果をともない、民主党による反撃を受けているようである。こうした近年の傾向に対する興味ある批判的考察として、Sir Leon Radzinowicz, Penal Regressions, *Cambridge Law Journal*, November 1991, pp. 422-444 (at p. 436 et seq.). なお、パウエル自身の書いたものとして、Lewis F. Powell, J., Capital Punishment, 102 *Harv. L. Rev.* 1035-1046 (1989). ――各州裁判所の判決に対してはペティションの形で連邦最高裁判所に審査を求める制度があって、とくに死刑判決について重要な救済の機能をもっていたが、これもレンクィスト首席判事になってから事務輻輳を理由として大きく制限されたようである。その結果、現在、ヴァージニア州でコールマン(R. K. Coleman)という無実の疑いのある死刑囚が執行されかけていて、ジャーナリズムも問題として取り上げている(*Time*, May 18, 1992, p. 47 et seq.)。――〔追記〕上記「タイム」誌の記事が出た二日後の五月二〇日に、右コールマンはついに処刑された。それは全米のマスコミに大きく報道されて、識者の間に強い批判の波紋を巻き起こしている。例えば、*The New York Times* (May 29, 1992, p. B16, Column 3) や、テレビではＡＢＣ放送など。ＡＢＣ放送は本人のインタヴューをまじえたもので、これは日本でも一九九二年六月二八日にＮＨＫ衛星放送でそのまま放映された。かれの処刑については、私自身も、何人かのアメリカの友人たちから批判的な手紙をもらった(なお、テレビ朝日取材班『死刑の現在』(一九九四年)二二頁以下。日本経済新聞一九九二年六月一二日夕刊は、死刑強化に積極的なブッシュ大統領〔当時〕にとって大統領選挙への影響をも示唆している)。——フット教授は、上記のアメリカ連邦最高裁判所におけるレンクィスト首席判事以降の保守的傾向について、それがパッカー(Herbert L. Packer)教授のいわゆる「犯罪統御モデル」に接近するものであることを指摘している(Daniel H. Foote, "The Door That Never Opens"?: Capital Punishment and Post-Conviction Review in the United States and Japan, 19 *Brooklyn Journal of International Law*, 390-391, 502-503 [1993])。アメリカにおける最近の状況につき、辻本義男「アメリカ合衆国の死刑状況(その五)——一九九三年——」中央学院大学法学論叢八巻一号(一九九四年)。なお、*The New York Times Weekly Review*, December 4, 1994, Sec. 4. pp. 1, 3 (by Tom Kuntz and Anne Cronin).〔追記〕一九九九年一一月に発表されたギャロップの調査によれば、合衆国における死刑存置論の支持率は、最近、従来の七七%から六六%に減少した由である(Amn. Intern. News, Dec. 1999, p. 5 —— AI Index : ACT 53/05/99)。

(13) 井上正仁『刑事訴訟における証拠排除』(一九八五年)九八頁以下、四二五頁以下。

(14) 最二判昭和五八年七月八日刑集三七巻六号六〇九頁。なお、永山事件についての詳細なドキュメンタリとして、佐木隆三「死刑囚永山則夫」群像一九九四年五号六一二九四頁(同年、単行本として刊行)。同事件の主任弁護人の見地として、鈴木淳二「死刑裁判と弁護士」(菊田幸一編著『死刑廃止・日本の証言』〔一九九三年〕六七頁以下)。永山の最後の弁護人として死刑執行にいたるまでその力になって苦闘した大谷恭子弁護士の『死刑事件弁護人——永山則夫とともに』(一九九九年)は必読の書である(なお、前出一九一頁注28)。注16参照。

(15) 永山事件の最高裁判決以降における死刑・無期刑の量刑に関する研究として、柳俊夫ほか「凶悪重大事犯の実態及び量刑に関する研究」法務総合研究所研究部紀要・刑事政策研究三九(一九九六年)六一頁以下参照。私は綿密な研究として敬意を惜しまないが、死刑・無期刑の適用の基準があいまいだとはいえないとする結論(八二頁)

には、簡単に賛成することができない。この判例が成立したときの様子をよく知っている私としては、この判例によって一種の御墨付きがでたように下級審の実務によって誤解され、時とともに死刑の量刑がやや安易にされる傾向が出てきているように思われる（例えば、六二頁、表I―1（1）参照）。私は、船田判決の真意とこれを受けた第二小法廷判決の含蓄が、実務によって改めて噛み締められることを切望する。――近時になって、最高裁判所が一・二審の死刑判決を量刑不当の理由で破棄して無期懲役を言い渡した事例が現れ（最二判平成八年九月二〇日刑集五〇巻八号五七一頁）、マスコミにも報道されたのは（朝日新聞一九九六年九月二一日）、歓迎すべきことであった。その後、これに呼応して、高裁が一審の死刑を無期懲役に改めた事例が次々に現れている。名古屋高判平成八年一二月一六日判例時報一五九五号三八頁（アベック殺人事件）、東京高判平成九年五月一二日（日本経済新聞一九九七年五月一三日）（国立市主婦強殺事件〔中山善房裁判長〕）。――さらにその後の最高裁の判例として、最二判平成一一年一一月二九日判例時報一六九三号一五四頁、なお、最二判平成一一年一二月一〇日、最一決平成一一年一二月一六日、最三決平成一一年一二月二一日（これらについては、いずれも判例時報一六九三号一五五頁の記事参照）。

(16)　私は旧版（第五版まで）には注15のように書いていた。しかし、その後、大谷恭子弁護士の『死刑事件弁護人――永山則夫とともに』（一九九九年）の序文の執筆にあたって、改めて判決理由を読み直してみた結果、著者の主張に理由があると考えるようになった。最高裁判決の理由の総論的部分は私の理解のように読むべきものとおもうが、判例集に「要旨」として掲げられている部分、とくに「要旨第二」として本件の事実に即して書かれている部分は、記録と証拠を十分に検討した結果とは思われない節が多く、私にいわせれば書き過ぎである。だから、この著者の主張はもっともである。同時に、また、その後の下級審の判例が注13に書いたような反応を示したことも、こうした判決理由の部分に由来するとおもわれるので、無理からぬところがあったともいえよう。しかし、結局において、私はこの判決の本来もつべき意味は、その由来からいって前記のとおりだと信じるものであって、注15に書いたことは、今後ともますます強調されるべきものと考える。

(17) 正木亮『死刑』(一九五五年)。

(18) 最高裁の上告棄却の判決は、昭和三〇年四月六日大法廷判決刑集九巻四号六六三頁。これに対して訂正の申立があったので、確定したのは昭和三〇年五月七日であった(刑訴四一八条参照)。

(19) 最一決昭和六〇年七月一九日裁判集(民事)一四五号二七一頁(判例時報一一五八号)。――ちなみに、その後、この事件については、同じ論点に基づいて、国家賠償請求事件の形でも争われたが、やはり請求棄却に終わった。最三判平成四年七月一四日判例タイムズ七九九号一三九頁。

(20) なお、尾崎良康「死刑の時効について――帝銀事件に寄せて――」愛知教育大学社会科学会『社会科学論集』二七号・二八号(一九八七年―八八年)。

(21) その事例について、前出三四一頁注33。

(22) 勢藤修三『死刑の考現学』(一九八三年)。

(23) この講演の五年後に国連総会によっていわゆる「死刑廃止条約」(前出三四五頁以下)が採択されて、法律状態が変わった。現在では法務大臣は執行指揮書に署名しないことこそが望ましいというべきである(前出四九―五一頁、「はしがき」〔一五〕―〔二四〕頁参照)。

(24) 本文にも前述したとおり、平安時代に二六代三四六年間(八一〇―一一五六年)にわたって、一、二の特例を除いては、実際上、死刑が執行されることがなかったことは、ひろく知られている(二八一頁以下)。なお、匿名氏「死刑余論」法律のひろば三八巻(一九八五年)一一号三頁によれば、律令制の時代には死罪については勅裁が必要であったが、三度奏請されなければ裁可されず、しかもその奏請の使者は往復ともいそいではならなかったそうである(川崎紫山『訳注大日本史・十史』一九六四年・三八頁〔巻之三百五十七、志第一百十四・刑法二〕――上記匿名氏の教示による)。
(25)　アムネスティ・インターナショナル日本支部・死刑廃止ネットワークセンター編『死刑――その実態と廃止への道』(一九八五年)。

第Ⅳ部 資料

1 死刑廃止国（原則的および事実上廃止国を含み、また、地域を含む。）

これは、私の『刑法綱要総論』（三版・一九九〇年）四八九頁以下の表——廃止の年代順に地域ごとに掲出したもの——をアムネスティ・インターナショナルその他の資料[1]によって補完したものである（判明するかぎり一九九九年末現在）。いったん廃止後復活した国をも、年度を示した上、参考のため掲げておいた。現在廃止している国は＊によって示しておく。

アメリカ合衆国については、とくにインディアナ大学のジョセフ・ホフマン（Joseph L. Hoffmann）教授にお願いして資料を作成・提供していただいた上[2]、それを上記の方針で編集して、ここに掲出することにした。教授の格別のご好意に対して、心からの感謝を捧げる。

アムネスティ・インターナショナルの資料では、一〇年以上死刑の執行のなかった国を一応事実上廃止国として計上しているが、注記によれば、これらの国の多くでは今も死刑の宣告はあり、また、常に減刑をおこなう政策も確立していないようなので、以下には、そのような運用がほぼ確立しているとおもわれる国に限って事実上廃止国として挙げることにする（もっとも確認は困難）。

私自身の学問的興味もあり、おそらく読者の共感も得ることができると思うので、地域別にした上で、歴史的考察の観点をも考えて、廃止の年度順によって古い方から排列することにした。アンセルは「死刑の地理（géographie de la peine de mort）」ということを論じている（Marc Ancel, Le problème de la peine de mort, *Revue de droit pénal et de criminologie*, 44me année, 1964, p. 380 et suiv.)。以下の表も、その目でみるといっそう興味があろう。雑誌*AERA*（一九九三年三月二日号）は、世界地図に色分けで示すことを試みている（田中啓介記者）。宗教の見地をも含めた「死刑の文化人類学・法人類学」といったものも、面白いテーマではないかと思う。

ヨーロッパ

＊オーストリア（一七八七―一七九六、一九一九―一九三四、一九五〇―〔通常手続につき〕、一九六八―現在〔全廃〕）
＊ベルギー（一八六三―〔事実上原則的に〕、一九五〇―〔事実上全面的に〕、一九九六―現在〔全廃〕）
＊サン・マリノ（一八六五―現在〔全廃〕）
＊ルーマニア（一八六五―一九三五、一九四九復活、一九八九〔チャウシェスク処刑直後〕―現在〔全廃〕。ただし、一九九一年には死刑廃止条約を批准したにもかかわらず対応は不透明で、その後も警察による拷問致死など、事実上問題多し。）
＊ポルトガル（一八六七―現在〔全廃〕〔一九七六年憲法〕）
＊オランダ（一八七〇―一九四三、一九八二―現在〔全廃〕〔一九八三年憲法〕）

＊スイス（一八七四―［一八七四年連邦憲法で廃止。ただし、その後の改正で廃止を政治犯罪に限る。］、一九四二―［通常犯罪につき］、一九九二―現在［全廃］）

＊イタリア（一八八九―一九二六、一九四四―［一九四七年憲法二七条］［通常犯罪につき］、一九九四―現在［全廃］）

＊ノルウェー（一九〇五―［通常犯罪につき］、一九七九―現在［全廃］）

＊スウェーデン（一九二一―［通常犯罪につき］、一九七二―現在［全廃］）

＊アイスランド（一九二八―現在［全廃］）

＊デンマーク（一九三〇―一九五二、一九七八―現在［全廃］）

＊スペイン（一九三二―一九三八、一九四二―、一九七八―［通常犯罪につき］、一九九五―現在［全廃］）

（旧）ソヴィエト連邦(3)（一九四七―一九五〇）

＊ドイツ（西ドイツ＝一九四九―［全廃］［ボン基本法一〇二条］、東ドイツ＝一九八七―、統一ドイツ＝一九九〇―現在）

＊フィンランド（一九四九―［通常犯罪につき］、一九七二―現在［全廃］）

＊アイルランド（一九五四―［事実上］、一九九〇―現在［全廃］）

＊イスラエル（一九五四―現在（？）［通常犯罪につき］）（ただし軍による不法射殺あり。）

＊モナコ（一九六二―現在［全廃］）

＊イギリス（連合王国）（一九六五―［殺人罪につき試験的］、一九六九―［殺人罪につき恒久的］、一九九八―現在［すべての罪につき全廃］）
＊北アイルランド（一九七三―現在［殺人罪につき］）
＊ヴァティカン市国（一九六九―現在［全廃］）
＊マルタ（一九七一―現在［通常犯罪につき］）
＊ギリシャ（一九七二―一九九三［事実上］、一九九三―現在［全廃］）
＊ルクセンブルク（一九七九―現在［全廃］）
＊フランス（一九八一―現在［全廃］）
＊キプロス（一九八三―現在［通常犯罪につき］）
＊リーヒテンシュタイン（一九八七［事実上は一七八五］―現在［全廃］）
＊スロヴェニア（一九八九―現在［全廃］）
＊アンドラ（一九九〇―現在［全廃］）
＊チェコ共和国（一九九〇―現在［全廃］、分かれたのは一九九三）
＊スロヴァキア共和国（一九九〇―現在［全廃］、分かれたのは一九九三）
＊クロアチア（一九九〇―現在）(4)
＊ハンガリー（一九九〇―現在［全廃］）

＊マケドニア（一九九一独立宣言─現在〔全廃〕）
＊モルドヴァ（一九九五─〔CE加盟。刑法典の死刑廃止を国会決議〕）
＊グルジア共和国（一九九七─現在〔全廃〕──シェヴァルナーゼ大統領が提案、議会において一四八票対一票という圧倒的多数で可決、一九九七・一一・一六発効。グルジアは一九一八─一九二一に独立国だった当時廃止国になっていたが、ソ連になってから死刑が復活されていたという沿革がある。詳細は、Amnesty International, Death Penalty News, Oct. 1997 参照。）
＊ポーランド（一九九八─現在〔全廃〕──一九九七年刑法典、一九九八・一・一発効）
＊アゼルバイジャン（一九九八─現在〔全廃〕──最後の執行は一九九三──その経過につき、アムネスティ日本支部編『死刑廃止』〔一九九九〕四七頁）
＊エストニア（一九九八─現在〔全廃〕──最後の執行は一九九三）
＊リトアニア（一九九八─現在〔全廃〕──最後の執行は一九九五）

なお、アルバニア、ウクライナは事実上執行停止を約束。

北アメリカ

(a)　アメリカ合衆国(5)

アメリカ合衆国では、連邦政府および合衆国軍部は死刑存置。現時点（一九九五年一一月二〇日）において死刑法をもっていないのは、コロンビア地区（連邦首都所在の特別地区）と一二州である（＊で表示）。その中には、①立法によって積極的に死刑を廃止したところと、②当時現存の死刑法制をすべて違憲とした一九七二年の連邦最高裁判所のファーマン事件判決（Furman v. Georgia）の後、あらたに死刑立法をしないことによって死刑法制が無効状態のままになっているところとの両者がある。ここには、現在は死刑を復活していても過去において立法的に死刑を廃止していた州は、参考のため、併せて掲げておいた（＊のついていないもの――それぞれの括弧内参照）。

＊ミシガン州（一八四六［一八四七発効］―［部分的］、一九六三［反逆罪も］―現在）
＊ロード・アイランド州（一八五二［全廃］、一八八二［一部復活――終身刑受刑者による謀殺につき］、一九七二［ファーマン判決］―現在）
＊ウィスコンシン州（一八五三―現在）
＊アイオワ州（一八七二―一八七八、一九六五―現在）
＊メイン州（一八七六―一八八三、一八八七―現在）
コロラド州（一八九七―一九〇一、一九七二［ファーマン判決］―一九九四［復活］）
カンサス州（一九〇七―一九三五、一九七二［ファーマン判決］―一九九四［復活］）
＊ミネソタ州（一九一一―現在）

ワシントン州（一九一三―一九一九、一九七二〔ファーマン判決〕―一九九四〔復活〕）
オレゴン州（一九一四―一九二〇、一九六四〔再廃止〕―一九七八〔復活〕）
テネシー州（一九一五〔部分的〕―一九一六、一九七二〔ファーマン判決〕―一九九四〔復活〕）
南ダコタ州（一九一五―一九三九、一九七二〔ファーマン判決〕―一九九四〔復活〕）
＊北ダコタ州（一九一五―〔部分的―終身刑受刑者による謀殺を除く。〕、一九七二〔ファーマン判決〕―現在）
アリゾナ州（一九一六〔部分的〕―一九一八、一九七二〔ファーマン判決〕―一九九四〔復活〕）
ミズーリ州（一九一七―一九一九、一九七二〔ファーマン判決〕―一九九四〔復活〕）
＊アラスカ州（一九五七―現在）
＊ハワイ州（一九五七―現在）
デラウェア州（一九五八―一九六一、一九七二〔ファーマン判決〕―一九九四〔復活〕）
＊ヴァーモント州（一九六五―〔部分的〕、一九七二〔ファーマン判決〕―現在）
ニョー・ヨーク州（一九六五―〔部分的〕、一九七二〔ファーマン判決〕―一九九五〔復活〕）
＊西ヴァージニア州（一九六五―現在）
ニュー・メキシコ州（一九六九―〔部分的〕、一九七二〔ファーマン判決〕―一九七九〔復活〕）
＊コロンビア地区（一九七二〔ファーマン判決〕―現在）

＊マサチューセッツ州（一九七二［ファーマン判決］―その後の立法によりいったん復活したが、一九八〇に州の判例により無効―現在）

(b)　＊カナダ（一九六七―一九七二［試験的］、一九七六―現在［通常犯罪につき］、一九九八―現在［全廃］）

中南米（カリブ海域を含む）（この地域には全般的に多くの裁判外処刑が報告されている。）(6)

＊ペルー（一八五六―一八六〇、一九二四―一九四九、一九九七―現在［通常犯罪につき］）

＊ベネスエラ（一八六三―現在［全廃］［一九六一年憲法］）

＊コスタ・リカ（一八七七―現在［全廃］［一九四九年憲法］）

＊ブラジル（一八八〇―一九六九、一九七九―現在［通常犯罪につき］。ただし、裁判外処刑多数）

＊ニカラグヮ（一八九三―一九七九、一九七九―現在［全廃］）

＊ホンジュラス（一八九四―、一九五六―現在）

＊エクアドル（一八九五―現在［全廃］［一九〇六年憲法］）

＊パナマ（一九〇三―現在［全廃］）

＊ウルグヮイ（一九〇七―現在［全廃］［一九一八年および一九三四年憲法］）

コロンビア（一九一〇［全廃］（一九一〇年憲法）――一九九六［憲法改正により死刑復活］）

＊アルジェンティン（一九二一―一九七一、一九八四―現在［通常犯罪につき］）

＊メキシコ（一九二九—現在［一九一七年憲法——政治犯罪につき］）
＊ドミニカ（一九六六—現在［全廃］）
＊エル・サルバドル（一九八三—現在［通常犯罪につき］）
＊ハイチ（一九八七—現在［全廃］）
＊パラグァイ(7)（一九九二—現在［通常犯罪につき］）

アジア・中近東

＊イスラエル（一九五四—現在［通常犯罪につき］）（パレスティナ占領地域を含む異常な政治状況のため、問題多し。）
フィリピン(8)（一九八七—一九九三［全廃］、一九九三に復活、その後多くの混乱がみられる。）
＊カンボジア（一九八九—現在［全廃］）（ただし裁判外処刑あり。）
＊ネパール（一九九〇—現在［通常犯罪につき］、一九九七—現在［全廃］、ただし警察等による殺害あり。）
＊香港（一九九三—現在）
＊東ティモール（一九九九—現在—インドネシアから分離後、国連の臨時統治下において）（AI Index : ACT 53/05/99）
なお、事実上の廃止国とされていたものとして、スリ・ランカ（ただし、政治的紛争のため一九九九

五年には多数の裁判外処刑あり。)、ブータン(ただし、裁判外処刑があったらしい。)、ブルネイ、など。

オセアニア

＊ニュー・ジーランド(一九六一―[通常犯罪につき]、一九八九―現在[全廃])
＊ソロモン諸島(一九六六―現在[通常犯罪につき])
＊パプア・ニューギニア(一九七四[通常犯罪につき]―一九九一[謀殺につき復活])
＊ツバル(Tuval)(独立[一九七八]以後死刑の規定なし。)
＊キリバス(Kiribati)(独立[一九七九]以後死刑の規定なし。)
＊フィージー(一九七九―現在[通常犯罪につき])
＊バヌアツ(Vanuatu)(独立[一九八〇]以後死刑の規定なし。)
＊トンガ(一九八二―現在(?)[事実上])
＊オーストラリア(一九八四[通常犯罪につき]、一九八五―現在[全廃])(以前に廃止していた州もある。)
＊マーシャル諸島(独立[一九八六]以後憲法で死刑禁止)
＊ミクロネシア連邦(独立[一九八六]以後憲法で死刑禁止)

アフリカ

＊セーシェル（Seychelles）（独立［一九七六］以来執行なし［通常犯罪につき］）
＊カボ・ヴェルデ（Cabo Verde；Cape Verde）（一九八一―現在［憲法により全廃］）
＊モザンビーク（一九九〇―現在［全廃］）
＊ナミビア（一九九〇―現在［全廃］）
＊サントメとプリンシペ（一九九〇―現在［全廃］）
＊アンゴラ（一九九二―現在）（ただし政府軍による裁判外執行があったという。）
＊ギニア-ビサウ（一九九三［憲法により全廃］―現在）
＊南アフリカ（一九九五［憲法裁判所の判決[9]］。ただし死刑復活の動きあり［一九九六］、警察による裁判外執行もあるらしい。）
＊モーリティウス（一九九五―現在）

なおアムネスティ・インターナショナルによれば、一九九九年四月現在における全廃国は六八箇国、通常の犯罪についての廃止国は一四箇国、事実上の廃止国（一〇年以上死刑執行のない国）は二三箇国、合計一〇五箇国である。[10] ちなみに、公式のものとして、一九九〇年の国連事務総長の死刑に関する報告書によれば、すべての犯罪について死刑を廃止している国または地域は三八、通常の犯罪について死刑を廃止している国または地域は一七、通常の犯罪について死刑を存置しているものの過去一〇年以上にわたって死刑の執行が行なわれていない国または地域は三〇、通常の犯罪について死刑を存置しかつ使用している国または地域は九一だそうである（第一二三回国会衆議院予算委員会における政府委員の答弁による。同委員会議録四号四三頁）。

（1） Amnesty International, *When The State Kills*...... *The death penalty v. human rights*, 1989, pp. 95-239（邦訳アムネスティ・インターナショナル編〔辻本義男訳〕『死刑と人権・国が殺すとき』〔一九八九年〕、一九八九年以降各年度の *Amn. Intern. Report* および AI Index : ACT50/03/97). なお、とくに、R. Hood, *The Death Penalty*, 2nd Ed., 1996, pp. 7-66. 後者はアムネスティと国連の資料をまとめたもので、信用度が高い。

（2） ホフマン教授からの私信（一九九五・一一・二〇）による。教授によれば、使用した資料は次のとおり。William J. Bowers, *Legal Homicide : Death As Punishment in America, 1864-1982*, Northeastern University Press (Boston), 1984 ; Hugo Adam Bedau, *The Death Penalty in America*, Oxford University Press (New York, Oxford), 3rd Ed., 1982 ; Franklin E. Zimring and Gordon Hawkins, *Capital Punishment and the American Agenda* (Cambridge University Press (Cambridge), 1986 ; NAACP Legal Defense and Education Fund, Inc., *Death Row U. S. A.*, Summer 1995.

（3） ソヴィエト連邦時代のロシア共和国刑法では、殺人罪には一九五四年までは死刑を科していなかった。これは社会主義イデオロギーのもとにおける価値体系の独自性によるものであった（団藤重光『刑法綱要総論』三版〔一九九〇年〕五六頁注七）。——現在のロシア連邦共和国の状況については、R. Hood, *op. cit.*, p. 6. これによれば、同国は形式的にヨーロッパ理事会に加入したが（一九九六・二・二八）、それについては、一年以内に「平時における死刑廃止に関するヨーロッパ人権規約の第六議定書」に一年以内に署名・批准する意図を有するという了解をあたえたということである。ちなみにかつて旧ソ連を構成していた十五の共和国は独立後、一国を除いては死刑を廃止している由である（*op. cit.*, p. 9)。他の東欧諸国の状況については、*op. cit.*, pp. 16-23.

（4）ハンガリーでは、憲法によって「生命への権利」が保障されていて、一九九〇年に憲法裁判所によって死刑が廃止された。Jozef Vigh, Social Change and Criminal Policy (1989-1995), *Cahiers de Défense Sociale, Bulletin de la Société internationale de défense sociale*, 1996, pp. 51-60 (at p. 55).

（5）アメリカ合衆国では、ファーマン判決によって、州とD・Cだけでなく、連邦政府および合衆国軍部の死刑法もすべて無効になったわけであるが、ここに掲記しなかったものは、その後の立法によって死刑を復活させている。なお、死刑法をもつキャリフォーニア（一九七二）、ニュー・ジャージー（一九七二）およびニュー・ヨーク（一九七七、一九八四の二度）の三州では、州裁判所による違憲判決があったが、その後の判決または立法によって変更され、有効な死刑法が現存している。ちなみに、有効な死刑法をもつニュー・ハンプシャー、ニュー・ヨーク、ワイオミングの三州では、現在のところ死刑囚は一人もいないという。——ファーマン判決（Furman v. Georgia, 408 U. S. 238 [1972]）は、およそ死刑を違憲としたものではなく、恣意的な運用を理由として合衆国憲法第八および第一四修正に反する「残虐かつ異常な刑罰」にあたるとしたものである。しかも、この結論をとる裁判官もその理由づけはそれぞれニュアンスがあって、その結果、各州の立法的反応もまちまちになっている。これに対応するその後の判例の状況とこれに対する批判として、例えば、Craig J. Albert, Challenging Deterrence: New Insights on Capital Punishment Derived from Panel Data, *60 Univ. of Pittsburgh L. R. 340-344* [*1999*]. ただし、論者はそこから一般予防的見地を強調するが、この意見は私としては賛成しがたい。——なお、辻本義男「アメリカ合衆国の死刑状況（その一）一九八七年、（その二）一九八八年・一九八九年」中央学院大学法学論叢五巻二号、六

巻一号（一九九二年）、石堂功卓「死刑制度の再検討」中京法学二九巻二・三・四合併号（一九九四年）八五頁以下参照。Herbert H. Haines, Against Capital Punishment. The Anti-Death Penalty Movement in America, 1972-1994, 1996.

（6） ペルーでは、共産党「輝く道」（Sendero Luminoso）やトゥパック・アマル革命運動（MRTA：Movimiento Revolucionario Túpac Amaru）のような反政府武装集団の勢力があって緊急状態が続いており、テロ対策法制は人権保障の面で国際的水準から遠く、裁判外処刑や不法裁判なども多いという（*Amnesty International, Report 1996*, pp. 248-253）。一九九六年一二月にリマの日本大使公邸でおこったMRTAによる人質事件の武力鎮圧による解決（一九九七年四月）についても、この見地からの多角的な調査が必要であろう（例えば、朝日新聞（一九九七年四月二七日、一九九七年五月一一日〔三面〕）の記事、とくに、川見勝男「ペルー武力解決の真相」『世界』六二七号（一九九七年））。

（7） その実態につき、前出II 9（とくに三七六頁以下）参照。なお、辻本義男＝辻本衣佐（共同編著）『アジアの死刑』（一九九三年）、法務総合研究所＝アジア極東犯罪防止研修所＝アジア刑政財団『アジア諸国の犯罪報告書』（一九九三年）参照。アジア・太平洋地域の状況につき、R. Hood, *The Death Penalty*, 2nd Ed., 1996, pp. 31-40.

（8） 朝日新聞（一九九四年一二月一七日夕刊）によると、フィリピンでは、死刑復活後の法律は殺人罪などのほか、汚職・車泥棒・一定量以上の麻薬覚醒剤所持なども死刑の対象にしている由である。死刑囚は日本人を含み相当数にのぼるが、一九七六年一〇月を最後に執行はなく、電気椅子は故障したまま、また、改正法はガス室で執行と定めているが、予算不足で建設のめどが立っていないという。ルーズな拘禁の実情も詳細に取材報道されている。——フィリピンでは、その後、一九九五年二月五日、死刑復活後はじめて——一九七六年以来二三年ぶりに——死刑が執行された旨、報道された（日経一九九九・二・六）。なお、AI Index：ACT 53/02/99 参照。

(9) *Amnesty International Report 1996*, pp. 275-278 ; R. Hood, *The Death Penalty*, 2nd Ed., 1996, p. 243.

(10) AI Index : ACT 50/01/99 による。

2　死刑に関する統計

A　第一表には、第一審裁判所で死刑の言渡しを受けた被告人の人数を掲げた。これによって、死刑の量定についての裁判所の動きが一番よくわかるのではないかと思う。もちろん、この数字の中には、のちに上訴審で軽くなって無期懲役などに変更されたり、極端な例としては無罪になったものさえ含まれているし、また、逆に、第一審では死刑でなかったのが、上訴審に行ってから死刑になるケースもかならずしも稀ではない（第一表の［備考］6参照）。そういう点からいえば、死刑確定の人員をみるのも、もちろん大切なことであるが、確定までにかなりの年月を要するのが普通なので、死刑の言渡しの傾向をみるためには、やはり第一審における死刑言渡しの人員をみるのが適当だと思われるのである（死刑事件を上訴や再審の関係で検討することは、それじたい独立した研究の対象として、きわめて興味のあるテーマである）。

なお、明治初年における死刑数については、手塚豊「明治初年の死刑数」（同『明治刑法史の研究』上・一九八四年・二九九頁以下）（本書二三九頁注6参照）。そこに挙げられている数字が宣告数か確定数かそれとも執行数かは不明であるが、博士は当時の状況から考えて、第一審の宣告数と推定され、ただ、死後宣告という特殊の例外を除いては、宣告数・確定数・執行数はほぼ一致するであろうとしておられる（なお、第二表の［備考］3、4参照）。

第1表　第一審裁判所で死刑を言い渡された被告人の員数

年　次	人　員	年　次	人　員	年　次	人　員
1875（明治 8）*	〔452〕	1898（明治 31）	58	1921（大正 10）	49
1876（明治 9）*	〔391〕	1899（明治 32）	43	1922（大正 11）	38
1877（明治 10）*	〔160〕	1900（明治 33）	51	1923（大正 12）	31
1878（明治 11）*	〔175〕	1901（明治 34）	44	1924（大正 13）	17
1879（明治 12）*	〔154〕	1902（明治 35）	56	1925（大正 14）	29
1880（明治 13）*	〔125〕	1903（明治 36）	55	1926（昭和 1）	25
1881（明治 14）*	〔 96〕	1904（明治 37）	54	1927（昭和 2）	32
1882（明治 15）	70	1905（明治 38）	26	1928（昭和 3）	25
1883（明治 16）	72	1906（明治 39）	37	1929（昭和 4）	21
1884（明治 17）	99	1907（明治 40）	27	1930（昭和 5）	28
1885（明治 18）	125	1908（明治 41）	36	1931（昭和 6）	31
1886（明治 19）	159	1909（明治 42）	32	1932（昭和 7）	37
1887（明治 20）	98	1910（明治 43）	48	1933（昭和 8）	26
1888（明治 21）	71	1911（明治 44）	51	1934（昭和 9）	28
1889（明治 22）	53	1912（大正 1）	52	1935（昭和 10）	31
1890（明治 23）	80	1913（大正 2）	44	1936（昭和 11）	19
1891（明治 24）	74	1914（大正 3）	52	1937（昭和 12）	31
1892（明治 25）	57	1915（大正 4）	79	1938（昭和 13）	22
1893（明治 26）	67	1916（大正 5）	74	1939（昭和 14）	15
1894（明治 27）	67	1917（大正 6）	67	1940（昭和 15）	15
1895（明治 28）	102	1918（大正 7）	40	1941（昭和 16）	12
1896（明治 29）	82	1919（大正 8）	60	1942（昭和 17）	16
1897（明治 30）	80	1920（大正 9）	35	1943（昭和 18）**	30〔＋？〕

1944（昭和 19）	?	1963（昭和 38）	12	1982（昭和 57）	11
1945（昭和 20）	?	1964（昭和 39）	12	1983（昭和 58）****	5
1946（昭和 21）***	40〔＋?〕	1965（昭和 40）	16	1984（昭和 59）	6
1947（昭和 22）***	105〔＋?〕	1966（昭和 41）	14	1985（昭和 60）	9
1948（昭和 23）	116	1967（昭和 42）	7	1986（昭和 61）	5
1949（昭和 24）	55	1968（昭和 43）	15	1987（昭和 62）	6
1950（昭和 25）	62	1969（昭和 44）	9	1988（昭和 63）	10
1951（昭和 26）	44	1970（昭和 45）	9	1989（平成 1）	2
1952（昭和 27）	37	1971（昭和 46）	4	1990（平成 2）	2
1953（昭和 28）	22	1972（昭和 47）	4	1991（平成 3）	3
1954（昭和 29）	20	1973（昭和 48）	4	1992（平成 4）	1
1955（昭和 30）	32	1974（昭和 49）	6	1993（平成 5）	4
1956（昭和 31）	24	1975（昭和 50）	5	1994（平成 6）	8
1957（昭和 32）	35	1976（昭和 51）	4	1995（平成 7）	11
1958（昭和 33）	25	1977（昭和 52）	9	1996（平成 8）	1
1959（昭和 34）	28	1978（昭和 53）	6	1997（平成 9）	3
1960（昭和 35）	12	1979（昭和 54）	7	1998（平成 10）	7
1961（昭和 36）	29	1980（昭和 55）	9		
1962（昭和 37）	12	1981（昭和 56）	2		

［備考］

1　この表の作成およびそのための各種資料の調査についてはもともと鈴木一義君を煩わすところが大きかったが、責任は全面的に著者にある。

2　一八七五―八一（明治八―一四）年（*）は「被告人処断総数」となっていて、第一審の死刑言渡人員かどうかだけでなく、およそ死刑言渡人員かどうかが明らかでない（『第八刑事統計年報〔明治一五年〕』の記述参照）。当時は控訴は許されず、大審院への上告だけが認められていたが、死罪についての管轄権を有する上等裁判所は、「死罪ヲ審訊シテ律ヲ擬」した段階で、大審院の「批可」を得た上で「決行」することとされていた（明治八年上等裁判所章程三条）。だから、むしろ、後出第二表の［備考］4に述べるように、死刑執行の人員と見たほうがよいようである。なお将来の検討に待つ以外にない。しかし、言渡人員とみる余地もないわけではないから、ここには、参考のために、〔 〕を付して第二表と同じ数字を重複して挙げておいた。第二表では一八七三―七四（明治六―七）年の数字も掲げておいたが、同様の趣旨でこれも参考とされたい。

3　一八八二―一九〇七（明治一五―四〇）年は単に「死刑言渡人員」とあるが、第一審の言渡人員とみてよい。一九〇八（明治四一）年以降は、第一審言渡人員の旨が明記されている。

4　一八七五―七七（明治八―一〇）年は司法省の『刑事綜計表』、一八七八―一九四三（明治一一―昭和一八）年は司法省の『刑事統計年報』（一九四一―四三〔昭和一六―一八〕年は『刑事統計要旨』のみ）に拠り、一九四八―九五（昭和二三―平成七）年は最高裁判所の『司法統計年報』に拠った。ただし、一八七六―七八（明治九―一一）年の各年度の数字は、手塚博士の指摘（手塚豊・前掲書三〇二頁注四）にしたがって、『刑事綜計表』および『刑事統計年報』の数字に国事犯の死刑数を加えたものである。

5　第二次大戦中およびその直後の統計は、欠落しているか、または不備である。

a　一九四三（昭和一八）年は、前記の『刑事統計要旨』によると、表によっては二〇人となっているのがあるが、これは他の表との対比から三〇人の誤植とみられる。もっとも、この年度の統計は、もとになる犯罪票の一部亡失のため、いずれにしても不完全な数字である（『第六九刑事統計要旨』の「はしがき」）。表中、この年度の数字（*

＊）に〔＋?〕印を付したのはその趣旨である。

b　一九四四―四七（昭和一九―二二）年の統計は、不明である。『第七二刑事統計年報（裁判事件）昭和二二年』（一九五五年）および『犯罪統計年報（第一審事件）昭和二二年』（一九五一年）の「はしがき」参照。一九四六（昭和二一）年および一九四七（昭和二二）年については、これらの両資料に拠って一応の数字を掲げておいたが、もともと基礎資料の散逸・滅失があるので、この数字には相当数の遺脱があるものと思われる。表中、この両年度の数字（＊＊＊）にも〔＋?〕印を付したのはその趣旨である。

6　一九八六年以降一〇年間の統計について、やや具体的に内容をみておこう（法曹時報四九巻二号〔一九九七年〕三九六―三九七頁による）。①死刑判決（総数五二人）の罪名別をみると、大部分は殺人（一九人）・強盗致死（三一人）であるが、現住建造物等放火（一九八七年）・爆発物取締罰則（一九九〇年）が各一人みられる。②求刑との関係をみると、死刑の求刑（総数八五人）に対し、判決は死刑（五二人）、無期懲役（三二人）、有期懲役（一人〔一九九二年〕）、無罪（一人〔一九八九年〕）。ちなみに、無期懲役の求刑に対し死刑の判決というのは、もちろん絶無である。③一審死刑が控訴審で無期懲役に変更された者（四人〔一九九一年・一九九三年各一人、一九九五年二人〕）、逆に一審の無期懲役が死刑に変更された者（一人〔一九九二年〕）。なお、一審の死刑判決に対しいったん控訴を申し立てたのち、控訴審記録受理前に取り下げた者が一人いる（一九九三年）。

一九八三（昭和五八）年（＊＊＊）は永山事件の最高裁判決の出た年である。この年度以降の量刑傾向につき、四三四頁注15参照。

B　第二表は死刑を実際に執行された人員の数である。死刑判決が確定して拘置監に収監されただけの者は、もちろん含まれていない。死刑判決が確定しても、再審で覆ることもあるし、恩赦や執行前の死亡といったような種々の理由によって執行に至らないことがある。また、判決確定後、執行までの間にかなりの時間があることは、本文の中でも述べたとおりである（四二四頁参照）。したがって、この第二表は、右の第一表に掲げた第一審で死刑を言い渡された人員とパラレルになるものでないことはいうまでもない。

この表によれば、一九九〇（平成二）年に死刑執行数はついにゼロになり、しかもそれが三年以上も続いたのであった。これはきわめて意義深いことであって、まさに特筆大書に値することであった（前出四八頁以下参照）。残念ながら、この状態は三年四箇月というところで、後藤田正晴法相（宮沢内閣）の時ならぬ死刑執行命令書署名によって中断され、さらにその後、三ケ月章（細川内閣）、前田勲男（村山内閣）両法相によって重ねて執行され（前出六三頁、六六頁以下、九六頁注34）、今では毎年何名かの執行がほとんど恒例のように行なわれるようになったことはきわめて遺憾であるが、それにしても当時これだけの期間にわたって死刑執行が行なわれなかったという事実には、それ自体、依然として千鈞の重みがある。同時に、現在なお五〇名以上の死刑確定囚の人たちが拘置所に呻吟していることをも忘れてはならない。この問題については、「第三版のはしがき」（〔一四〕頁）および本文Ｉ３、Ｉ４を読んでいただきたい。

第2表 死刑を執行された人員数

年次	人員	年次	人員	年次	人員
1873（明治 6）*	961	1896（明治 29）	72	1919（大正 8）	41
1874（明治 7）*	748	1897（明治 30）	21	1920（大正 9）	41
1875（明治 8）**	452	1898（明治 31）	48	1921（大正 10）	25
1876（明治 9）**	391	1899（明治 32）	37	1922（大正 11）	32
1877（明治 10）**	160	1900（明治 33）	33	1923（大正 12）	32
1878（明治 11）**	175	1901（明治 34）	29	1924（大正 13）	13
1879（明治 12）**	154	1902（明治 35）	28	1925（大正 14）	19
1880（明治 13）**	125	1903（明治 36）	41	1926（昭和 1）	29
1881（明治 14）**	96	1904（明治 37）	45	1927（昭和 2）	12
1882（明治 15）	51	1905（明治 38）	36	1928（昭和 3）	21
1883（明治 16）	61	1906（明治 39）	19	1929（昭和 4）	13
1884（明治 17）	52	1907（明治 40）	12	1930（昭和 5）	15
1885（明治 18）	130	1908（明治 41）	51	1931（昭和 6）	19
1886（明治 19）	131	1909（明治 42）	18	1932（昭和 7）	22
1887（明治 20）	97	1910（明治 43）	39	1933（昭和 8）	28
1888（明治 21）	60	1911（明治 44）	40	1934（昭和 9）	35
1889（明治 22）	49	1912（大正 1）	24	1935（昭和 10）	14
1890（明治 23）	39	1913（大正 2）	60	1936（昭和 11）	11
1891（明治 24）	66	1914（大正 3）	5	1937（昭和 12）	23
1892（明治 25）	51	1915（大正 4）	94	1938（昭和 13）	15
1893（明治 26）	46	1916（大正 5）	63	1939（昭和 14）	14
1894（明治 27）	52	1917（大正 6）	53	1940（昭和 15）	20
1895（明治 28）	75	1918（大正 7）	56	1941（昭和 16）	22

1942（昭和 17）	11	1962（昭和 37）	26	1982（昭和 57）	1
1943（昭和 18）	13	1963（昭和 38）	12	1983（昭和 58）	1
1944（昭和 19）	25	1964（昭和 39）	0	1984（昭和 59）	1
1945（昭和 20）	8	1965（昭和 40）	4	1985（昭和 60）	3
1946（昭和 21）	11	1966（昭和 41）	4	1986（昭和 61）	2
1947（昭和 22）	12	1967（昭和 42）	23	1987（昭和 62）	2
1948（昭和 23）	33	1968（昭和 43）	0	1988（昭和 63）	2
1949（昭和 24）	33	1969（昭和 44）	18	1989（平成 1）	1
1950（昭和 25）	31	1970（昭和 45）	26	1990（平成 2）	0
1951（昭和 26）	24	1971（昭和 46）	17	1991（平成 3）	0
1952（昭和 27）	18	1972（昭和 47）	7	1992（平成 4）	0
1953（昭和 28）	24	1973（昭和 48）	3	1993（平成 5）	7
1954（昭和 29）	30	1974（昭和 49）	4	1994（平成 6）	2
1955（昭和 30）	32	1975（昭和 50）	17	1995（平成 7）	6
1956（昭和 31）	11	1976（昭和 51）	12	1996（平成 8）	6
1957（昭和 32）	39	1977（昭和 52）	4	1997（平成 9）	4
1958（昭和 33）	7	1978（昭和 53）	3	1998（平成 10）	6
1959（昭和 34）	30	1979（昭和 54）	1	1999（平成 11）	5
1960（昭和 35）	39	1980（昭和 55）	1		
1961（昭和 36）	6	1981（昭和 56）	1		

［備考］

1　この表についても、表の作成およびそのための各種資料の調査は鈴木一義君を煩わしたが、責任はもちろん著者にある。

2　一八七三（明治六）年および一八七四（明治七）年は修史局編纂『明治史要附録概表』（一八七六年）の「行刑表」の部分、一八七五—七七（明治八—一〇）年は『刑事綜計表』、一八七八—一九二一（明治一一—大正一〇）年は『刑事統計年報』、一九二二—六〇（大正一一—昭和三五）年は『行刑統計年報』、一九六一—九八（昭和三六—平成一〇）年は『検察統計年報』および『矯正統計年報』に拠った。ただし、一八七六—七八（明治九—一一）年の各年度の数字は、第一表と同じく、手塚博士の指摘（手塚豊・前掲書三〇二頁注四）にしたがって、『刑事綜計表』および『刑事統計年報』の数字に国事犯の死刑数を加えたものである。

3　一八七三（明治六）年および一八七四（明治七）年の数字（＊）については疑問があるが、『犯罪白書（昭和四三年版）』三五三頁は、これを死刑執行人員の数として掲出している。——付言すると、一八七三（明治六）年の九六一人の内訳は、絞二一八人（内、女一人）、斬七〇九人（内、女一九人）、梟三四人（内、女一人）となっている。一八七四（明治七）年の七四八人は、「死後刑名宣告」二〇人（内、絞四人、斬一六人——すべて男）を含む数字のようである（「収贖」「除族」は含まない）。それを除く七二八人の内訳は、絞一一三人（内、女四人）、斬六〇一人（内、女一六人）、梟一四人（内、女一人）となっている。いずれも、正確なことは今後の検討に待たなければならないが、一応、これらの数字を死刑執行人員の数として、ここに掲げておく。

4　一八七五—八一（明治八—一四）年（＊＊）の「被告人処断総数」については、前掲『犯罪白書（昭和四三年版）』三五三頁はこれを死刑執行人員の数とみている。『第五刑事統計年報（明治一二年）』五頁に「死罪按審批ノ者……決行セラレシ」とあるところからみて、この理解でよいかと思われる。もっとも、上等裁判所は大審院の「批可」を得た上で「決行」するのであるから（明治八年大審院章程七条、同年上等裁判所章程三条——明治八年の大審院創設前は府県裁判所が司法省の擬律処分を得て後決行、明治五年司法職務定制六五条、なお九〇条、九三条参照）、言渡即確定であり、執行の数ともほぼ一致するであろう。——「決行」の意義については、なお、明治一〇年太政官布告一九号による改正控訴上告手続三一条、三五条が参考になる。

〔参照条文〕

刑法

第一一条 死刑は、監獄内において、絞首して執行する。

② 死刑の言渡しを受けた者は、その執行に至るまで監獄に拘置する。

第三一条 刑の言渡しを受けた者は、時効によりその執行の免除を得る。

第三二条 時効は、刑の言渡しが確定した後、次の期間その執行を受けないことによって完成する。

一 死刑については三十年
二 無期の懲役又は禁錮については二十年
三 十年以上の有期の懲役又は禁錮については十五年
四 三年以上十年未満の懲役又は禁錮については十年
五 三年未満の懲役又は禁錮については五年
六 罰金については三年

七　拘留、科料及び没収については一年

第三三条　時効は、法令により執行を猶予し、又は停止した期間内は、進行しない。

第三四条　死刑、懲役、禁錮及び拘留の時効は、刑の言渡しを受けた者をその執行のために拘束することによって中断する。

② 罰金、科料及び没収の時効は、執行行為をすることによって中断する。

刑事訴訟法

第四四二条　再審の請求は、刑の執行を停止する効力を有しない。但し、管轄裁判所に対応する検察庁の検察官は、再審の請求についての裁判があるまで刑の執行を停止することができる。

第四四八条　再審の請求が理由のあるときは、再審開始の決定をしなければならない。

② 再審開始の決定をしたときは、決定で刑の執行を停止することができる。

第四七五条　死刑の執行は、法務大臣の命令による。

② 前項の命令は、判決確定の日から六箇月以内にこれをしなければならない。但し、上訴権回復若しくは再審の請求、非常上告又は恩赦の出願若しくは申出がされその手続が終了するまでの期間及び共同被告人であつた者に対する判決が確定するまでの期間は、これをその期間に算入しない。

第四七九条　死刑の言渡を受けた者が心神喪失の状態に在るときは、法務大臣の命令によつて執行を停止する。

② 死刑の言渡を受けた女子が懐胎しているときは、法務大臣の命令によつて執行を停止する。

③ 前二項の規定により死刑の執行を停止した場合には、心神喪失の状態が回復した後又は出産の後に法務大臣の命令がなければ、執行することはできない。

④　第四百七十五条第二項（死刑執行のための命令の期間）の規定は、前項の命令についてこれを準用する。この場合において、判決確定の日とあるのは、心神喪失の状態が回復した日又は出産の日と読み替えるものとする。

監獄法

第一条　監獄ハ之ヲ左ノ四種トス

一　懲役監　（略）
二　禁錮監　（略）
三　拘留場　（略）
四　拘置監　刑事被告人、拘禁許可状、仮拘禁許可状又ハ拘禁状ニ依リ監獄ニ拘禁シタル者、引致状ニ依リ監獄ニ留置シタル者及ヒ死刑ノ言渡ヲ受ケタル者ヲ拘禁スル所トス

第九条　本法中別段ノ規定アルモノヲ除ク外刑事被告人ニ適用ス可キ規定ハ拘禁許可状、仮拘禁許可状又ハ拘禁状ニ依リ監獄ニ拘禁シタル者、引致状ニ依リ監獄ニ留置シタル者、監置ニ処セラレタル者及ヒ死刑ノ言渡ヲ受ケタル者ニ之ヲ準用シ懲役囚ニ適用ス可キ規定ハ労役場留置ノ言渡ヲ受ケタル者ニ之ヲ準用ス但第三十五条ノ規定ハ監置ニ処セラレタル者ニ之ヲ準用セス

第七一条　死刑ノ執行ハ監獄内ノ刑場ニ於テ之ヲ為ス

②　大祭祝日、一月一日二日及ヒ十二月三十一日ニハ死刑ヲ執行セス

第七二条　死刑ヲ執行スルトキハ絞首ノ後死相ヲ検シ仍ホ五分時ヲ経ルニ非サレハ絞縄ヲ解クコトヲ得ス

第V部 Toward the Abolition of the Death Penalty

本稿は、72 *Indiana Law Journal*, 7 (1996) として同誌に掲載されたもので、転載を可能にするために、あらかじめ著作権を私に留保しておかれた同誌の編集者の思慮深い好意に感謝する。

この講演（一九九六年四月四日）は、ホフマン教授の世話によって実現し、インディアナ大学ロースクール（ブルーミントン）の主催で、一般市民の参加をも得て、ジェロウム・ホール記念講演の一環として行なわれた。講演会の模様については、Indiana University School of Law Bloomington, *Bill of Particulars*, Fall 1996, pp. 6-9. 歓迎会にはインディアナ州最高裁のシェパード首席判事（Randall Shepard, C. J.）やサリヴァン判事（Frank Sullivan, J.）も参加された。

ついで、フット（Daniel Foote）教授の好意によって、同じ講演をワシントン大学ロースクール（シアトル）でも行なうことができた。このときは、ワシントン州最高裁のアッター判事（退職）（Robert F. Utter, J.）とサンダーズ判事（R. B. Sanders, J.）も、一般聴衆とともに聴講された。アッター判事は、強い死刑廃止論者で、前年、信念によって、裁判所で死刑事件を扱うことじたいが自分の良心に反するという理由で辞任して、マスコミを賑わした人である（団藤『法学の基礎』二刷〔一九九六年〕二〇五頁注14参照）。サンダーズ判事はその後、州最高裁判決の少数意見の中で私の講演を引用された。State of Washington v. Paul Rivers, 1996 Wash. LEXIS 475, 31 (at p. 44 n4). 以上、この訪米一切については、井上正仁教授の格別のお世話になった。

上記 *Indiana Law Journal* のこの号（七二巻一号）は死刑論の特集ともいうべき形に編集されていて、とくにホフマン教授の私見についてのコメントは興味がある（Joseph L. Hoffmann, Justice Dando and "Conservative" Argument for Abolition, *ibid.*, pp. 21-24）。教授は、私が人間の尊厳をもとにして人格形成の無限の可能性を主張し、それが死刑とは相容れないことを論じた点をとくに取り上げて、アメリカの死刑廃止論に欠けていた論点だとして評価してくださった。また、ブラッドレイ教授は誤判の問題に関連して、死刑事件の有罪の基礎となる心証の程度の問題について、実務的に有用な新基準を提唱された（Craig M. Bradley, A (Genuinly) Modest Proposal Concerning the Death Penalty, *ibid.*, pp. 25-30）。また、グリーンフィールド教授（Kent Greenfield, Cruelty and Original Intent : A Socratic Dialogue, *ibid.*, pp. 31-40）は、アメリカ特有のフェデラリズムの思想に関連し、ソクラテスの対話の形式を借りて、死刑が残虐な刑罰であることの論証に貢献しようとしている。

Toward the Abolition of the Death Penalty*

De Facto Abolition in Early Japanese History

I would like to begin with a remarkable fact in Japanese history, a fact of which we are proud. The death penalty was stopped during the period from A. D. 810 to 1156. This was de facto, though not legal, abolition for a period of nearly three and a half centuries. In those days of the *Heian* period, every death sentence had to be approved by the Emperor. And it became customary in practice that every death sentence be commuted to a deportation of the criminal to a remote place by a separate order issued by the Emperor. The practice prevailed throughout this period, with only a few exceptions in particular cases.

But how and why was it possible at all that such a memorable practice materialized at the time of the *Heian* period? The answer will be twofold.

First, this was obviously due to the peace Japan was enjoying throughout this period. It is interesting to note that political struggles among the court nobles became violent and a rebellion known as the *Hōgen-no-Ran* burst out in 1156, the very year in which this glorious period ended.

When the leaders of the rebellion were caught, there was a debate among the court nobles. Many were of the opinion that the traditional commutation should be granted even in

---

* This Article was delivered as the Jerome Hall Lecture at Indiana University School of Law—Bloomington on April 4, 1996.

this case as well, but one influential noble insisted strongly on execution. Everybody, though rather reluctantly, obeyed him. The Emperor, consequently, did not issue an order of commutation, and all the leaders were executed. The author of the *Hōgen-Monogatari*, dating back presumably to the twelfth or thirteenth century, describing the story of *Hōgen-no-Ran*, expressed in it his great regret for this conclusion. Hatred and hostility gave rise to another even stronger hatred and hostility. It brought about a long age of civil wars, followed by the age of the *Tokugawa Shōgunate*, which was characterized by despotism. The glorious days of non-execution, which had lasted for such a long period, never came back again.

In this connection I would like to refer to Roman history. During the last hundred years of the Roman Republic the abolitionist tendency was strong enough to exclude the death penalty as a practical matter. This can also be ascribed to the peace they were enjoying at that time.

The second reason for de facto abolition of the death penalty during the *Heian* period was the influence of Buddhism. It was introduced into Japan from India via China at the middle of the sixth century, in A. D. 538. Under the patronage of the Emperors it became flourishing and influential. The doctrine of Buddhism is so immensely profound and multi-dimensional that you cannot put it in any simple way. But, at least, one of its basic features may be called "compassion-love,"[1)] which, in turn, leads to mercy and leniency. It is quite natural that the flourishing of Buddhism at that time caused such a long extended practice of non-execution of the death penalty. I would add that virtues such as compassion-love, mercy, charity, and the like are not monopolized by Buddhism, but are shared by other important religions, including Christianity and Confucianism. As for Christianity, I will come back to it later.

Trends in the Contemporary World

What I have been talking about thus far cannot be applied directly to modern society, because of the substantial differences in cultural, social, and political structure.

So, let us now turn to the contemporary world. What comes first into our sight is the fact of complete abolition of the death penalty in the European Union countries. Among those countries I would like to mention the Federal Republic of Germany, where the death penalty was expressly and completely abolished by the Constitution as early as 1949.[2)] In Italy, the death penalty was even earlier abolished by the Constitution of 1947,[3)] though with exceptions as to wartime military law until recently. Noteworthy is the dramatic case of France. Here abolition was realized by the late President Mitterrand in 1982 despite unfavorable public opinion, with sixty-two percent being retentionists. He dared to perform this feat by declaring his policy of abolition in advance, during his presidential campaign. After having won the election, he soon nominated Professor Robert Badinter, a well known abolitionist, as Justice Minister, who admirably succeeded in performing the duty entrusted to him by the President.

The road toward abolition had been paved by the *Universal Declaration of Human Rights* (*"Universal Declaration"*), adopted by the United Nations at its 1948 General Assembly. It proclaimed, "[e]veryone has the right to life...."[4)] This was indeed of immense importance in the history of human rights, but legally speaking, it was little more than a moral proclamation. It had no binding power in terms of law.

So the next step to be taken was the implementation of this ideal. Thus, some twenty years later came the *Interna-*

tional Covenant on Civil and Political Rights (*"International Covenant"*), adopted by the United Nations at its General Assembly of 1966, and coming into force in 1976.[5] It provides, "Every human being has the inherent right to life. This right shall be protected by law. No one shall be arbitrarily deprived of his right."[6] This is not a mere moral proclamation like the *Universal Declaration*, but rather an international treaty in the strict sense. This was remarkable progress.

At the same time, however, from the viewpoint of the abolitionist movement, the *International Covenant* still is not our final goal. In this *International Covenant*, the protection of the right to life is not an absolute one, but a protection only by law—though, of course, with many restrictions imposed upon the legislature. This may be easy to understand, because in order to be supported by as many countries as possible, it was considered wise that even a rather loose type of guarantee of the right to life was much better than nothing at all. In fact, many countries, including the United States and Japan, ratified this *International Covenant*, sooner or later.

But, of course, we cannot be satisfied at this. The high ideal set by the *Universal Declaration* should be achieved at the earliest possible time. From the start, this was the plan of the United Nations. The efforts of the United Nations to achieve this goal have borne fruit in the form of the *Second Optional Protocol to the International Covenant on Civil and Political Rights Aiming at the Abolition of the Death Penalty* (*"Second Optional Protocol"*), adopted by the General Assembly in December, 1989, and coming into force in 1991.[7] This *Second Optional Protocol* guarantees fully the right to life, with the least possible reservation, in a very elaborate way. It provides, "No one within the jurisdiction of a State party to the present Optional Protocol shall be

executed. Each State party shall take all necessary measures to abolish the death penalty within its jurisdiction."[8)] This protocol is designed to be embodied as an additional provision to the *International Covenant*.

This was what those of us who support abolition had been looking forward to for a long time. In Japan, we immediately organized our "Forum to Promote the Ratification of the Abolition Treaty" in December, 1990. I myself was invited to lecture at its opening convention, where hundreds of people gathered together. The manuscript of my lecture was translated into English by Amnesty International,[9)] and was distributed world-wide.

But our task was not, and is not, an easy one. Despite our best efforts, the Japanese Government, like the United States Government, does not want to ratify the *Second Optional Protocol*. Nowadays, almost all the industrialized countries, like the European Union countries, have ratified it and abolished the death penalty. It looks rather unnatural and unreasonable that our two major developed countries, the United States and Japan, still remain retentionists. Needless to say, on the state level in America there are many abolitionist states, some dating back even to the middle of the nineteenth century.

Public Opinion

But why is the Japanese Government opposed to abolition? The main reason is that public opinion is not favorable to abolition. This is true so far as the surveys carried out by the government are concerned. They show that around seventy percent of the respondents are retentionists. But, in my view, the questions put in the questionnaires were not very fair. They looked to be designed to lead to answers favorable to the retentionists. Sure, the govern-

ment has improved the questions gradually, in accordance with our critiques, little by little every time. Still, even in the last poll, the questionnaire was far from satisfactory for us.

Moreover, public opinion is by nature governed by the information given to the public. Thus it may be manipulated by the government rather easily. This factor was clearly pointed out by Walter Lippmann in his *Public Opinion*,[10] first published in 1922, a classical work in this field.

And it is very deplorable that, in Japan, public information about the death penalty is extremely limited. The executions are carried out secretly. Even the fact that an individual execution was carried out is kept hidden—not only to the mass media, but even to the relatives of the prisoner. Even the relatives and defense lawyers are not given the opportunity to visit the prisoner before the execution. The details of how the execution was carried out in a particular case are not made known to anybody outside the execution process. Of course, we know from the Penal Code and other statutes and regulations the outline of the execution, such as : that the method of the execution is hanging in certain prescribed prisons, that a medical officer of the prison should certify the death of the executed person, who should attend the execution and make the protocol, and who should take off the rope from the body. But all this is in the abstract. Anything that actually took place in individual cases is shut out to the outside world. Only the total number of executions is published in the annual statistics of the Ministry of Justice at the end of each year. The situation of death row is kept rather strictly secret. Communications between the prisoners and the outside world are strictly prohibited except for very limited particular cases. Such being the case, people at large cannot get the information adequate to answer the questionnaires of the polls.

In this connection, I would call your attention again to the example of the French President Mitterrand, who, as I noted before, dared to realize abolition despite unfavorable public opinion.

A statesman who is deserving of the name should cherish a high ideal and materialize it through powerful political activities. In order to carry it out, he must strongly and wisely lead public opinion instead of blindly obeying it.

REVENGE ; *LEX TALIONIS*

A more essential problem for us to consider is the popular sentiment underlying public opinion as to the death penalty. To be frank, we cannot neglect the naive sentiment of revenge in the case of murder, namely the "eye for an eye, tooth for a tooth" principle of *lex talionis*, which dates back to the most primitive age.

As is well known, it is written in the *Gospel According to Matthew*, "You have heard that it was said, an eye for an eye and a tooth for a tooth. But I tell you that you should not offer resistance to injury ; if a man strikes thee on thy right cheek, turn the other cheek also toward him."[11] And in the *Epistle of Paul to the Romans*, "Do not avenge yourselves, beloved ; allow retribution to run its course. So we read in scripture, 'Vengeance is for Me, I will repay,' says the Lord.... Do not be disarmed by malice ; disarm malice with kindness."[12] Finally, according to the teaching of Jesus Christ, vengeance is a matter for God, not a matter for human beings. This is the teaching of Christianity.[13] As we saw before, in Buddhism as well, compassion-love is among the most important teachings, though there is no such particular sacred book in a single volume or two comparable to the Bible ; instead, the teachings are scattered and hidden in the immensity of innumerable, enor-

mous writings and traditions. Among the major religions in the modern world, Islam is probably the only one that holds fast to the talionic principle.

Justice

Of course, the dimension of the law is not the same as that of religion. According to common understanding, the ideal of law is justice.

But what is justice? We know that there are various categories of justice, for example: abstract and formal justice as opposed to concrete and material justice, distributive justice in contrast to commutative justice, and so on. In my view, the criminal law is to be governed basically by distributive, material justice, whereas in the law of contract, for example, the basic principle may be the commutative justice of equivalence.

In the field of criminal law, the relationship between the State and an offender is not that of equivalence, such as "give and take." Here, the State should not stand on the same level as that of the criminal. It should stand on a higher level than the latter by regarding the latter not as an opponent but as a component member. Therefore, the State should regard the offender from a much more comprehensive and inclusive aspect, taking into consideration not only the offender-victim relationship but all the factors conceivable, including, for example, the possibility of resocialization of the criminal. Of course, such matters as the sentiments and damages of the victims and their relatives, as well as the measures, remedial or otherwise, to be taken in this regard, are among the most important to be considered.

In this connection, it may be interesting to notice that in *The Merchant of Venice* Portia remarked, "And earthly power doth then show likest God's/ When mercy seasons

justice."[14)] According to Professor Henkel, a German legal philosopher, Saint Thomas Aquinas said: "iustitia sine misericordia crudelitas est," though "misericordia sine iustitia mater est dissolutionis."[15)] This may be roughly translated, "justice without compassion is cruelty," though "compassion without justice is the mother of dissolution." In other words, there is a tension between generalizing justice and individualizing or specializing justice, as pointed out by Professor Karl Engisch, also a German legal philosopher.[16)]

I have read with deep impression in a book of Doctor Karl Menninger that:

> Justice Oliver Wendell Holmes was always outraged when a lawyer before the Supreme Court used the word "justice."...The problem in every case is what should be done in *this* situation. It does not advance a solution to use the word *justice*. It is a subjective emotional word. Every litigant thinks that justice demands a decision in his favor.[17)]

In a trial of a capital case, the naive sense of justice will be represented mostly by testimonies of the victim's relatives, who generally appear in the courtroom as witnesses for the prosecution. The court should pay adequate attention to them. But we must be aware that the sense of justice usually appears as a desire for revenge, a subjective psychology which widely and substantially varies from one individual to another.

If the sentence of the court is influenced by such testimonies too much, injustice rather than justice will be brought about. Much the more so, because as a matter of meting out punishment the line to be drawn between the death penalty and life imprisonment is extremely delicate.

You may safely say that there is practically no distinct line. Particularly in capital cases, caprice or arbitrariness should be most strictly avoided. This is without doubt implied by the *International Covenant*.[18)]

Usually the victim's relatives are very strong in their sentiments of revenge against the offender. This is quite natural and understandable. But we must know that there are some exceptional and admirable cases. A few years ago, I met one Mrs. Dorothea Morefield, an American lady, who was invited to lecture at our "Forum to Promote the Ratification of the Abolition Treaty" on her own experience and views on revenge. She lost her nineteen-year-old son, a college student, who, while working at a nearby supermarket, was shot to death by a robber. She wanted at first to strangle the criminal with her own hands. But in the course of time, she became aware that that would not ameliorate anything at all, and she finally decided to become an enthusiastic abolitionist herself. Her speech moved us all very deeply. Her original hatred was sublimated in this way. In Japan, too, we find sometimes such noble-minded people, though not many in number.

It follows consequently that the defendant will have either good or bad luck in getting the sentence of death or not, depending upon the personal character of such witnesses. From this aspect again, the problem of justice is extremely delicate. To put too much stress on justice, as many retentionists do, with respect to the death penalty, is a doubtful policy and would better be avoided.

Killing in the Name of Law Justified at All?

Now we come to a fundamental question : Can we really say that taking the life of a criminal under the law is a demand of justice ? Let us try another approach. The penal

code provision concerning murder is naturally designed to respond to the command "do not kill." The law must function as a model for society of how justice should be applied. If the law permits the taking of human life by its own hand, while asking the nation to respect human life, the law can no longer exercise its discipline over society. In 1849, Dostoyevsky underwent the experience of being sentenced to death for assertedly participating in the "Petrashevsky Circle." His sentence was commuted by a special amnesty just before the execution date, and he was sent to Siberia. It is well understandable that Dostoyevsky called the use of the death penalty "an outrage on the soul."[19] In his novel, *The Idiot*, the leading character, Marquis Myshkin says: "It is written, Thou shalt not kill. Does that mean that because he has killed we must kill him? No, that's wrong."[20] In another context, A. J. Cronin, in his work *The Spanish Gardener*, let Halevy say to Brande, a little bit satirically, "No doubt. Revenge is a stimulating passion. But it may be dearly bought. Do not let it run away with you."[21]

MISJUDGMENT

The problem of misjudgment is the most decisive one as to whether capital punishment should be maintained. Some retentionists argue that misjudgment is not peculiar to capital punishment but is common to every kind of punishment. But the significance of the problem is essentially different between capital punishment and other kinds of punishment, in terms of possible recovery in cases where an innocent person was executed. Of course, even in cases of life or long-term imprisonment, the time once lost (especially the youth lost) of the prisoner, found innocent thereafter, can never be recovered again by any pecuniary reparation or restitution. But as long as the convicted person is

still alive, he or she can be compensated by some means or other, however insufficient it may be. In contrast, in the case of the death penalty, once executed, the dead person cannot be compensated at all, except that bereaved family members, if any, may receive something. The terrific agony felt by the innocent prisoner being executed must be far beyond the imagination of others. The anguish of the innocent person executed must be incomparably greater than that ordinarily felt by a prisoner who had actually committed the crime. Just imagine the prisoner who mounts the gallows shouting and crying aloud desperately : "I am not the offender ! I did not commit the crime !" This is nothing but what Dostoyevsky called "an outrage on the soul." This is no longer a punishment for the criminal. This is indeed a crime, and a most atrocious one, committed by nobody else but the state itself. And we should notice that this kind of situation is inevitable in the death penalty as a legal system.

In 1975, the First Petty Bench of the Supreme Court, of which I was a member, passed the *Shiratori* Judgment,[22] which loosened the grounds for a retrial (more precisely, a reopening of the proceedings against a judgment which has become finally binding) of a convicted person. Since this judgment was passed, there have been four cases in which convicted people who were sentenced to death have been found not guilty. Incidentally, out of those four cases, the appeals in two cases happened to be heard later by the First Petty Bench. When I read through the records in great detail, I honestly felt that the original judgments in these two cases had been unreasonable. But not even these cases were able to pass through the gate of retrial until after the *Shiratori* Judgment was issued. In other words, among those executed people who were unsuccessful in gaining a retrial prior to the *Shiratori* Judgment, there is a high possibility that some were executed in spite of being innocent. I am

afraid that the total number of such cases in the past has not been small.

Now the path to a retrial has become easier to a certain extent, and the courts charged with factfinding will be even more prudent than before, so I am sure that the incidence of misjudgment in cases involving capital punishment will be much lower than previously. But who can assure with absolute certainty that misjudgment will never occur? Of course, judges are well trained and have enough experience in dealing with findings. Even so, as long as they are human beings, nobody can claim that they do not make mistakes. They are not God; they are not omnipotent. Fallibility is inherent to human beings. Sir Karl Popper, famous philosopher of critical rationalism, founded his philosophy on what he calls fallibilism.[23)] When I forwarded him a copy of the English translation of my paper, he soon wrote to me expressing his complete agreement with my argument from his standpoint of fallibilism. Condorcet, a famous mathematician and a great figure at the time of the Enlightenment, deduced mathematically the inevitability of misjudgment, and consequently abolition, from the laws of probability. I have learned about Condorcet from a book jointly written by Mr. and Mrs. Robert Badinter.[24)] Mr. Badinter is the very figure who, as Justice Minister under the Mitterand regime, succeeded in realizing abolition in France in 1981. Here I have referred to Condorcet's argument, because human fallibility may be considered even as a matter of logic or something transcendent.

We know that there are innumerable reasons, both theoretical and practical, to believe that the miscarriage of factfinding is quite inevitable, regardless of the ability and personality of those who carry out the investigation and the trial. Even the foremost scientific knowledge and techniques cannot provide any final guarantees.

In this connection, I would like to tell you my own modest experience while I was on the Supreme Court. It was a case of murder by means of poisoning that occurred in a small country town. There was only circumstantial evidence, which, however, was enough to obtain a conviction beyond reasonable doubt. But according to the assertion of the accused's lawyer, the police arrested the accused after checking only half of the area of the whole town. The police did not check the other half of the area. If they had done so, who could say that there would be no possibility of finding another suspect in similar circumstances? The accused himself strongly denied committing the crime, and he insisted that he was not the person who did it.

Such circumstances alone are not enough to outweigh individual testimonies and pieces of evidence, so it could not be said that it put a reasonable doubt on the accused's guilt. We could not dismiss the case on the grounds of a mistake of factfinding by the lower court. But, then again, how could we be absolutely sure there was no mistake in this trial? We must have a slight worry in such cases. Since we could, as we did, sustain the conviction beyond reasonable doubt, the finding of guilt followed from the principle of the law of evidence. And if the defendant was guilty, the sentence would have to be death, because the circumstances of the crime were extremely bad in this case. It was such a case. Though I was not the presiding justice, I was worried very seriously. But as long as the death penalty existed, there was no way out.

Finally, the day of the decision came, and the presiding justice pronounced the judgment, which was a dismissal of the final appeal. When we left the courtroom, one person, apparently a member of the accused's family or possibly one of his supporters, hissed the word "murderer" at us from behind. Since I had been harboring all the time an

anxiety, though very, very slight, as to whether the accused really was guilty, this word stuck me in the heart. That voice still sounds in my ears as if it were recorded there. And I cannot forget it.

In this way, the problem of factfinding appears to take a special form in cases where the death penalty is applicable. In cases where the circumstances of the crime are so bad that the death penalty is virtually mandated, can we commute the sentence to one of life imprisonment because there may be a slight dent in the factfinding? This rationale cannot be supported theoretically.

So, in such cases, there is no escape as long as the death penalty exists. Certainly, there will be cases where life imprisonment may be made possible by some way or other of finding certain facts concerning the circumstances of the crime. But in cases such as the one I have been speaking about, the law leaves us no room to commute the sentence. Moreover, I do not think we can answer the basic question of whether to retain or abolish the death penalty through the use of cheap tricks such as temporizing.

Human Dignity

The inherent dignity of the human person is the foundation of human rights, as is expressed by the *Universal Declaration*[25)] as well as by the *International Covenant*.[26)]

Everyone as a human being has, in the innermost, one's own existential self—the entity of the highest and absolute value, human dignity, not only inviolable by anyone else but impossible to be abandoned even by oneself. Surely one may sacrifice even one's own life in certain extraordinary cases. This will be regarded as a heroic act. But that does not mean the abandonment of one's dignity. Human dignity is essentially more valuable than one's life. I would like to call

this the existential self or existential subjectivity, inherent in everyone's personality.

The concept of human dignity leads us to many important conclusions. I will raise here some of them.

In the first place, human dignity is in itself inconsistent with the death penalty in practice, which, as stated above, involves the possibility, though very slight, of resulting in what Dostoyevsky called "an outrage on the soul."

Secondly, with human dignity borne in mind, we must consider that everyone's personality is able to develop infinitely at any stage of one's life. The "right to seek pardon or commutation of anyone sentenced to death," as guaranteed by the *International Covenant*,[27] presupposes the ability of anyone to infinitely develop one's own personality.

Any criminal, however cruel and wrong his or her act may have been, can possibly be rehabilitated, either on the criminal's own initiative or by aid from somebody else such as chaplains, volunteers, friends, relatives, or otherwise. I knew a certain murderer sentenced to death, who was a typical psychopath lacking moral sentiments or emotion. I had the chance to look into some notes written by him. I was surprised at reading lines which showed his cold-bloodedness to the victim and the victim's family. Being a graduate from a first-class university with an excellent record, he showed a good talent in writing. But what he wrote showed nothing but his cold, egoistic calculation. It showed no sign of repentance at all. Then, however, the prisoner met the well-known French Father S. A. Candau, born in the Basque district, and a veteran of the last war, who loved Japan and served in Japan until his death. Father Candau's influence over this man was unimaginably great. The man soon became Christian and his obstinate character was gradually ameliorated, until at last it became even so

nice as to astonish people who knew his original cold-bloodedness. Years later he was nevertheless executed, though with a good conscience. His correspondence with his mother and an intimate female friend as well as with psychiatrists familiar to him while on death row were edited and published by a writer, who happened to be one of those psychiatrists. I was deeply moved at reading the book.

As will be seen from this example, every person has an infinite possibility of personality formation. And the blame-worthiness of a criminal act may change in accordance with such development of the criminal's personality. The punishment of imprisonment is well adaptable to such change in the criminal's personality by way of parole. In contrast, the death penalty totally lacks such flexibility. That means it is inconsistent with the human dignity of the criminal, even apart from the problem of misjudgment. As to my own dynamic theory of crime and punishment, I roughly outlined it in my previous lecture[28)] and thus will not repeat it here.

Humanistic Criminal Policy

Another conclusion to be drawn from the concept of human dignity should be humanistic criminal policy.

The term "humanistic criminal policy" was first used by Judge Marc Ancel, French criminal law scholar and judge, in his work *La Défense sociale nouvelle*,[29)] the subtitle being "Un mouvement de Politique criminelle humaniste." Judge Ancel's original intention was to criticize the then-prevailing old theory of social defense. The old theory of social defense had been asserted by the scholars belonging to the positivistic school initiated by Enrico Ferri, who had denied the "free will" as a "pure illusion." Judge Ancel wanted to overcome this type of old theory by a new approach based on humanism.

I do not deny the importance of the aspect of "law and order," since criminal law should be effective. But this aspect as such is not a self-evident principle, nor the only way of preventing crime. We have observed recently on both sides of the Pacific Ocean the resumption of executions of many people who had been on death row without being executed for a long time.

We also observe in the United States a tendency of reintroducing the death penalty such as in New York, where the death penalty had once been abolished. Moreover, both the American and the Japanese Governments alike obstinately refuse to ratify the *Second Optional Protocol*.[30)] All this is explained in terms of law and order. This recalls to my mind Professor Francis Allen's critical remarks, which he made years ago : "The extreme law-and-order advocates—the group described as adherents of the war theory of criminal justice—constitute one of the important and persistent realities of American political life and one of the principal limiting factors in American penal reform."[31)]

Can we really ascertain that such measures, based upon law and order, have actually any preventive or deterrent effect on criminality ? Let us take an example in Japan. In Japan there were no executions during the period of three years and four months from November, 1989, through March, 1993, when executions were resumed. It is interesting to note that the number of murder cases during this period was lower than the preceding and the following periods. The number of murder cases clearly went down in 1990 and up again in 1994. I do not claim that it is hereby scientifically proved that the death penalty has no effect on criminality. But at the same time, we can surely say, it is not proved either that the death penalty has any positive effect on criminality. Even the notorious affair of the *Aum*

Shinrikyo cult, involving gas attacks in Matsumoto, Nagano Prefecture, and in the Tokyo subways, was planned and carried out after the resumption of executions.

As early as 1924, Professor Edwin H. Sutherland of Indiana University pointed out that "the significant difference is not between the states that have capital punishment and those that do not, but between the different sections of the country, regardless of whether the states have or do not have capital punishment."[32] This conclusion was later elaborated by Professor Donald Cressey, with more materials and statistics.[33]

From the viewpoint of human dignity, we should not treat anyone as a mere object or a mere means to a purpose. Doctor Georg K. Stürup, famous psychiatrist and longtime superintendent of the world-renowned Herstedvester Detention Centre of Denmark, begins his work with his belief that "most of our actions are voluntary."[34] Noteworthy are his following remarks: "We should not attempt to 'cure' any criminal; he has to develop his own way and remain himself. It is necessary, though often difficult, to retain respect for the human beings with whom we are working."[35] Here he cites Jung's words: "Cure may act as a poison which not everyone can tolerate."[36] I recollect that I was deeply impressed, and even moved, when I observed with my own eyes his way of treating the inmates there.

Viktor E. Frankl, psychiatrist, popularly known through his documentary book on his own experience in Auschwitz,[37] developed what he called "Existenzanalyse," or "existence analysis," modifying the Freudian theory of psychoanalysis.[38] While Freud is usually considered a determinist, Frankl was not satisfied with determinism, because from his experience in a Nazi concentration camp, he became confident that a human being is well able to perform, in an extreme situation, something more than his or

her born predisposition or environment may order or allow. As is well known, Father Maximilian Kolbe, while being imprisoned in Auschwitz, sacrificed himself by volunteering to go to a starvation room, instead of another prisoner who had his family to support at home. Father Kolbe's incredibly heroic act was really moving indeed, not only for the co-inmates of the camp but also for the whole world who later learned the fact, thus making the Roman Catholic Church canonize him after the war. Even apart from this episode, Frankl experienced that quite a number of his co-inmates, known or unknown, showed noble acts of various kinds and did not succumb to atrocities under marginal situations. Such experiences inside the camp helped Frankl believe firmly in the existential inner freedom of human beings.[39] May I add that, even Freud himself, who has been thus far believed to be a determinist, is of late starting to be regarded rather as an indeterminist by some scholars like Bruno Bettelheim.[40]

B. F. Skinner, an influential psychologist, contributed greatly to the development of the behavioral sciences by his theory of operant conditioning.[41] But I, frankly, cannot agree with the philosophy underlying his argument. He went too far when he denied the autonomous man, as suggested by the title of one of his works : *Beyond Freedom and Dignity*.[42] As persuasive and nice as his argument is, the denial of the autonomous man is inconsistent with human dignity, and accordingly with humanistic criminal policy. Sciences are without doubt invaluable for human life. But the belief in the almightiness of science is a different thing. We must distinguish between scientism and the sciences. Scientism is an enemy of humanistic criminal policy.

In the concluding part of *The Decline of the Rehabilitative Ideal*, Professor Allen suggested that one of the promising

strategies would be to recognize a state obligation to facilitate the self-development of inmates.[43] This rehabilitative ideal should be considered essential to humanistic criminal policy. If this is true at all, and if every human being is able to develop his or her personality at any stage of life, the death penalty—which, by nature, deprives one of such chance of rehabilitation—is deemed inconsistent with human dignity and humanistic criminal policy.

NOTES

1) HAJIME NAKAMURA, A COMPARATIVE HISTORY OF IDEAS 276-309 (rev. ed., 1986) (1975).

2) GRUNDGESETZ [Constitution] [GG] art. 102 (F. R. G.).

3) COSTITUZIONE [Constitution] art. 27, para. 4 (Italy).

4) G. A. Res. 217 (III) A, U. N. Doc. A/810, at 71 (1948).

5) G. A. Res. 2200 (XXI), U. N. GAOR, 21st Sess., Supp. No. 16, at 53, U. N. Doc. A/6316 (1966).

6) *Id.*

7) G. A. Res. 44/128, U. N. GAOR, 44th Sess., Supp. No. 49, at 206, U. N. Doc. A/44/824 (1989).

8) *Id.*

9) AI INDEX : ASA 22/05/92.

10) WALTER LIPPMANN, PUBLIC OPINION (1922). Incidentally, we find of late a noteworthy research of polls, showing the majority preference for life imprisonment without parole with restitution to murder victims' families over the death penalty. William J. Bowers et al., *A New Look at Public Opinion on Capital Punishment : What Citizens and Legislators Prefer*, 22 AM. J. CRIM. L. 77, 144 (1994).

11) *Matthew* 5 : 38-39.

12) *Romans* 12 : 19, 21.

13) *See* Jerome Hall, *Biblical Atonement and Modern Criminal Law, in* CONTEMPORARY PROBLEMS IN CRIMINAL JUSTICE : ESSAYS IN HONOUR OF SHIGEMITSU DANDO 39, 39-60 (Yasuharu Hiraba et al. eds., 1983).

14) WILLIAM SHAKESPEARE, THE MERCHANT OF VENICE act 4, sc. 1.

15) HEINRICH HENKEL, EINFÜHRUNG IN DIE RECHTSPHILOSOPHIE 323 n. 2 (1964).

16) KARL ENGISCH, AUF DER SUCHE NACH DER GERECHTIGKEIT 179 (1971).

17) KARL MENNINGER, THE CRIME OF PUNISHMENT 10-11 (1968) (emphasis in original).

18) *See supra* note 5.

19) FYODOR DOSTOYEVSKY, THE IDIOT 45 (David Magarshack trans., Penguin Classics ed. 1955) (1869).

20) *Id.*

21) A. J. CRONIN, THE SPANISH GARDENER 206 (1950).

22) Daniel H. Foote, *"The Door That Never Opens"? : Capital Punishment and Post-Conviction Review of Death Sentences in the United States and Japan*, 19 BROOK. J. INT'L L. 367 (1993). The author's detailed and precise analysis of the problems concerned, including the background of the *Shiratori* Judgment, is just admirable, even as compared with the bibliography in Japan.

23) SIR KARL R. POPPER, THE OPEN SOCIETY AND ITS ENEMIES 374-76 (4th ed. 1962).

24) ELISABETH BADINTER & ROBERT BADINTER, CONDORCET : UN INTELLECTUEL EN POLITIQUE 195 (1988).

25) *See supra* note 4.

26) *See supra* note 5.

27) *Id.*

28) Shigemitsu Dando, *Basic Problems in Criminal Theory and Japanese Criminal Law*, 35 IND. L. J. 423, 431 (1960).

29) MARC ANCEL, LA DÉFENSE SOCIALE NOUVELLE : UN MOUVEMENT DE POLITIQUE CRIMINELLE HUMANISTE (3d ed. 1980).

30) *See supra* note 7.

31) FRANCIS A. ALLEN, THE DECLINE OF THE REHABILITATIVE IDEAL 62 (1981) ; *see also* FRANCIS A. ALLEN, THE HABITS OF LEGALITY : CRIMINAL JUSTICE AND THE RULE OF LAW 35-47 (1996) (regarding the "war on drugs") ; *id.* at 47-56 (relating to capital punishment).

32) EDWIN H. SUTHERLAND, CRIMINOLOGY 369 (1st ed. 1924).

33) EDWIN H. SUTHERLAND & DONALD R. CRESSEY, PRINCIPLES OF CRIMINOLOGY 292-95 (5th ed. 1955).

34) GEORG K. STÜRUP, TREATING THE "UNTREATABLE" at vii (1968).

35) *Id.* at 15.

36) *Id.*

37) VIKTOR E. FRANKL, EIN PSYCHOLOG ERLEBT DAS KONZENTRATIONSLAGER (2d ed. 1947).

38) *See* VIKTOR E. FRANKL, ÄRZTLICHE SEELSORGE: GRUNDLAGEN DER LOGOTHERAPIE UND EXISTENZANALYSE (7th ed. 1966); VIKTOR E. FRANKL, PATHOLOGIE DES ZEITGEISTES 173 (1955).

39) *See, e.g.*, FRANKL, PATHOLOGIE DES ZEITGEISTES, *supra* note 38, at 136.

40) BRUNO BETTELHEIM, FREUD AND MAN'S SOUL (1983).

41) B. F. SKINNER, SCIENCE AND HUMAN BEHAVIOR 62-66 (1953).

42) B. F. SKINNER, BEYOND FREEDOM AND DIGNITY 191 (1971).

43) *See* ALLEN, THE DECLINE OF THE REHABILITATIVE IDEAL, *supra* note 31, at 85. As Professor Allen has pointed out, "[T]he growth in popular support for capital punishment and the decline of the rehabilitative ideal...must surely reflect common sources." ALLEN, THE HABITS OF LEGALITY: CRIMINAL JUSTICE AND THE RULE OF LAW, *supra* note 31, at 47.

団藤重光（だんどう・しげみつ）
1913生れ，1935東大法学部卒業，1937法学博士（東京大学）。1937〜1947東大法学部助教授，1947〜1974東大法学部教授，1974慶応義塾大学法学部教授，1962〜1974日本刑法学会理事長，1974〜1983最高裁判所判事。
1981〜2012日本学士院会員，1986文化功労者，名誉法学博士（ミシガン大学），1987アメリカ学芸・科学アカデミー外国人名誉会員，1995文化勲章受章。
2012. 6. 25　逝去
主著「刑法綱要総論（初版1957，改訂版1979，3版1990，追補2000）（The Criminal Law of Japan: The General Part, translated by B. J. George, Jr., 1997）」「刑法綱要各論（初版1964，改訂版1985，3版1990）」「刑事訴訟法綱要（1943）」「新刑事訴訟法綱要（初版1948，7訂版1967）（Japanese Criminal Procedure, translated by B. J. George, Jr., 1965）」「訴訟状態と訴訟行為（1949）」「刑法と刑事訴訟法との交錯（1950）」「刑法の近代的展開（初版1948，増訂版1952）」「条解刑事訴訟法（上）（1950）」「刑法紀行（1967）」「法学入門（初版1973，増補1986）」「実践の法理と法理の実践（1986）」「この一筋につながる（1986）」「わが心の旅路（1986，再追補1997）」「死刑廃止論（初版1991，改訂版1992，3版1993，4版1995，5版1997，6版2000）」「法学の基礎（初版1996，増補1996，第2版2007）」

死刑廃止論〔第六版〕

1991年11月10日　初　版第1刷発行
1992年 2月15日　初　版第3刷発行
1992年 7月25日　改訂版第1刷発行
1992年11月30日　改訂版第2刷発行
1993年 7月10日　第3版第1刷発行
1993年10月30日　第3版第2刷(増補)発行
1995年 1月30日　第4版第1刷発行
1995年12月30日　第4版第2刷発行
1997年 6月30日　第5版第1刷発行
2000年 4月30日　第6版第1刷発行
2024年 7月15日　第6版第3刷発行

著　者　団藤重光
発行者　江草貞治
発行所　株式会社　有斐閣
〔101-0051〕東京都千代田区神田神保町2-17
https://www.yuhikaku.co.jp/

印刷　株式会社精興社　　製本　大口製本印刷株式会社

ISBN 4-641-04184-9

事項・人名索引

太字は主要な頁を示す。
〔 〕は「はしがき」の頁数を示す。

あ 行

か　行

さ　行

た　行

な 行

は 行

ま　行

や 行

ら　行

わ 行

条 文 索 引

I　日本国憲法以外は法令名・条約名の五十音順による。
　　頁数の太字は主要な箇所を示す。
　　〔　〕は「はしがき」の頁を示す。
II　刑法，刑事訴訟法，監獄法の主要条文は466頁以下
　　の「参照条文」の欄に掲出しておいた。

日本国憲法

恩赦法施行規則

監獄法

刑事訴訟法

刑事補償法

刑　法

判　例　索　引（年月日順）

大判昭和 10 年 10 月 24 日刑集 14 巻 1267 頁 ……238
最大判昭和 23 年 3 月 12 日刑集 2 巻 3 号 191 頁 ……34, 95, 157, 221, 238
最Ⅰ判昭和 24 年 8 月 18 日刑集 3 巻 9 号 1478 頁 ……238
最大判昭和 26 年 4 月 18 日刑集 5 巻 5 号 923 頁 ……241
最大判昭和 30 年 4 月 6 日刑集 9 巻 4 号 663 頁 ……436
最大判昭和 34 年 8 月 10 日刑集 13 巻 9 号 1419 頁 ……190
最Ⅲ決昭和 34 年 12 月 26 日刑集 13 巻 13 号 3372 頁 ……190
最大判昭和 36 年 7 月 19 日刑集 15 巻 7 号 1160 頁 ……34
最Ⅱ決昭和 44 年 4 月 25 日刑集 23 巻 4 号 248 頁 ……190
最Ⅰ決昭和 50 年 5 月 20 日刑集 29 巻 5 号 177 頁 ……24, 161
最Ⅰ決昭和 51 年 10 月 12 日刑集 30 巻 9 号 1673 頁 ……164
東京地判昭和 54 年 7 月 10 日 ……405
最Ⅰ決昭和 55 年 12 月 11 日刑集 34 巻 7 号 562 頁 ……165
東京高判昭和 56 年 8 月 21 日判例時報 1018 号 20 頁 ……405
最Ⅱ判昭和 58 年 7 月 8 日刑集 37 巻 6 号 609 頁 ……405, 434
東京地決昭和 60 年 5 月 30 日判例時報 1152 号 ……421
最Ⅰ決昭和 60 年 7 月 19 日裁判集（民事）145 号 271 頁
（判例時報 1158 号 28 頁）……421, 436
最Ⅲ判平成 4 年 7 月 14 日判例タイムズ 799 号 139 頁 ……436
仙台高判平成 4 年 6 月 4 日判例時報 1474 号 147 頁 ……335
最Ⅲ判平成 5 年 9 月 21 日裁判集（刑事）262 号 421 頁 ……95
高松高判平成 5 年 7 月 22 日判例時報 1474 号 147 頁 ……335
広島地判平成 6 年 9 月 30 日（平成 5 年（わ）296 号, 334 号, 453 号）
……338
最Ⅱ判平成 8 年 9 月 20 日刑集 50 巻 8 号 571 頁 ……435
名古屋高判平成 8 年 12 月 16 日判例時報 1595 号 38 頁 ……435
最Ⅲ決平成 9 年 1 月 28 日刑集 51 巻 1 号 1 頁 ……25
東京高判平成 9 年 5 月 12 日判例時報 1613 号 150 頁 ……435